集中講義
不動産登記法
［第3版補訂版］

齋藤隆夫

成文堂

第 3 版補訂版はしがき

　新しい不動産登記法が施行されて，まもなく 15 年が過ぎようとしています。いうまでもなく，権利に関する不動産登記は電子申請を手続きの基本に据えて仕組みが整えられましたが，それを活用するための前提である公的個人認証や契約書類等の電子化の利用度の低さなどから，実務現場では申請情報は電子化して添付書類は紙ベースでも可能とする特例方式が考案されて手続きの主流となっているようです。この方式は，法令に定められた情報の提供方式に関する規定で，完全な電子化の過渡期の措置と考えれば特段に問題視することもないように思われます。

　本書はもともと筆者の大学における講義をもとに書き起こしたもので，権利に関する不動産登記の初学者を対象としていますから，手続きの基本的な仕組みの説明を中心にして，現場における手続き作業の細かいところは射程に置いていません。しかしながらこの間に，基本的な法令に関する多少の改正はあり，特に添付情報についての規定が改められたところもありました。そこで今回，少ない改正でも申請情報の表面が変更となったところがあり，その部分を改訂することとして補訂版を出すことにいたしました。

　とはいえ，本書の内容は，全体としては従来と変わるところはありません。本書を使って権利に関する不動産登記の手続きの仕組みを勉強する皆さんは，まず不動産をめぐる権利とその変動を，民法等の学習において十分に理解し，そのうえで本書を読み進めることを強く推奨いたします。

　おわりに，本書の改訂にあたり，司法書士の高橋真人君と鈴木順子さんの二人には，改訂部分の取捨選択から校正まで様々に協力していただきました。また出版にあたり，成文堂の篠崎雄彦さんにもお世話になりました。この場をお借りしてお礼申し上げます。

2019 年 7 月

齋　藤　隆　夫

目　　次

第 3 版補訂版はしがき

序　章　物権変動と公示制度 … 1
第 1　不動産に関する物権変動と公示 … 1
　　1　物権変動　　2　不動産をめぐる物権変動と公示
第 2　わが国の不動産登記制度 … 5
　　1　生成過程　　2　不動産登記制度の成立
　　3　不動産登記法
第 3　公示制度 … 7
　　1　概説　　2　公示の原則と公信の原則
　　3　登記の有効性

第 1 章　不動産登記の基本的な仕組み … 15
第 1　概　説 … 15
第 2　手続の基本構造 … 16
　　1　登記への過程　　2　不動産登記のための法令
　　3　登記の意味
第 3　登記できる不動産 … 18
　　1　概説　　2　登記上の土地とその個数
　　3　登記上の建物とその個数
第 4　登記できる権利とその変動 … 21
　　1　概説　　2　登記できる権利
　　3　登記できる権利変動
第 5　登記の申請（手続の開始と申請主義） … 22
　　1　概説　　2　手続の当事者と共同申請
　　3　共同申請以外の申請人　　4　代理人

iv　目　次

　　第 6　申請の行為 …………………………………………… 29
　　　　　1　登記申請とその法的性質　　2　登記申請の要件と方式
　　第 7　登記所とその設備 ……………………………………… 32
　　　　　1　登記所　　2　登記所の管轄　　3　登記官
　　　　　4　登記記録――不動産一登記記録　　5　登記記録の構成
　　　　　6　登記簿　　7　地図・建物所在図
　　　　　8　帳簿等――申請情報等の保存
　　第 8　登記の受付と申請情報の審査及び実行 ……………… 37
　　　　　1　概説　　2　登記の受付　　3　申請情報の審査及び却下
　　　　　4　登記の実行　　5　申請手続の終了　　6　登記の順位
　　第 9　公示の方式 ……………………………………………… 50
　　　　　1　登記の公開　　2　登記事項証明書等の交付
　　　　　3　証明書等の請求方法　　4　地図，附属書類の閲覧等
　　第10　その他 …………………………………………………… 54
　　　　　1　嘱託登記と職権による登記　　2　表示の登記と権利の登記

第 2 章　不動産登記手続総説 ……………………………………… 57
　　第 1　概　説 …………………………………………………… 57
　　第 2　登記申請の方法 ………………………………………… 57
　　　　　1　概説　　2　電子情報処理組織を使用する提供方法
　　　　　3　書面を使用する提供方法
　　第 3　申請情報 ………………………………………………… 59
　　　　　1　概説　　2　申請情報の性質と登記事項
　　　　　3　一般的申請情報の 1　　4　一般的申請情報の 2
　　　　　5　一般的申請情報の 3　　6　個別的な申請情報
　　第 4　申請情報の作成 ………………………………………… 71
　　　　　1　概説　　2　一括申請の要件
　　　　　3　情報の作成者であることの担保
　　第 5　添付情報 ………………………………………………… 76
　　　　　1　概説　　2　一般的添付情報　　3　個別的添付情報

　　　　4　添付情報の提供方法
　第6　登録免許税……………………………………………………97
　　　　1　概説　　2　定率課税　　3　定額課税　　4　納付方法
　　　　5　一括申請の登録免許税
　第7　権利の関する登記の手続上の分類………………………100
　　　　1　概説　　2　移転登記　　3　変更登記　　4　更正登記
　　　　5　抹消登記

第3章　所有権に関する登記………………………………………114

　第1　所有権移転の登記……………………………………………114
　　　　1　概説　　2　所有権移転登記の申請
　　　　3　共有不動産をめぐる所有権移転登記の申請
　第2　所有権保存の登記……………………………………………120
　　　　1　概説　　2　表題部所有者による所有権保存登記の申請
　　　　3　所有権を有することが確定判決によって確認された者，及び
　　　　　　収用により所有権を取得した者による所有権保存登記の申請
　　　　4　区分建物について，表題部所有者から所有権を取得した者に
　　　　　　よる所有権保存登記の申請
　　　　5　登記官の職権による所有権保存登記
　第3　所有権の更正登記……………………………………………128
　　　　1　概説　　2　所有権保存登記の更正
　　　　3　所有権移転登記の更正
　第4　所有権抹消の登記……………………………………………132
　　　　1　概説　　2　所有権保存登記の抹消
　　　　3　所有権移転登記の抹消
　第5　買戻権に関する登記…………………………………………135
　　　　1　概説　　2　買戻特約の登記の申請
　　　　3　買戻権の移転，変更，更正及び抹消の登記

第 4 章　用益権に関する登記 ………………………… *139*

第 1　概　説 …………………………………………………… *139*
第 2　地上権設定の登記 ………………………………………… *140*
　　　1　概説　　2　地上権設定登記の申請
　　　3　区分地上権の設定と登記の申請
　　　4　地上権の移転，変更，更正及び抹消の登記
第 3　地役権の登記 …………………………………………… *145*
　　　1　概説　　2　地役権設定登記の申請
　　　3　地役権の変更，更正及び抹消の登記
第 4　賃借権の登記 …………………………………………… *151*
　　　1　概説　　2　賃借権設定登記の申請
　　　3　賃借物の転貸の登記
　　　4　賃借権の移転，変更，更正及び抹消の登記

第 5 章　担保権に関する登記 ………………………… *158*

第 1　概　説 …………………………………………………… *158*
第 2　抵当権の登記 …………………………………………… *159*
　　　1　概説　　2　抵当権設定登記の申請
　　　3　共同担保の抵当権　　4　抵当権移転の登記
　　　5　抵当権変更の登記　　6　抵当権の処分による登記
　　　7　順位変更の登記　　8　抵当権抹消の登記
第 3　根抵当権の登記 ………………………………………… *178*
　　　1　概説　　2　根抵当権の設定
　　　3　根抵当権設定登記の申請　　4　根抵当権移転の登記
　　　5　根抵当権変更の登記　　6　根抵当権に特有の登記
　　　7　根抵当権の抹消
第 4　質権の登記 ……………………………………………… *195*
　　　1　概説　　2　質権設定登記の申請
第 5　先取特権の登記 ………………………………………… *197*

          1　概説　　2　一般の先取特権の保存と登記の申請
          3　不動産の先取特権の保存と登記の申請

第6章　共同申請とは異なる申請················204

第1　概　説················204
第2　相続による登記················206
          1　概説　　2　申請の手続　　3　数次相続による登記
          4　特別縁故者への財産の分与の登記
          5　会社等の法人の合併による権利の移転登記
          6　相続に関連する登記
第3　一般承継人による申請················213
          1　概説　　2　申請の手続
第4　判決による登記················215
          1　概説　　2　申請の手続
第5　債権者代位による登記················216
          1　概説　　2　申請の手続
第6　登記名義人の氏名もしくは名称又は住所の変更の登記················217
          1　概説
          2　登記名義人の住所等の変更（更正）の登記の申請

第7章　仮登記················221

第1　概　説················221
          1　条件不備の仮登記　　2　請求権保全の仮登記
第2　仮登記の申請················223
第3　仮登記の実行················226
第4　仮登記上の権利の処分················226
          1　概説　　2　申請の手続
第5　仮登記に基づく本登記················229
          1　概説

　　　　2　所有権移転に関する仮登記に基づく本登記の申請
　　　　3　所有権以外の権利に関する仮登記に基づく本登記の申請
　　　　4　登記実行の特則
　　第6　仮登記抹消の特則 …………………………………… *232*
　　　　1　概説
　　第7　仮登記担保に関する登記 …………………………… *233*
　　　　1　概説　　2　申請の手続

第8章　その他の登記と申請 ……………………………… *235*

　　第1　概　説 ………………………………………………… *235*
　　第2　抹消の登記の特例 …………………………………… *235*
　　　　1　概説　　2　死亡又は解散による権利の登記の抹消
　　　　3　登記義務者の所在が知れない場合の登記の抹消
　　　　4　仮処分に後れる登記の抹消
　　　　5　保全仮登記に係る仮処分の登記に後れる登記の抹消
　　第3　抹消回復の登記 ……………………………………… *238*
　　　　1　概説　　2　申請の手続
　　第4　嘱託による登記 ……………………………………… *239*
　　　　1　概説

参考資料 …………………………………………………………… *241*
参考様式 …………………………………………………………… *248*
不動産登記法 ……………………………………………………… *285*
不動産登記令 ……………………………………………………… *332*
事項索引 …………………………………………………………… *383*

序章　物権変動と公示制度

第1　不動産に関する物権変動と公示

　不動産登記は，不動産をめぐる物権の変動を公示する制度であり，その手続を定めているのが不動産登記法である。したがって不動産登記法を理解する上では，物権とその変動を中心とした財産をめぐる法制度の基礎的な理解が不可欠であることは言うまでもなく，不動産登記の手続の紹介を目的とした本書を読み進める上で，公示制度をめぐる実体法的観点からの理解も最小限度必要である。これについて初学者を対象とする本書の目的をふまえ，限られた範囲でその説明をすることにしたが，物権変動と公示はわが国の民法学でも大きなテーマであり，実務家の拙い知識では財産法が公示制度をどう考えているかを紹介することが限界で，理解を得られるまでには到底至らない。読者は，この問題はもとよりこれ以降登記手続を理解していく際にも，民法を中心とした民事実体法の知識を常に専門の教科書で確認し，知識を深めて行って欲しい。

1　物権変動

　例えばある人が土地や建物を買った場合，法律的には土地や建物について売主の所有権が消滅し，一方で買主に新たな所有権が発生したと考えられている。同様に，ある人が銀行から金を借入れ，その際に所有する土地に銀行のための抵当権を設定したが，後日借入金を銀行に返済すれば抵当権は消滅する。このように，ある物の上に，ある人のために，物を目的とする権利である所有権や抵当権などの物権が新たに発生し，その物権の内容が変わったりあるいは消滅したりすることを，物権の変動という[1]。この物権の変動を，物権の帰属する主体から観ると，物権の得喪及び変更ということができる（民法177条参照）。

物権の発生には，例えば抵当権の設定のように，この世に全く新しい物権が発生する絶対的な発生と，売買による所有権の取得のように他の者に帰属していた既存の物権を承継してある人に権利が生ずる相対的な発生がある。又物権の消滅についても，対象物が物理的に滅失したことにともなう所有権の消滅や抵当権者によるその抵当権の放棄のような物権の絶対的な消滅と，他の者に権利が承継されたことによりそれまで権利者であった者が物権を失った場合のような，相対的消滅があると理解されている。

2　不動産をめぐる物権変動と公示
(1)　概　説

物権は排他的な権利であるため，特定の物について内容の相容れない物権が複数成立することはできないと考えられている[2]。そのために，ある土地を売買により取得しようとする人のように，これから新たに不動産の物権を取得することを予定する第三者にとっては，目的物に誰がどのような物権関係を有しているのかを知ることは極めて重要なことである。しかし，物を物理的に外部から見ただけで，物権関係[3]を把握することは困難である。

そこで，特定の不動産の上にはどのような物権が成立しているのか，例えば誰が所有者か，担保に入っているのかなどを，人が外部から比較的容易に認識できるような何らかの手段・方法，すなわち公示のための方策が必要ではないかと考えられた。これが不動産に関する物権の公示制度だといえよう。換言すれば「物権の公示とは，物権関係を一般取引界に対して外観的に明瞭ならしめることによって，取引の安全ならしめようとする制度である。近代法においては物権のうちで最も重要な所有権及び抵当権は，現実的支配を要

---

[1] 物権の変動は，原因となる（法律）事実によりその法律効果として発生する。この法律効果発生のために必要な法律事実を法律要件というが，物権変動を発生する法律要件の主要なものは法律行為であり，他に時効，混同，相続等がある（船橋諄一・物権法 51・52 頁）。そして，ここでいう物権変動を発生する法律要件が，不動産登記の手続における登記原因の主要なものである。

[2] 物権の内容を物の直接支配に置いた場合に，特定の物に対し，ある人の物的利益の享有のための支配が成立すると，以後他人の支配を認めることができなくなる。これを物権の排他性といい，法律上同一物上に互いに相容れない内容の物権が複数成立することは不可能であるとも考えられている（船橋諄一・物権法 9 頁）。

[3] つまり支配の関係をである。

素としない観念的権利となっており，この観念的な，目に見えない権利を取引界に対して現実化し，目に見えるようにすることが公示に他ならない。」[4]のである。

(2) 公示の方式─制度の歴史的生成過程

特定の不動産について，誰が所有者であるかを外部の者が認識するための方式はいろいろ考えられる。所有する者が言語や態度（占有）で特定の物が自分の所有物であることを外に向かって表明することもその一つであって，構成員の少ない原始的共同体のような閉鎖社会においては，仮に不動産を財産視してそれに対する所有の観念があったとしたら，おそらくその程度で充分であったであろう。これについての歴史を辿ると，古い時代のローマにおいて，不動産の譲渡が売主と買主の合意に加え，公衆の面前でマンキパーチオ（mancipatio）という不動産譲渡のための儀式が行われたのも[5]，不動産をめぐる支配関係（法的には権利関係）の移動を積極的に第三者に知らせるためのものであると考えれば，公示の手段と考えられなくはない。しかし，社会が移り変わり交通手段の発達等にともない人の移住が行われるようになると，そのような儀式がなされたことを知らない人も増えてくるために，不動産が譲渡されたことを示すのにこのような方式では不充分となり，ローマではエジプトやローマ帝国の植民地となったギリシャ地方をまねて，贈与に限ってではあるが不動産の譲渡を公簿に記入するようになったとされる[5]。

帳簿を設けて不動産に関する権利あるいはその変動を公示する制度は，1,135年ドイツのケルンにおいて，それに次いで他の都市で，所有権移転の合意を特別の帳簿に記入したのが始まりだとされるが[5]，近代的な登記制度はプロイセンの1,722年の「抵当及び破産条令」，及び1,783年の「一般抵当条令」が，その先駆であるとされている[6]。

そして，これらの延長上で整備確立されてきたのが不動産登記制度であるが，公示技術の面においては，不動産をめぐる権利関係を記載した台帳を公開等する方式から，コンピュータシステムによる情報処理技術を利用したも

---

[4] 川島武宜・所有権法の理論261頁。
[5] 吉野衛・注釈不動産登記法総論上4頁・5頁。
[6] 船橋諄一・物権法60頁。

のに大きく変わり，さらに利便性を高めたものとなっている。

(3) 各国の公示の制度

不動産をめぐる物権変動には公示が必要であり，そのための制度は法的な考え方を別にすれば様々な国で設けられた。これらは，それぞれ国の歴史や社会の実情が異なるので公示そのものの法律的効力も一様ではないが，その方式つまり技術的な側面には共通する部分があり，わが国の登記制度を理解する上でも参考になると思われる。そこで各国の公示の制度を，その方式を基準にして年代順編成主義（証書登録制度）と物的編成主義に大別し，それぞれについての概略を紹介する。

① 年代順編成主義

年代順編成主義とは，登記を扱う官公署が一定地域（管轄区域）内における不動産の物権変動を表した証書を当事者が申し出た順に受付けて公示する方式であり，以前のフランスの登記制度や[7]，かつてイギリスの一部の地方で行われていた方式を承継したアメリカ合衆国の多くの州で行われているリコーディング・システムがこれにあたるとされている[7]。

この方式では，特定の不動産の取引（物権変動）の経緯を一元的に管理することができず，そのため過去の記録の検索のために人名別の索引帳などを設けることがあるので，人的編成主義と呼ばれることもある[8]。

② 物的編成主義

物的編成主義とは，個々の不動産を基準にその物権変動を公示する方式で，ドイツやスイスで整備されたのでドイツ法主義とも呼ばれ，わが国の不動産登記制度もこれに倣ったものとされている。なお，オーストラリアを始め，イギリス，アメリカの一部の州で行われているトレンス・システムもこれに属するとされる[8]。

---

[7] 現在のフランスの登記制度は，物的編成主義が加味されたものになりつつあるとされる（幾代通・不動産登記法4頁）。

[8] 幾代通・不動産登記法2頁・3頁。

第2 わが国の不動産登記制度

本論から少しそれるが，わが国の不動産登記制度の生成過程を知ることも必要だと考えるので，ここで概略を紹介しておく。

1 生成過程

不動産登記に関する法令の制定前，江戸幕府支配下のわが国において，土地の売買は公式には禁止されていたが，それでも農民の土地支配権はかなりの程度流通していたようである[9]。江戸時代中期の始めごろ，土地取引の際には名主・庄屋（村役人）が当事者の作成した証文の内容が検地帳（水帳・名寄帳）の内容や幕府の定めに反しないかを審査し，不都合がなければその証文に連署あるいは末尾に奥書と押印をする，いわゆる奥書・加判が一般に取引慣行化していたようである。また。このとき名主は不動産の二重売買を避けるために奥書控帳を作成した。そして，当初は個人的であったこの帳簿が後任者に引き継がれるようになると，次第に公簿化の道をたどったとの指摘がなされている[10]。

その後明治政府は，寛永18年に江戸幕府が定めた土地売買の禁止令を解くとともに（明治5年太政官布告50号），近代的地租制度の確立を目指して地券制度を定めた（明治5年大蔵省達25号）。この制度は，土地の売買があると府知事・県令・郡役所が土地の所在・面積・地代金・持ち主などを記載した地券2通を作成し，そのうちの1通を正本として地主に交付し，もう1通を副本として地券台帳に編綴するもので，地券を売主が買主に交付（ないし裏書）することが法律上の所有権移転の効力要件とされていた。しかし，この制度は売買等に限られて土地についての質入・書入[11]や建物の売買には適用されなかったため，これらについては当事者の証文に戸長が奥書し，公簿との割印

---

[9] 福島正夫・旧登記法の制定とその意義［1］・法協57巻8号71頁，熊谷開作・日本の近代法と土地法5頁。
[10] 福島・前掲69頁〜73頁。
[11] 現在の担保権の設定登記に相当する。

をする方式の公証制度が設けられ(明治6年)，さらにこれが土地の所有権移転にも適用されるようになった[12]。

2　不動産登記制度の成立

このような歴史的経過を経て明治19年に登記法(明治19年法律1号,いわゆる旧登記法)が制定され，形式的意味における公示制度としての不動産登記の制度がここに確立した。これは，登記制度の改革とそれにともなう登録免許税による財政収入を目的に，主にフランス法を倣ったもので，これにより従来の地券制度が廃止され，地券台帳が土地台帳へと姿を代えた。

その後民法典の施行にともなって，旧登記法をより整備した不動産登記法が制定され（明治32年法律24号），幾多の改正を経ながら[13]今日をむかえている。

3　不動産登記法

現行不動産登記法は，平成16年6月の第159回国会で改正法が可決成立して公布され，平成17年3月に施行されたものである。この改正は，登記の正確性を確保しつつ，国民の利便性の一層の向上を図り，不動産登記制度を高度情報化社会にふさわしい制度にするためのものであり[14]，形式は改正であるがその内容をふまえると新法制定と変わらない(不動産登記法については，以後改正後の法律を新法又は単に法といい，改正前のものを旧法と呼ぶ。)。

改正による法文の形式的な特徴をごく簡単に紹介すると，まず総則に不動産登記制度が「国民の権利の保全を図り，もって取引の安全と円滑に資する

---

[12] 幾代通・不動産登記法7頁。
[13] 昭和35年に，登記簿と台帳の一元化に向けた改正も大きなものであった。これは，それまで課税のため税務署に備えられていた土地・家屋台帳を土地・建物登記簿に吸収統合したものであり，これにより簿冊を使用していた登記簿の表題部が整備された。なお，全国的に行われた一元化のための帳簿の移記作業は，昭和45年度末をもって終了した。
[14] 清水響・新不動産登記法の概要について・民事月報Vol.59.8（平成16.8）33頁。なお改正の背景は，法文が片仮名文語体のままであること，数次の改正で法律の構成が分かりづらくなったこと，特に申請人のなすべき部分と登記官のそれに関する規定が並存していたこともあり，法文の現代語化と内容の見直しが予定されていたところ，手続のコンピュータ化が加わり，これを前提とする制度とするために全面的に改正がなされたといわれる（清水・前掲34頁）。

ことを目的とする。」旨の規定と，法文で使用する主な用語の意義を定めた定義規定が設けられた。次に，登記手続の主要な部分を法律が規定し，より具体的な手続行為の内容に関するものが政令・省令にそれぞれ規定され，その結果権利に関する登記についていえば，旧法では法文中で不明確であったり，ややまとまりに欠けた形で散在していた登記申請人，登記事項を始め，書面による申請手続についてはその主要部分である申請書の記載事項や添付書類が形式的に整理されたことが上げられる。この他，手続に関する法文の表現が「…登記の申請に必要な事項として政令で定める情報（以下申請情報という。）を登記所に提供して…」（法18条）のように大きく変わった。これは，申請手続に電子情報処理組織によるものと書面によるものの双方を認めているために，手続に向けて必要な事項についてを，当事者から登記官に対して搬送する手段に捉われず内容に着目して表現したものである[15]。

なお手続の内容を旧法と比べた場合，電子化の影響により例えば登記済証が廃止されるなど幾つか変わったところはあるが，実質的な変更はさほど多くはない。

第3　公示制度

1　概説

物権の変動に公示を必要とするのは，前述したように排他性のある物権取引の安全をはかるためであるが，そのために設けた公示の制度が機能し，法律的な実効性を確保するためにもまずは国民に利用されなければならない。そこで公示に何らかの法律上の効力を与えたり，公示を信頼した者には法的保護を与えることが考えられた。さらに，登記に法律上の効力が与えられた場合には，登記自体がその役割を担うに足りる存在であるか，すなわち有効性も考えておかなければならない。

---

[15] この点について，旧法では「登記ヲ申請スルニハ左ノ書面ヲ提出スルコトヲ要ス」（旧法35条）等と定められていた。

2　公示の原則と公信の原則
(1)　公示の原則

　物権の変動を法律の上で認めるためには，必ず公示の変動をともなわなければならない。すなわち「物権変動は，それに応じた公示上の変動をしなければ，他の者にその効果を否認する法的効果を与える。」とした考え方であり，公示された内容である物権の現状と異なる権利の状態は存在しないであろうとの信頼，言換えると物権の変動はないであろうとの（消極的）信頼を保護し，それに応じた法的効果を認める法原理が公示の原則であると理解されている[16]。

　例えば，Yは自己の所有していた甲土地をXに売買したが，その登記をしない間に同一地をさらにZに売買し，Z名義の登記を先に完了した。これに対してXが，自分の物権変動がZのそれに優先するので自分が甲土地の所有者であると主張した。この場合公示の原則によれば，Xの主張は（Xから見て）第三者であるZに法律上否認されてしまい，結果としてXは法的保護を受けることはできない。

　この原則の機能に向けて，公示（登記）上の変動への法律的効果の与え方に，次のような二通りの考え方がある[17]。

①　効力発生の要件

　公示の変動を，物権変動の成立もしくは効力発生の要件とする。

②　対抗要件

　公示の変動を，物権変動の対抗要件とする。

　わが国の不動産登記制度は，対抗要件主義を採用している（民法177条）。

　ところで，「…第三者に対抗する…」とは，不動産に関する物権の取得者などは，物権変動の結果を登記を行うことによって第三者に主張できることをいい，登記に認められたこのような効力を対抗力というと，解されている[18]。

---

[16]「物権変動があれば，必ず，これに対応する公示方法（登記・占有など）における変動（移転登記・引渡など）を，伴わなければならないとする原則である。…そして，この原則による右の法律効果を，公示方法の機能ないしその効力として見るとき，これを公示力という。」（船橋諄一・物権法 63・64 頁）。

[17] 船橋諄一・物権法 65・66 頁。

(2) 公信の原則

　公示の原則の下では，公示（登記）上の権利関係を積極的に信頼した人全てが保護されるわけではない。そこで，公示に対応する物権が存在していなくても，公示を信頼して取引をした者を保護するために，公示された物権が存在したのと同様に扱って，その者に法的な効果を認めようとする考え方が現れる。これについては，公示制度の上で「真実の権利がないのにかかわらず，それがあるかのごとき公示がなされ，権利者らしい外観が成立することがあり得る。すなわち真実の権利と矛盾した公示が存在することがあり得る。この場合に，その公示を信頼して物権取引をした者を保護して物権を取得せしめ，真実の権利者の権利を失わせしめる制度」が公信の原則だとも説明される[19]。

　つまり，仮に公示（登記）の記録と真実の権利関係が違っていても，公示された物権に対応する権利の状態が存在するものとして，公示方法に対する積極的信頼を保護しようとするもので，このような考え方を公信の原則と呼んでいる[20]。

3　登記の有効性
(1)　概　説

　登記が不動産に関する物権変動に対抗力を与えるという法律上の役割を果たすためには，有効に成立していることが前提であり，それには手続法に従ってなされたものであることの他に[21]，権利の実質関係に符合していることが求められる。しかしわが国の不動産登記にあっては，後述のように登記官が権利関係の実質的内容に立入った審査をせずに手続をおこなうので，登記上

---

[18] 半田正夫・物権法39頁。なお，登記には対抗力の他に権利推定力と形式的確定力があると解されている。権利推定力とは，登記があればそれに対応する実体法上の権利関係があるものと推定されるという効力であり，形式的確定力とは，登記が存在する以上その有効・無効に関わりなく，以後何人といえども登記手続上はこれを無視して行動することは許されない，という効力である（半田正夫・前掲65・66頁）。
[19] 川島武宜・所有権法の理論275頁。
[20] そして，この場合の法律的効果を，公示方法の持つ機能ないし効力と見るとき，これを公信力という，とされている（船橋諄一・物権法67頁）。
[21] 「不動産に関する物権の得喪及び変更は，不動産登記法その他の登記に関する法律の定めるところに従いその登記」がなされなければならない（民法177条参照）。

に権利関係との符合を欠いた登記，いわゆる不実の登記の出現を防ぐことが事実上は困難である。登記は，権利変動の態様と過程を如実に表示することが望ましいので[22]，制度の理想を追えばこのような登記を無効とすべきであろうが，この考え方を貫くとかえって取引の安全を害する事態が出現しかねない。そこでこのような登記は一切を無効とされずに，ある程度は有効なものと取扱われて来た。

登記の有効性は本質的に実体法の問題であり，しかも形式的に見た場合手続に直接影響を与えることはない。しかし，登記上に出現する無効な登記は，それを前提とせざるを得ないそれ以降の登記の存在に影響を与えかねない問題であるので，その概略を述べることにする。

(2) 登記の手続上の有効要件 (形式的要件)

不動産登記法に定められた方式に従わないで申請された登記について，登記官は手続上の瑕疵や不備等を理由に却下することができるが（法25条），瑕疵等が見過されてなされた登記は，登記所の管轄違いと事件が登記すべきものではない場合を除き，実質関係[23]に符合していれば必ずしも無効とは解されていない[24]。この無効と解される管轄違いと登記すべきではない事項の登記については[25]，前者は管轄の問題によりそれ以降手続の継続をなし得ないし，後者は例えば留置権が登記された場合など，そもそも実体法上登記が認められていない権利あるいは事項が記録されただけであり，したがって有効視する実益が見出せないので無効な登記と解さざるを得ない。

これに対し，なされた登記が実質関係に符合していても，登記を申請する意思の欠如・無権代理・無能力によるものは，当事者に登記をしないことについての正当な事由が存在するときに限り，抹消の請求が許されると解され

---

[22] この点については，登記に公信力を認めないわが国における，取引当事者の登記によって過去の取引の有効性を調査・確認する必要性によるものである，と説明されている（幾代通・不動産登記法408頁）。確かに，法理論の理解に立てばそうならざるを得ないが，現実に目を転じるとそのような利用者がいないことも明らかであり，実務から見ていると国民は登記を素直に信じている。
[23] 権利の実質関係とは，権利の帰属状態と変動の過程・態様の双方を合わせた関係である。
[24] 船橋諄一・物権法116頁，幾代通・不動産登記法・418頁他。
[25] これらも手続上の瑕疵ではあるが（旧法49条1号・2号違背，法25条1号・2号違背）万一なされても登記官の職権抹消の対象であり（旧法159条，法71条），それは登記が当然に無効であることを前提にした措置である。そして，合わせてここに手続的な有効要件が見出せるとも解されている（広中俊雄・物権法上巻81頁）。

ている[26]。

　次に，申請手続上の瑕疵については，旧法の手続下であるが申請書類の記載上の瑕疵や添付すべき書類の不備を見過してなされた登記については，申請が当事者の意思に基づいたもので，なされた登記が実質関係に符合している限り有効であって，その抹消を請求することはできないと理解されて来た[27]。

(3) **登記の実体上の有効要件**（実質的な要件）
① 概　説

　登記は物権の現状と物権変動の状態を公示する制度であり，物権そのもの，あるいはその変動が存在しない状態でなされた登記は原則として無効なものである。したがって，実体上において登記を有効とするためには，まず実質的権利関係の存在が前提であり，登記簿の記録，すなわち登記はその実質関係に対応あるいは符合したものでなければならず，客体である不動産や主体である権利者，また権利そのものが符合しない登記は，いずれも当然に無効なものとされている。

　その一方で，権利変動の過程や態様に符合しない登記は必ずしも無効と理解されてはいない。権利変動の過程に符合しない登記は，いわゆる中間省略登記として論じられるものであり，判例は当初これを無効としたが，その後有効なものと理解するに至り[28]，学説もほぼ同様の立場に立って来た[29]。

② 登記と実質的権利関係との符合について

　登記と実質関係との対応について判例は，権利関係が存在しないままなされた登記について後日実質関係が備った場合，古くはこれを無効と解してい

---

[26] すなわちこの場合には，実質関係と符合する登記でも無効となり得ると解されている（船橋諄一・物権法 116 頁）。
[27] 大判昭和 3・5・25 新聞 2876 号 9 頁。
[28] 「不動産ニ関スル現在ノ真実ナル権利状態ヲ公示シ登記ノ立法上ノ目的ヲ達スルヲ以ッテ，法律ノ許ス所」であるとした（大判大正 5・9・12 民録 22 輯 1701 頁）。
[29] これまでの中間省略登記の出現する理由は，わが国の権利に関する登記の手続が，旧法下において，登記官の書面による形式審査によりなされたことが主要なものに上げられた。これについて，新法においては申請人に登記原因についての証明情報の提供を必要的なものにして（法 61 条）手続的な証明度を上げたので，中間省略登記は従来よりも出難くなるように思える。しかし，手続の基本的構造や登記官の審査権の範囲が本質的に変わらないことから，今後中間省略登記が出現しても，旧法下の判例あるいは学説の考え方が基本的に踏襲されていくものと思われる。

たが[30]その後有効と解するに至った[31]。これに対し，当初は符合する実質関係が存在し，一度それが消滅した後に当初のものとは別個の，しかも類似する権利関係が生じた場合の登記は無効なものと解している[32]。

　次に客体を誤った登記については，例えば甲土地の登記簿にすべきところ乙土地の登記簿になされた所有権移転登記や，存在しない建物についてなされた所有権保存登記などが考えられるが，いずれも無効である。ただし，登記上の表題部の記録と不動産の現状との不一致は表示に関する登記の手続上の問題であり，双方に同一性が認められる限り登記は有効なものと解されている[33]。この他，登記の権利者（登記名義人）が実質的に符合しない登記については，例えば無権利者が勝手に自己名義にした売買による所有権移転登記などは無効であるが[34]，手続の上で更正登記が許されるものについては有効なものとして扱われる（後述する）。

　さらに権利の種類を誤った登記，例えば地上権を賃借権としてその設定登記をしたり，根抵当権とすべきところ抵当権設定とした登記はいずれも無効である[35]。

③　登記と権利変動の過程・態様との符合について

　権利変動の過程に対応しない登記でも，権利関係の現状を公示しているものであれば，取引関係者を保護するために有効と理解するものが多い。

　いわゆる中間省略登記について学説は，例えばX・Y・Zと順次所有権が移転し，登記はYを経由せずにXから直接Zへと，中間の名義人となるべき者の登記を省略した所有権移転登記がなされた場合，Zへの登記を有効とするためには中間者であるYの（中間省略登記をすることの）同意を必要と考えるものや[36]，同意がなくても有効とするもの[37]，あるいは「原則は無効とするも，例えば甲・乙・丙と順次所有権が移転し，（中間者）乙の同意により甲

---

[30] 大判明治39・4・25民録12輯660頁。
[31] 最判昭和23・7・20民集2巻9号205頁。
[32] いわゆる登記の流用についてである（大判昭和3・7・4新聞2876号7頁）。
[33] 船橋諄一・物権法106頁。
[34] 大判大正6・4・26民録23輯758頁。
[35] 大判大正4・12・3民録21輯1981頁。
[36] 川島武宜・民法Ⅰ・162頁，末川博・物権法・136頁。
[37] 鈴木禄弥・物権法講義104頁，広中俊雄・物権法上巻76頁，幾代通・不動産登記法409頁等。

から丙に直接登記名義が移転した場合は，本来無効な登記が有効なものと同様の結果となる。また中間者の同意がなくても，登記上利害の関係を有する第三者が出現した後は，…その（中間省略）登記は真実の権利変動の過程を表していないにしても，ともかくも現在の真実の権利状態には符合するわけであり，そして現在の権利状態を公示することが主であって，権利変動の過程を公示することは従たる意義を有するにすぎないから，むしろかような登記を保護して，…もはや中間者その他何びとも，その登記の無効を主張することができない，（すなわち，有効な登記として取扱う）」[38]と解するなど，なされた中間省略の登記を有効なものとするものが多い。

この他，例えば売買とすべき登記原因を贈与とした所有権移転登記など権利変動の態様に符合しない登記は有効なものと解されている[39]。又，権利の内容と登記上の記録に一部不一致がある場合には，更正登記が可能な範囲内で有効なものと考えられる。

公示制度と手続～思考の入れ替え～

　不動産登記は，不動産をめぐる物権に変動が生じた場合，その権利に対抗力と呼ばれる法的効力を与えることを目的に設けられた制度であり，これを使うための作業が登記の手続きである。これは，不動産登記の制度と手続きの説明であるが，初学者諸君はおそらく気にもとめずに読み飛ばして先に進むのであろう。

　ところが，不動産登記法は苦手だ，という人は，この説明に出てくる登記の「制度」と「手続」を区別せず，両者を渾然一体として理解しようと努力しているところに，原因がありそうである。このことは，登記に関心を持つ過程に，思考を混乱させる理由が潜んでいそうなので，本題からそれるけれどふれておく。

　通常，登記は民法の学習の中で知る。そこでの「登記」とは⇒物権変動⇒対抗力⇒公信力はない…けど判例は…とか，勉強の好きな人は，第三者⇒制限説・無制限説…，さらには登記を要する物権変動は何か…のように思考を進ませ，価値観に基づく解釈論が常に玉座を占める。確かに，登記を実体法あるいは公示制度からみたら，この態度は正しいが，ここで「しかし」が登場する。

　しかし，不動産登記法は登記～ここでは登記簿への記録と置き換えて～手続きをするための法律である。そして，日本全国どこでも登記の手続き（記録とその開示）は制度の重要性の観点から同じでなければならない，と考えるので，

---

[38] 船橋諄一・物権法 112 頁。
[39] 船橋諄一・物権法 114 頁。手続上は，更正登記の問題となる。

運用において均質性を求める力が大きく働く。その結果，手続を使用する誰にでも同じ作業をさせるために，法令の適用に際して疑義が出ないよう，具体例を念頭に置いた上で微に入り際を穿つように種々の規定を整備した。具体的には，不動産登記法を中心に，それを補足・補充する，不動産登記令・不動産登記規則・不動産登記準則が定められ，運用の細部に至るまで指示を出している。これらを，作業仕様書（マニュアル）と呼んでも良いであろう。そしてマニュアルに照らして疑問が出た場合には，登記事務を掌握する機関が使い方を決定し，以後同様の例に備えて運用指針の統一見解を出すことで均質性・画一性を保つのである（これが，法務省民事局あるいは担当部署から発せられる通達・回答と呼ばれるものである）。

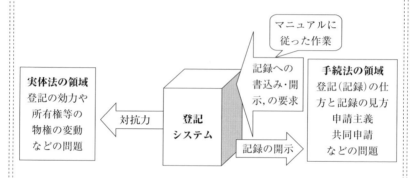

つまり，登記（記録への）手続きの理解に向けた方法については，まず，法令の解釈作業はほとんど完了していて，その際に，甲説・乙説のような考え方の対立も，少なくても運用（実務）を念頭にした場合には登場しないことを知った上で，次に，網羅されている法令をどのように「使うか」が，中心になるのである。それゆえ，あまり楽しくはないが，例えば添付情報などは「法令に規定がある」から添付し，「法令に規定がない」から付けない，という一刀両断的な姿勢が理解を進める上では効果的である。

ところが初学者の多くは，登記手続を学習する際にも，「所有権」「抵当権」の用語が常時登場することが災いし，思考がその「言葉」に引きずられて手続き規定を「解釈」して理解しようとする傾向が強く，この手続きについて自分ならこの情報を付ける，と考えて結果として手続き内容を誤るのである。

したがって，手続きの学習に際しては，ここからは「記録の使い方を学ぶのだ」と思考を切り替え，マニュアルに規定があるか否かを中心に据える態度が肝要である。

第1章　不動産登記の基本的な仕組み

第1　概　説

　前章で述べたように，取引の安全をはかるために土地や建物をめぐる権利関係を公示する不動産登記制度を設けるとして，それを実際どのように運用していくか，とりわけ当事者が何をなすべきかが次の課題である。

　ところで，登記が当事者によって自由になしうるとしたら，不動産登記の社会的な役割を少しでも知る人であれば制度そのものが混乱に陥ることは容易に想像しうるであろう。そこで，制度に対する国民の信頼確保に向けて手続が常に適正に実施されるように，登記をめぐる手続の過程は開始からその実施，さらに登記記録上の情報の利用方法に至るまでの全てを法令で定めている。

　その内容であるが，登記はそれを必要とする者の行為と，それに基づいてなされる登記官の事務処理が主な手続であるために，ここにかなり詳しい規定を置いている。しかしこれだけに止まらず，登記としての記録内容の法的な重要性に鑑みれば，記録の保存方式を始め手続運用の基盤である設備機器も大きな役割を担っているために，法令はここまで全て詳細に定めている。

　そこで，より具体的な登記の方法の説明に入る前に，手続の基本的な仕組みを述べておくことにする。

> **登記手続きの全体像**
>
> 　不動産登記は，繰り返すが，手続きの観点からは不動産をめぐる権利関係を記録してその内容を広く社会に開示する制度である。これを，本題の登記をめぐる手続きの説明に入るにあたり，先々全体を見失わないように，比喩的に説明しておこう。
> 　登記手続きの全体像を乱暴に示すと，不動産をめぐる権利のデータベース（記録）があり，そこにある記録の①書き換え作業と，②開示作業だ，と置き換える

ことができる。記録はコンピュータの記憶媒体であるハードディスク等になされるので，前者の作業はハードディスク（これを登記簿と呼ぶ）に収納されたデータベースへの新たなファイルの作成や，既に作成済みのファイルの内容の書き換えを要求したり書き込みをする作業つまり**入力**を指し，後者はファイルにある情報を登記事項証明書等として**出力**する作業を指す，ともいえる。これを再度不動産登記法から見ると，①の書き換えについての要求が当事者の申請で，それに対応する作業（書き込み）が登記官の記録の問題であり，②は登記官から必要とする者への登記事項証明書を交付する作業の問題だ，といえる。

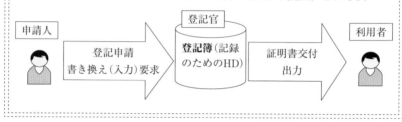

第2　手続の基本構造

1　登記への過程

　登記を必要とする者にとって，それがなされるまでの過程は連続して一体のものであるが，講学のためにあえて，「どういう場合に」，「誰が」，「何をすれば」，「どこでなされる」のように区分して観ることもできなくはない。「どういう場合に」は，土地や建物についての登記できる権利の変動等の問題であり，もう一歩踏み込むと①登記できる不動産，②登記できる権利とその変動，の問題である。「誰が」が③手続の当事者の，又「何をすれば」が④登記の申請とその具体的な手続の方式の問題で，さらに「どこでなされる」は登記事務を扱う⑤登記所とその設備⑥登記の実行の問題である。さらに，登記制度の目的を果たすためには，⑦記録を公示する方式も重要であり，これらを登記手続の基本構造と観ることができる。このうちの，手続の当事者とその行為は一体で考察すべきであるが，手続全体を素描するために形式的分類のままで説明を試みることにする。なお，本題に入るにあたり，登記への過程で最も重要なことは，登記の前提要件ともいうべき権利の変動がなされたことであることを，改めて確認しておきたい。

2 不動産登記のための法令

　土地と建物[1]をめぐる権利の変動等による登記をするための手段方法を定めたものが，不動産登記法である。不動産登記法は，土地と建物の物理的な現況と権利関係を登記するための法律であり，上述した手続の構造にしたがえば，どういう場合に（法3条，105条等参照），誰が（法16条，28条，60条等参照），どうすれば（法18条，60条），どこで（法6条等参照）登記をすることができるか，この他にも登記された情報の開示方法などを網羅的に定めたものであり，手続法と呼ばれる分野の法律である。

　なお，不動産登記法だけで手続の全てが規定されているわけではなく，これを補う政令（不動産登記令（以下，令という。））や省令（不動産登記規則（以下，規則という。））等が定められている。また他にも，実務現場の手続の疑義等に対し，登記事務を所管する法務省より行政通達の形式で指示がなされ，これが申請手続の形式を決める場合もある[2]。

3 登記の意味

　ここで，多義的な言葉である「登記」について簡単にふれておく。

　実体法における「登記」は，不動産の物権変動に法律的な対抗力を与える手段であるが，手続に関する限り，登記とは不動産をめぐる権利関係を国家機関が定められた方式にしたがい所定の事項を記録することをいい，さらにこれによりなされた記録そのものを指していう場合もある[3]。この他，登記記録に一定の事項を記録する過程である手続的な部分を指して使用される場合もある。このうちの手続的な使われ方に関しては文脈により解することになるが，いずれであっても大きな違いが生ずることはない[4]。

---

[1] 民法においては，「不動産」をめぐる権利を保護する制度として登記が定められているが（民法177条参照），不動産登記法にしたがって登記できるのは，「土地と建物」である（法2条1号）。

[2] 手続の広い範囲にわたるものとしては，平成17・2・25民二第456号局長通達「不動産登記事務取扱手続準則」がある（以下，本文等では単に準則という。）。他にも通達と呼ばれるものがあり，基本的には登記官等への指示であるが，それが手続の取扱い方の先例になり間接的に申請人に影響を与える性質のものである。なお本書においても，具体的な手続の説明においてしばしば登場する。

[3] 用語上の「登記」は，不動産登記法において表示に関する登記（法2条3号）でも使用されるが，本書ではこれを主に権利に関する登記（法2条4号）の意味で使用することにする。

18　第1章　不動産登記の基本的な仕組み

> **登記の意味**
>
> 　「登記」というと，まずは「対抗力」を思い浮かべる読者が多いであろう。確かにそれは登記の目的であり，最も重要だといえる。しかしそれは実体法における問題であり，手続きの仕組みを理解するうえでそのことを念頭に置く必要性はあまりない。登記とは，不動産をめぐる権利関係等の「記録」だと考える程度で十分である。

第3　登記できる不動産

1　概　説

　民法の上で財産権の対象となる不動産は，土地とその定着物[5]と定義されている（民法86条1項）。これに対して登記できる不動産は土地と建物であり（法2条1号），手続と実体上のそれには若干の違いがある。このうちの土地については民法と不動産登記法に特に違いはないが，民法上の不動産である土地の定着物については登記できるものが不動産登記法により建物に限定されるので，そこには違いがある。なお，建物と一口に言っても様々なものがあるために，手続上その定義や例が示されている。それによると，物理的には屋根及び周壁又はこれらに類するものを有する建造物であり，居宅・店舗・事務所・旅館・発電所等の，目的とする用途に供しうる状態であることが求められる（規則111条，113条参照)[6]。

---

[4] ごく簡単にいうと，登記制度は不動産をめぐる権利関係の記録と公開のシステムであり，登記のための手続は要するに情報更新手続である。
[5] 未採掘の鉱物は鉱業法により土地所有権から除外されている点はともかく，樹木や石垣，又土地に造り付けられた機械はここでいう定着物と解されている（大判明治35・1・27民録8輯77頁，大判昭和4・10・19新聞3081号15頁，大判大正10・8・10民録27輯1480頁）。しかし，本文で述べたようにこれらを建物として登記することはでいない。
[6] より具体的には，「野球場又は競馬場の観覧席。ただし，屋根を有する部分に限る」「地下街の建造物」は建物であるが，「ガスタンク」は建物として取扱われない，と例示されている（準則77条）。なお，ある定着物が建物として登記できるか否かは表題登記の問題であるので，ここでは言及しない。

2　登記上の土地とその個数

　不動産登記法により登記することができる土地は，私権の対象すなわち取引の対象となる土地であり，したがって池沼やため池など，物理的な意味では水面下であっても財産的価値が認められて取引の対象とされるものはここでの土地に含まれる（規則99条参照）。

　次に，物理的な意味における土地は連続した地表面であり，そのままでは区分性や数量の概念にはなじまない存在である。しかし取引の対象とするためには他の土地と区別して特定される必要があり，これについて不動産登記法は土地が社会的にも人為的に区分されて利用されていることをふまえ，登記の上でも他の土地と分界区分され特定されたもの毎に登記記録を設け，そこに手続的な個数を考えている。なお，ここでいう1個の土地は（これを一筆の土地という）あくまで手続上の単位であるために，例えば登記上の甲土地の一部を当事者が特定して売買することなどは，実体法の上では可能である。しかし，それによる登記（この場合は所有権の移転登記）は，登記記録上の甲土地から売買の対象地を区別する手続（これを分筆登記と呼ぶ（法39条1項参照））をし，登記上に売買の対象地を特定した登記記録（例えば乙土地）を新たに設けてからでないと，することはできない。

3　登記上の建物とその個数

　わが国は，法制度の上で建物を土地と別個の財産権の対象としているので（民法86条1項），公示制度上も建物を独立した登記の対象としている。登記の対象となる建物がいかなるものかは既に述べたとおりであり，その特定については土地との比較において判断がし易く，一般には物理的な外観上の1個の建物を手続の上でも1個の建物（一棟の建物という）として取扱っているが，これには次のような例外がある。

　①附属建物…物理的には独立した建物でも手続的には独立性を失うもの
　例えば居宅に隣接して物置がある場合，その物置は効用上居宅と一体として利用されることが多く，居宅に対して従物の関係にあるといえる（民法87条）。そこで，この居宅と物置のような関係にある複数の建物については，所有者の意思に反しない限り居宅を主である建物として登記をし，物置は主で

ある建物の登記記録の表題部に附属建物[7]として記録することで，物理的な個数に関わりなく手続上は1個の建物として取扱うことができるものとしている（準則78条1項）。

②区分建物…物理的な一棟の建物の一部が独立した権利の客体であるもの

マンションの一戸のように，物理的(形式的)には一棟の建物の一部分ではあっても実質的には独立した建物としての用途に供することができるものである場合には，その特定の一部（専有部分という）を独立した所有権の目的とすることができる(建物の区分所有等に関する法律（以下，区分所有法という。）1条)。つまり，区分建物は物理的な外観ではなく，用途によって独立性が判断され，法律上も独立した区画を1個の建物と見ることができるものとしている。

ところで，区分建物は一棟の建物の構造上区分された部分で，独立して住居等の建物の用途に供することができるものであって，区分所有法2条3項に規定する専有部分であるものをいうと定義されている（法2条22号）。これに従うと，ここでいう区分建物は区分所有法の専有部分（区分所有法2条3項）だけではなく，同法4条2項により共用部分とされたものを含むので，区分所有法の専有部分の概念と一致するわけではない[8]。

この他，建物は通常，一定の建築過程を経て完成される人為的構造物なので，どの段階をもって登記上の建物と認めるか[9]，これとは逆に，建物ではなくなるのはどの段階かが問題になる場合もある。この他建物の個数については，増築部分が既存建物に附合するか（民法242条参照），又は区分建物と認め得るかで問題となる。これについて判例は，単に建物の物理的構造のみによってこれを判定すべきではなく，所有者の主観的意思をも考慮して，社会通念で決定すべきものとしている[10]。いずれにせよこれらは表示の登記の問題で

---

[7] 附属建物とは，「表題登記がある建物に附属する建物であって，当該表題登記がある建物と一体のものとして一個の建物として登記されるものをいう」と定義されている（法2条23号）。

[8] 区分所有法上の専有部分とは，区分所有権の目的たる建物の部分をいい，同法4条2項により共用部分とされたものは含まれない（区分所有法2条1項・3項参照）。これに対して不動産登記法上の区分建物は，区分所有権の客体となり得る一棟の建物の構造上区分された部分であればよく，その部分が規約共用部分である場合も含まれる（清水響・前掲「新不動産登記法の概要」第6の1の(5)）。

[9] 建物と認められる時期については，単に建築工事の進捗状況から画一的に決まるのではなく，それと建物の用途性との兼ね合いにより個々に判定されると解されている（御園生進「建物の判定」登記研究189号19頁）。

あるため，これ以上の言及はしない。

第4　登記できる権利とその変動

1　概　説

　民法は，登記の対象ないし内容を物権の得喪及び変更である旨を概括的に定め，具体的には不動産登記法等の定めに従うべきであることを述べているので（民法177条参照），不動産登記法が登記できる権利と，どのような場合にそれをすることができるのかを定めている。

2　登記できる権利

　不動産登記法の上で登記することができる，言い換えると登記能力を有する権利は，土地及び建物に対する所有権・地上権・永小作権・地役権・先取特権・質権・（根）抵当権・賃借権・採石権である[11]。これに加え，買戻権（民法581条）・土地や建物に関する物権の取得を目的とした請求権や条件付権利も，仮登記としてではあるが登記できる（法105条）。これに対し，民法上の物権ではあっても占有権・留置権・入会権は登記することができない。

3　登記できる権利変動

　登記は，ある人に所有権を始めそれをすることができる各種の権利の「得喪及び変更」，すなわち変動があった場合，それに応じた保存・設定・移転・変更・処分の制限・消滅という形態[12]をもってなされる（法3条）[13]。

　ある不動産に初めてする所有権の登記と，発生した先取特権についてなされる登記が，保存登記である。ある不動産の所有権又はその他の権利に対して，所有権以外の権利が新たに創設される行為を設定と呼び，これによる登

---

[10] 最判昭和43・6・13民集22巻6号1183頁。
[11] 登記できる権利には物権以外の賃借権などが混在するので，厳密（形式的）には不動産登記制度が「物権」の公示制度であるとはいえない。
[12] 権利を中心に，変動の形態を表したものである。
[13] わが国の登記制度は，特定の不動産をめぐる権利の帰属関係を，例えば，所有権移転，抵当権設定のように権利をその変動に合わせて公示する方式である。

記が設定登記である。次に，既に登記されている権利の全部又は一部を，現在の権利者から他の者に移すための登記が移転登記であり，既になされている登記とそこに対応すべき権利の内容が一致しなくなったときに，それを解消するためになされるのが変更登記である。又，本来符合すべき実体関係を欠いた登記を登記上消去るための登記が消滅による登記であるが，手続的には抹消と呼ばれる。処分の制限とは，登記された権利について権利者の処分が法律上制限された場合になされるもので，差押や仮処分等がこれにあたる[14]。このうちの設定については原因に制限がないので，法律行為によるものは当然として法律の規定やその他の原因により権利が創設される場合も含まれ，例えば時効取得によって地上権や地役権を取得した場合にも，設定登記をすべきものとされている。ただし，創設された権利が先取特権であるときは保存登記をすべきであって（法83条参照），設定には含まれない[15]。

なお，登記を手続の観点から形式的に区別すると，ここに更正登記を加えることもできる。しかし更正はなされた登記に錯誤や遺漏の事実がある場合を対象とするもので，権利の変動によるものではない。

第5 登記の申請（手続の開始と申請主義）

1 概　説

登記，すなわち登記官の登記簿への一定事項の記録は（法11条），それを必要とする者[16]の一定の行為による手続の開始に基づき，それに対応してなされなければならない（法16条）。これを申請主義という。申請人が国家機関である登記所に対してなす一定の行為を申請と呼び，その法的性質は私人のなす公法上の行為と解されている[17]。又私人が国家機関である登記官に対して

---

[14] ここでの処分の制限とは，「所有権者その他の権利者の有する処分権能を剥奪することをいう」（吉野衛・注釈不動産登記法総論上87頁）ので，当事者の特約により処分権を（債権的に）制限するもの，例えば譲受人が譲り受けた不動産をある期間他に譲渡しない契約などは，登記することができない（明治36・6・29民刑第108号民刑局長回答）。
[15] 吉野衛・注釈不動産登記法総論上76頁・77頁，東京地判昭和48・3・16判時715号71頁。
[16] 権利に関する登記の申請は法令上強制されてはいないが，例外的に建物新築工事の先取特権保存の登記をなした後にその建物が完成した場合の建物所有者に対し「遅滞なく，所有権保存の登記を申請しなければならない」と手続をするよう求めている（法87条1項）。

登記を要求する行政上の権利を登記申請権といい，登記を要求する者が登記の申請を行う際に，本来であれば共同して手続をなすべきであるにも関わらずそれに協力しない一方の当事者を訴え，強制的に登記を実現するための実体上の権利を登記請求権という。

申請主義の例外が登記官による職権登記（職権主義）であり，権利に関する登記は申請主義を原則とするが，表示に関する登記は申請主義と職権主義が併用されている（法28条参照）。

登記の手続きと登記名義人

1）登記の手続（登記手続）

登記の手続きとは，既に述べたが登記簿に何がしかの記録を行うための作業の全体を指し，申請とは登記の手続の中の，登記を求める者が行う作業の部分にあたる。そして，本文ではこれより後に説明するが，この作業（申請）を行う者を登記申請人（単に申請人といっても同じ）と呼ぶ。

＊手続きの特徴

記録をするための作業手順は細部に至るまですべて法令（不動産登記法や不動産登記令ほか）で決められている。ということは，申請人が例えば「自分は男であることを記録してほしい」と希望しても，「性別の記録」は法令に規定がないので記録することができない。繰り返すが，「手続は法令に従う」との基本認識は，申請情報・添付情報を考える上で特に重要である。また，手続き内容は定型・画一化されている。これは，経済的事情を背景に日々大量に発生する登記需要を，迅速かつ正確に処理するための工夫によるものである。

2）登記名義人（法2条11号）

登記記録の上で権利の名宛人となった者，例えば所有者のように権利の名義を取得した者を「登記名義人」あるいはこれに権利名を付して，「所有権登記名義人」と呼ぶ。ただし，この呼び名は手続的なもので，登記名義人と実体的な観点で権利を持つ者（例えば所有者）は必ずしも重ならないことに注意を要する。例をあげると，登記記録上の所有権登記名義人であるAが，その不動産をBに売買して所有権はBに移転した場合でも，それによる登記が完了するまでの間，実体上の所有者はBであるのに登記名義人はAである。つまり，登記名義人は，自分が持っていた権利を失っても，それに基づく登記手続きを完了するまでは，記録の上で名義（というか記録そのもの）を維持してしまうのである。なお登記名義人を，「記録の上に名前が載った者」と機械的に理解すべきではない。担保の記録に名前が載る債務者は，登記名義人ではない。

[17)] 船橋諄一・不動産登記法127頁。

次に示すものが，権利部（甲区）の登記記録の例である。権利者その他の事項に所有者として記録された者か登記名義人である。なお，本書の登記記録の例は，本文も含めて平成 21 年 2 月 20 日法務省民二第 500 号「不動産登記記録例」によるものである。

権利部（甲区）		（所有権に関する事項）	
順位番号	登記の目的	受付年月日・受付番号	権利者その他の事項
1	所有権保存	令和何年何月何日 第何号	所有者　何市何町何番地 　　　　何　某　　←所有権登記名義人

2　手続の当事者と共同申請

(1)　共同申請の原則と登記申請人

　登記の申請を誰が当事者となって行うかは，手続構造と関係する大きな問題である。これについて，登記の申請は私人間の取引行為等により特定の不動産をめぐる権利関係に変化を来したことに基づき，公示を符合させるための登記所に対する公法上の行為であることの性質をふまえると，それをすることで利益を得る者のみに行わしめることも考えられる。しかし不動産登記法は，登記官が原則として実質審査権を持たない権利の登記手続の下で虚偽の登記の発生をできるだけ防止しようとする意図のもとに[18]，登記をすることにより登記上利益を受ける者だけではなく，不利益を受ける者をも対立する当事者として申請人に加え，共同して申請する方式を採用した（法60条）。これを共同申請の原則という。

　登記権利者と登記義務者は，手続の上で次のように定義されている。

　登記権利者…権利に関する登記をすることにより，登記上，利益を受ける者をいい，間接に利益を受ける者を除く（法2条12号）。

　登記義務者…権利に関する登記をすることにより，登記上，不利益を受ける登記名義人をいい，間接に不利益を受ける者を除く（法2条13号）。

　ところで，登記の申請[19]をおこなう者としての登記申請人は，通常はこの

---

[18] 半田正夫・物権法 31 頁。
[19] ここでいう登記の申請は，あくまで権利関係についてのものであり，表示の登記（後述する）は除かれる。

双方の者である。しかし，ある種の登記の申請については，これらの者を登記権利者あるいは登記義務者としながらも，これに代わって他の者が正当な登記の申請人となることがある。したがって，登記権利者と登記義務者が常に登記申請の手続行為を現実におこなう者としての登記申請人と重なるわけではない[20]。

　本論から少し逸れて登記権利者と登記義務者についてもう少し説明を加えると，例えばAが自己の所有する土地をBに売買し，それによる所有権移転登記を申請する場合，登記がなされて登記記録に登記名義を得るBが登記権利者であり，登記名義を失うAが登記義務者である。ところが，申請する登記の中には登記権利者及び登記義務者の判定が前述の基準では形式的に難いものがあり，そのような場合，実務上は個別に判断がなされている（後述する）。なお，登記権利者と登記義務者は手続上の当事者であり，実体上の権利変動の当事者と，必ずしも一致しない。例えば，Aが自己の所有する土地上にX銀行の抵当権を設定登記し，その後弁済をして抵当権は消滅したが，Aが抵当権の抹消の登記をしないまま土地をBに売買して登記を完了した後にその抵当権の抹消をする場合，抵当権の消滅に関する権利変動の当事者はAとX銀行であったが，それによる登記の抹消の登記権利者は新たな所有権登記名義人のBである。

　この他，抵当権の順位変更と共有根抵当権者間の優先の定めの各登記は，複数の当事者が登記の申請をおこなうが（法89条），申請人相互間を対立当事者ととらえず全員を申請人としている[21]。この申請形態を講学上，合同申請と呼んでいる。

---

[20] 権利に関する登記の申請をすべき者は原則として登記権利者と登記義務者であるが（法60条），申請人はその者に限定されず，法令の根拠に基づき登記の申請をする者を含む（令3条11号イ参照）。
[21] 申請情報上，登記権利者・登記義務者の区分をしない。

26　第1章　不動産登記の基本的な仕組み

共同申請

　かみくだくと，申請の作業を登記権利者・登記義務者と呼ぶ立場の異なる二種類の者が一緒に行うということ（法60条）。ここまでは簡単に理解できるであろうが，問題は個別具体的な申請時にそれが誰か，ということである。この判断は本文のとおりであるが，重要なのはそれらが例えば「所有権移転なら誰と誰」のように，登記の種類ごとに個別具体的に決められているのではなく，法文の上で「登記をすることにより…」というように，登記記録を基準に決められたことにある（法2条12号，同13号）。そうすると，手続きの作業を知るためには，申請時だけでなく予定の手続きがなされた後の登記の記録のされ方，の双方を知ることが大事である。つまり，共同申請の当事者の立場は，今作業を行う申請が完了したら記録はこうなる，ということを見通す知識を前提にして決定するのである。ただし，このルールでは判断がつかない場合もあり，そのような例については登記官署（法務省民事局のいわゆる通達など）の判断に従うことになる。

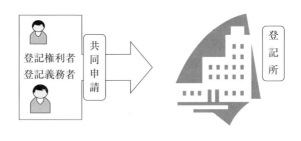

(2)　当事者の法律的能力

　登記手続を行う者に関する手続的な行為能力とでもいうべきものは，不動産登記法上に定められていない。登記申請行為の法的性質は，私人のなす公法上の行為であり，それ自体に民法の無能力者制度が直接適用されることはない[22]ものの，登記申請についての意思能力は必要であると解されている[23]。これについて，実務上未成年者が若干問題になるが，未成年者であっても意

---

[22] 登記の申請は，形式的に私法上の法律行為ではないだけでなく，当事者が実質的な取引をする行為でもなく，実体法上既に作出されている権利状態に応じた形式ないし外装を加えるだけの行為であるので，行為能力を欠く者を，特に申請行為そのものにおいて保護する必要がなく，したがって行為能力制度の準用は否定されるべきである，と解されている（幾代通・不動産登記法103頁）。

思能力があれば登記の申請ができることとされている[24]。

(3) **登記の連続性の原則**

申請する登記は，その時点における登記記録上の権利関係を前提にしていなければならない。このことは，上述した登記義務者が申請する登記の前提となる権利の登記名義人と一致しなければならないことに具体的に現れている[25]。特定の登記が，前提となる登記と直接の連続性を有してなされることを，登記の連続性ということがある[26]。

(4) **登記記録との符合**

再び登記権利者と登記義務者の問題だが，両者は登記記録との関係でその地位が判定されるので，登記義務者のように登記名義を有する者の場合，登記記録と実際の表示の不一致が問題となる場合がある。例えば，甲市を住所地として登記されたＡがその後乙市に転居した後にその土地をＢに売買する場合，それによる所有権移転登記の申請情報に登記義務者として表示するＡの住所地は当然乙市である。そうすると，乙市Ａは登記官の審査の上では登記記録上のＡではないので，登記義務者ではないと判断されて却下の対象となる（法25条7号）。これについては，登記名義人であることを前提とする他の，例えば変更登記の申請に関する登記権利者も同様である。このような場合，登記名義人は自己の登記記録上の表示（住所や氏名等）をあらかじめ現在のものに変更することが必要である（法64条1項）。

3 共同申請以外の申請人

登記の申請は，上述の共同申請ではない形式によりなされる場合があり，

---

[23] 申請人に意思能力が備わっていることは登記申請の受理のための要件であり，意思能力を欠く場合，登記申請行為と認めがたいから，登記官は申請を却下すべきであろう（船橋諄一・不動産登記法130頁）。

[24] 未成年者についての登記上の意思能力の有無の判断基準について，実務上は満18歳以上をもって意思能力ありと考察するものがある（御園生進・不動産登記法・民事研修136号130頁）。

[25] 権利に関する登記が，現に登記上表示されている者を基点として，連続してなされることを要するという主義は，登記簿につき物的編成主義をとる法制の下において，誤りのない登記を確保するために生み出された巧妙な法的技術であるということができる（吉野衛・注釈不動産登記法総論上501頁）。

[26] 登記の連続性の原則は，共同申請の原則に包含される観念であると解されている（幾代通・不動産登記法60頁）。

その場合の登記申請人にも簡単にふれておく。なお，これらの手続については後述する。

(1) 単独申請

単独申請という形式で登記の申請がなされる場合がある。これは，判決や相続による登記（法63条），その他法文に定められている場合であるが，これらはどちらかというと共同申請の例外形態である。相続による登記とは，相続を登記原因とする権利の移転の登記であり，形式的に見た場合には相続人が登記権利者となり単独で申請をする手続である。判決による登記は，共同申請における登記権利者もしくは登記義務者のどちらか一方（多くは登記権利者）が単独で申請する手続である。

(2) 相続人等の一般承継人及び代位者

登記の申請を，本来登記権利者や登記義務者としてあるいは単独で申請すべき者とは異なる，別の者が行うことができる場合がある。一つは，本来申請人となるべき者が死亡等した場合であり，その相続人等の一般承継人が登記申請人となって手続を行うことができる（法62条）。もう一つは，民法423条に基づき債権者は本来の申請人となるべき債務者に代位して登記の申請を行うことができるので，これにより債権者が（登記権利者に代わって）登記申請人となる場合である（令3条4号）。

4 代理人

登記の申請は，代理人によってすることができる。ここでの代理人には，法定と任意の区別がされず，任意代理人に関しては登記の申請が法律行為ではないと解されていることから，自己契約・双方代理禁止の規定（民法108条）の適用はないとされている[27]。したがって，登記権利者が登記義務者の代理人となったり，登記権利者と登記義務者の双方が同一人を代理人とすることができる[28]。なお，登記申請についての委任による代理人の代理権は手続に

---

[27] 登記の申請は私法上の法律行為ではないので，民法の代理の規定の当然の適用はない。かつ，登記の申請は当事者間に新たな実体法上の利益交換を生ずるものではないので，これに，仮に民法108条を類推適用するとしても，「債務の履行」に準ずるものとして，同条但書に該当する場合というべきである，とされている（大正14・9・18民事8559号民事局長回答，船橋諄一・不動産登記法113頁）。

関するものなので，本人の死亡や本人が法人である場合の合併，本人である受託者の信託の任務終了，法定代理人の死亡・代理権の変更もしくは消滅があった場合，いずれも消滅しない（法17条）。

第6　申請の行為

1　登記申請とその法的性質

　登記の申請は，申請人が登記を扱う国家機関である登記所に対して定められた内容の登記を行うことを求める公法上の行為であり，その方式は全て法令に定められている。

2　登記申請の要件と方式

　登記の申請には，当事者が登記申請の能力を具備していること，申請が意思に基づいたものであること，及び定められた方式にしたがっていることの3つが成立要件として必要であるとされている[29]。

　当事者の能力については既に述べたとおりであり，申請が意思に基づいたものであることも当然のことである。

　次に，申請に関する具体的な方式であるが，申請人は登記の内容であるところの権利やその態様に応じて法令に定められた申請情報や添付情報を作成して，電子情報処理組織を介してあるいはそれらを記載した書類を登記所に提供することによって行う。これが申請行為の主要なものである（後述する）。

　次に，実務で使用される登記申請書の見本を示しておく。1は書面申請，2がオンライン申請のいわゆる特例方式と呼ばれるものの例である。

---

[28] 実務の現場では，むしろ双方代理が常態である。
[29] 香川保一・全訂不動産登記書式精義上3頁

申請書例1(書面申請)

登 記 申 請 書

登記の目的　　所有権移転

原　　　因　　令和○年○月○日売買

権　利　者　　甲市○○○○○
　　　　　　　　　A某

義　務　者　　乙市○○○○○
　　　　　　　　　B某

添付情報　　登記原因証明情報　　登記識別情報　　住所証明情報
　　　　　　印鑑証明書　　　　　代理権限証明情報

令和○○年○○月○○日申請　　甲地方法務局乙出張所

代　理　人　　丙市○○○○○
　　　　　　　　　C某　㊞
　　　　　　　連絡先の電話番号 000-0000

課税価格　　金○○○万円

登録免許税　　金○万○千円

不動産の表示

所　　　在　　甲市○町○丁目

地　　　番　　○番○

地　　　目　　宅地

地　　　積　　○○平方メートル

申請書例2（オンライン申請（特例方式））

登 記 申 請 書

登記の目的	所有権移転
原　　因	令和〇〇年〇〇月〇〇日売買
権 利 者	甲市〇〇〇〇 A某 登記識別情報通知希望の有無：希望する
義 務 者	乙市〇〇〇〇 B某 登記識別情報の提供の有無：有り
添付情報	登記識別情報提供様式　登記原因証明情報（特例）（PDF） 代理権限証明情報（特例）　印鑑証明書（特例） 住所証明情報（特例）
その他事項	登記所において登記識別情報通知書の交付を希望します。 連絡先（代理人）の電話番号〇〇〇-〇〇〇-〇〇〇〇

令和〇〇年〇〇月〇〇日申請
　　　　〇〇法務局

代 理 人	丙市〇〇〇〇 C某
課税価格	金〇〇〇〇円
登録免許税	金〇〇〇〇円 租税特別措置法第84条の5第1号による

不動産の表示

　土　　地　〇〇市〇〇丁目〇〇-〇〇

土地の表示

所　　在	〇〇市〇〇丁目
地　　番	〇〇番〇〇
地　　目	宅地
地　　積	〇〇平方メートル 不動産価格　金〇〇〇〇円

第7 登記所とその設備

登記をするために，次のような機関と設備が設けられている。

1 登記所

登記とその手続は，全て登記所と呼ばれる国家機関が扱う（法6条）。登記所とは，裁判所のような国家機関の正式名称ではなく，法務局・地方法務局・その支局・出張所がここでいう登記所として登記事務を取扱う機関となる（法務省設置法13条ノ2，法務局及び地方法務局組織規定，法務局及び地方法務局の支局及び出張所設置規則）。

2 登記所の管轄

不動産登記の管轄とは，個々の具体的な登記の手続をどこの登記所が扱うかの問題である。これは民事裁判手続における裁判所の管轄のように並存的なものではなく全く固定的であり[30]，主に行政区画を単位に決定されている。そして通常，特定の土地・建物の管轄登記所は，その不動産が物理的ないし地理的に所在する地の行政区画，すなわち市（区）町村を基準に決まり，そこだけが登記手続の一切を取扱うことになっている（法6条）。ただし，地勢状況などによっては例外的に市町村の一部地域が他と異なる登記所の管轄に属する場合もある（法7条）。

> **管轄について**
>
> 　不動産登記をめぐる手続きは，本文のように管轄登記所で行われる。しかし，現在手続きがPCを利用してオンラインをとおして行われるようになったため，管轄について誤解をまねくことがあるのでふれておく。
> 　まず，登記の手続き，この場合は記録の書き換え作業であるが，これを不動産所在地を管轄する登記所以外で行うことはできない。この登記所の管轄については，申請を書面で行う場合には，作成した書面を何処に届けるか（提出）の問

---

[30] 特定の不動産の登記記録は1個しか作成されないので，それを備えた登記所が管轄登記所である，ともいえる。

> 題となって現れるので，手続き利用者は積極的に意識せざるを得ない。ところが，申請をオンラインで行う時には，作業の性質から管轄の意識が薄れがちになるので注意が必要である。
> 　次に，登記事項の証明書は，目的不動産を管轄する登記所とオンラインで繋がっていさえすれば，他の登記所からでも取得できるので，管轄登記所を意識する必要性はあまりない。しかしこのことは，管轄が無いことを意味しない。
> 　不動産登記について管轄の規定は，オンラインによる手続きを中心に据えると必要性が薄れる。しかし，表示の登記に関する登記官の現地調査の作業（法29条）などを考えると，ここでの管轄が簡単に廃止されることはないであろう。

3　登記官

　登記事務を取扱う公務員を登記官といい，法務局等の法務事務官であって法務局等の長によって指定された者である（法9条）。

4　登記記録――不動産―登記記録

　登記記録とは，表示に関する登記と権利に関する登記について，個々の土地・建物ごとに設けられる電磁的な記録であり[31]，内容は表題部と権利部に分けられる（法2条5号）。登記記録を不動産毎に設ける方式[32]は，次のことを意味する。

＊数個の不動産，例えばある土地と土地上の建物を同一の登記記録に登記しない。

＊同一の不動産について，2個以上の登記記録が設けられることはない。

＊1個の不動産の一部についての登記記録が設けられることはない（令20条4号参照）。

　このような記録方式を，登記の物的編成主義という。

　なお，この登記記録とそれを記録した登記簿が登記制度の中心的な設備であり，登記の手続は全てこれを中心に行われる[33]と言っても過言ではない。

---

[31] 記録される事項を，登記事項という（法2条6号）。
[32] 我が国では土地と建物を別個の不動産としてあつかうので登記も別になされるが（民法86条参照），土地と建物の登記記録は主に表題部の様式が異なる程度である。なお，既に述べたように建物については外観上あるいは物理的な意味での一棟の建物ごとに，登記記録が設けられるわけではない。

5　登記記録の構成

登記記録は，表題部と権利部に分けられる（法12条）。

(1) 表題部

登記記録中，不動産の物理的な現況を表す表示の登記を記録する部分を表題部と呼ぶ（法2条7号）。このうち土地については，物理的に特定するための事項として所在・地番・地目・地積（法34条1項）及びその他の手続的事項が記録され，建物については，物理的に特定するための事項として所在・家屋番号・種類・構造・床面積，および建物の名称があるときはその名称，附属建物があるときはその所在・符号・種類・構造・床面積等，建物が共用部分または団地共用部分であるときはその旨，また建物が区分建物であるときは，その建物が属する一棟の建物についての構造及び床面積と名称があるときはその名称，その区分建物について区分所有法第2条第6項に規定する登記された敷地利用権で，同法22条1項本文の規定により区分所有者の有する専有部分と分離して処分することができないもの（敷地権という。）があるときは，その敷地権及びその他の手続的事項を記録する（法44条1項，規則112条2項）。

(2) 権利部

登記記録中，不動産をめぐる権利関係を記録する部分を権利部と呼び（法2条8号），甲区及び乙区に区分される（規則4条4号）。甲区には所有権に関する登記[34]の登記事項を記録し，乙区には所有権以外の権利に関する登記の登記事項を記録する（規則4条4号）。また，それぞれの区には登記ごとに登記事項を記録した順序を示す番号である順位番号[35]が記録される（規則147条1項）。

権利部の各区に記録される登記事項については，登記の目的・申請の受付の年月日及び受付番号・登記原因及びその日付・登記に係る権利の権利者の

---

[33] 登記の申請と証明書類の交付は，登記記録を中心にして前者が情報の入力であり後者が情報の出力だといえる。

[34] ここでいう所有権に関する登記には，所有権の保存や移転が主なものであるが，買戻権（民法581条）や，差押・仮処分など所有権に対する処分の制限（民事執行法48条等）による登記なども含まれる。

[35] 登記が同順位でなされた場合には，順位番号には同順位の登記相互を識別するための符号が付される（規則147条2項）。なお，順位番号と同順位に関するこの符合を，順位事項という（令2条8号，規則147条3項）。

氏名又は名称及び住所が主要なものであり（法59条），これ以外にも登記される権利やその態様にしたがって個々に定められている。

次は，土地に関する表題部及び権利部甲区の，登記記録への記録の例である。

表　題　部　(土地の表示)		調整	余　白	不動産番号	1 2 3 4 5 6 7 8 9 0 1 2 3
地図番号	余　白	筆界特定	余　白		
所　在	甲市乙町二丁目			余　白	
① 地　番	② 地　目	③ 地　積　m²		原因及びその日付〔登記の日付〕	
5番2	宅地	297 : 52		5番から分筆〔平成何年何月何日〕	

権　利　部　(甲区) 　(所有権に関する事項)			
順位番号	登　記　の　目　的	受付年月日・受付番号	権　利　者　そ　の　他　の　事　項
何	所有権移転	平成何年何月何日 第何号	原因　平成何年何月何日売買 所有者　何市何町何番地 　　　　何　某

(3)　具体的な登記記録

具体的な不動産の登記記録の内容は，一様ではない。まず，新たに生じた土地や新築の建物を取得した者に対しては，表題登記の申請が罰則を伴って義務付けられているし，表示の登記は登記官が職権で行なうこともできるので，制度の上で全ての不動産について表題部は存在することになっている（法28条，36条，47条，136条）[36]。これに対して登記記録の権利部は，所有権に関する登記はなされてもそれ以外の権利に関する登記はもっぱら個々の不動産の利用のされかたに応じて決まる。したがって，甲区はあっても乙区の設けられていない登記記録も存在する。ただし，乙区に記録すべき権利は所有権を前提にするので，甲区がないところに乙区だけ設けられることはあり得ない。

なお，権利に関する登記が法制度上強制されていないことから，所有権の登記自体が全ての不動産についてなされているわけではない[37]。

---

[36] それでも，現実には表題登記のされていない不動産が存在する。

6 登記簿

登記記録が記録される磁気ディスク等を登記簿と呼ぶ（法2条9号）[38]。

7 地図・建物所在図

不動産登記は，繰返し述べるように特定の不動産をめぐる権利関係を記録して社会に開示することにより，不動産取引の安全を図ることを目的とする制度である（法1条）。したがって，個々の土地や建物の存在する場所と登記を関係づける手段は，制度が役割を果すためにとりわけ重要であり，これを担うのが地図と建物所在図である（法14条）[39]。地図は，一筆又は二筆以上の土地ごとに作成し，一筆の土地ごとに地番が表示される。又建物所在図は1個又は2個以上の建物ごとに作成し，各建物の位置及び家屋番号を表示する。なお，地図が備えられるまでの間，登記所には地図に代えて，一筆又は二筆以上の土地ごとにその位置・形状及び地番を表示した地図に準ずる図面[40]を備え付けることができる。

8 帳簿等—申請情報等の保存

登記所には，後述する申請情報や添付情報を保存したり，その他の目的に応じて様々な帳簿が置かれる。その代表的なものや，情報の保存期間を幾つかあげておく。

(1) 申請情報，添付情報の保存

申請情報や添付情報については，電子申請によるものについては電磁記録に，書面申請によるものについてはそれぞれの帳簿（申請書類つづり込み帳等）

---

[37] 具体的には，表題部があっても所有権の登記のなされていない登記記録が存在するのである。このような不動産を，未登記不動産と呼ぶことがあるが，表題登記さえないものも同様に呼ぶことがあり，実際のところこの呼び名は用法上混乱している。

[38] 旧法における手続で，登記簿（現在の登記記録に該当する）は個々の不動産について設けられた一登記用紙を呼ぶ場合もあったが，それらを収納管理する簿冊の呼び名でもあった（旧法14条，16条等参照）。登記記録はこのうちの前者に相当するもので，これ以外に手続中で物理的な意味での記録媒体を指すこともあるので（法11条参照），これを登記ディスクとは呼ばず，長く親しんだ登記簿と呼ぶことにしたのであろう。

[39] これらを，電磁的に記録することもできる（法14条6項）。

[40] 土地の位置関係等を表すために作成された旧土地台帳付属の地図が主なもので，実務上，公図あるいは字図などと呼ばれている。

に綴り込んで（規則17条），それぞれが受付の日から30年間保存される（規則19条，28条10号）。

(2) その他の帳簿と情報の保存

主なものは次のとおりである。

ⅰ 受付帳…記録された情報は受付の年の翌年から10年間保存される（規則18条1号，28条8号）。

ⅱ 土地図面つづり込み帳…書面申請による土地所在図及び地積測量図をつづり込む―図面は永久保存（閉鎖したものは閉鎖した日から30年間保存（規則18条3号，20条，28条13号））

ⅲ 建物図面つづり込み帳…書面申請による建物図面及び各階平面図―図面は永久保存（閉鎖したものは閉鎖した日から30年間保存（規則18条5号，22条，28条13号））

ⅳ 地役権図面つづり込み帳…書面申請による地役権図面をつづり込む―図面は閉鎖した日から30年間保存（規則18条4号，21条，28条14号）

ⅴ 登記識別情報失効申出書類つづり込み帳…申出が電子情報処理組織を使用したものである場合でも，それを書面に出力してつづり込む―申出書類は，申出受付の日から10年間保存（規則18条11号，26条，28条17号）

ⅵ 請求書類つづり込み帳 その他（規則18条～28条参照）

(3) 登記簿等の持出し禁止

登記簿やその附属書類等は原則として事変を避けるためにする場合を除き，登記所の外に持ち出しすることはできない（規則31条1項）。但し，裁判所から登記簿の附属書類を送付すべき命令又は嘱託があった場合，関係のある部分に限り送付することができる（規則31条2項）。

第8 登記の受付と申請情報の審査及び実行

1 概説

申請人が，申請情報に一定の添付情報を添えて登記所に提供すると受付がなされ，登記官による審査を経た後に登記の実行がなされて手続が終了する。

2 登記の受付
(1) 概　説
　登記官は，申請情報が提供された時にはその受付をしなければならない(法19条，規則56条)。ところで，同一の不動産に対してなされた権利の順位は原則として登記の前後により判定し，登記の前後は登記記録中の同一の区については順位番号で，別の区になされたものは受付番号により決定されるところ(法4条1項，規則2条)，登記官は受付けの順序にしたがって登記の実行をしなければならないので(法20条，規則58条)，権利の順位は事実上受付けの時点で確定するといえる。

　このように，登記手続きの上で重要な位置を占める申請の受付けについては，申請情報が管轄登記所に到達した時点でなされることを原則とし[41]，申請情報の提供に性質の異なる電子申請と書面申請（窓口申請と呼ぶ。）の2種類が認められ，しかも後者については当事者から登記所に対する申請書類の物理的提供方法が一様ではないなかで，最終的には受付帳に記録する伝統的な事務処理の方式をとることで（規則56条），登記所への入り口を手続の上で単一のものとしている。しかし，それでも申請方式の多様性をふまえると，同一不動産を目的にした相互に内容の反する登記が同時に登記所に到達する可能性は残される[42]。この点をふまえ，提供された複数の申請情報をめぐる受付けの調整をはかるために，次のような規定が置かれている。

(2) 電子申請の受付
　電子申請の受付けは，申請人の送信した申請情報が登記所の開庁日の開庁時間に受付システムに到達すればその時点で自動的になされるが，登記所の閉庁後に送信されたものについては，次の開庁日当日の開庁時に，窓口での書面申請に先立ってなされる。

(3) 書面申請の受付（窓口受付）
　書面によってなされる申請は，申請書類が登記所の窓口に到達した時点で，

---

[41] 受付に関して，電子申請と書面申請の区別あるいは優劣はない。
[42] 旧法においては，権利に関する登記の申請について当事者出頭主義を採用し，しかも窓口での受付が単一の方法であったために，同一の不動産を目的にした複数の登記の申請がなされても申請書類提出の先後が窓口で明白であり，したがって受付けの順序も当事者が同順位を希望する場合を除き先後が付けられた。

担当者が電子申請と同一の受付システムから受付番号を発番する方法で受付けがなされる[43]。申請人又はその代理人もしくはそれらの使者が出頭して持参したものについてはその場で受付がなされ、郵送等で申請がなされたものについては、受付け担当者が受取った時に順次受付がなされる。

同一の不動産に関して同時に二つ以上の申請書が郵送等で到達した場合、適宜先後を付けて権利の優劣をまねくことのないよう、それらは同時に申請されたものとみなされ、同一の受付け番号を付すこととされている（法19条）。なおこの場合に、その二つ以上の登記が内容において相互に矛盾する場合、その二つ以上の申請の全てが却下される（法25条13号、令20条6号）。

(4) 受付けの事務

電子申請であるか書面申請であるかにかかわらず、申請情報を受付けた登記官は、受付帳に登記の目的、申請の年月日及び受付番号並びに不動産所在事項を記録しなければならない（規則56条1項）。

(5) 受領証

書面申請をした申請人は、申請した登記が完了するまでの間、登記所に申請書と同一の内容を記載した書面を提出すれば、申請書及びそれに添付した書面の受領証の交付を受けることができる（規則54条）[44]。

3 申請情報の審査及び却下

(1) 概　説

登記官は、受付された申請情報の全ての事項について遅滞なく調査し（規則57条）、次に述べる場合の他申請情報が法25条および令20条に却下すべきと定められたものに該当する場合には、申請の不備が補正可能で登記官が定めた期間内に申請人がその補正をしたときを除き、理由を付した決定書をもってその申請を却下しなければならない（法25条）。

権利に関する登記の申請情報への登記官の審査については、申請人の本人性の確認を除き、却下事由が法令に列挙されている他には、その範囲や方法まで定められていないことから、申請人本人から申請された登記であればそ

---

[43] 清水響「新不動産登記法の概要について」民事月報 Vol. 59.8（平成16.8）第4(4)。
[44] 交付された受領証を、旧法による手続のように登記完了時に登記所に返還する必要はない。

れが実体的な権利関係と符合しているか否かについて実質に立ち入って判断する権限までは持たず，登記記録を基に申請情報の形式的適合性を審査する権限[45]しか有しないと解される[46]。

審査により申請情報等に不備がない場合，登記官はその登記を登記簿に記録しなければならない（法11条）。

(2) **登記官による本人確認**

登記官は，申請人以外の者が登記の申請をしていると疑うに足りる相当の理由があると認めるときは，その申請を却下する場合を除き，申請人その代表者それらの代理人に出頭を求め，質問をしたり文書の提示や必要な情報の提供を求めるなどして，その申請人の申請権限を調査しなければならない（法24条1項）[47]。調査の結果，申請権限を有しない者の申請であることが判明した場合，その申請は却下される（法25条4号）。

申請人となるべき者以外の者が申請していると疑うに足りる相当な理由 捜査機関やその他の官公署から不正事件が発生するおそれがある旨の通報があったときや，申請人となるべき本人から，次に述べる不正登記防止申出があり，それに基づき登記官により一定の措置がとられた場合でその不正登記防止申出の日から3ヶ月以内にその申出に係る登記の申請があったとき，その他一定の場合である（準則33条）。

不正登記防止申出 登記名義人又はその代表者もしくは代理人は（委任による代理人は原則として除かれる），登記所に対

---

[45] 申請人が，法令にしたがった申請情報及び添付情報を提供すれば，登記官はその情報内容が登記記録に形式的に符合しているかの判断は行うが，それらの情報内容が法的に有効であるか否かに関して実質的に立ち入った審査をせずに，申請にしたがって登記を行うのであり，この登記官の審査権を**形式的審査権**と呼ぶ。
[46] 申請人の本人性の確認以外は，旧法における登記官の審査の範囲と同様に理解すべきであろう（大判昭和15・4・5，新聞4563号12頁，幾代通・不動産登記法148〜150頁参照）。
[47] 旧法では，権利に関する登記に出頭主義を採り，申請人の不出頭を却下事由としていたので（旧法49条3号），登記官の出頭後の本人性確認に関しては，書面審査を超えた対人審査権を認めていたと解されていた（幾代通，徳本伸一・不動産登記法（第4版・補訂）164頁）。今回の改正に際し，申請人の出頭主義が廃止されたことで，登記官には申請人の提供した情報のみの審査の他に本人性確認についての手段がないということでは不都合なため，このような制度が設けられた（清水響・前掲「新不動産登記法の概要」第4の1の(7)）。

して申請人となるべき者に成りすました者が申請をしている旨，又はそのおそれがある旨の申出をすることができる（準則33条2号）。この申出は，一定の事項を記載した書面に定められた書面を添付して，登記名義人やその代表者等が登記所に出頭してしなければならない。そしてこの申出がなされると，登記官は定められた措置を講じなければならない（準則35条）。

本人確認調査権の内容　登記官の調査は，申請人となるべき者が申請しているかどうかを確認するためのもので，申請人の申請意思の有無はこの調査の対象ではない[48]。

登記官の本人確認の方法　申請人等に対して出頭を求めることの他に，電話で運転免許証の写しの送付を求めたり，申請人の生年月日や本籍等について質問したり，必要な情報の提供を求める。この時登記官は，申請人が遠隔地に居住しているとき，その他申請人の勤務等を考慮して相当と認めるときは，他の登記所の登記官に必要な調査を嘱託することができる（法24条2項）[49]。

(3)　登記申請の取下げ

申請人は登記申請の撤回として，登記の完了前であれば，電子申請にあっては電子情報処理組織を使用して申請を取下げる旨の情報を登記所に送信し，書面申請にあっては申請を取下げる旨の情報を記載した書面を登記所に提出して，申請した登記の取下げ[50]をすることができる（規則39条）[51]。

なお，登記官は書面による申請が取下げられた場合，一定の場合を除き申請書及びその添付書面を当事者に還付しなければならない。登録免許税に相当する金額については，電子申請・書面申請ともに申請人が誤って納付したものとして，税務署より還付がなされる[52]。

---

[48] 平成17・2・25民二第457号民事局長通達第1の1（6）。これは登記官に，申請人等の本人性の確認に限定して実質審査権を認めたものと考えられる。

[49] 清水響・前掲「新不動産登記法の概要」第4の1の(9)。

[50] 申請の取下げは，申請人自身による申請の撤回であり，旧法上明文の規定がなかったが実務上認められていた（明治32・8・8民刑局長回答）。

[51] 二つ以上の不動産に関する登記が同一の申請情報により申請された場合（令4条但書），一部の不動産についての申請を取下げすることができる（準則29条4項参照）。

[52] 申請人が再度登記の申請をする場合，書面申請では消印済の収入印紙等を再度使用できれば便利なので，取下げと同時に申出をすれば登記官によって消印済の収入印紙を再度使用できる旨の証明がなされて申請人に還付される（準則129条，登録免許税法31条，同法施行令21条）。

4 登記の実行

登記官は，申請情報が前述の却下事由に該当しない場合には，受付番号の順序に従って[53]登記簿に登記事項を記録しなればならない（法11条，20条，規則58条）。

(1) 登記事項

登記官が登記記録として登記すべき事項を登記事項と呼び（法2条6号，5号），全て法令に定められているが，権利に関する登記についてその主なものは次のとおりである。

① 全ての権利に共通する登記事項

次に掲げる事項は，原則として全ての登記に関して記録される（法59条，規則146条）。

＊登記の目的　＊申請の受付けの年月日及び受付番号　＊登記原因及びその日付…一部の所有権保存登記について，この事項は記録されない（法76条1項）。また，登記原因の日付については，記録のなされないものや特定の日が記録されないものもある[54]。

＊登記に係る権利の権利者の氏名又は名称及び住所並びに登記名義人が2人以上であるときは当該権利の登記名義人ごとの持分　＊登記の目的である権利の消滅に関する定めがあるときは，その定め　＊共有物分割禁止の定め[55]があるときは，その定め　＊代位者が，登記申請人となるべき者に代位して登記の申請をした場合には，代位者の氏名及び住所等と，代位原因　＊順位番号（規則147条）

---

[53] 登記官の登記実行の順序は，同一の不動産を目的とする数個の登記の申請がなされた場合には，それが登記の優劣，時には申請の却下に繋がるので，厳格に守られなければならない（法20条）。これに対し，不動産を異にする登記の相互間ではその順位が問題となることはないので（清水響・前掲「新不動産登記法の概要」第4の1(6)），権利に関する全ての申請を受付けの順に登記しなければならない，と解する必要まではないように思える。とはいえ，登記の実行は受付けの順になされるのが手続としての本来のあり方であろうと考えられるので（旧法48条），その旨の規定を設けたのであろう（規則58条,）。

[54] 所有権移転において，真正な登記名義の回復を登記原因とするものは，登記原因の日付が記録されない。また，例えば売買契約の日付が当事者間において明確ではないとき，登記原因を「年月日不詳売買」とする申請が認められている。

[55] 民法256条1項但書にしたがって，当事者が分割をしない旨の契約をした場合等である。

② 個々の権利ないし登記の態様に特有の登記事項

登記事項は前掲の事項の他に，抵当権を例にとれば「債権額，債務者の氏名及び住所，利息に関する定め」のように個々の権利に特有な事項や（法83条，88条），「譲渡又は代位弁済の目的である債権の額」のように，債権の一部譲渡による抵当権等の担保権の移転登記という，権利又はその態様がさらに限定された登記についてのみ記録されるものもある（法84条）。これら，個々の権利等に特有の登記事項には様々なものがあるので，各々の権利の登記の項で述べることにする。

(2) 記録の形式—主登記と付記登記

権利に関する登記は，登記記録に記録がなされる際に，公示の技術的な理由により主登記と付記登記の二つの方式により実行される。

主登記とは，登記記録権利部の各区に独立の順位番号を持つ登記であり（規則147条），次の付記登記に該当するものを除き，登記は原則としてこの記録方式でなされる。

次に，記録例をとおした登記の例を示すが，例1の，甲区順位番号何番でなされた所有権移転の登記は，主登記である。

これに対して付記登記とは，例えば次に示した例2の登記名義人の住所変更の登記のように，その内容が既になされた登記と一体であるものや，抵当権の移転登記のように既になされている特定の登記の延長線上に位置付けられるものを，登記記録上も明確にするために，基となる登記に接続させて記録するもので，この場合には登記記録上に独立の順位番号を持たず基となる登記の番号の支号を持たせる記録方式によってなされる登記である（法4条2項参照）。例2についていえば，甲区順位番号2番になされた所有権移転登記の登記名義人の住所変更の登記であれば，その順位番号2番の登記の一部として「付記1号」のように記録される（規則148条）。なお付記登記は，法令に規定がある次のものについてなされる。

例1

権　利　部（甲区）	（所有権に関する事項）			
順位番号	登　記　の　目　的	受付年月日・受付番号	権　利　者　そ　の　他　の　事　項	主登記
何	所有権移転	平成何年何月何日 第何号	原因　平成何年何月何日売買 所有者　何市何町何番地 　　　　何　某	

例2

権　利　部（甲区）	（所有権に関する事項）		
順位番号	登　記　の　目　的	受付年月日・受付番号	権利者その他の事項
2	所有権移転	平成何年何月何日 第何号	原因　平成何年何月何日売買 共有者 　何市何町何番地 　　　<u>持分2分の1</u> 　甲　某 　何市何町何番地 　　　2分の1 　乙　某
付記1号	2番登記名義人住所変更	平成何年何月何日 第何号	原因　平成何年何月何日町名変更 　　　平成何年何月何日地番変更 共有者甲某及び乙某の住所　何市何町 何番地

（右の矢印部分）付記登記

（注）1　変更前の住所を抹消する記号（下線）を記録する。
　　　2　さらに乙某又は甲某の住所が変更した場合には，順位2番付記1号の「及び乙某」又は「甲某及び」を抹消する記号（下線）を記録する。

付記によりなされる登記（規則3条）

＊登記名義人の氏名もしくは名称又は住所の変更又は更正の登記　＊登記上の利害関係人の承諾を証する情報を提供してなされる権利の変更又は更正の登記　＊債権の分割による抵当権の変更の登記　＊根抵当権について，根抵当権者又は債務者に相続が開始したことによる合意の登記　＊根抵当権の分割譲渡にともなう極度額の減額による登記　＊共有根抵当権者間の優先の定めの登記　＊登記事項の一部が抹消されている場合においてする抹消回復の登記　＊所有権以外の権利を目的とする権利に関する登記（処分の制限を含む）　＊所有権以外の権利の移転の登記（所有権を目的とする根抵当権の分割譲渡は除かれる（規則165条））　＊登記の目的である権利の消滅に関する事項の定めの登記　＊民法393条による代位の登記　＊抵当証券交付又は抵当証券作成の登記　以上の中で，抵当権・根抵当権に関するものは，質権・根質権についての登記にも適用される。

付記登記と主登記

　付記登記と主登記は，仮登記と本登記と同様に初学者には難解なところである。これらはいずれも言葉の響きから，移転登記や変更登記のような権利や態様による登記の種類であるかのような印象を受けるところに原因がありそうである。しかし，付記登記と主登記に関しては，記録の技術的な問題であり，それを念頭に以下のように整理すれば，混乱することは少ない。

　権利の登記の目的は不動産をめぐる権利関係の記録とその開示にある。記録は，技術的には読み取り方も念頭に考案されているが，それは，原則として一つの不動産を基点に，一つ一つを独立させる方式を採用している。つまり，所有権であれ抵当権のような所有権以外の権利であれ，不動産に対して成立して変動するので，登記（記録）もそれぞれ独立してなされる。これが，技術的な意味で独立の番号（順位番号）を持つ「主登記」である。なお，登記に「主」の付く呼び方は，「付記登記」が関係する文脈以外では登場しない用語で，通常は単に「登記」と言い表す。

　次に，付記登記という記録方式についてであるが，ここでもまずは登記制度全体，特に記録（登記）を必要とする理由を思い浮かべてほしい。そこには，所有権が移動したり，不動産を目的に新たな権利が成立する場合だけではなく，例えば登記上に権利を保有する者が住所を変えるなど，既になされた記録（登記）の一部分を変えたり，既に記録（登記）のなされた権利が処分されて権利を保有する者が別の者に替わった場合なども含まれる。まず住所の移転などは，技術的には変更部分を差し変える方式（前の記録を消去して書き換える）も考えられなくはない。しかし，変わったことを記録上に残すために，変更などの対象の記録（登記）にそのことを付記（添え書き）する方式にしたのである（付記による変更登記）。ところが，これとは別の理由で付記による記録（登記）をするものがある。それは，既に記録（登記）された所有権以外の権利の移動である。権利の移動の記録について，所有権であれば上述のように不動産を基点とした権利の移動であり，しかも所有権だけ記録する専用のスペース（権利部甲区）を備えているので，その記録には独立の番号を持たせれば良い（主登記）。これに対して，所有権以外の権利は，同一の不動産を目的に複数成立するので，それが競合した場合の優劣の判断を容易にするためなどの理由によって，記録のスペースを，それぞれの権利ごとに専用のものを設けず，同一のスペース（権利部乙区）にまとめて記録する方式を採用しているので，既に記録された権利が，ある人から別の人に移動したことの記録をする際にも独立の番号を与えると，見る側に混乱が生ずることが懸念される。例えば同一不動産にＡとＢの抵当権が成立してその記録（登記）をした場合には，それぞれの記録（登記）に割り振られた独立の番号（順位番号）が異なるので，権利の先後が一目瞭然である。ところがこのとき，例えばＡの抵当権が何がしかの理由（債権譲渡など）でＣに移転したことによりなされる記録（抵当権移転登記）に独立の番号を割

> り振ると，Ｃは誰の権利を取得したのかが記録内容を読まないと理解しにくい。それよりも，Ｃが抵当権を取得した記録はＡの記録（登記）が基点でその延長にあることを形式的にも明確にしたほうが利用者にとって読み取りやすいし，登記の本来的な役割である対抗関係の判断の容易さにもつながる。このようなことがあって，Ｃの権利取得の記録（抵当権移転登記）は，独立の番号を持ったＡの抵当権の記録に「付記」する方式，例えばＡの権利が順位番号１番であれば，そのスペース内に「付記１号」の順位番号が与えられ，そこに割り振られたスペースになされるのである（所有権以外の権利の移転登記）。

(3) 記録の内容──記入登記

　記入登記とは講学上の呼び名であり，所有権移転登記や根抵当権設定登記など，それによりある不動産の登記記録の上に全く新しい権利関係を出現させる登記を指すものである。したがって，既存の登記を基にその記録内容の変更（更正）をする登記や抹消する登記，さらには不適法に抹消された登記を回復させるための登記は，いずれも記入登記ではない。

5　申請手続の終了

　登記の実行を終えた登記官は，申請人に対して登記完了証を交付することにより登記の完了を通知し，一定の場合には登記識別情報を通知しなければならない。

(1) 登記完了証等

　登記官は，申請に基づいて登記を完了したときには，不動産所在事項・不動産番号・登記の目的・受付の年月日及び受付番号を記録した登記完了証を作成して，次の方式にしたがって申請人に交付しなければならない（規則181条，182条）。なお，登記官は申請が代位によりなされた場合には，その被代位者に対して登記が完了した旨の通知をしなければならない（規則183条１項２号）。

　電子申請…登記官が，自ら使用するコンピュータから電子情報処理組織を使用して送信し，申請人またはその代理人が自ら使用するコンピュータのファイルにそれを記録する。

　書面申請…書面で申請人に交付する。

(2) 登記識別情報とその通知

　登記識別情報は，登記記録上に新たな登記名義人が出現する登記が完了した際に，登記名義人となった申請人に原則として通知されるアラビア数字その他の符号の組合されたものであり（規則61条），後述のように登記名義人が登記義務者となって登記の申請をする際の，当事者の本人性を確認する手段として重要な役割を持つものである（法2条14号参照）。したがって，登記官より当事者への通知方式が厳格に定められている。なお，通知を受けた登記識別情報については，後日登記名義人がそれを失効させることができるが（規則65条），その手続については後述する。

登記識別情報の通知とその相手

　登記官は，その登記により申請人自らが登記名義人となる登記を完了した場合，その申請人（被通知者）があらかじめ通知を希望しない旨の申出をしたときを除き，申請人[56]に対して登記識別情報を通知しなければならない（法21条）。

　登記識別情報は，その役割から被通知者本人以外の者が知り得ないことが極めて重要なので，通知の相手は，被通知者本人の他，登記が法定代理人により申請されている場合にはその法定代理人に，また被通知者が法人である場合にはその代表者である。この他，登記識別情報の通知を受けるための特別の委任を受けた代理人にも，通知がなされる（規則62条）[57]。

　登記官より被通知者本人等への登記識別情報の通知は確実になされなければならないので，電子申請による手続については，暗号技術を利用して登記所から被通知者本人に通知され，窓口申請の手続では，登記所の窓口において被通知者本人等であることを確認した上で，それを記載した書面（登記識別情報が記載された部分には，シールが貼られる（準則37条2項））を交付する（登記識別情報通知書[58]（規則63条））。なお，被通知人もしくは登記識別情報を受けとるための特別の委任を受けた代理人は，登記識別情報通知書を一定の場所にあてて送付することを求めることができる[59]（規則63条）。但し，

---

[56] これが通知の相手方になる。
[57] 登記申請の委任を受けた代理人が登記識別情報の通知を受けとるためには，特別の授権が必要である（規則62条2項参照）。

登記の完了後に，本来であれば登記識別情報の通知を受けるべき者が，電子申請の場合では登記官がその通知の送信をできるようになった時から30日以内に自己のコンピュータに受信しない場合，書面による申請については，登記完了の時から3ヶ月以内に登記識別情報を記載した書面を受領しない場合には，登記官はその通知をすることを要しない（規則64条）。

登記識別情報の再通知は，理由のいかんにかかわらずなされない。これは，仮に登記名義人が登記識別情報を失念し，あるいは保管媒体の滅失毀損により不明になっても，登記申請における登記義務者等の本人確認には代替手段が設けられているからである（法23条）。

(3) **申出による登記識別情報の不発行**

登記識別情報を希望しない者は，自らが登記名義人となる登記の申請に際して，登記識別情報の通知を希望しない旨の申出をすることができる（法21条但書）[60]。

登記識別情報（法2条14号）について

登記識別情報は，手続きの上で極めて大きな役割を果たすが，同じ言葉が①登記の完了と②登記の申請，の二つの場面で登場することから混同しやすく，知識の振り分けに注意が必要であるので，②の内容は本文では後で登場するけれども，あえてここで簡単に紹介しておく。

---

[58] この登記識別情報通知書は，書面申請の他，電子申請の場合でも当面はその交付を求めることができる（規則63条1項，平成20・1・11法務省民2第57号通達第2.3.(1)(2)参照）。これは，電子申請により手続きを完了した場合，本来はオンラインにより通知される登記識別情報を，当事者が求めるならば書面申請同様に通知書（つまり書面）で交付される，ということを意味している。理由は，登記名義（をとおして権利）の取得について，物理的な証（旧法時代の登記済〜権利〜書）を欲する国民感情が根強くあり，現に書面申請の完了時に通知される登記識別情報通知書をあたかも「登記完了（権取得）の証書」のように扱っているのが実務の実態である。これに対して電子申請により登記の手続を完了した場合，オンライン上の通知がなされるだけであり，そこに「書面」は登場しない。このようなことから，またこれに電子申請の添付情報に関する特例方式（添付情報の項で述べる）を認めたことがあいまって，電子申請でも必要であれば「通知書」の交付ができるようにしたものと思われる。したがって，おそらく将来に向けて「当面」が続くのであろうが，これにより，登記識別情報を設けた趣旨である秘密性が薄められることは，否めない。

[59] この場合には，申請の際に送付に要する費用を郵便切手等で登記所に提出しなければならない（規則63条他）。

[60] この申出は，登記の申請情報にその旨を表示してなされる（規則64条2項）。

1）登記完了時 登記識別情報の通知

　前述したように，ある人が，ある不動産に対して現に登記名義を取得した手続きを完了した際に登記所からその者に対して登記識別情報が通知される。実際には ID パスワード類似の記号・番号の組み合わせである。ここでの問題点は，誰に，どのような方法でそれを通知するのかや，どんな時に通知されないかである。具体的には，登記識別情報は，権利を取得した者本人と記録上の名義人を結びつける手段としての役割の性質上，登記名義人毎にこれを持つことが欠かせないので，例えばある不動産を夫婦が共有で取得してその登記を完了した場合，これは夫婦（共有者）それぞれに通知される。

2）登記申請時 登記識別情報の提供

　次に，通知を受けた登記名義人は自分が登記義務者となって登記の申請をする際に，その記号・番号を登記官に提供しなければならない。これは，登記申請手続の際の添付情報の問題であり（後述する），申請人が「登記名義人本人」であることを，手続の上で明らかにする手段として使われるのである。つまり，登記識別情報とは，登記名義人の本人確認作業を行うための一定の記号・番号であり，これは登記の手続きをコンピュータネットワークを利用したいわゆるオンラインで処理することを前提にしたもので，銀行が ATM 上で預金者を識別する手段である暗証番号や，上述したように，コンピュータ上で特定のサイトにログインするために使用される利用者の ID・パスワードと似たような役割を果たすと考えておけば足りる。なお，登記申請が書面で行われる場合，この記号番号も書面を用いて提出される（実務上は，登記識別情報の通知書の写しを使うことが多いようである。）。したがって，提供方法に工夫をしようと事実上他人の手を経るのであるから，オンライン申請と比べれば，本人しか知りえないという秘密性が，制度上で薄れていることは否めない。

　権利書（証）　社会では，「土地の権利書（証）」というような言葉を耳にすることがあろう。これは，平成 16 年改正前の不動産登記法（旧法）にあった「登記済証」を指したものである。登記済証は，文字どおり登記手続が完了した際に，（証拠書類のように）登記権利者に交付されたものであったが，それが権利を取得してその登記が完了したことを表すことから，特に所有権のそれを「権利書（証）」と呼び，取引の世界を中心に権利の証を担う（手続的には登記記録がこの役割を果たすのであるが）重要な存在であったのである。

　ところで登記識別情報は，登記手続のコンピュータ（オンライン）化以後使用され始めたので，地域によって異なるが平成 16 年あたりより前に権利を取得した登記名義人には通知されていない。そこで，そのような登記名義人が登記義務者となる場合，登記済証をもって登記識別情報に替えることになっている（附則 6 条，7 条参照）。

6 登記の順位

同一の不動産になされた複数の権利に関する登記相互間の優先劣後は，法令に別段の定めがある場合を除き，次の基準により判定される（法4条，規則2条）。

　i　登記の双方が，登記記録の権利部の中で，ともに甲区あるいは乙区のように同一の区になされたものである場合には，相互の順位番号の先後による。

　ii　登記の双方が，登記記録の権利部の中で，一方が甲区他方は乙区と別の区になされたものである場合には，相互の受付番号[61]の先後による。

　iii　付記登記の順位は，その基となる主登記の順位による。

　iv　同一の主登記に複数の付記登記がなされた場合の付記登記相互間の順位は，それぞれの付記登記のなされた先後による。

　v　法令による別段の定め。

特定の不動産をめぐる権利に関する優劣は，上述のように基本的には登記をなした時間的な先後で決まるが，特別の先取特権は登記された抵当権に優先するなど（民法339条），権利の性質によりその優位性が実体法で定められたものがある。

第9　公示の方式

1 登記の公開

登記制度は，既に述べたとおり特定の土地や建物をめぐる権利関係の情報を，当事者以外の第三者に開示する手段であり，それは次のような方法をとおして行われる。

2 登記事項証明書等の交付

特定の不動産の権利関係を知りたい者は，誰でも手数料を納付すれば，登記官に対して登記記録に記録されている事項の全部又は一部を証明した書面（登記事項証明書），もしくは権利関係の概要を記載した書面の交付を請求す

---

[61] 受付番号の先後とは，当然ながら受付の年月日をも含んだ基準である。

ることができる(法119条)。この登記事項証明書は，登記記録に記録されている事項についての証明する部分にしたがい，全部を証明した全部事項証明書，現に効力を有するものを証明した現在事項証明書，現在の所有権登記名義人の氏名等だけを証明する所有者証明書等，幾つかのものがある（規則196条）。

また，地図や地図に準ずる図面，建物所在図の全部又は一部の交付も，同様にして請求することができる(法120条)。なお，証明書の手数料については登記印紙をもって納付しなければならないが[62]，一定の場合には現金で納付することもできる（法119条4項）。

3　証明書等の請求方法

証明を必要とする者は，登記官に対して一定の請求情報を記入した申請書類に定められた金額の登記印紙を貼付して登記所の窓口をとおして直接請求するか，返送用の費用をあらかじめ納めて郵送等で請求をすることもできる。この他，請求者が電子情報処理組織を利用して登記官に請求情報を提供することにより，証明書の請求をすることもできる（規則193条，194条，197条6項，204条）。

管轄と証明書

誤解のないように，もう一度確認しておこう。登記所は，全国各地に数多く配置されているが，実際の不動産登記の申請は，どこでも良いのではなく，目的不動産の所在地を管轄する登記所（管轄登記所）にしなければならない（法6条）。これに対して登記事項の証明書は，一定の場合を除き管轄登記所ではない登記所の登記官に対しても請求することができるので（法119条5項，規則195条），原則として管轄に注意をはらう必要はないけれど，このことは登記の管轄がなくなったことを意味しているわけではない。

---

[62] 手数料の納付は，平成23年4月1日から収入印紙をもってしなければならない（平成19年法23により改正された不動産登記法119条4項）。ただし，登記印紙の廃止にともなう経過措置として，当分の間この手数料は，収入印紙または登記印紙をもって納付することができる（不動産登記法附則382条）。

4 地図，附属書類の閲覧等

誰でも手数料を納付すれば，登記官に対して地図，建物所在図又は地図に準ずる図面の閲覧の請求をすることができる。又利害関係のある部分に限り，手数料を納付して登記簿の附属書類(これが電磁的記録の場合，記録された情報を一定の方法で表示したものをいう)の閲覧をすることができる（法120条2項，121条2項）。

この他，登記官に請求すれば，不動産の表示に関する事項の他，所有権の登記については申請の受付けの年月日及び受付番号，所有権登記名義人の氏名及び住所等，所有権の登記以外の登記については現に効力を有するもののうち主要な事項を記載した登記事項要約書の交付を受けることができる（規則198条)[63]。

何を見せるかとそのための工夫

<u>権利関係の履歴</u>

　登記は，再三述べるが不動産をめぐる権利関係を記録してそれを公開する制度である。制度的な観点から何を見せるかについて考えたときに，誰でも思い浮かぶのは「現在の権利関係」である。しかし，わが国の登記の実体上の効力が「第三者対抗力」であることがらの性質上，誰からどのような経緯で権利を取得したかも法律の上では重要である。そこで，どう見せるかの方式についても，権利変動の経緯が判明するように，前の権利関係の記録が読み取れるように創られている。例えば，権利の移転登記をしても前の名義人（あるいは権利関係）の記録は従来どおり残されるし（次の例1，例2参照），権利の記録全体を消す目的の抹消登記でさえも，記録の全てを Del Key で一気に消去してしまう方式ではなく，対象である登記の記録事項に下線（アンダーライン）を引くことで，「記録上は消えた」ことを表現するのである（次の例3参照）。

　例1　不動産の共有者（順位番号2番の登記名義人甲・乙）が，その不動産をある人（丙）に売買したことによる登記記録の例である。丙が新たな所有者として記録上に登記名義を取得しても，甲・乙の登記名義の記録は消去されずに残されている。

---

[63] これは，簿冊の登記簿を公開する制度であった閲覧に代わるものであり，登記官による証明はなされないが費用が登記事項証明書に比べて低廉である。

第9 公示の方式   53

権利部(甲区)	(所有権に関する事項)		
順位番号	登記の目的	受付年月日・受付番号	権利者その他の事項
2	所有権移転	平成何年何月何日 第何号	原因　平成何年何月何日売買 共有者 　何市何町何番地 　持分2分の1 　　甲　某 　何市何町何番地 　2分の1 　　乙　某
3	共有者全員持分全部移転	令和何年何月何日 第何号	原因　令和何年何月何日売買 所有者　何市何町何番地 　　丙　某

　例2　順位番号1番で設定登記された地上権の，設定の目的・存続期間が後日変更されたことによる登記の記録である。当初の記録事項中，変更の対象である事項を消去せずに，下線を加えることでその事項が何らかの理由で消されたこと（この場合は，内容が変わった記録（変更登記）がなされたことによる）を表現している（記録例の（注）参照）。

権利部(乙区)	(所有権以外の権利に関する事項)		
順位番号	登記の目的	受付年月日・受付番号	権利者その他の事項
1	地上権設定	平成何年何月何日 第何号	原因　平成何年何月何日設定 目的　<u>木造建物所有</u> 存続期間　<u>20年</u> 地代　1平方メートル1年何万円 支払時期　毎年何月何日 地上権者　何市何町何番地 　　何　某
付記1号	1番地上権変更	令和何年何月何日 第何号	原因　令和何年何月何日変更 目的　鉄筋コンクリート造建物所有 存続期間　60年

（注）変更前の目的及び存続期間を抹消する記号（下線）を
　　　記録する。

　　　　　　　　　　　　　　　　　　　下線の引かれた事項

　例3　順位番号1番でなされた所有権保存登記が誤りであったことにより抹消登記（記録全体を消すためになされる登記）がなされた場合で，対象の登記記録の全ての事項に下線が加えられる。

54　第1章　不動産登記の基本的な仕組み

権利部（甲区）	（所有権に関する事項）		
順位番号	登記の目的	受付年月日・受付番号	権利者その他の事項
1	所有権保存	平成何年何月何日 第何号	所有者　何市何町何番地 　　　　甲　某
2	1番所有権抹消	令和何年何月何日 第何号	原因　錯誤

> 記録と開示（公開）の，それぞれの内容
> 　登記できる権利について，手続きの実際上で具体的に何を記録して何を開示するかの問題である。ここでいう記録と開示を，システムの仕組みの上では分離して考え，記録は開示（公開）に必要な事項をストックする役割に位置付けるならば，記録の内容に不足さえなければその方式ついて形式（あるいは様式）を求める必要はない。言い換えると，記録事項の実質（中身）さえ整っていれば，形式（外形）にこだわる必要はなく，例えば記録上の文字が縦書きで横書きでも，また内容が「何某はどこそこの土地を何月何日に何某に売った…」とするような契約書のような文章のままであれ「どこそこの建物　平成・年・月・日売買　売主何某　買主何某　…」のように必要事項の箇条書きであれ，問題にはならない。なぜなら，それ自体を公開するわけではないからである。
> 　しかし我が国は，記録そのものを開示（公開）する方式を採用している。この点は，システムがコンピュータ利用の現在より，台帳（ノート）を利用した少し前の時代を例にしたほうが理解しやすい。従来の方式の要点は，記録をノートに書いて，そのノートを見たい人にそのまま見せたり（閲覧），ノートそのものの写し（ハードコピー・謄本等）を作って交付する方式であった。つまり，記録と開示を一体的に捉えている，と考えてよい。このことが，次章から学び始める申請情報・申請書において，内容や様式を画一的に整えることや，法令の構成において登記される事項（登記事項）と申請情報・申請書の主要部分が重なっていることの主な理由に考えられる。

第10　その他

　以上が登記の仕組みについての基本構造をなす部分であるが，この他にも主要なものを幾つかあげておく。

1　嘱託登記と職権による登記

　登記は既に述べたように，それを必要とする者が申請によって手続を開始

するのを基本とするが，登記を求める者が官公署である場合，その手続は申請ではなく嘱託の手続によってなされる（法16条）。嘱託による手続については，基本的には申請のそれが準用されているが，当事者が官公署であるために申請に比べて簡便なものとなっている（法16条2項）。

これに対し，当事者からの申請や嘱託を必要としないで，登記官が法令の規定に基づいて[64]する登記を職権登記という。

2 表示の登記と権利の登記

土地や建物の物理的な現況に関する記録がなされるのが登記記録中の表題部であり，ここになされた登記を表示の登記と呼ぶ（法2条2号3号）[65]。これに対して，不動産をめぐる権利関係は権利部に記録され，この登記を表示の登記と区別する意味で権利の登記と呼ぶこともある（法2条4号）。

> **表示の登記と権利の登記**
>
> 1）表示の登記とは何か
> 　表示の登記と権利の登記の定義は，本文で述べたとおりである。本書は権利の登記の説明を目的とするので，表示の登記についてふれる機会がない。そこで，表示の登記とはどういうものかを，遠目ではあるがここで述べておくことにする。
> 　まず，初学者は表示の登記という言葉の響きから，これも本書が述べる種々の登記，例えば「所有権移転登記」と同列の「登記」の一種と受け止めがちである。しかし，表示の登記は，「不動産の物理的な現況の記録」，つまり土地や建物の姿かたちを表わす事実の記録であり，所有権移転登記のような権利関係の記録とは性質を異にする。ではなぜここでも「登記」の用語を使用するかといえば，この記録も全体として「登記」の一部をなすからである。とはいえ誤解しやすいので，当初は表示の記録と言い換えたり，表示の登記は権利の登記の入れ物のような位置付けで整理すると，理解しやすい。
> 　次に，表示の登記は登記記録の表題部になされるところも，権利の登記との

---

[64] 法16条1項の「法令に別段の定め」が登記官の職権による登記であり，表示の登記に関しては，全体にわたり基本的に職権による登記ができる（法28条）。一方権利に関する登記についてはさほど多いわけではなく，これを認める場合には個別に，例えば法71条4項や80条4項に見られるように，「登記官は…職権で…登記…しなければならない」等のように定めている。

[65] 表示の登記の呼び名は権利の登記と区別するためのものであり，しかもその意味は多義的で，実務上は例えば表題部になされる登記を申請する際に「表示の登記（あるいは単に表示登記）を申請する…」のように，その内容に関わらず総称として使用される場合もある。

違いである。記録（登記）は，土地については，①所在・②地番・③地目・④地積，建物は，①所在・②家屋番号・③種類・④構造・⑤床面積（区分建物や付属建物が加わる場合には若干異なる）であり，これらによって一つ一つの不動産を法律の上における権利の客体として特定する役割を担っている。

2）表示の登記の例
　表示の登記の代表的なものは次のとおりである。
　＊表題登記　土地が新たに生じた場合（埋立など）や，建物が新築された場合などになされる（法2条20号，36条，47条）。ある不動産については，表題登記がなされて初めて表題部の登記記録が設けられる。逆に言うと，表題登記をしなければ，不動産は存在しても登記記録は設けられていないことになる。なお表題登記は，その性質上手続きを強制する規定が設けられている（法36条，47条1項参照）。
　＊土地の分筆の登記　既に述べたが，登記の上で1個の土地，つまり独立して表題部が備えられた土地を「一筆の土地」と呼ぶ。この一筆の土地を，理由はともかく複数に分ける手続を分筆の登記という（法39条参照）。具体的には，例えば300 m^{2}の甲土地を，200 m^{2}と100 m^{2}に分けるような場合で，このとき甲土地の登記記録は面積が減少し，分割後のもう一筆の土地（ここではこれを乙土地と呼ぶ）について新しい登記記録が設けられる。この時に，乙土地の地番は，通常は甲土地の地番に別の支号（枝番号）を加えることで，二つの土地の関連性が分かるようにされる。例えば，甲土地が100番1で，既に100番2の土地があれば乙土地は100番3になるようである。
　＊土地の地目変更の登記　土地の登記記録の中に地目がある。これは土地の利用状態を表わす事項であるが，当事者の都合で利用のしかたが変わった場合になされる登記である（法37条）。
　＊建物の表題部の変更の登記　建物の登記事項の中に変更が生じた場合になされる登記であり（法51条），増築による床面積の変更などがこれにあたる。

第2章　不動産登記手続総説

第1　概　説

　前章において，不動産登記の全体的な仕組みを述べたが，登記を利用する者がなすべき主要なものは登記の申請と呼ばれる行為であり，そこでの当事者のなすべき手続行為は全て法令で決められている。個々の申請に際して申請人に求められる手続的な方式は，必要とする登記に応じて異なるが，共通するものも多い。そこで，所有権を始め各権利の申請方法の説明に先立って，申請手続の概要をまとめて述べておくことにする。

第2　登記申請の方法

1　概　説

　登記は，既に述べたように，それを必要とする者が登記官にその実行を求めるところの行為が必要である[1]。この行為が申請であり，具体的には法令で定められた申請情報と添付情報を，次のような手段を介して登記所に提供する方法でしなければならない（法18条）。登記所に提供される情報のうち，申請情報とは法令で定められた，登記の申請に必要な情報[2]であり，添付情報とは，申請された登記の真実性を確保するため，その他の理由により申請情報と合わせて提供することが法令で定められた情報[3]である（令2条1号）。

2　電子情報処理組織を使用する提供方法

　法務省令で定めるところにより，登記所と申請人またはその代理人の双方

---

[1] 申請主義である（法16条1項）。
[2] 登記を求める権利あるいはその態様等に応じて定められた事項である（法18条）。
[3] 旧法による書面申請時に，申請書の添付書面（類）と呼んでいたものがこれに相当する。

のコンピュータを電気通信回線で接続した電子情報処理組織[4]を使用する申請の方法である（法18条1号）。これによる申請は電子申請と呼ばれ（規則1条3号），申請人又はその代理人が，自己のコンピュータ上で作成した申請情報及び添付情報を登記所に送信[5]することによってなされる（規則41条）。

3　書面を使用する提供方法

　申請人又はその代理人が，申請情報及び添付情報を記載した書面（前者を申請書，後者を添付書面という（規則1条5号6号））あるいは申請情報の全部もしくは一部を記録した磁気ディスクを登記所に提出する方法であり（法18条2号），書面申請と呼ばれる（規則1条4号）。これについては，申請情報および必要な添付情報の全てを，＊書面に記載して提出する方法，＊磁気ディスクに記録して提出する方法の他，＊申請情報と添付情報のそれぞれについて，記載された書面と記録した磁気ディスクを交えて提出する方法がある（規則1条4号参照）[6]。

　なお，申請書等の登記に関する書類の作成にあたっては，文字は字画を明

---

[4] 登記所の使用する電子計算機（コンピュータ）と申請人又はその代理人が使用する電子計算機の相互間を，電気通信回線で接続した情報処理組織を指してこのように呼ぶ（法18条1号）。

[5] 電子申請の申請情報等は，法務省オンライン申請システムに送信され，一定のシステムを経由して登記所システムに送信された後，受信した登記所において受付がなされる。この電子申請では，管轄登記所の開庁時間とは関係なく法務省オンライン申請システムに送信が可能である。しかし，登記の受付けは権利の順位に直接影響を及ぼすので，書面申請との公平をはかるために，登記所の開庁日の午前8時30分から午後5時までの間に登記所に到達した申請情報は受付がなされるが（平成17.2.25民二第457号民事局長通達第2の1 (1)），開庁日の閉庁時間の後に送信された申請の受付けは，登記所の次の開庁直後に，当日の書面申請に先立って行われる（電子情報処理組織を使用する方法による申請の導入等に伴う不動産登記法の改正に関する担当者骨子案（平成15.7.1法務省）の補足説明（以下単に「担当者骨子案の補足説明」という），第2の6）。

　なお，平成18年7月現在，法務局（登記所）の業務取扱時間は午前8時30分から午後5時15分までであり，また法務省オンライン申請システムの利用時間は，月曜日から金曜日（国民の祝日・休日，12月29日から1月3日の年末年始を除く。）の8時30分から20時までである。オンライン申請の取扱については，申請情報の法務省オンライン申請システムへの送信時間が，登記所の業務日の午前8時30分から午後5時15分までの間に送信されたものについては，管轄登記所において，原則としてその業務日の業務時間内に受付されるが，申請情報が，登記所の業務日の午後5時15分から午後8時までに法務省オンラインシステムに送信されたものは，管轄登記所において翌業務日に受付される取扱いである（法務省HP http://www.moj.go.jp/MINJI/minji72.html#04「不動産登記の電子申請について」5の (9) による）。

[6] この場合には，申請情報や添付情報を格納した磁気ディスクも，それぞれ申請書・添付書面と呼ばれる。なお，書面についての呼び名は，旧法下と同じである。

確にして記載しなければならず，誤記を訂正する際の方式も決められている（規則45条）。

(1) **書面申請の仕方**

書面申請については，申請書及び必要な添付書面を登記所に提出することによりなされるが，それには当事者もしくは代理人がそれを窓口に持参する方法の他，当事者の登記所への出頭が法令上求められてはいないので[7]，使者による提出やさらには郵送や運送事業者の宅配便によることも可能である。郵送等による申請に関しては，申請人に，郵便であれば書留郵便を，また民間事業者による信書便（民間事業者による信書の送達に関する法律2条に定められた事業者の役務）で引受け及び配達の記録を行うものを使用することや[8]，封筒に不動産登記申請書が在中する旨を記載することなど一定の方式が求められる（規則53条）。なお書面による申請については，窓口申請[9]と呼ばれることもある。

第3 申請情報

1 概 説

具体的な登記の申請には，法令により様々な申請情報が必要とされるが，それらは，全ての登記申請に共通して必要なものと，申請する登記の内容である権利や登記の態様などにしたがって個々に必要とされるものに分けることができる。そこで，申請情報については説明の便宜のために，前者を一般的申請情報，後者を個別的申請情報と大別し，それぞれを整理することにした。更に前者については，基本的には全ての登記の申請に求められる情報と，権利の種類等は問わないものの一定範囲の申請に必要な情報があるので，ここではそれをも分けて説明する。

なお申請情報については，提供方法が電子情報処理組織を利用するか書面によるかで基本的な違いはない。

---

[7] 旧法においては，当事者もしくは代理人の出頭が義務付けられていた（旧法26条1項）。
[8] 普通郵便を使用した申請を，それだけで却下することはできないものと思われる。
[9] 前掲「担当者骨子案の補足説明」第2の4。

申請情報

　申請人が，コンピュータ上のオンライン，あるいは紙面を媒介手段として登記所に提供すべき事項（伝えるべき内容）を，申請情報という（法18条）。紙面を媒介手段とする「書面申請」では，実質的には申請書に記載される事項を指すので，「申請書記載事項」と置き換えたほうが理解しやすい。

　では，具体的に何が申請情報なのかであるが，以下の本文で述べるように実はこれが不動産登記手続きの学習の主要部分の一つであり，権利の登記の申請であれば原則として必要とされる情報と，権利や登記（手続）の種類あるいは態様ごとに求められる情報があって一様ではない。そこで本文に入る前に，簡単な整理方法の例を述べておこう。

　まず用語法であるが，「申請情報」は登記所に提供すべき事項を指し，具体的には申請に際して提供の求められる事項の集合したものの意味で使われる（令3条「…申請情報の内容は…」や同4条の「申請情報は…1つの不動産ごとに作成して…」はこの例である）。つまり，この用語法では，申請情報のかたまりの中にある「登記の目的」は申請情報の内容と位置付けられる。一方，申請情報の内容である個別の事項を「申請情報」と呼ぶ用語例もある（令別表の 項 にある 申請情報 は，この使用例である）。そうすると，申請情報とは，提供する個々の事項を指したり，その集合を指して使用されるのでその意味を文脈から読み取る外はないが，さりとて多義的であることさえ知っておけば，さほどこだわる必要はない。

　余談であるが，全体としての「申請情報」という用語は，法文は電子申請を中心に据えて手続きを構成したのでこのように言い表しているのであろうが，実務的には筆者の知る限り今だ認知されずに「申請書」でとおっている。そして，立法担当側でも，オンライン申請の具体的方法を述べる法務省の「不動産登記の電子申請について」（http://www.moj.go.jp/MINJI/minji72.html）には申請書様式という用語が登場し，実際その手続きに使用する申請情報の画面の表題は「登記申請書」である。同様なことが法文上にもあり，電子的記録媒体とでもいえば良さそうな記録用のハードディスクなどを「登記簿」と呼んでいる（法2条9号）。

　このように，一方で電子手段にこだわる用語を使いながら，他方では慣れ親しんだ呼び名を使う姿勢に疑問を感じるのは筆者だけではあるまい。この際，登記官に提供を必要とする事項の集合体について，それがPCのディスプレー上に電子的に表わされた文字であっても「申請書」，個々の申請情報を「申請書記載事項」と，従来の呼び名に戻してはどうであろうか。それによる特段の支障は考えられないし，利用者はかえってそのほうが理解しやすいであろう。

　さて本題に戻そう。集合体としての申請情報は，その名のように申請情報の内容である個々の事項の集合体であることに着目すれば，個々の事項の集め方の手順が分かれば整理ができる。集め方の手順は，申請情報の内容（個々の事

項）を，例えば建物とその構成部分に置き換えて，原則として必要な事項（本文では一般的申請情報の１という），例えば登記の目的・登記原因およびその日付・申請人，等を一階部分に位置付け，これに対して全ての登記に共通ではあるが一般的ではない「権利者が複数の場合の持分」などは一階のオプション（本文では一般的申請情報の２・３という）と位置付ける。次に個別の権利に求められる，例えば根抵当権であれば極度額・担保する債権の範囲など（本文では個別的な申請情報という）を二階部分に位置付け，どのような登記をするのかにより一階部分だけで足りるのか，それにオプションを付けるのか，さらにはいろいろ加えて二階建てにするのかと，立体的に整理したほうが，分厚い書式集を覚えるよりも合理的であろう。

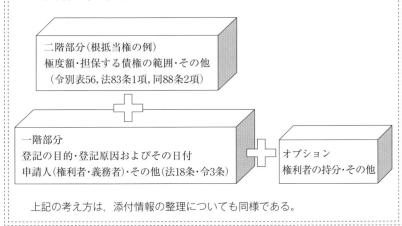

上記の考え方は，添付情報の整理についても同様である。

２　申請情報の性質と登記事項

(1)　申請情報の性質

　登記の申請を手続の技術的な観点からみて，申請情報を二つのものに分けることができる。一つは，例えば登記の目的や登記原因及びその日付，そして根抵当権についての極度額のように，登記事項にそのまま結びつく性質のものであり[10]，もう一つは登記所や添付情報の表示[11]などのように，それ自体は登記事項とはならず，登記事項に繋がる情報を登記記録まで搬送する手続上の要請から表示を求められる，極めて定型的な情報である。そして，後者は権利の種類等を問わず登記の申請には共通する申請情報である。

---

[10] 法文の申請情報の規定は，しばしば登記事項の規定を援用することに現れている。

したがって，様々な登記の申請情報を理解するといっても，それぞれの権利の種類や登記の態様に応じてのものであり，それは登記事項と重なることが多いので，以下の説明においては必要に応じて登記事項を示すことにした。

(2) 登記事項

既に述べたが，法令にしたがい登記官によって登記記録として登記される事項を，登記事項という（法2条6号）。権利に関する登記事項には，一般的なものと権利の種類やその登記の態様に応じて特有のものがあり，繰返しになるが再度一般的なものを示し（法59条，規則146条，147条），これ以外は具体的な権利に関する登記手続の項において，必要に応じて示すことにする。

＊登記の目的　＊申請の受付けの年月日及び番号　＊登記原因及びその日付　＊登記に係る権利者の氏名又は名称及び住所並びに登記名義人が2名以上であるときはその権利の名義人ごとの持分　＊登記の目的である権利の消滅に関する定めがあるときは，その定め　＊共有物分割禁止の定めがあるときは，その定め　＊法令にしたがい代位者が登記の申請をしたときは，その代位者の氏名又は名称及び住所並びに代位原因　＊順位番号

> **登記事項（法2条6号）**
>
> 　本文で2度登場する登記事項は，登記官への記録内容の指示であり，細かいことを除いて手続作業の到達点，つまり具体的な申請に従って記録される事項を指す用語であり（記録事項と言い換えたほうが理解しやすい），これをとおして権利やその変動が公開されるという観点（何が記録されているかの問題）からは極めて重要である。
>
> 　では，個々の登記についての登記事項は何かというと，登記できる権利とその態様によって一様ではなく，本文で述べたように，まず基本的な事項が記録され，その上で申請内容に従った事項が加えられるのである。
>
> 　この登記事項を整理する上で考慮すべきことは，法文の構成である。本文をさらに繰り返すことになるが，それは基本的に，権利を基準に定めているので

---

[11] コンピュータを利用して事務処理をする場合，文字やその記載あるいは物理性を前提とした用語は本来相容れない。不動産登記法は，申請情報の登記所への提供手段に電子情報処理組織を加えているために，当事者が登記所に伝える必要のある一定事項等に関しては，その内容に着目して，法文上「情報」という表現をし，同様に提出も「提供」の用語に代えて使用している。この点に関し，本文では申請人などに必要とされる一定の「情報」の説明に際し，コンピュータ上であれ作成者は文字を認識していることをふまえ，「表示」の用語を使用することにした。

はなく，どのような権利・その態様でも公示が求められる事項を共通項として定め（法59条），その上で，各種の権利とその態様を基準にもう一段の登記事項を定め，これを共通項に加えるという手法をとっている。法「第三節 第二款 78条」以降などに登場する「第59条各号に定めるもののほか，次のとおりとする。」はこの意味である。なお余談であるが，権利に関する登記手続きの各論を定める法「第三節第二款」の78条・地上権の登記から始まる用益権と，83条担保権の登記の通則から始まる各種の担保権についてはそれぞれ特有の登記事項が定められているけれど，翻って74条からの所有権に関する登記には，登記事項に関するこのような規定が見当たらない。これは，所有権に関する登記事項に特別なものはないということである。なぜなら，所有権は全ての権能を備えた物権であり，この当然のことを公示制度があえて開示する必要はなく，基本的には共通事項の所有者と取得原因を公示すれば用が足りると考えられるからである。この，何を見せるかの基本姿勢をとおして他の権利の登記事項をもう一度眺めると，そこには，例えば地上権であれば，設定の目的（他人の土地において工作物又は竹木を所有するため…（民法265条））が，抵当権であれば債権額（自己の債権の弁済を受ける…（民法369条））などと，権利の性質に従った主要な構成要素が見えてくるであろう。ここには公示制度が，受付の年月日など技術的部分を除き，権利の法的性質の必要最小限度を示せば役割が果たせると，いう姿勢が表れている。

権利部（甲区）		(所有権に関する事項)	
順位番号	登記の目的	受付年月日・受付番号	権利者その他の事項
何	所有権移転	令和何年何月何日 第何号	原因　令和何年何月何日売買 所有者　何市何町何番地 　　　　何　某

上記の記録例中，順位番号，登記の目的，受付年月日・受付番号，権利者その他の事項として記録されたものが，登記事項である。

3　一般的申請情報の1（共通する申請情報）

全ての登記申請の申請情報に求められるものは，次のとおりである。

(1)　登記の目的

申請人が，どのような登記を求めるのかを，例えば「所有権移転」「共同根抵当権設定」「地上権抹消[12]」，のように表示する（法18条，令3条1項5号）。

(2)　登記原因およびその日付

登記原因とは，登記を申請するに至った原因である法律行為または法律事

実，その日付とはそれらの成立もしくは発生の日であり，これらを表示する（令3条1項6号）。

例えば「令和○年○月○日売買」のように表示するが，この具体的な日付に関しては必ずしも当事者間における売買契約の日ではない。「代金の完済，所有権移転登記手続の完了までは所有権を買主に移転しない旨の売買契約が締結されたときはそれに従うのであって，常に売買契約締結と同時に買主に所有権が移転すると解しなければならないものではない」[13]ので，当事者の間で所有権移転の時期を定めた場合にはそれに従い，また例えば農地の売買の場合，売買契約の後に農地法上の許可[14]がなされた場合にはその許可の日がここでいう日付である，と登記実務上は解している[15]。したがって，この日付は債権的な契約ではなく，物権変動の時期を指すと考えられる。

ところで，登記原因の日付は申請情報として不可欠なものではなく，例えば当事者間で契約の日が明らかではない場合には，「年月日不詳売買」と表示すれば足りるし，誤ってなされた登記を更正する際には，登記原因である錯誤の日は登記記録の上にある訂正の対象である登記の受付の日により明白であるために，省略される。さらに，所有権移転の特異な登記原因である「真正な登記名義の回復」については，日付の観念とは相容れないためにそれが表示されない。

この他，主文に具体的な登記原因及びその日付の記載のない判決により登記の申請をする場合，実務上，登記原因は「判決」，その日付は判決のあった日である[16]。

(3) **申請人の氏名又は名称及び住所，申請人が法人である場合には，その代表者の氏名**[17]

共同申請の場合，登記権利者と登記義務者のそれぞれについての氏名又は

---

[12] 既になされた登記に関する，変更や抹消の登記を申請する場合，実務上は対象の登記を登記記録の上で特定するために，その順位番号を登記の目的に冠記し，例えば「3番抵当権抹消」のように表示している（参考様式参照）。
[13] 最判昭38・5・31民集17-4-588。
[14] 農地の売買等に関しては，市町村の農業委員会や都道府県知事の許可が必要である（農地法3条等参照）。
[15] 登記研究108号，同446号参照。
[16] 登記研究14号。

名称及び住所，申請人が法人である場合にはその代表者の氏名(以下の申請情報等の説明では，この氏名等を単に申請人という。）を表示するが，登記義務者に関しては，その表示が登記記録のそれと符合していなければならない（法18条，令3条1号，法25条7号）。また，登記権利者についても，例えば変更登記や抹消登記のように登記名義人であることが前提となるものについては，その表示は登記記録と符合していることが必要である。申請情報中の申請人の表示と登記記録の該当事項が一致しない場合には，前述のように事前に登記名義人の表示を変更する登記の申請が必要である（法64条）。ただし，不一致が住所に関するもので，行政区画やその名称の変更，また土地の字や名称の変更による場合には，変更されたものとみなされる（規則92条1項）。この他，申請する登記が所有権以外の権利の抹消である場合には，登記記録上の登記義務者の表示が申請情報と一致していなくても，申請情報に登記義務者の表示の変更（更正）を証する情報[18]を添付すれば，登記名義人住所変更（更正）等の登記を省略することができるのが，実務の取扱いである[19]。

(4) 代理人の氏名または名称及び住所

代理人によって登記の申請をする場合，申請情報には代理人の氏名又は名称及び住所並びに代理人が法人であるときはその代表者の氏名を表示する（以下の申請情報等の説明では，この氏名等を単に代理人という（令3条3号）[20]。ここでいう代理人には，法定と任意の区別をしないことや，委任による代理について双方代理禁止の規定が適用されないことは既に述べたとおりである。

(5) 不動産を特定するための情報

申請情報には，登記の対象となる土地・建物を特定するために，次に掲げる情報を表示しなければならない。

①土地　土地の所在する市，区，郡，町，村及び字，地番，地目，地積（令

---

[17] 旧法にはこのような規定はなかった。
[18] 例えば，転居の事実を証する市町村長の作成した証明に関する情報などである。その他は，後述の登記名義人の住所の変更等の項を参照。
[19] 昭和28・12・17民事甲2407号通達。
[20] 登記の申請を復代理人によってする場合，従来は申請書上には復代理人の表示をして代理人の表示を省略することができるのが実務であった（昭和39・11・30民三発第953号民事局第三課長依命通知）。復代理人が申請をする場合の代理人の位置付けと申請情報の性質を考えると，この扱いは維持されるべきであろう。

3条7号)。

②建物　建物の所在する市，区，郡，町，村，字及び土地の地番，家屋番号，種類，構造，床面積，建物の名称があるときはその名称。その他，附属建物があるときは，主である建物・附属建物の別並びにその建物の所在する市，区，郡，町，村，字及び土地の地番，符号，種類，構造，床面積（令3条8号，規則34条1項）。

③区分建物　②と同様に建物の所在する市，区，郡，町，村，字及び土地の地番，家屋番号，種類，構造，床面積等の他に，建物が属する一棟の建物についての構造，床面積及び名称があるときはその名称であるが，一棟の建物の名称を表示した場合には，一定の場合を除き一棟の建物の構造及び床面積の表示は要しない。この他，敷地権付き区分建物に対して所有権やその他一定の登記を申請する場合には，敷地権の目的となる土地の所在する市，区，郡，町，村，字及び土地の地番，地目，地積並びに敷地権の種類及び割合（令3条8号，規則34条1項）。

これらの不動産を特定するための事項は申請情報に欠かせないものであり，本書においても権利に関する登記の申請情報の説明に際して繰返し示すことになるが，その際には土地に関する①の事項を「土地を特定するための事項」，建物に関する②を「建物を特定するための事項」又は③を「区分建物を特定するための事項」と呼ぶことにする。

(6)　不動産識別事項

申請情報に，不動産を識別するための事項（以下，不動産識別事項という）を表示した場合，上述の土地や建物を特定するための情報及び敷地権の目的となる土地の所在に関する情報を表示することを要しない（令6条）。

不動産識別事項とは，全ての土地建物を識別するために一筆の土地又は一個の建物ごとに付された番号，記号その他の符号で，不動産番号と呼ぶものをいう（規則34条2項，90条，1条8号）。

(7)　登記識別情報を提供できない理由

申請人である登記義務者（一定の場合の登記名義人）は，申請情報に加えて登記識別情報を提供しなければならないが（法22条等），提供できない場合にはそれについての正当な理由が求められるので（法22条但書），それを表示し

なければならない（令3条12号）。登記識別情報を提供できない正当な理由とは，次のような場合である（準則42条参照）。

＊登記識別情報の通知を受けなかった（法21条但書）。
＊申出により登記識別情報を失効した（規則65条）。
＊登記識別情報を失念した。
＊その他，登記識別情報を提供することにより，それを適切に管理する上で支障が生ずることとなる場合，および登記識別情報を提供したとすれば当該申請にかかる不動産取引を円滑に行うことができないおそれがある場合など（準則42条1項4号，5号），である。

以上について，申請情報（申請書）にはそれぞれ，不通知・失効・失念・管理支障・取引円滑障害，のように表示する。なお，申請情報中にこの表示がない場合でも，登記の申請が登記官により直ちに却下されることはなく，申請人に対して補正が求められる（準則42条2項）。

(8) その他の共通する申請情報

登記の申請情報には，以上の他に，登記所の表示・申請の年月日[21]・添付情報の表示・申請人又は代理人の電話番号その他の連絡先を表示しなければならない（規則34条）。この他，申請情報には登録免許税を表示し，その算出が課税標準金額に基づいてなされる場合には，課税標準金額をも表示しなければならない。また，法令により登録免許税が免除あるいは軽減される場合には，減免の根拠となる法令をもあわせて表示しなければならない（規則189条）。

4 一般的申請情報の2（共有に関する申請情報）

権利の種類は問わないが，所有権やその他の権利についての共有をめぐる登記の申請については，次の情報を加えなければならない。

---

[21] この申請の年月日は，権利に関する登記についての従来の出頭主義の下では申請人が登記所に書類を提出する日を指していた。しかし出頭主義が廃止されたことにより，申請情報を記載した書面（登記申請書）の郵送等に際し，この日付が申請人の発信の日か，到達日であればどうすべきかが問題になる。この点について法務省パブリックコメント「不動産登記規則案」に関する意見募集の実施結果について（報告（平成17年1月））第3の4によると，規則34条の第1項1号の申請人の電話番号その他の連絡先及び同項7号申請の年月日は「任意の申請情報であると考える。」（法務省民事局）ので，この表示がなされない場合でも，申請が却下されることはないのであろう。

(1) 持分の表示

権利の保存・設定・移転の登記[22]を申請する場合，その申請により登記名義人となる者については[23]，各々持分を表示しなければならない（令3条9号）。例えば，BがAから土地の持分2分の1を取得したことによる登記では，申請情報中の登記権利者Bの表示に，持分2分の1と冠記する。

(2) 移転する部分の表示

所有権やその他の権利の一部が移転したことによる登記の申請をする場合，申請情報には移転する権利の一部を表示しなければならない（令3条11号ホ）。これは登記の目的に加えるが，例えば前述の例では「登記の目的　所有権一部移転」と表示する。また，この例でAが残りの共有持分の一部をCに売買したことによる登記の申請では，「登記の目的　A持分一部移転」とし，もしこの時AがCに自己の共有持分の全てを売買したのであれば，「登記の目的　A持分全部移転」と表示する。なおいずれの場合も登記権利者Cには前項で述べた共有持分の表示が求められることは，いうまでもない。

5　一般的申請情報の3（限定的な申請情報）

以上の他にも，権利の内容や申請の形態などに応じ，限られた範囲の申請情報に求められるものがある。

(1) 代位者等の表示

民法423条等の規定により，債権者が債務者である本来の登記申請人に代位して登記の申請をする場合には，申請人が代位者である旨及びその者の氏名，名称，住所並びに代位原因を申請情報に加えなければならない（令3条4号）。

(2) 権利消滅に関する事項の定め，または共有物分割禁止の定め

所有権を始め他の権利についても，当事者が登記原因となるべき法律行為に解除条件や終期を附した場合（民法127条，135条2項参照）[24]，申請情報にこれを表示しなければならない。また，当事者が共有物分割禁止の特約[25]を定め

---

[22] 根抵当権および信託の登記は，権利の性質により除かれる（令3条9号）。
[23] したがって，登記義務者にこの表示は必要がない。
[24] 所有権移転に終期を附すことも，認められている（吉野衛・注釈不動産登記法総論下176頁，明治32・12・28民刑第2059号民刑局長回答，昭和39・12・15民事甲第3957号民事局長通達）。

た場合は，申請情報に加えなければならない（令3条11号ニ）。

(3) **一般承継人等の表示**

申請人が，登記権利者又は登記義務者の相続人等の一般承継人である場合には（法62条），その旨。及び，登記名義人となる登記権利者の相続人等の一般承継人が申請するときは，登記権利者の氏名又は名称及び一般承継時の住所をも表示しなければならない（令3条11号ロ・ハ）。

(4) **申請人ではない登記権利者及び登記義務者等の表示**

申請人が，登記権利者又は登記義務者等ではないときは，登記権利者，登記義務者又は登記名義人の氏名又は名称及び住所を表示しなければならない（令3条11号イ）。

確定判決による登記の単独申請による場合や嘱託による登記の場合で，登記の申請人が本来の登記権利者や登記義務者（もしくは単独申請の登記名義人）ではない場合である[26]。

6　個別的な申請情報

前述の申請情報とは別に，申請する登記の内容である権利やその態様などにしたがって個々に必要とされる申請情報がある（令3条13号，同別表の登記情報欄参照[27]）。

抵当権設定の登記を例にとると，債権額や利息等であり，これらの事項が前述の一般的な申請情報に加えられて登記所に提供されるのであるが，それ

---

[25] 共有者は，5年を越えない期間で共有物を分割しない合意をすることができる（民法256条1項但書）。共有物不分割の特約について，旧法による手続では権利の一部移転登記の登記原因に不分割の合意がある場合の登記事項としていた（旧法39条ノ2後段）。このため，例えばAがBからその所有する土地の持分2分の1を取得してAとBの共有になる契約にともない不分割の合意をした場合（登記原因に特約が付されている）には，BからAへの所有権一部移転登記の申請書に記載して，特約を登記することができた。これに対し，BからAとCが持分各2分の1で土地を取得したような場合には，この特約は，登記原因の売買中ではなくAとCとの間の合意であり，しかもその登記はBからAとCへの所有権移転としてなされるため同時に登記することができず，AとCはBからの売買による登記の後に，改めて不分割特約を登記するために所有権変更の登記を申請しなければならなかったので（昭和50・1・10民三第16号民事局長通達），新法はこの点を改めたものと思われるが，取扱に疑義の残るところである。

[26] 河合芳光・板谷秀継「不動産登記令の解説」（登記研究685号・平成17・2）第2の3の(11)ア。

[27] 令別表にある申請情報と添付情報を示す際のそれぞれの基となる法令は令3条13号及び7条1項6号であるが，以下この法令は省略する。

は権利や登記の種類ごとに異なる性質のものであるために，法令上も各別に定められている。これらについては，説明の便宜のために個別的な申請情報（又は個別的申請情報）と呼ぶことにし，個々についてはそれぞれの項で説明する[28]。

> **記録と申請情報の符合**
>
> 　具体的な登記の申請情報（申請書）を見ると，一部が登記の記録（登記事項）と重なっていることに気が付くであろう。これは，経済活動を背景に日々大量に持ち込まれる登記申請に基づく手続きを，登記所が迅速かつ正確に処理するための工夫であり，乱暴な言い方をすると登記官は申請人が提供した申請情報（申請書）を審査した後に，その一部を形式的に「転写」すれば，登記が完成するようにしてあるのである。つまり，申請人の作成する申請情報（申請書）の役割は，その内容である登記簿への記録事項を登記官に届けることにある。しかしそれだけでは，記録を求める不動産や管轄登記所の宛先が分からず手続きが進まないし，登記に課せられた税額も不明である。そこで，申請情報は，①登記簿への記録事項に，②手続作業をめぐる情報，を加えての二種類で構成するのである。代表的な抵当権設定登記の申請情報を例にとると，登記の目的・登記原因・債権額・利息・損害金・債務者・抵当権者（登記権利者），までが①の情報で，それ以降は②の情報である。そして①が（まとめて）そのまま登記記録に転写されるのである。
>
> **申請人と登記名義人の肩書**
>
> 　法文上の登記申請人は，共同申請を行う際には登記権利者と登記義務者である。ところが申請情報・登記事項の上ではこれが「権利者」「義務者」であったり，時には「抵当権者」「設定者」と表示される。これは，権利の移転・変更・抹消などの登記に際しては，登記権利者の「登記」の表記を省略しているに過ぎないが，新たに権利が設定されたことによる登記をする場合，その登記の名義人（権利を持つ者）は記録の上に「抵当権者」のように，権利名を冠記されるので，申請情報もそれに対応させることにし，法分上は登記権利者と呼ばれる者が「抵当権者」との肩書きを付されるのである。そして，登記権利者が物権者の名称を付される場合，登記義務者には「設定者」との肩書きが付される。

---

[28] このような申請情報で，実務上において一般的なものに電子申請の際に「特例方式により添付書面を提出する旨」の情報がある。これは，電子申請における添付情報の提供方法の特例により申請がなされる場合（添付情報の項で述べる）である。

第4　申請情報の作成

1　概　説

　申請情報は，登記の目的及び登記原因にしたがって，不動産1個につき一つ作成しなければならない（令4条,）[29]。しかし，例えば同一の当事者間で土地とその土地上の建物を売買したり抵当権の設定をしたことによる登記を申請する場合，土地と建物の申請情報の内容は基本的に同様であり，このような場合でも不動産ごとにそれぞれの申請情報を作成して登記の申請をすることは合理的とはいえない。そこで，次の要件を満たせば，複数の登記を一つの申請情報で申請することができるものとしている（令4条但書，規則35条）。これを，一括申請と呼ぶこともある。

> **一不動産一申請主義と一括申請**
>
> 　本文で言うように，登記の申請つまり手続きは，不動産ごとにしなければならない。これを一不動産一申請主義と呼んでいる。ところが，わが国は土地と建物を別個独立の不動産として扱うことから，土地と建物を同一人が所有し，その両方を同時に他人に処分することのほうがむしろ一般的である。例えばAが，それぞれ自己所有の甲土地とその土地上の乙建物をまとめてBに売買した場合である。これによる登記の際に一不動産一申請主義をあてはめると土地と建物の申請情報の（不動産の表示・登録免許税などを除く）基本的な部分は同じである。そこで，不動産ごとに申請情報を作成することが合理性を欠く場合には，数個の不動産への申請情報を，まとめて一つで申請することを認めたのが，一括申請の規定である。
>
> 　一括申請の要件は本文のとおりである。このうち，管轄登記所が同一であることは当然として，申請する登記の「登記の目的」と「登記原因およびその日付」が同一であるときが，上記のAとBの売買を典型とするように，最も多用される。
>
> 　その他に，同一の債権を担保するため複数の不動産に成立した担保物権に関する登記は，各不動産の管轄登記所が同一であることは動かせないが，登記の目的が同一であれば，登記原因が異なっても一括して申請することが認められる。これは，いわゆる共同担保の趣旨をふまえ，ひとまとめにした手続きを可能とするためである。

---
[29] 1不動産1申請主義と呼ばれることがある。

2 一括申請の要件

① 不動産が，同一の登記所の管轄区域内にあるとき。

ⅰ 申請する登記の，登記の目的，登記原因およびその日付が同一であるとき（令4条但書）[30]。

例えばAが，それぞれ所有する甲土地と土地上の乙建物を，一括してBに売買したような場合である。

ⅱ 申請する登記が，同一の登記名義人の氏名等の変更（更正）登記であるとき（規則35条）。

所有権の登記名義人が結婚して苗字が変わり，転居して住所も変わった場合の，氏名変更・住所移転を登記原因とする登記名義人の氏名・住所の変更の登記や，同じく登記名義人の住所に誤りがあったところ，その更正をしないまま転居した場合の，登記名義人の住所についての更正と変更のそれぞれの登記は，登記原因ごとに申請することもできるが，一括して申請することもできる[31]。

ⅲ 申請する登記が，同一の債権を担保する先取特権，質権，又は（根）抵当権に関する登記であり，登記の目的が同一であるとき（規則35条）。

例えば，X銀行がAに対して金1,000万円の金銭消費貸借上の債権を有し，これを担保するためにA所有の甲土地と，土地上に建つB所有の乙建物の双方に抵当権を設定して登記をする場合，甲土地と乙建物それぞれに対する抵当権設定登記の申請については，登記の目的は同一であるが登記原因は当事者が異なるので本来同一ではない。しかし，このような被担保債権を共通する担保権の登記に関しては，担保権の性質をふまえて，設例のような設定登記に限らず[32]その変更や抹消の登記等に関しても，登記所が同一であれば1個の申請情報による申請が認められる[33]。

---

[30] わが国では，土地と建物を別個の不動産とするが（民法86条1項参照），住宅などでは同一の所有者に係る土地と建物を1人が買ったことによる所有権移転が多く，したがって数個の不動産を同一の申請でおこなうことは，ごく普通の手続である。

[31] 旧法に明確な規定はなかったが，このような申請は実務現場では認められていた（登記研究217号，昭和58・11・10法務省民三第6400号民事局長通達）第15の3）。

[32] 例えば，不動産ごとに設定者と設定契約日（登記原因とその日付）の異なるものでも認められる。

[33] 旧法には明確な規定がなかったものの，実務上は古くから認められてきた（明治32・6・29民刑1191号局通達，昭和39・3・7民事甲588号民事局長通達）。

② 不動産が同一であるとき

申請する二つ以上の権利に関する登記について、登記の目的と登記原因及びその日付が同一であるとき（規則35条）。

③ その他

以上とは別に、信託の登記と、当該信託による権利の移転又は保存もしくは設定の登記の申請のように、同一の不動産を目的とする数個の登記の申請を、1個の申請情報でしなければならないものがある（令5条2〜5項）[34]。

3 情報の作成者であることの担保

(1) 概説

登記の申請は、以上により作成された申請情報に、後で述べる添付情報を加えて登記所に提供されるのであるが、不動産登記制度の目的をより良く果たすために、これらの情報は申請人の意思により作成されたものでなければならないことは当然である。しかし、以上の情報だけでは申請人の作成であるかが登記官において明らかではない。そこで登記の真正を確保するために、申請情報が申請人の意思により正しく作成されたものであることを手続上担保する手段が必要であり、それは申請情報を登記所に提供する方法に応じて次のような方法でなされる。

(2) 申請情報への電子署名と電子証明書の提供

電子申請により登記の申請をする場合、申請人又はその代表者もしくは代理人は、申請情報に電子署名[35]を行わなければならない（令12条1項）。またこれとあわせて、申請人の電子証明書を提供しなければならない（令14条）。

(3) 申請書への記名、押印及び印鑑証明書の添付

① 記名・押印

書面申請により登記の申請をする場合、申請人又はその代表者もしくは代理人（以下、申請人等という）は、原則として[36]申請書に記名押印をしなければならない（令16条）。申請人又は代表者が委任による代理人によって登記

---

[34] このような申請形態は特殊なもので、法令に定められた場合に限られる。
[35] 電子署名及び認証業務に関する法律（平成12年法律第102号）第2条第1項に規定する電子署名をいう（令12条1項）。

の申請をする場合，申請人等は代理人の代理権限を証する情報を記載した書面（以下，委任状という）に記名押印しなければならない。代理人が復代理人により登記の申請をする場合も，同様である（令18条)[37]。

② 印鑑証明書の添付

ⅰ 申請人自身，又はその代表者もしくは法定代理人による申請。…委任による代理人以外の申請人等については，次の添付を要しない場合を除き申請書に押印した申請人の印鑑について，市区町村長[38]又は登記官[39]の作成した作成後3月以内の印鑑証明書を添付しなければならない（令16条2項3項）。

ⅱ 委任による代理人の申請。…申請人等が，委任による代理人により登記の申請をする場合，次の場合を除き申請書には申請人等が代理権限を証する書面（委任状）に押印した印鑑に関しての，上記と同様の証明書を添付しなければならない（令18条2項3項)[40]。

③ 印鑑証明書の添付を要しない場合

申請書に印鑑証明書の添付を要しないのは，主に次の場合である（令16条2項，同18条2項，規則48条1項，同49条2項）。

ⅰ 申請人が，申請した登記の完了時に登記識別情報の通知を受けるべき者[41]に該当する者である場合。

ⅱ 所有権の登記名義人（仮登記名義人を含む）については，次に該当する者となって登記の申請をする場合を除き申請人となった場合。

a 登記義務者　b 共有物分割禁止の定めに関する変更登記の申請人　c 所有権保存登記抹消の申請人　d 仮登記の抹消の申請人

---

[36] 所有権以外の権利の登記名義人が，登記義務者となり登記識別情報を提供するとともに申請書に署名して登記の申請を行う場合等，一定の場合にはこの記名押印は省略することができる（規則47条）。

[37] 申請人等が委任状になした署名について公証人又はこれに準ずる者の認証を受けた場合や，復代理人によって登記の申請をする場合の委任による代理人が復代理人に対する委任状に署名した場合等は，その委任状への記名・押印を省略することができる場合がある（令18条1項，規則49条）。

[38] 自然人の場合である。

[39] 法人の代表者の場合である。

[40] 復代理人によって登記の申請をする場合の委任による代理人が，復代理人に対する委任状に記名・押印した場合には，申請書には委任による代理人の印鑑証明書を添付することは要しない（令18条2項）。

[41] つまり，登記名義を取得することになる登記の登記権利者である。

iii　共同申請において登記義務者となり，登記識別情報の提供をした所有権以外の権利に関する登記名義人。

　iv　登記を申請する登記所が，添付すべき印鑑に関する証明書を作成する登記所と同一であって，法務大臣が指定した登記所以外である場合[42]。

　例えば，会社が登記義務者として所有権移転登記の申請をする際に，その登記を申請する登記所に自己の商業登記がなされている場合である。

　v　申請人やその代表者もしくは代理人が記名押印した申請書に対し，公証人やこれに準ずる者の認証を受けた場合。

　vi　裁判所によって選任された者が，その職務について行う登記の申請書に押印した印鑑について，裁判所書記官が最高裁判所規則で定めるところにより作成した印鑑に関する証明書が添付されている場合。

印鑑証明書の添付について

　書面申請に際して添付すべき印鑑証明書に関しては，法文の規定が難解である。これは，登記の申請方法には電子申請と書面申請の二通りあることの影響である。電子申請では，まずコンピュータネットワーク上での情報の往来につきもののいわゆる「成りすまし」をどう防ぐかが課題で，これは登記権利者・登記義務者・代理人等の区別をしない。そこで登記の申請に関しても，オンライン申請に関わる全員に電子署名・電子証明書の提供を課したのである。これに対して書面申請においては，署名した文書等の提出とそれが登記所に残る作業の性質をとおして登記所と当事者との接触がある程度ははかられること，また平成16年改正前の書面による申請手続形態の維持などの理由から，登記権利者については原則として印鑑証明書の提供を求めないことにしたものと思われる。

　ところで，現行法は電子申請を基本に作られたので，申請にあたっては当事者の地位の区別をしないで申請情報に電子署名と電子証明書の提供を求めた。これに対して書面申請では，申請書面上に記名押印した者に対して原則として印鑑証明の提供を求めた上で，例外的にそれを必要としない者を法務省令（不動産登記規則）が定めた。しかしその際に法令は，不要者を個別に規定する書き振りをした。これが，書面申請にあたって印鑑証明書の添付を必要とするか否かの整理を煩雑にしている原因に考えられる。これに対して旧法は個別に定めることをせず，印鑑証明書を必要とする者の基準を定めていた。要約すると原則として「所有権の登記名義人が登記義務者として登記の申請をするとき…」

---

[42] 申請する不動産登記の登記記録と，会社の登記の登記記録が同一の登記所にあることによる。したがって，代表者の資格証明書等，登記官の証明に係るものについては，同様の規定がある。

は，申請書に印鑑証明書の添付を求めた（所有権以外の登記名義人でも印鑑証明書の必要な場合はもちろんあるが，これは例外として別に定めていた）。この旧法の趣旨は，印鑑証明書を必要とする者を整理する際の参考になるので，次にその規定の一部を載せておく。

> 不動産登記法施行細則　（明治三十二年五月十二日司法省令第十一号）
>
> 第四十二条
> 　所有権ノ登記名義人ガ登記義務者トシテ登記ヲ申請スルトキハ其住所地ノ市町村長又ハ区長ノ作成シタル印鑑ノ証明書ヲ提出スベシ
> （一部省略）
>
> 第四十二条ノ二
> 　所有権以外ノ権利ノ登記名義人ガ申請書ニ不動産登記法第四十四条ノ規定ニ依ル書面ヲ添附シテ登記ヲ申請スルトキ又ハ所有権ノ登記名義人ガ不動産ノ合筆若クハ合併ノ登記若クハ合体ニ因ル建物ノ表示ノ登記ヲ申請スルトキハ其住所地ノ市町村長又ハ区長ノ作成シタル印鑑ノ証明書ヲ提出スベシ
> （一部省略）
>
> 筆者注　42条ノ2　中の「不動産登記法第44条の規定による書面」とは，旧法のいわゆる「保証書」で，登記義務者が申請書に添付すべき「登記済証」（現行法の登記識別情報にあたる）を添付できない時に，それに替えて本人の意思確認のために行った手続き（現行法の登記官による事前通知（法23条）と類似の手続）のための書面であった。

第5　添付情報

1　概　説

　登記の申請においては申請情報が中心であるが，その提供だけで登記がなされるわけではなく，申請情報の真実性を裏付けたりその他手続上の理由により様々な情報が必要とされる。これらの情報は申請情報に添えて登記所に提供されるので，添付情報（書面申請については添付書面）と呼ばれる（令2条1号，規則1条6号）。

　添付情報についても，申請情報と同様に全ての登記の申請に共通して必要とされるものと，申請する登記の内容である権利やその態様などにしたがっ

て個々に必要とされるものに分けることができるので，ここでも説明の便宜のために，前者を一般的添付情報，後者を個別的添付情報と呼ぶことにして，それぞれを整理することにした。

また添付情報も，申請情報と同様に申請が電子情報処理組織を利用するものと書面を利用するもの双方で質的な違いはない。しかし，情報が真正に作成されたものであることを担保するための手段については，情報を登記所に伝達する方式が異なることから，電子申請にあっては電子署名をおこない電子証明書を併せて送信し（令12条，14条），書面申請においては書面作成者の印鑑証明書の添付が求められるところに（令16条，18条）違いが現れる。

> **添付情報（添付書類）**
>
> 　添付情報（書類）は，一口に言うと記録内容の真実性確保（正しい登記の実現）に向けて求められるもので，申請情報の裏付け・証拠と置き換えて理解しても良い。このうち，最も重要なものが，申請人（登記権利者・登記義務者等と呼ばれる者）の本人性ないし登記申請の意思を確認する手段である。なぜこのような仕組みが必要になるかは，記録を実行する登記官側から眺めるとよく分かる。すなわち，登記官は申請情報（申請書）を媒介して「こういう登記を求める」旨の当事者の要求を受け取るが，その際に登記義務者を名乗る者が登記記録上の名義人と同一人なのか，さらには求める記録が正しい事実関係に基づいているかなど，申請情報の内容の真実性については，そのままでは分からない。そこで，手続きの上に当事者の本人性や登記原因の存在を確認する手段が不可欠となり，これを担うのが電子署名（印鑑証明書）・登記識別情報や登記原因証明情報である。この他，代理権や会社の代表権の存否・当事者の実在性等も重要であり，これらを裏付けるものは手続きの態様や権利の種類等にしたがって法令に個別に定められている。
>
> 　添付情報の学習も，前述の申請情報と同様で，原則として全ての申請に必要なものを一階部分と考え，それに必要に応じて個別的に求められる情報を加えながら，全体を組み立てる方式が合理的であろう。

2　一般的添付情報

権利に関する登記の申請に共通して提供を求められる申請情報以外の情報であり，次のようなものがある。

(1) **登記識別情報**

① 概　説

　共同申請に係る登記の申請その他一定の登記[43]の申請に際しては，登記義務者もしくは申請人の登記識別情報を提供しなければならない（法22条）。

　登記識別情報とは，「法第22条本文の規定により登記名義人が登記を申請する場合において，当該登記名義人自らが当該登記を申請していることを確認するために用いられる符号その他の情報であって，登記名義人を識別することができるものをいう。」と定義されている（法2条14号）。

　この情報は，前述のように登記権利者等となって登記記録上に名義を取得した手続完了の際に，原則として登記所よりその名義人本人に通知される12桁程度の英数字の組合わされた符号であるが（法21条），登記名義人を識別することを目的とするので，登記名義人ごとに定められて通知される（規則61条）[44]。また，登記名義人以外の者が知りえないこと（秘密性）を前提としているので，その管理が問題になり[45]，登記所に対してその秘密性の維持を求めるとともに（法151条，159条），その漏洩については罰則を設けている[46]。この登記識別情報の当事者への通知方法については，既に述べたとおりである。

② 登記識別情報提供の趣旨

　不動産登記制度においては，公示される登記記録の内容が真実の権利関係に合致していることが最も重要である。この登記の真実性確保の手段として，わが国の権利に関する登記は，申請を登記権利者のみではなく，登記がなされることにより不利益を受ける者を登記義務者として手続に関与させる方法

---

[43] 共有物分割禁止の定めに係る権利の変更登記，所有権移転登記がなされていない所有権の登記の抹消，抵当権等の順位変更の登記，根抵当権共有者間の優先の定めの登記，仮登記名義人が単独で申請する仮登記の抹消などである（令8条）。

[44] 例えば，AとBがそれぞれ持分2分の1の共有で甲土地および乙土地を取得したことによる所有権移転登記の完了時には，A及びB各自に対して甲土地・乙土地のそれぞれについて別の，したがってこの場合は合計で四つの登記識別情報が発せられことになる。

[45] 登記識別情報の管理については，自ら記憶可能であればそれが最良である。しかし，多くの場合日常的に使用しない12桁の記号番号を記憶できる人はそう多くはないであろう。ましてや農業や林業を営む者のように不動産を多く所有する人にとってはその記憶などそもそも不可能であり，何らかの媒体に格納して保管することになろうが，その際の登記名義人本人の秘密保持は，管理方法も含め全て当事者に委ねる以外方法はなく，それが煩わしと感じれば，通知不要（法21条但書）もしくは失効の制度（規則65条）を利用することになろう。

[46] この他，登記識別情報をめぐっては，不正取得等に罰則が設けられている（法161条）。

をとっている。

ところで，コンピュータによる情報通信にあっては，情報の受け手は送り手が真実その人であるかについて，そのままでは確認する術がない。そこで一般的に，本人性の確認には電子署名および電子証明書が用いられ，登記の電子申請についてもこの方法が採用されている（令12条，14条）。したがって，登記の電子申請に登記義務者が真実関わっていることは，電子署名と電子証明書により確認することはできる。

しかし，登記義務者の本人性の確認を電子申請では電子署名・電子証明書，書面申請では記名押印と一定の場合の印鑑証明書のそれぞれの提供だけにした場合，手続上での本人性確認のレベルが旧法[47]に比べて低下する感が否めない[48]。そこで，共同申請における登記義務者および一定の登記の申請人については，電子署名に加えて重ねて本人性の確認をするために，登記識別情報の提供を求めるのである。

③　登記識別情報の提供

登記識別情報は，その性質により秘密性の維持が求められるので，これを申請情報とともに登記所に提供する際にも取り扱いには特段の注意が必要であり，次の方法によるものとされる（規則66条）[49]。

①申請が電子情報処理組織を使用する場合（電子申請）…申請情報とともに送信する方法による。

②申請が書面による場合（書面申請）[50]…登記識別情報を記載した書面を

---

[47] 旧法における登記義務者の本人性確認の手段は，第一義的には権利に関する登記済証の提出であり（旧法35条1項3号），さらに所有権の登記名義人である場合には，印鑑証明書の提出が求められた（（旧）不動産登記法施行細則42条）。

[48] 電子証明書等だけでは「少なくとも，所有権の登記名義人が登記義務者となる申請については，現行制度よりも，本人確認の水準が下がることになる。」（前掲「担当者骨子案の補足説明」第4の19）。

[49] 従前の登記済証を有する登記名義人が登記義務者となって電子申請により登記の申請をする際には，登記識別情報の提供はできないが，この場合は登記識別情報を提供できない正当な理由にあたると解されるので，法23条の本人確認手続等をおこなうことになる（清水響・前掲「新不動産登記法の概要について」第8の7）。なお，後述の「特例方式」では，登記識別情報に代えて登記済証を使用することができる（法附則6条）。

[50] 書面申請の場合，法附則7条によって登記義務者は旧法における手続で登記名義人に還付された登記済証（旧法60条1項，61条），法附則8条によりなお従前の例によることとされた登記の申請について還付され又は交付された登記済証，法附則6条の規定により読み替えて適用される新法の規定により交付された登記済証を提供すれば，いずれもここでの登記識別情報の提供とみなされる（清水響・前掲「新不動産登記法の概要について」第8の7）。

封筒に入れて封をし[51]，それを申請書に添付する方法による。なお，この方法によって提供された登記識別情報は，申請された登記が完了した際に，秘密保持の観点から記載された書面が登記官によって破棄される（規則69条）。

④　登記識別情報のみなし提供

同一の不動産について，登記の前後を明らかにして二つ以上の権利に関する登記の申請が一括してなされた場合で，前件の登記によって登記名義人となる者が後件の登記の登記義務者となるときは，後件の登記に関する申請情報と併せて提供すべき登記識別情報は，提供されたものとみなされる（規則67条）。

例えば，BがAより甲土地を買い，Bが同時にその土地にX銀行のための抵当権を設定したことによるそれぞれの登記を，前者が先であることを指定して同時に申請する場合，後に申請される申請情報に添付されるべきBの登記識別情報は提供されたものとみなされるのである。これは，実務現場で日常的に行われて来た申請方式をふまえたものである[52]。

⑤　事前通知手続

登記識別情報の提供を必要とする登記の申請において，登記義務者等が正当な理由によりその提供をすることができない場合には，次の手続がとられる（法23条1項，規則70条）[53]。

事前通知　登記官は登記義務者等に対して郵送等により，登記申請があった旨及び申請の内容が真実である場合にはその旨の申出をすべき通知を発し，通知を発した日から2週間以内[54]に申出がなされた場

---

[51] 封筒には，登記識別情報を提供する申請人の氏名等及び登記の目的を記載し，「登記識別情報在中」のように記載しなければならない（規則66条3項）。

[52] このような手続は，当然ながら後に申請される抵当権設定登記の申請書に添付されるべき登記義務者の権利に関する登記済証（旧法35条1項3号）を欠いたもので，形式的には却下されるべきものと考えられる。しかし，わが国の物権変動が当事者の意思によることや，権利に関する登記が要式行為であり，しかも登記官の形式審査によることなどを理由に，旧法による手続では先に申請された登記が実行されたことを前提とする別の登記を同時に申請する方式が広く認められて来た。

[53] 所有権以外の権利の名義人が登記義務者となる場合，申請情報に登記識別情報を添付すれば原則として印鑑証明書の添付を省略することができるが（令16条，規則48条1項5号），この場合は省略の要件を満たさないので，登記義務者は申請情報に原則として作成後3月以内の印鑑証明書を添付しなければならない（令16条）。

[54] 登記義務者の住所が外国にある場合，この期間は4週間である（規則70条8項但書）。

合に限り（規則70条8項）[55]，登記が実行される[56]。これを，事前通知制度という。

通知の方法　この通知は，申請がオンラインで行なわれた場合でも書面の送付で行なわれる。そして本人への書面の送付は，郵便事業株式会社の本人限定受取郵便（郵便事業株式会社・内国郵便約款144条）またはこれに準ずる方法でなされる。なお，本人が法人の場合，通知はその代表者に宛てて行われることになり，それは原則として本店（主たる事務所）への書留郵便もしくはそれに準ずる信書便で行われるが（規則70条1項），当事者から法人の代表者個人の住所に通知を希望する申出があった場合にはそれに応じて通知がなされ（準則43条2項），この場合には自然人と同様の方法によりなされる（規則70条1項1号）。

本人の申出　通知に対する申出の方法は，電子申請で行なわれた場合には申請と同一の電子署名を使用して電子情報処理組織上で行なう。また書面申請による場合には，申請書類に押印したものと同一の印鑑を使って書面で行なうことでなされる（規則70条5項）。

なお，通知を受けるべき者が死亡した場合には，期間内であれば相続人全員が定められた方式にしたがって申出をすることができる（準則46条1項）。また通知が法人の代表者になされた場合に，その法人の他の代表者から定められた方式による申出がなされた場合も，適法な申出として受理される（準則46条2項）。

前住所への事前通知　上述の登記義務者等への事前通知は，登記識別情報の提供がなく申請された登記が所有権に関するものであり，かつその申請から3ヶ月以内に登記義務者等の住所についての変更の登記がなされていた場合は，登記義務者等の現在の住所の他，その者の登記記録上の前の住所に宛ててもなされる（法23条2項，規則71条）[57]。こ

---

[55] 旧法において，所有権に関する手続が登記義務者の権利に関する登記済証に代えて保証書をもってなされた場合の，登記官への回答の期間は，3週間であった（旧法44条ノ2，2項）。

[56] この場合の登記の受付は，当初の申請時であり，旧法のように申出がされたときではない（旧法44条ノ2，2項参照）。

[57] この通知は，転送不要の郵便（日本郵政公社・内国郵便約款94条1項但し書）もしくはこれに準ずる方法でなされる（規則71条1項）。なお，期間内に住所移転等が数回なされている場合には，そのいずれにも通知がなされる（準則48条）。

れは、旧法の時代に「成りすましによる不正な登記申請の一つのパターンとして、保証書により申請した上、登記所からの事前通知が真の登記名義人に通知されることがないよう、登記の申請に先立って、登記記録上の住所を移転し、移転先の住所で通知を受領するタイプのものが」[58]あり、この防止策として設けられたものである。したがって、不正な手続のおそれが少ない、登記義務者等が法人である場合、もしくは申請情報に後述する資格者代理人による本人確認情報の提供がなされ、その内容により登記官が申請人が登記義務者であることが確実であると認めたとき等には、この前住所への通知はなされない（規則71条2項）。

⑥ 専門家による本人確認

登記義務者等が、正当な理由により登記識別情報の提供ができない場合においては、次のような専門家による本人確認がなされて登記官がそれを認めた場合、事前通知を省略することができる。

資格者代理人による本人確認情報の提供　登記義務者等が、正当な理由により登記識別情報の提供ができない場合において、登記申請の代理を業とすることができる代理人により本人確認に必要な情報の提供がなされ、しかも登記官がその内容が相当であると認めたときは、登記官による事前通知を省略することができる（法23条4項1号）。ここでいう代理人とは、司法書士、土地家屋調査士及び弁護士であるが、資格を有するだけではなく、現にその登記の申請を代理人として行なっている者をいう。

資格者代理人の、本人確認に必要な情報（本人確認情報という。）の内容は次のとおり定められている(規則72条)[59]。なお申請人が法人の場合には、その申請において法人を代表する者に対して、次の方法による確認が必要である。

　i　資格者代理人が申請人本人と面談等をした日時、場所及びその状況。
　ii　資格者代理人が申請人の氏名を知り、かつ面識があるときはその旨と、

---

[58] 清水響・前掲「新不動産登記法の概要について」第4の3(5)による。なお、旧法44条、44条ノ2参照。
[59] 登記官は、これらの情報を相当と認めることができない場合でも直ちに申請を却下することをせず、法23条1項の通知の手続を行うことになる。

面識が生じた経緯。ここでの申請人の氏名を知り，かつ面識があるとは，資格者代理人にとって次のいずれかの場合である（準則49条）。

＊　その登記の申請の3ヶ月以上前に当該申請人について，資格者代理人として本人確認情報を提供して登記の申請をしたとき。

＊　その登記申請の依頼を受ける前から申請人の氏名・住所を知り，かつその申請人との間に親族関係，1年以上にわたる取引関係その他の安定した継続的な関係の存在があるとき。

ⅲ　資格者代理人が申請人の氏名を知らず面識もないときは，申請権限を有する登記名義人であることを確認するためにはその申請人から次に掲げる書類の提示を受ける必要があり，確認できた場合には，その書類の内容及びその申請人が申請の権限を有する登記名義人であると認めた理由（規則72条2項）。

＊　運転免許証・外国人登録証明書・住民基本台帳カード・旅券等のうちのいずれか一つ以上の提示を求める。

＊　国民健康保険，健康保険，船員保険，後期高齢者医療もしくは介護保険の被保険者証・医療受給者証・健康保険日雇特例被保険者手帳・国家公務員共済組合もしくは地方公務員共済組合の組合員証又は私立学校教職員共済制度の加入者証・国民年金手帳・児童扶養手当証書・特別児童扶養手当証書・母子健康手帳・身体障害者手帳・精神障害者保健福祉手帳・療育手帳又は戦傷病者手帳であって，申請人本人の氏名，住所及び生年月日の記載のあるもののうち，いずれか二つ以上の提示を求める。

＊　上記の国民健康保険以下二つ以上の提示を求めるもののうち一つ以上及び官公署から発行され，又は発給された書類その他これに準ずるものであって，申請人本人の氏名，住所及び生年月日の記載があるもののうちいずれか一つ以上の提示を求める。

以上について，有効期限等のあるものについては，資格者代理人が提示を受けた時点で有効なものでなければならない。

なお，資格者代理人が本人確認情報を提供するときは，その資格者代理人が登記の申請を業として代理できる者であることを証する情報を，併せて提供しなければならない（規則72条3項）[60]。

公証人による認証 　申請情報や，委任による代理人によって申請がなされる場合のその権限を証する情報を記録した電磁的記録，あるいは記載した書面に対して，公証人（公証人法8条の規定により，公証人の職務を行う法務事務官が含まれる）からその申請人が申請における登記義務者であることを確認するために必要な認証がなされ，かつ登記官がその内容を相当と認めるとき（法23条4項2号）。

⑦　登記識別情報の有効証明

概　説　　登記識別情報は，登記名義人本人以外には知りえない記号番号の組み合わせである。ところで，不動産取引の現場では，例えば不動産の売買ではそれによる登記の申請に必要な諸条件の完備と引換に代金の最終的な支払いがなされることが慣行化していて，それは登記手続がコンピュータ化してもにわかに変わるとは思われない。そうすると，登記の利用現場においては，取引の決済にともなう登記の申請に必要な登記識別番号であることが第三者において客観的に確認できる何らかの手段が求められる。

このような実務上の要請もあり，登記所に提供された特定の記号及び番号が，特定の不動産に関する登記事項並びに登記名義人との関係で登記識別記号として有効であることを証明する制度が設けられた（令22条）[61]。これが登記識別情報の有効証明であり，登記名義人又はその相続人や一般承継人もしくはその代理人は[62]，登記官に対して手数料を納め，登記識別情報が有効である旨の証明を請求することができる。

登記識別情報の有効証明請求の手続　　登記識別情報の有効性証明の請求（有効証明請求情報）は，登記識別情報である記号及び番号とともに次の事項を登記所に対して，電子情報処理組織を使用する場合は送信し，もしくはそれらを記載した書面を登記所に提供して[63]しなければならない（規則68条）。なお，この請求は原則

---

[60] 本人確認情報を記録した情報あるいは書面への電子署名あるいは印鑑について，資格者団体が発行した電子証明書もしくは印鑑証明書，電子認証登記所が発行した電子証明書，登記所が発行した印鑑証明書がこれにあたる（準則49条2項）。

[61] ただし，有効証明の内容に記号及び番号を開示することはしない。

[62] 秘密性保持の観点から，請求はこれらの者に限定される。

として1つの不動産ごとに必要であり[64]、その他請求の手続に関しては登記識別情報の性質やその秘密保持の観点から、電子情報処理組織による場合には、請求の情報に請求者が電子署名して電子証明書を提供すること、又書面による請求の場合には請求書に請求者が署名・押印をし、かつ印鑑証明書を添付すること、この他にも、請求者が法人の代表者の場合については資格証明書を要することや、代理人による請求については、代理権限を証する情報が必要なこと等[65]、申請情報の提供に近い添付情報[66]が求められる（規則68条5項〜12項）。

登記識別情報の有効証明請求情報の内容　＊請求人の氏名又は名称及び住所　＊請求人が法人である場合には、その代表者の氏名。＊代理人によって請求をするときは、その代理人の氏名又は名称及び住所並びに代理人が法人であるときはその代表者の氏名　＊請求人が登記名義人の相続人等の一般承継者である場合はその旨、及び登記名義人の氏名又は名称及び住所。＊証明を求める登記識別情報に係る登記に関する、不動産所在事項又は不動産番号、登記の目的、申請の受付の年月日及び番号（規則68条1項）。

登記識別情報の有効証明の方法　当事者の請求による登記識別情報の記号及び番号が登記の記録と照合して一致している場合には、その旨の証明がなされることになるが、その証明の方法は、請求が電子情報処理組織を使用したものであるか書面によるものであるかに応じて、送信あるいは書面によりなされる（規則68条4項）[67]。なお、請求された

---

[63] 内容に登記識別情報が含まれるので、この提供には登記申請時と同様の方法での秘密保持が求められる（規則68条2項）。なお、この請求を郵送等ですることもできる（規則68条12項、53条）。
[64] 登記の申請と同様に、不動産が同一登記所の管轄区域内にあり、登記の目的等が同一の場合には、数個の不動産に関する有効証明を一括して請求することができる（規則68条7項参照）。
[65] この他、登記名義人の相続人等が請求をする場合は相続等を証する市町村長や登記官等により職務上作成された情報、登記識別情報の通知を受けた者の氏名や住所等が登記記録と異なるときは、その変更や錯誤等により誤りがあることを証する市町村長もしくは登記官等が職務上作成した情報がある。また、本文で述べた法人の代表者の資格を証する情報は、登記の申請時と同様に一定の場合には省略することができる。
[66] 手続当事者の本人性を確認する手段としての添付情報が求められる。
[67] ここでも秘密保持の観点から、登記識別情報そのものを表示することはせず、請求者から提供された登記識別情報が有効である旨の証明がなされる（準則40条参照）。

登記識別情報が登記の記録と一致しない場合には，その旨の証明がなされる（準則40条)[68]。

⑧ 登記識別情報の失効とその申出

概説 登記名義人又はその者の相続人等の一般承継者は，登記官に対して通知を受けた登記識別情報を失効させる申出をすることができる（規則65条）。これは，例えば登記識別情報が第三者に知られた場合，登記名義人はその第三者により不正な登記がなされることへの懸念が残るが，他方で登記申請における本人確認の手段には，登記識別情報が唯一ではなく代替手段がある。そこで，登記名義人が希望する場合には，登記識別情報自体を失効させる制度が設けられた。

申出の方法 申出の手続は，登記識別情報を失念した場合の利用を考慮して，失効させる登記識別情報を提供することを要しないことの他，具体的には次の事項を内容とする申出情報を登記所に提供することでなされる（規則65条2項）。

ⅰ 申出情報

＊申出人の氏名又は名称及び住所。＊申出人が法人である場合には，その代表者の氏名。＊代理人によって申出をするときは，その代理人の氏名又は名称及び住所並びに代理人が法人であるときはその代表者の氏名。＊申出人が登記名義人の相続人等の一般承継者である場合はその旨，及び登記名義人の氏名又は名称及び住所。＊その登記識別情報に係る登記に関する，不動産所在事項又は不動産番号，登記の目的，申請の受付の年月日及び番号。

その他，登記名義人の相続人その他の一般承継人がこの申出をする場合には，相続その他の一般承継があったことを証する市町村長，登記官その他の公務員が職務上作成した情報をも提供しなければならない。

ⅱ 申出情報の提供方法

この申出情報は，次のいずれかの方法で登記所に提供しなければならない。
＊法務大臣の定めるところに従い，電子情報処理組織を使用して提供する。
＊申出情報を記載した書面を提出する。

---

[68] 書面による請求を希望する場合には，請求者が費用を納めて申出をすれば，証明が郵送により交付される（規則68条13項，197条6項，204条）。

この他，登記識別情報を失効させる手続の重要性に鑑みて，この申出情報には登記所への提供方法に応じて申出をする者等の電子署名や記名・押印，それに電子証明書や印鑑証明書の添付を必要とすること，その他申出をする者が登記名義人の相続人等の一般承継人である場合には戸籍等の承継を証する情報を，又法人の場合には代表者の資格証明書を必要とし，その省略ができることなど，登記の申請情報とその添付情報に近い手続の方式が求められる（規則65条3項〜11項）。

登記識別情報の失効　登記官は，登記識別情報の失効の申出を相当と認める場合には，登記識別情報を失効させる措置をとらなければならない（準則39条）。

(2) **登記原因証明情報**

① 概　説

権利に関する登記を申請する場合，申請人は一定の場合を除き申請情報と併せて登記原因を証する情報（これを登記原因証明情報と呼ぶ。以下同じ。）を提供しなければならない（法61条）。登記原因証明情報とは，登記の原因となる事実又は法律行為の存在を証明する情報であり，法律行為による物権の変動については，登記原因を構成する二つの要素である物権変動の原因行為とこれに基づく物権の変動のそれぞれを証明する情報である。また，法律行為によらない物権変動については，その要件事実がここでいう登記原因証明情報であると解されている[69]。

② 共同申請における登記原因の証明について

権利に関する登記が，共同申請によりなされる場合の登記原因の証明については，次のように考えられる。

登記原因証明情報の内容は，突き詰めれば物権変動の要件事実に該当する具体的事実であると解されているが[70]，それがどの程度の証明力を要するものなのか，さらには具体的に何を指すかは法文に定められていないので[71]，実務をとおして個別判断されることになる。

---

[69] 清水響・前掲「新不動産登記法の概要について」第4の4の(2)による。
[70] 前掲「担当者骨子案の補足説明」第4の62参照。
[71] この点については，旧法と同様である（旧法35条1項2号）。

その解釈に際して留意すべき観点が，次の4点であるとされている[72]。

＊申請された登記の内容に関する真実性は，登記することにより不利益を受ける者を登記義務者として手続に関与させる共同申請の仕組みが担保していると考え，したがって，登記原因を証する書面それ自体に固有の証明力を求めることはせず，最低限では登記義務者が申請された登記の内容を認めたもので足りるとされていた[73]旧法における登記原因を証する書面の証明力の考え方。

＊民法上は口頭の合意を原因とする物権変動も可能であり，また，法律行為以外の理由に基づく物権変動もあるから，常に書面や電磁的記録の形で物権変動を証明する証拠が存在しているとは限らない。

＊登記官には，登記原因について形式的審査権しか認められていない。

＊申請人の負担を，加重にしないこと。

以上をふまえて，登記原因証明情報として最低限求められるものは，登記申請の当事者が，物権変動の原因となる具体的な法律要件事実について合意していることの認定が可能な情報であると理解されている[74]。具体的には，これまで実務現場で使用されてきた，いわゆる売渡証書のように登記申請用に当事者が作成した情報であっても，原因行為の存在とこれに基づく物権変動が生じたことを内容とするもので，かつ，登記義務者がその内容を確認して電子署名（または署名・押印）したものであればそれで足りると解されている[75]。また，所有権移転における真正な登記名義の回復やその他の更正の登記のように，権利の変動を前提としない登記についての登記原因証明情報には，現在の登記が真実ではないことと，その登記をする原因となる具体的事

---

[72] 清水響・前掲「新不動産登記法の概要について」第4の4の(3)より。
[73] 旧法の下で，原因証書の適格性として論じられた問題であり，実務の上では概ね当事者，不動産および登記原因をはじめ登記すべき事項が表示された書面であると解されていた。なお，旧法による手続では，原因証書については当事者の捺印まで必要とせず，又登記義務者のみにより作成された書面であっても良いとするのが，実務の取扱いであった。
[74] 前掲「担当者骨子案の補足説明」第6の63。
[75] 清水響・前掲「新不動産登記法の概要について」第4の4の(3)。なお，この場合の売買代金については，その支払いがなされたことの情報は必要であると考えるが，具体的売買代金額の情報についてはこれまでの実務では要求しなかったこれまでの実務の姿勢が，今後も踏襲されるものと思われる。これについて，前掲「担当者骨子案の補足説明」第6の64では，「具体的売買代金額が明らかにされていない場合であっても…（略）登記申請を却下することはできない。」としている。

③　単独申請における登記原因の証明について
　権利に関する登記が単独申請でなされる場合，とりわけ登記権利者のみによる申請については，手続の基本構造が共同申請と異なることをふまえ，登記原因証明情報の要否については法令により個別に定められている[76]。なお，具体的なものは，それぞれの項で述べることにする。
④　登記原因証明情報の内容と作成
　登記原因証明情報は，既に述べたように登記原因を証明する情報であり，登記の原因となる事実又は法律行為に該当する事実，それにより権利の変動が生じたことなどが含まれていなければならない。具体的なものとして，例えば売買契約の場合では，契約当事者・対象不動産・売買契約の年月日・売買契約の締結の事実の明示が，必要最小限の内容となるであろう[77]。
　では，登記原因証明情報とは実際どのようなものか，についてであるが，上述の内容を含んでいればその形式は原則として問われない。したがって，契約書のスタイルでも良いし，その他の形式でも差支えない[78]。ただし，地上権や賃借権の設定等，一部の登記の申請については法令で個別に指定されている場合があるので[79]，それに従う必要がある。

> **登記原因証明情報**
> 　登記原因証明情報の典型は，契約書である。しかし実務では，契約書以外に，本文で説明した登記原因証明情報の内容を登記官に報告する形式をとった，「登記原因証明情報」と名乗る書面が多用されている。理由は，契約書には登記原因証明情報の要件を満たす事項のほかにも，例えば売買契約書であれば売買代金とその支払方法など様々なことが記載（記録）されているのが普通であるが，これをそのまま登記所に提供すると，内容が他人の目にふれる機会が増えるこ

---

[76] 令7条1項5号ロ，及び別表の添付情報参照。
[77] 「電子申請における添付情報の提供の特例（平成20・1・11法務省民2第57号通達第1.1.(5).(6)）」で示された登記原因の内容を明らかにする部分であり，これが実務上は登記原因証明情報の最小限度の内容と考えられよう。
[78] 本文に示したように，実務上は，「登記原因証明情報」というタイトルをもって，上述の内容を盛り込んだものが使われている。
[79] 例えば，借地借家法が適用される一部の地上権や借地権の設定についての登記原因証明情報には，要件を満たした公正証書の謄本が必要とされる（令別表33添付情報ロ，同38添付情報ロ，参照）。

とが懸念される。そこで不必要な情報の開示を好まない当事者が，登記手続きに際しては最小限度の情報で用が足りる「登記原因証明情報」を作成して使用するのであろう，と考えられている。実務で使用される「登記原因証明情報」を表題とするものの例（売買による所有権移転登記の登記原因証明情報）は，次のとおりである。

```
                    登記原因証明情報

 1．登記申請情報の要項                  (4) 所有権の移転
    (1) 登記の目的   所有権移転              よって，本件不動産の所有権は，同日，B某
    (2) 登記の原因   令和○年○○月○○日売買    からA某に移転した。
    (3) 当 事 者
         権利者     甲市○○○○         令和○年○○月○○日    ○○法務局 御中
                          A某
         義務者     乙市○○○○         上記の登記原因のとおり相違ありません。
                          B某
    (4) 不 動 産    後記のとおり           (買主) 甲市○○○○
                                              A某     ㊞
 2．登記の原因となる事実又は法律行為
    (1) 売買契約                         (売主) 乙市○○○○
        B某は，A某に対し，令和○年○○月○○日，          B某     ㊞
        本件不動産を売った。
    (2) 所有権移転時期の特約              不動産の表示
        (1)の売買契約には，本件不動産の所有権は   所    在   ○○市○○丁目
        売買代金の支払いが完了した時にA某に移転   地    番   ○○番○○
        する旨の所有権移転時期に関する特約が付さ   地    目   宅地
        れている。                      地    積   ○○㎡
    (3) 代金の支払
        A某は，B某に対し，令和○年○○月○○日，
        売買代金全額を支払い，B某は，これを受領し
        た。
                                  1                                  2
```

(3) 会社法人等番号等

　登記の申請人が法人である場合には，具体的な手続きの行為は法人の代表者が行うことになるので，申請情報に合わせて申請する者が代表権を有することを明らかにする情報として，当該会社等に関する商業登記法7条（他の法令で準用する場合も含む）に定められた会社法人等番号[80]を登記所に提供しなければならない（令7条1項1号イ）。なお，次の場合には会社法人等番号の提供は省略することができる。

---

[80] これに該当しない法人については，当該法人の代表者の資格を証する情報を添付しなければならない（令7条1項1号ロ）。なお，この情報は公務員が職務上作成したものである場合には，作成後三月以内のものでなければならない（令17条1項）。

＊申請人が上記に該当する法人であって，作成後1月以内の当該法人代表者の資格を証する登記事項証明書を添付した場合（規則36条1項，同2項）[81]。

＊電子申請の申請人が，商業登記法12条の2（他の法令において準用する場合を含む）に定められた印鑑の提出者であるときに，商業登記規則33条の8第2項（他の法令において準用する場合を含む。）に定められた電子証明書，その他電子署名等に係る地方公共団体情報システム機構の認証業務に関する法律3条1項の定めに基づき作成された署名用電子証明書等を提供した場合（規則44条1項，同43条）。

(4) 代理人の代理権限を証する情報

登記の申請を代理人によって行う場合には，一定の場合を除き代理人の権限を証する情報を申請情報に添付しなければならない（令7条1項2号）。ここでいう代理人には，任意・法定の双方が含まれる。具体的には，委任による代理人の場合には，委任者が委任事項を明らかにして受任者に示した情報で，書面申請による場合には委任状と呼ばれるものが代表的なものである（規則49条1項1号参照）。法定代理人については，本人との法定代理の関係を明らかにする情報であり，例えば親と子の関係については市町村長の証明する戸籍に関する情報，その他後見人と被後見人については，家庭裁判所の証明がなされた後見人選任の審判に関する情報等がこれにあたる[82]。なお，次の場合にはこの情報を省略し，又は他のもので代えることができる。

＊法令の規定により登記の申請をすることができる法人の代理人がその法人を代理して登記の申請をする場合，申請情報の提供を受ける登記所がその法人についての代理人の登記をした登記所と同一であり，かつ，その登記所が法務大臣が指定した登記所以外のものであれば，代理人の代理権限を証する書面を省略することができる（規則36条2項）。

＊電子申請の申請人が，商業登記法12条の2に規定する印鑑の提出者で，商業登記規則33条の8第2項に規定された電子証明書を提供し，それにより登記官が代理権限を確認できる場合は，これを代理権限を証する情報に代え

---

[81] この場合，申請書の「添付情報」には，「会社等法人番号」に代えて「登記事項証明書」と記載する。
[82] これらの証明が，市町村長や登記官その他の公務員が職務上作成した書面である場合には，作成後3ヶ月以内のものでなければならない（令17条1項）。

ることができる（規則44条3項）。

(5) 登記原因についての第三者の許可，同意，承諾を証する情報

民法などの実体法の上で，登記原因に繋がる契約や権利の変動そのものに，当事者以外の第三者の許可，同意，もしくは承諾（以下，第三者の許可等という）を必要とする場合がある。このような，登記原因に第三者の許可等を要する登記の申請に際しては，その申請情報に第三者により許可等がなされたことを証する情報を添付しなければならない（令7条1項5号ハ）。申請情報にこの情報の添付を求める理由は，登記官が登記原因の発生に実体法の上で必要な第三者の許可等がなされたことを手続の上で確認することで，無効な権利変動による登記がなされることを防ぐためである。

具体的には，農地をめぐる法律行為による権利変動に関する都道府県知事もしくは市町村の農業委員会の許可(農地法3条，5条)，根抵当権の極度額の増額をめぐる後順位担保権者の承諾（民法398条の5），株式会社と取締役との間の自己取引・利益相反行為に対する取締役会の承認（会社法356条，365条，419条)[83]，未成年者の法律行為をめぐる親権者の同意（民法5条）等である。なお，親権者の同意なくしてなされた未成年者の法律行為は，無効ではなく取消しうる行為であるために，ここでの第三者の許可等と同様に扱うべきか否かについて，学説上争いがあるが，公示の上で後日取消の可能性を残した不安定な登記は制度上好ましくないので，判例及び実務[84]ともにこれを第三者の許可等に含むと解している[85]。

(6) 電子証明書又は印鑑証明書

登記の申請情報が電子申請で提供される場合に，申請人等は申請情報等に電子署名をしなければならないが，これにともない登記所に申請人等の電子

---

[83] 例えばXとYの2つの株式会社の代表取締役が同一人で，X社所有の不動産をY社に売買する場合には，XとYの両社の取締役会が，その取引を承認したことを証する情報として，取締役会の議事に関する情報の添付を必要とする（昭和37・6・27民事甲第1657号民事局長回答参照）。

[84] 昭和22・6・23民事甲第560号民事局長通達。

[85] 積極説は，学説では船橋諄一・不動産登記法140頁，判例では大判昭和10・2・25民集14巻226頁がある。これに対して取消しうる行為はここでの第三者の許可等に該当しないとする消極説は，幾代通・不動産登記法129頁，香川保一「不動産登記法35条1項4号について」登記研究184号[1]9頁。なお消極説を正当とするが，登記行政の観点から積極説の説くところに一理あるとするものもある（吉野衛・注釈不動産登記法総論下117頁）。

証明書を提供しなければならない（令12条，14条）。又申請が書面でなされる場合には，申請人は申請書等に記名・押印するとともに一定の場合には印鑑証明書を添付しなければならない（令16条）。これらは既に述べたとおりであるが，添付情報についても，それが作成者の意思に基づき真正に作成されたことを担保する手段として，申請の方法にしたがって電子証明書又は印鑑証明書の提供が求められる。

① 電子申請

電子申請によって申請がなされる場合の添付情報に関し，私人の作成にかかるものについては全て作成者が電子署名をおこない（令12条2項），電子証明書を送信しなければならない（令14条）。

② 書面申請

書面申請によって申請がなされる場合の添付情報に関し，私人の作成する登記原因についての第三者の同意又は承諾や，その他登記上利害の関係を有する第三者の承諾等に関する情報を記載した書面については，原則として作成者が記名・押印をし，一定の場合を除き[86]作成者の印鑑証明書をあわせて添付しなければならない（令19条，規則50条）[87]。

3 個別的添付情報

申請する登記の内容である権利や登記の態様などにしたがって必要とされる添付情報は，次のとおりである。

(1) 代位原因を証する情報

他人に対して登記請求権を有する者は，自己の請求権を保全するために，他人の有する登記申請権を代わって行使することができる（民法423条1項参照）。これを代位登記と呼ぶが，この登記を申請する場合，申請情報には代位原因を証する情報を添付しなければならない（令7条1項3号）。

(2) 相続等の一般承継を証する情報

本来であれば登記権利者・登記義務者その他登記申請人となるべき者が，

---

[86] 許可書等の作成者が法人の代表者で，それに添付すべき代表者の印鑑証明書を作成すべき登記所と登記を申請する登記所が同一であり，法務大臣が指定したもの以外である場合等である（規則50条2項）。
[87] この印鑑証明書に関しては，有効期限が特に定められていない。

死亡あるいは法人の合併等により消滅した場合、その登記権利者の相続人等の一般承継人は、本来なされるべき登記の申請をすることができる(法62条)。この申請をする場合、申請情報には相続その他の一般承継があったことを証する市町村長、登記官その他の公務員が職務上作成した情報を添付しなければならない。具体的には、自然人については市町村長の証明する戸籍に関する情報であり、会社等の法人については、登記官の証明する商業登記に関する情報等である。

(3) 執行力のある確定判決の判決書の正本

当事者が、確定判決等により単独で登記の申請をする場合には(法63条1項)、申請情報には登記原因を証する情報として執行力[88]のある判決等の正本を添付しなければならない(令7条1項5号のロの(1))。

(4) 仮登記を命ずる処分の決定書の正本

仮登記権利者が、仮登記義務者に対する裁判所の仮登記を命ずる決定により単独で仮登記の申請をする場合には(法107条、108条)、申請情報に登記原因を証する情報としてその決定書の正本を添付しなければならない(令7条1項5号のロの(2))。

(5) 住所を証する情報

所有権の保存もしくは移転の登記の申請をする場合、申請情報にはその登記の実行により所有権の登記名義人となる申請人もしくは登記権利者についての、市町村長又は登記官その他公務員が職務上作成した住所に関する情報を添付しなければならない(令別表28の添付情報ニ、29の添付情報ハ、30の添付情報ロ)[89]。これは、登記記録上に架空の所有権者が現れることを防ぐためである。なお、電子申請の申請人が申請情報とともに、その者の不動産登記規則43条1項1号に定める電子証明書を提供したときは、それをもって住所を証する情報の提供に代えることができる(規則44条1項)。また、申請人が、自

---

[88] ここで「執行力のある」と限定が付されているのは、登記手続をなすべきことを命ずる確定判決であっても、債務者の意思表示が①債権者の証明すべき事実の到来に係るとき、②反対給付との引換えに係るとき、③債務者の履行その他の債務者の証明すべき事実のないことに係るときは、意思表示をしたものとみなされるためには執行文が付されたものであることが必要であり(民事執行法174条参照)、この点を明らかにしたものであるとされている(河合芳光・板谷秀継・前掲「不動産登記令の解説」第2の7の(5)①)。

[89] 旧不動産登記施行細則41条と、実質は同様である。

然人の場合には住民基本台帳法7第13号に定められた住民票コードを，法人の場合には商業登記法7条（他の法令において準用する場合を含む）に定められた会社法人等番号を，いずれも申請情報とともに提供した場合には，住所を証する情報を省略することができる（令9条，規則36条4項）。

(6) その他の個別的な添付情報

登記の申請に際しては，これまで述べた情報以外の情報を必要とする場合もあるが，それは限定された権利ないし手続の種類あるいは態様の下であり，法令上も個別に定められているので，以下それぞれの項で説明することにする。

4 添付情報の提供方法

添付情報は，登記の申請情報とともに次の方法により登記所に提供される。

(1) 電子申請

電子申請により登記の申請をする場合には，申請情報とともに，作成者により電子署名された添付情報及び電子証明書[90]を，登記所に送信しなければならない（令10条，14条）。なお，添付情報が登記事項証明書である場合には（令別表35の添付情報ハ他），当然ながらその証明書は電子申請における添付情報となり得ない。この場合には，法務大臣の定めるところに従い，その証明書の提供に代えて登記官が電気通信回線による登記情報の提供に関する法律2条1項に定める登記情報の送信を同法3条2項に定める指定法人から受けるために必要な情報を送信しなければならない（令11条）。

ところで，電子申請により登記の申請をする際に，登記識別情報を除いた他の添付情報が書面に記載されたものである場合には，当分の間[91]，一定の様式をふまえればその書面（添付書面）自体を登記所に提出する方法ですることができるものとされた（令付則第5条1項）。これは特例方式と呼ば

---

[90]「電子署名を行った者を確認するために用いられる事項が，当該者に係るものであることを証明するために作成された電磁的記録をいう」（令14条）。
[91] 当分の間がどの程度の期間であるかは定かではない。しかし，この方式が認められた背景は，個人の電子署名の制度が社会において利用されていないことや，契約書の電子化が進まないなど，電子申請を利用する環境が整わない現実によるもののようである。したがって，この現実が解消されるまではこの方式が「当分の間」続くのであろう。なお，この特例方式は暫定的な位置づけにあるので，実際に手続きを行う際にはこれが可能かどうかは確認が必要である。

るもので，要約すると，登記所に対して申請情報（および登記識別情報）は電子申請によって送信し，添付書面はそのまま持参もしくは郵送等により提出するのである。ただし，書面による登記原因証明情報を提出する場合には，申請情報とあわせてその書面に記載された情報を記録した電磁的記録を送信しなければならない。この電磁的記録とは登記原因の内容を明らかにする部分（登記原因証明情報の項参照）を，スキャナで読み取って記録したものであり，ここには作成者の電子署名は不要とされている（平成20・1・11法務省民2第57号通達第1参照）。

(2) 書面申請

書面により登記の申請をする場合，申請書とともに，添付書類を登記所に提供しなければならない（令15条）。

登記の申請を委任による代理人によって行う場合，その委任状には申請人又はその代表者が一定の場合を除いて記名・押印しなければならない。復代理人によって登記の申請をする場合の代理人も同様である。そして既に述べたように，申請書には一定の場合を除き書面に押印された印鑑について，市長村長もしくは登記官が作成した作成後3ヶ月以内の印鑑証明書を添付しなければならない（令18条）。

また，登記原因についての第三者の許可等に関する情報が書面である場合には，原則として作成者が記名・押印をし，この書面の作成者が官公署であるときやその他一定の場合を除き，書面の印鑑についての証明書をも添付しなければならない（令19条）。なお，電磁的記録で作成された添付情報については，前項と同様に作成者が電子署名をして電子証明書を添付しなければならない（令15条）。

(3) 添付情報の省略

同一の登記所に対して一括して二つ以上の登記の申請をする場合で，各申請に共通する添付情報があるとき，特定の添付情報については同時に申請する他の申請情報等に添付した旨を表示すれば，省略することができる（規則37条）。例えばBが，登記権利者としてAから売買により取得した土地の所有権移転登記と土地上の建物の所有権保存登記の二つの登記を同時に申請する場合，いずれの申請についてもAには住所を証する情報の提供が必要であるが

（令別表28の添付情報ニ，30の添付情報ロ），これを所有権移転の申請情報に添付し，所有権保存の申請情報には前件の申請に添付した旨[92]を表示すればそれを省略することができる。

(4) 添付書面の原本還付（書面申請）

申請人が，登記の申請を書面で行った場合には，主に次の書面を除きその原本の還付を請求することができる（規則55）。なお添付書面であっても，磁気ディスクを使用するものはこの場合除かれる。

＊令16条2項及び18条2項に定められたところの，申請人又はその代表者等が申請書または委任による代理人への委任状に押した印鑑に関する証明書。

＊令19条2項に定められたところの，登記原因に第三者の許可等を要する場合その他についての，当該第三者の作成した許可書等に押印した第三者の印鑑に関する証明書。

＊規則48条1項3号（規則50条2項において準用する場合を含む）に定められたところの，裁判所によって選任された者がその職務上行う申請の申請書に押印した印鑑に関する証明書で一定の要件を満たしたもの。

＊その申請のためにのみ作成された委任状その他の書面。

原本還付を請求する申請人は，その請求をする書面の謄本を作成し，そこに原本の写しに相違ない旨を記載した上で申請書を提出する際に原本とともにそれを提出しなければならない。提出を受けた登記官はその原本と写しを照合し，内容が同一であることを確認した上で申請に係る登記の調査完了後に原本となる書面を申請人に還付するが，その書面が偽造や不正な登記の申請に使用された疑いがある場合，登記官はその書面の還付をすることができない。

第6　登録免許税

1　概説

登記を受ける者は，一定の場合を除き登録免許税を納付しなければならな

---

[92] 申請情報上に添付情報を表示する際に，書面申請であれば例えば「住所証明書（前件添付）」のように表示する。

い(登録免許税法(以下単に税法という)3条)[93]。不動産登記の登録免許税額の算出は,申請する登記の種類や内容に応じ,定められた価格を課税の標準金額として(これを課税価格という)その価格に一定の税率を乗じたものに一定の処理をする方式と(これを定率課税という),不動産1個について税額が定められている方式の(これを定額課税という),二種類がある。

なお,国や地方公共団体等が受ける登記について,登録免許税は課せられない(税法4条他)。また政策的な見地などにより,一定の登記について登録免許税が軽減される場合[94]がある。

2 定率課税

税法に,個別の登記ごとの課税標準と税率が決められている。課税標準となる価格(課税標準金額)は登記によって異なるが,概ね登記権利者が登記をとおして取得する権利の価値のようなものを基準に考えられている。例えば登記が所有権の保存・移転のように所有権の登記名義を取得するものである場合には,課税価格は目的不動産の価格であり,登記が担保権の設定の場合の課税価格は債権額とされている。又税率は,登記原因等に応じて決められている。

税額の算出に際し,課税価格に1,000円未満の端数があるとき,その端数は切り捨てられ,課税価格が1,000円に満たない場合には,1,000円とする(国税通則法118条1項,税法15条)。次に,税率を乗じた計算の金額に100円未満の金額があるとき,その端数は切り捨てられ,計算後の金額が1,000円に満たない場合,その登録免許税は1,000円として納付する(国税通則法119条1項,税法19条)。

3 定額課税

一定の登記については,不動産の個数一つについて税額が決められている。

---

[93] 納付期限は,登録免許税の納付の基因となる登記等を受ける時とされている(税法27条1号)。したがって,登記の申請を取下げたときや却下されたとき,登録免許税は還付される(税法31条)。
[94] 主なものに,国の住宅政策にともなう新築建物の所有権保存登記や,住宅を取得するための金銭の借入れにともなう抵当権の設定登記に対する税率の軽減がある(租税特別措置法72条~74条等)。

4　納付方法
(1)　電子申請

　登記の申請を電子申請によっておこなう場合，登録免許税は歳入金電子納付システム（以下，電子納付という）を利用して納付する。この場合，申請人は電子申請の後にその申請の登録免許税の納付に関する納付期限・収納機関番号・納付番号及び確認番号等の納付情報を電子情報処理組織をとおして受け取り[95]，これにしたがって金融機関のオンライン取引[96]や電子納付に対応するATM（現金自動預け払い機）を通じて納付する。

(2)　書面申請

　申請人は，決められた税額を国に現金で納付してその領収書を申請書に貼付する方法による納付が原則であるが（税法21条），一定の場合は税額に相当する収入印紙を申請書に貼り付ける方法で納付することもできる（税法22条）[97]。

5　一括申請の登録免許税

　1つの申請情報で数個の不動産を目的にする登記を申請する場合（令4条但書）の登録免許税は，合計額を納付する。但し，共同担保の抵当権など1個の申請情報で被担保債権を同じくする数個の不動産を目的とする担保権の設定登記を申請する場合，登録免許税はこれらの設定登記を一つの設定登記とみなして納付する（税法13条1項）。又，同様に共同担保の登記において申請が最初の申請以外のものである場合，一定の証明情報を提供すれば登録免許税は目的不動産あるいは権利一つにつき1,500円である（税法13条2項）。

　登記の抹消の登録免許税は不動産1個につき1,000円であるが，1個の申請情報で20個を超える抹消を申請する場合には20,000円である（税法別表第1の1の(15)）。

---

[95] 申請時に申請人等がE-メイルアドレスの登録をすれば，納付情報の掲示がE-メイルで通知される。

[96] インターネットバンキング・モバイルバンキングなどであるが，利用する際には事前に各金融機関に登録する必要がある。

[97] 登録免許税額が3万円以下の場合と，その他法務局長等が登記所の近くに国税の収納機関がないなどを理由に，印紙納付を認めてそのことを登記所に公示した場合等である（税法施行令18条）。なお実務の現場では印紙納付による場合が多い。

第7　権利に関する登記の手続上の分類

1　概　説

　権利に関する登記は，物権である所有権・地上権・永小作権・地役権・先取特権・質権・（根）抵当権及び債権である賃借権並びに特別法による採石権について，それぞれの権利の変動にしたがって，その設定・保存・移転・変更・処分の制限及び消滅についてすることができる（法3条）。これらの中で，移転・変更（更正）・消滅の各登記については，既になされた特定の権利に関する登記を対象にしてなされるもので，その手続は基本的に権利とは関係の無い，共通の形態をもってなされる。

　そこで，権利の種類ごとの登記の説明に入る前に，これらについてをまとめて述べておくことにする。なお，これらの手続はいうまでもなく「権利に関する登記の基本的な仕組み」において述べた方式にしたがってなされる。

2　移転登記
(1)　概　説

　移転登記とは，登記記録上に既になされている各種の権利についての登記名義を，現在の登記名義人から他の者に移すための登記[98]である。

　ところで，移転登記の呼び名からは，実体上において権利が承継された場合になされる登記との印象を受けることが多いであろう。確かに権利の承継がなされた場合のほとんどは移転登記により手続がなされるけれども，例えば所有権保存登記のなされていない区分建物について，表題部所有者であるAより売買により所有権を取得したBが，自らの所有権に関して登記名義を取得するためには，所有権保存登記によることができる（法74条2項）。又，Aが登記名義を有する土地をBが時効取得した場合，実体上Bはその土地を原始取得したと考えられているので，これに沿って手続を考えると，登記上はAの所有名義を消滅させた上で，Bに対する新たな所有権の登記をなすべき

---

[98] ここでの移転とは，ある人に帰属していた権利が別の人に転属することをいい，登記原因に制限はない。（吉野衛・注釈不動産登記法上78頁）。

であると考えられなくもないが，実務における時効取得の登記は，現登記名義人から取得者への所有権移転登記によってなされている[99]。更に共有物に関しては，共有者中の1人が放棄した持分は他の共有者に帰属するとされているけれど（民法255条），これによる他の共有者の持分増加の登記は，放棄した者から他の共有者への持分移転登記によりなされる[100]。この他にも，売買による所有権移転登記が完了した後に，当事者の間で売買契約が解除されて所有権が前所有者に復帰したことによる登記名義を前所有者に戻すための登記は，実体上の権利の動きに沿って現所有権登記名義人の所有権の登記を抹消する方法[101]の他に，現在の登記名義人より前登記名義人への所有権移転登記によることもできる[102]。したがって，権利の移転登記は，登記記録上の登記名義人から直接的に権利を承継取得した者に対して登記名義を取得させるためのものに限られず，権利の変動過程に関わらず，現在の登記名義人から別の者を登記名義人とするための手続である。

(2) **移転登記の申請と当事者**

権利の移転登記は共同申請でなされ，その申請人は申請する登記がなされることにより新たに[103]登記名義を取得する者が登記権利者であり，登記記録より登記名義を失う[104]ことになる現在の[105]登記名義人が登記義務者である（法60条，2条12号13号）。

(3) **申請情報**

移転登記の申請情報は，登記の目的・登記原因及びその日付・申請人・添付情報の表示・管轄登記所・申請の年月日・代理人・登録免許税・土地につ

---

[99] 明治44・6・22民事第414号民事局長回答，大審昭和2㈺第693号，昭和2・10・10民1判決，我妻栄「物権法」77頁他。
[100] 大決大正3・11・3民録20輯881頁，昭和37・9・29民甲第2751号民事局長回答。
[101] AからBへの売買による所有権移転登記がなされ，後日その所有権移転登記を抹消すれば，登記記録の所有権の登記名義はAに復帰する。
[102] 東京高裁昭和28㈹第2393号，同29・7・24判決，下裁民集5巻7号1163頁。
[103] ここでいう新たにとは，登記記録中のそれぞれの区において，新たな順位番号を持った登記により名義を取得する意味である。したがって，例えば共有者として既に持分10分の1を有して登記されている者が，後日更に共有持分10分の1を取得したことによる登記を申請する場合も，既に登記名義を有してはいても，ここでの新たに登記名義を取得する者に該当する。
[104] 失うといっても，登記記録から登記名義を全く失う場合の他，持分を譲渡した場合のように，登記名義を失うわけではないが権利の一部を失う者も含まれる。
[105] 申請時点の登記名義人である。

いては所在・地番・地目・地積，建物については所在・家屋番号・種類・構造・床面積の，土地や建物を特定するための事項等であるが（法18条，令3条），これらは全て一般的申請情報の項で述べたものであり，権利の種類を問わず移転登記に特有のものとして求められる申請情報は定められていない[106]。なお，権利の移転あるいはその一部移転の登記が共有をめぐる権利関係による場合には，共有持分の表示や権利の一部移転である旨の表示が求められることは，既に述べたとおりである。

(4) **添付情報**

移転登記の申請情報には，基本的には次の情報を添付しなければならない。但し，これらは一般的添付情報の項で既に述べたものであり，申請形態としての移転登記に特有の添付情報は別段定められていない。

＊登記原因証明情報（法61条，令7条1項5号ロ）　＊登記義務者の登記識別情報（法22条）　＊登記原因について，第三者の許可，同意，承諾を証する情報（令7条1項5号ハ）　＊代理権限を証する情報（令7条1項2号）　＊会社法人等番号（令7条1項1号）　＊申請人等の本人性の担保…電子証明書（電子申請）または印鑑証明書（書面申請における登記義務者）

なお移転登記の中で，所有権の移転に限っては登記名義人となる者の住所を証する情報が求められる（令別表30の添付情報ロ）。

(5) **記録例を通した登記の例**

次は，移転登記の例である（コラム「何を見せるかとそのための工夫」参照）。

権　利　部（甲区）		（所有権に関する事項）	
順位番号	登　記　の　目　的	受付年月日・受付番号	権利者　その他の事項
2	所有権移転	平成何年何月何日 第何号	原因　平成何年何月何日売買 共有者 　何市何町何番地 　　持分2分の1 　　甲　某 　何市何町何番地 　　2分の1 　　乙　某
3	共有者全員持分全部移転	令和何年何月何日 第何号	原因　令和何年何月何日売買 所有者　何市何町何番地 　　　　丙　某

（右側に「移転登記」の括り）

3　変更登記
(1)　概　説

　登記は，一般に当事者の申請に基づいて登記記録に一定の事項が記録されることによりなされるので，特定の登記記録の内容は，当然ながらその登記記録の申請時点における実体上の権利関係に対応したものである。一方不動産をめぐる権利関係やその内容は将来に向けて固定されたものではなく，抵当権を例にとれば，当初設定されて登記がなされた後に，当事者間の合意で被担保債権の利率が変えられたり，また債務者が代わることなどもある。そうすると，ある不動産をめぐる権利関係について，公示とそれに符合すべき実体関係に不一致が生じてしまうことになり，この解消のためになされる登記が変更登記である（法2条15号）。なお，変更された事項が登記名義人の住所や氏名・商号や本店等である場合に，それを現在のものに符合させるための手続は，ここでの変更登記ではなく登記名義人の住所変更等の登記として別に扱われる（法64条)[107]。

>　**変更登記**
>
>　　変更登記は，一口でいうならば記録の更新作業である。しかし更新といっても，作業は記録事項の全てを対象に上書きする，というような形式的なものではない。ここでいう変更登記の対象は，例えば根抵当権であれば極度額・債権の範囲・債務者，というような権利の内容をなす事項であり，権利の種類を問わず登記名義人（権利を持つ者）は除かれる。記録事項には，これら以外にも登記の目的や登記原因，（記録の）受付年月日などがあるが，それらは変えようがないのでこれも変更登記の対象から除かれる。ただし，これらの一部について，記録を間違えた場合には，その更正が認められることもあるが，それは変更ではない。
>
>　　ところで，日常用語の「変更」の意味をここでそのまま使うと，登記名義人をAからBに変えることも含まれよう。しかし，登記名義人そのものが変わるということは権利の帰属の問題であって，手続きは移転登記でなされる。ここでいう変更の意味はそうではない。この点について誤解を避けるために，「内容の変更の登記」という表現を用いることが多い。

---
[106] 担保権の一部移転に限定して求められる申請情報等があるが（法84条），これらはそれぞれの項で述べる。
[107] これについては，項を改めて説明する。なお，ここでいう変更の登記は，登記名義人住所変更等の登記と区別する意味で，「内容の変更の登記」と呼ばれることもある。

(2) 変更登記の申請と当事者

権利の変更登記も共同申請である。その申請人は、申請する登記がなされることにより登記記録の上で直接利益を受ける者が登記権利者であり、これに対して登記記録の上で直接不利益を受ける者が登記義務者である（法60条、2条12号13号）。根抵当権を例にとり、A所有の土地に対してX銀行が極度額3,000万円の根抵当権を設定登記しているところ、双方の合意により根抵当権の極度額を5,000万円に増額することによる根抵当権変更登記の申請では、当事者の登記記録の上での利益・不利益が明らかであることから、X銀行が登記権利者、Aが登記義務者となることは容易に判定しうるであろう。ところが、この根抵当権で債務者がAと登記されているところをBに変更する合意がなされ、これによる根抵当権変更登記の申請をする場合、登記権利者及び登記義務者を登記記録上の利益と不利益で見定める前述の基準をもっては判定が困難である。実務現場では、このように登記申請人の手続上の地位が判断し難い変更登記については、個別的に判断されてそれが先例とされることが多く、この例の場合には根抵当権者が登記権利者、設定者（この例では所有権登記名義人）が登記義務者である[108]。

(3) 申請情報

変更登記の申請情報は、一般的申請情報の、登記の目的・登記原因及びその日付・申請人・添付情報の表示・管轄登記所・申請の年月日・代理人・登録免許税・土地や建物を特定するための事項等の他に（法18条、令3条）、権利の種類を問わず変更登記に特有のものとして求められる申請情報として、「変更後の登記事項」が加えられる（令別表25の申請情報）。

(4) 添付情報

変更登記の添付情報は、前述の移転登記と同様の一般的添付情報の他に個別的なものが求められる。

① 一般的添付情報

＊登記原因証明情報（法61条、令7条1項5号ロ）　＊登記義務者の登記識別情報（法22条）　＊登記原因について、第三者の許可、同意、承諾を証する情報

---

[108] 昭和46・10・4民事甲3230号通達第4。

（令7条1項5号ハ）　＊代理権限を証する情報（令7条1項2号）　＊会社法人等番号（令7条1項1号）　＊申請人等の本人性の担保…電子証明書（電子申請）または印鑑証明書（書面申請における一部の登記義務者）

② 個別的添付情報

次の添付情報は，全ての変更登記に関するものではなく，限られた範囲で求められるものである。

　i　登記上の利害関係を有する第三者の承諾を証する情報またはその者に対抗できる裁判があったことを証する情報（令別表25の添付情報ロ，法66条）

変更登記は，前述のように，権利の移転あるいは設定の登記のようにある不動産の登記記録の上に新たな権利を記録して公示するためのものではなく，既になされた登記記録の特定の事項を変更するものである。したがって当事者にとってその記録は，公示の技術上，変更のなされる特定の登記記録と実質的に一体とみなされる付記登記の形式によりなされることが望ましい。しかし，このことを安易に認めると，例えばA所有の甲不動産上にBがAに対する金銭債権を担保するために債権額1,000万円，利息年3％とする抵当権の設定登記をしていたところ，その後CがAに対する金銭債権を担保するために甲不動産上に重ねて抵当権の設定の登記をしたような場合で，AとBがBの抵当権に関する利息を5％とする合意をしたことによる登記を手続の基本にしたがいAとBだけでCとは無関係に行い，しかも付記登記で実行されれば，Bの抵当権の利息は登記以降5％もって第三者に対抗できることになり，したがって抵当権の実行時に後順位抵当権者Cに不利益を及ぼすことがあり得るように[109]，第三者に不測の阻害を与えかねない。それゆえに，登記上の利害関係を有する第三者のいる権利の登記に対して変更の登記を申請する場合，申請情報にその第三者が変更登記をすることについて承諾をしているか，あるいはその者に対抗できる裁判がなされたことを明らかにしうる情報が添付されたときに限り付記登記で実行がなされ，それらの添付がない場合には，変更登記は変更後の内容が第三者に対抗できない主登記

---

[109] 既に設定の登記がなされている不動産に重ねて抵当権の設定をする者は，不動産の担保価値を判断する際に，事前に登記を調査して先順位抵当権の被担保債権の価格等を考慮して決める。この例のCは，当然先順位抵当権の利息を3％としているはずであり，それが5％になれば，競売の配当に影響が現れることになるのである。

をもってなされる。

　以上をふまえると，この登記上の利害関係人の承諾に関する情報の添付は，他の添付情報とは性質が異なり，形式的には任意であるといえる。

　なお，ここでいう登記上の利害関係人とは，変更の登記を付記により実行したら登記記録上において形式的に損害を受けるおそれのある者[110]をいい，その第三者の有する権利の種類は問わない[111]。

　ⅱ　抵当証券（令別表25の添付情報ハ）

　ⅰの場合において，登記上利害の関係を有する者が抵当証券の所持人または裏書人である場合は，その抵当証券を添付しなければならない。

　ⅲ　抵当証券（令別表25の添付情報ニ）

　抵当証券の発行されている抵当権の変更登記については，抵当証券を添付しなければならない。

(5)　記録例を通した登記の例

　次は，変更登記の例である。この例は，順位番号1番で設定登記された根抵当権の極度額が金1,000万円から金2,000万円に変更されたことによる登記（付記1号の登記）がなされたものである。

権　利　部（乙区）	（所有権以外の権利に関する事項）		
順位番号	登　記　の　目　的	受付年月日・受付番号	権　利　者　そ　の　他　の　事　項
1	根抵当権設定	（事項省略）	（事項一部省略） 極度額　金1,000万円 根抵当権者 　　株　式　会　社　何　銀　行
付記1号	1番根抵当権変更	令和何年何月何日 第何号	原因　令和何年何月何日変更 極度額　金2,000万円

（右側に「変更登記」の注記）

---

[110] 例えば，先順位抵当権の債権額を減額する変更登記を申請する場合の後順位抵当権者は，その変更登記が付記により実行されても不利益を受けることは形式的に考えられないので，除外される。これに対し，権利は既に消滅していながら登記記録だけが残された登記名義人でも，登記官が登記に対する実体関係の存否に実質的に踏み込んで審査することができないことから，形式的に損害を受ける立場にある限り，ここでの利害関係人に該当する。

[111] 例えば，設定登記された抵当権に劣後する所有権移転請求権仮登記の名義人なども，優先する抵当権の変更により形式的な損害を受ける限り，ここでの利害関係人に該当する。

4 更正登記
(1) 概　説

　更正登記とは，既になされた登記の内容に錯誤や遺漏がある場合，それを正しく実体関係に符合させるためにする登記である（法2条16号）。

　ところで，一度なした登記の誤まりといっても，例えば抵当権の設定登記をすべきところ根抵当権の設定をしてしまったり，AよりBへの所有権移転登記をすべきところCへの移転登記をしてしまったようなものから，賃借権の設定において，借賃の支払い時期を毎月末日とすべきところ毎年末日としてしまった場合，あるいは譲渡転貸ができる旨の特約を漏らしてしまったように，様々なものがあり，その全てを訂正しうるものとするかどうかは問題である。なぜなら，登記官の審査権をふまえると，甲土地を所有者のAから買って登記名義を取得したBが，後日その土地をCに売買した場合，本来BからCへの所有権移転登記をすべきであるのに，Aの協力を得てAからBへの所有権移転登記が誤りであって本来AからCに移転すべきであったような不適法な手続[112]の道を残すことになりかねないからである。

　この点に関し，不動産登記は権利の変動が正しく公示されることがそのあり方に求められるべきであり，したがって更正登記は，なされた登記の全てについて無差別に認められるのではなく，更正の前後を通して対象となる登記の同一性が害されない範囲ですることができると考えられている。具体的には，まず，対象不動産[113]や権利の種類[114]を誤まった登記の更正は認められない。次に，登記名義人を誤まった登記に関しては，基本的には認められないが[115]，例えばAの単独所有とすべきところ誤ってA・Bの共有とした登記や，この逆のようなものについては，訂正してもその前後で登記の同一性が認められるとして更正の登記を許すのが実務の態度である[116]。これ以外，

---

[112] 所有権移転登記と更正登記では，登録免許税額に大きな違いがあるので，このような不正利用が生ずるおそれがある。

[113] 甲土地の売買をすべきところ，乙土地を目的にその登記をしてしまったような例である。

[114] 不動産保存の先取特権の登記を，不動産工事の先取特権保存の登記に更正する登記はすることができない（大判大正4・12・23民録21輯2173頁）。しかし，仮登記に関しては，旧法2条1号の仮登記を2条2号の仮登記に，またその逆のいずれの更正も実務上は認められていたので（登記研究120号），法105条1号と2号の各仮登記相互間の更正は，新法の下でも認められるのであろう。

登記原因その他の登記記録中の各登記事項の更正については，その前後を通して登記の同一性が害されるおそれが少ないので，登記をすることが認められている[117]。

(2) 更正登記の申請と当事者

権利の更正登記も共同申請であり，その申請人は変更登記と同様に判断されるが，基本的には申請する登記がなされることにより登記記録の上で直接利益を受ける者が登記権利者であり，これに対して登記記録の上で直接不利益を受ける者が登記義務者である（法60条，2条12号13号）。

(3) 申請情報

更正登記の申請情報は，基本的に前項の権利の変更登記と同様であり，既に述べた一般的申請情報である，登記の目的・登記原因及びその日付・申請人・添付情報の表示・管轄登記所・申請の年月日・代理人・登録免許税・土地や建物を特定するための事項等の他に（法18条，令3条），権利の種類を問わず更正登記に特有のものとして求められる申請情報として，「更正後の登記事項」が加わる（令別表25の申請情報）。

(4) 添付情報

更正登記の添付情報は，一般的添付情報およびその他の個別的なものも含めて，変更登記と同様である[118]。

5 抹消登記

(1) 概 説

抹消登記とは法文上の消滅による登記であり（法3条），実体関係をともなわ

---

[115] 債権者（抵当権者）を甲，債務者を乙とすべきところ，抵当権者を乙，債務者を甲としてしまった登記の更正については，抵当権設定登記の申請書に添付した原因証書（旧法35条1項2号）により錯誤が明らかであるとして更正登記が認められた例がある（昭和35・6・3民事甲第1355号民事局長回答）。この例は，誤ってなされた登記は本来却下されるべきであったところ（旧法49条7号），登記官が申請書に添付された原因証書を見過ごした結果であるとして，更正が認められたものであろう。

[116] 昭和36・10・14民事甲2604民事局長回答なおこのような更正については，奈良次郎・更正登記をなしうる限界について（判例タイムズ177号，47〜49頁）参照。

[117] 昭和33・4・28民事甲第786号民事局長心得通達。

[118] 更正登記の登記原因証明情報については，訂正されるべき登記事項について，正しい内容が表示された契約に関する情報あるいは書面ということになろう。

ない登記記録を登記上から消滅させるための手続である。

　なされている登記が実体関係に符合しない理由には，存続期間の満了した地上権や，被担保債権が弁済されたことによる抵当権のように，それらの権利が登記された後に消滅したものと，これとは別に，誤ってなされた登記のように当初から符合すべき権利関係を欠いているものの二つが考えられるが，手続の上でそれらは区別されない[119]。

　抹消登記も，登記記録上は独立の順位番号を有する一つの登記であるが，その実行とともに対象となる登記記録に一定の記号が記録される（規則152条）[120]。

> **抹消登記**
>
> 　抹消の言葉の響きから，この登記は権利が消滅した際になされる手続きである，との印象を受けがちである。登記されている権利が消滅すれば，本文で言うように実態関係をともなわなくなったので（実体と手続きの不一致），記録上消し去る必要があることは確かである。しかし一般に抹消登記と呼ばれるこの手続きは，その言葉から権利が消滅したから行われるもの，と単純に理解すると，例えば所有権登記の抹消などを，権利の対象である土地（とともにその所有権）が消えた場合になされる，と誤解しかねない。
> 　登記を抹消する理由つまり登記原因は，本文でも述べたように権利の消滅が代表的ではあるが，それ以外に，誤ってなされた登記を記録から消し去ることも加えられる。したがって，所有権の登記が誤ってなされたら，抹消の対象となるのである。このことから，用語としては抹消登記より登記の抹消のほうが適当である。なお，記録を消し去るといっても，繰り返すが記録そのものを消去することはしない。対象の文字列にアンダーラインを引き，それを記録消去の約束事として消されたことを読み取るのである。

(2) 抹消登記の申請と当事者

　抹消登記も共同申請であり，その申請人は一般の基準により判断され，基本的には申請する登記がなされることにより登記記録の上で直接利益を受け

---

[119] 実際の手続方法に区別はないということであるが，登記原因にはその違いが現れる。
[120] 抹消といっても，記録自体が全く消去されるわけではなく，抹消されるべき登記記録を残した上に，手続上抹消されたことを示す記録が付され，それが登記事項証明書の上では抹消に係る事項の下に線を付して表示がなされる（規則197条5項）。

る者が登記権利者[121]であり，これに対して登記記録の上で直接不利益を受ける者が登記義務者である（法60条，2条12号13号）。

ところで，A所有の甲土地上にBが賃借権の設定登記をなし，その後BがAより甲土地を売買により取得して，甲土地上のBの賃借権が混同により消滅するような例がある。このような場合の登記については，甲土地についてBがAから所有権の移転登記を了して登記名義を得ていれば，登記権利者及び登記義務者ともにBであり，Bが共同申請における双方の当事者の地位を兼ねて申請をおこなう[122]。

(3) 申請情報

抹消登記の申請情報は，既に述べた一般的申請情報であり，登記の目的・登記原因及びその日付・申請人・添付情報の表示・管轄登記所・申請の年月日・代理人・登録免許税・土地や建物を特定するための事項等である（法18条，令3条）。なお実務上はこれらの情報の他に，抹消されるべき登記を登記記録上で特定するために，例えば「登記の目的　3番抵当権抹消」としたり，「抹消すべき登記　令和○年○月○日受付○○○号」のように，登記の目的に抹消される登記の順番号を加えたり，別途抹消される登記の受付番号を表示したりすることもある。

(4) 添付情報

抹消登記の添付情報は，一般的添付情報の他に次のような個別的添付情報が求められる。

　ⅰ　登記上の利害関係を有する第三者の承諾を証する情報等

登記上の利害関係を有する第三者（その登記の抹消について利害関係を有する抵当証券の所持人又は裏書人が含まれる）がいる場合，その第三者が作成した抹消について承諾をする旨の情報又はその第三者に対抗できる裁判があったことを証する情報（法68条，令別表26の添付情報へ）を提供しなければな

---

[121]抹消登記の登記権利者は，一般的には抹消される権利を現在の登記上で負担している者であり，抵当権を例にとれば多くは所有権登記名義人である。なお，ある抵当権を抹消することで，それにより順位が昇進することになる後順位抵当権者がいる場合，その者も登記上直接利益を受ける者に該当するので，登記権利者となることができる（大正8・10・8大審院判決，昭和31・12・24民事甲第2916号民事局長回答，船橋淳一・不動産登記法108頁）。

[122]この場合，申請人は事実上一人であるが，単独申請ではない。

らない。

　ここでいう登記上の利害の関係を有する第三者とは，例えばAの所有する土地に設定登記されているBの地上権を目的にCが抵当権の設定登記をなしたが（民法369条2項参照），後日AとBが地上権の設定契約を解除してその登記の抹消を申請する場合のCのように，抹消される登記の存在を前提にした権利の登記を有している者である。この場合，登記の抹消を承諾した第三者の登記は，申請された登記の抹消がなされると同時に登記官の職権で抹消がなされる（規則152条2項）。

　ⅱ　抵当証券

　ⅰの第三者が抵当証券の所持人又は裏書人である場合，及び抵当証券が発行されている抵当権を抹消する場合にはそれぞれの抵当証券，さらに抵当証券交付の登記の抹消には，抵当証券又は非訟事件手続法第160条1項の規定によりその抵当証券を無効とする旨を宣言する除権決定があったことを証する情報を添付しなければならない（令別表26の添付情報ト・チ・リ）。

(5)　**単独申請による抹消登記の手続**

　登記の抹消は，共同申請によるもの及び判決による登記以外にも，次のように一定の要件を満たした場合には単独で申請できるものがある。なお，これらの手続については，仮登記及び単独申請の項で説明することにする。

　①　ある人の死亡又は法人が解散したことによる権利消滅の定めに基づく抹消

　既になされた権利に関する登記に，ある人の死亡又は法人が解散したことによる権利消滅の定めが登記されている場合において（法59条5号），登記の内容に沿って権利が消滅したときは，登記権利者は申請情報に一定の情報を添付して，単独でその抹消登記を申請することができる（法69条，令別表26の添付情報イ）。

　②　仮登記の抹消

　仮登記は，当該仮登記の登記名義人が単独で抹消の申請をすることができる（法110条前段）。また，仮登記名義人が仮登記の抹消の承諾をしている場合には，登記上の利害関係人[123]が，申請情報に一定の情報を添付して，単独で抹消の申請をすることができる（法110条後段，令別表70の添付情報）。

③　登記義務者の所在が知れない場合の登記の抹消（法70条）

登記権利者が，登記されている権利の抹消を申請したい場合に，共同申請の相手方となるべき登記義務者の行方が知れない場合，そのままでは手続をすることができない。この場合登記権利者は，裁判所において公示催告の手続を行い除権判決を得て，単独で抹消の申請をすることができる（法70条2項）。又，抹消されるべき登記が先取特権，質権，抵当権である場合，一つは申請情報に一定の情報を添付すれば，登記権利者が単独でその登記の抹消を申請することができる（法70条3項前段，令別表26の添付情報ハ）。更に抹消されるべき登記が担保権であるときには，これとは別に，先取特権等が被担保債権の弁済期から20年が経過し，かつその期間経過後に当該被担保債権，その利息，及び債務不履行により生じた損害の全額に相当する金銭が供託されたときは，申請情報に一定の情報を添付して，登記権利者が単独でその登記の抹消を申請することができる（法70条3項後段，令別表26の添付情報ニ）。

④　所有権保存登記の抹消

所有権保存登記は，その登記の名義人が申請情報に一定の情報を添付して，単独で抹消の申請をすることができる（法77条）。

⑤　処分禁止の仮処分に後れる登記の抹消

所有権及びそれ以外の権利についても，処分禁止の登記がなされた後に，その処分禁止の登記の仮処分債権者がその仮処分債務者を登記義務者とする権利の登記（仮登記は除かれる）を申請する場合，その債権者は処分禁止の仮処分に後れる登記の抹消を単独で申請することができる（法111条）。

次は，抹消登記の例である。この例は，順位番号1番で設定登記された抵当権が，その後に債権譲渡を登記原因として順位番号1番付記1号で移転登記がなされ，さらにその後，被担保債権が弁済されて消滅したことにより抹消登記がなされたものである。なお，抹消登記も独立した登記（独立の順位番号を持っている）である。

---

[123] 仮登記の抹消により登記上利益を受ける者であり，その不動産の所有権登記名義人が代表である。

権　利　部（乙区）	（所有権以外の権利に関する事項）		
順位番号	登　記　の　目　的	受付年月日・受付番号	権　利　者　そ　の　他　の　事　項
<u>1</u>	抵当権設定	平成何年何月何日 第何号	原因　平成何年何月何日金銭消費貸借 同日設定 債権額　金何万円 債務者　何市何町何番地 　　何　某 抵当権者　何市何町何番地 　　何　某
<u>付記1号</u>	<u>1番抵当権移転</u>	平成何年何月何日 第何号	原因　平成何年何月何日債権譲渡 抵当権者　何市何町何番地 　　何　某
2	1番抵当権抹消	令和何年何月何日 第何号	原因　令和何年何月何日弁済

抹消登記

（注）順位1番の抵当権の登記及び順位1番付記1号の抵当権の移転の登記を抹消する記号（下線）を記録する。

第3章　所有権に関する登記

　所有権に関しては，その保存，移転，変更[1]（更正），処分の制限及び抹消について登記をすることができる。このうち，処分の制限の登記については官公署の嘱託によってなされる手続きであるので，当事者の申請によるものはそれを除いた，保存，移転，変更（更正）及び抹消の各登記である。

第1　所有権移転の登記

1　概　説

　所有権移転の登記は，一般的には土地や建物が売買されてその所有権が現在の登記名義人から別の者に移ったことによりなされるが，既に述べたように，ある不動産が時効取得されたことによる登記のように，法律上は必ずしも登記上の名義人から所有権を承継したと考えられていない者に対してもなされている[2]。さらに判例と学説は，所有権が登記記録上の登記名義人であるAからBを経由してCに移ったような場合でも，登記名義人のAから現在の所有権者であるCに直接所有権の移転登記がなされてしまったときには，結果としてこれを認めている[3]。したがって，所有権移転登記とは，権利変動

---

[1] 所有権については，共有物不分割の特約に関する登記と，登記された権利の消滅に関する定めを廃止する登記等が所有権の変更登記として考えられる。しかし所有権は登記事項に対応すべき実体関係が変更されることが一般的に考えにくいこと及び本書の性格に鑑みて，所有権の変更登記を独立の項で説明することを省くことにする。

[2] これに関しては，権利の移転登記の項で既に述べたとおりである。

[3] これが，一般に中間省略登記と呼ばれるものである。権利に関する登記は，制度の理想に照らせば実体上の権利変動を忠実に公示すべきであり，したがってAからBを経由してCに所有権が移ったのであれば，そのとおり登記がなされるべきである。
　これに関し，旧法の手続においては，権利に関する登記の申請が全て登記官の申請書類への形式審査によってなされ，設例のような場合にAとCがあたかも直接売買したかのような形式を整えて登記の申請を行った場合，登記官は書面上不備がない限り登記を実行したので，結果としてこのような登記の出現を防げなかった。しかし，新法においては登記申請に際して登記原因証明情報が不可欠なものとなったことにより，手続の仕組みの上では旧法の下よりも中間省略登記の出現を防げるであろう。

の態様いかんに関らず不動産の所有権を有する者が，後述の所有権保存登記による場合を除いて登記名義を取得するための手続だといえる。なお，相続や法人の合併等の一般承継を原因とした所有権の移転は，登記権利者の単独申請による手続（法63条2項）でなされるので，これについては後述する。

2　所有権移転登記の申請

　所有権移転登記は，以下の手続によってなされるが，その基本である申請当事者・申請情報・添付情報は，権利の移転登記の項で既に述べたことの上に，所有権移転に特有のものが若干加えられる。

(1)　**申請当事者**（共同申請）

　所有権移転登記の申請人は，申請する登記がなされることにより新たに所有権登記名義人となる者が登記権利者であり，登記記録より登記名義を失うことになる現在の所有権登記名義人が登記義務者である（法60条，2条12号13号）。

(2)　**登記事項**

　所有権移転登記の登記事項は，登記の目的，申請の受付の年月日及び受付番号，登記原因及びその日付，登記に係る権利の権利者の氏名・住所等並びに登記名義人が2人以上であるときは登記名義人ごとの持分等，権利の登記に共通の登記事項であり（法59条），所有権に特有の事項は定められていない。

(3)　**申請情報**

　所有権移転登記の申請情報は，全て一般的申請情報の，登記の目的・登記原因及びその日付・申請人・添付情報の表示・管轄登記所・申請の年月日・代理人・登録免許税・土地や建物を特定するための事項等であり（法18条，令3条），所有権の移転登記に特有の申請情報は特に定められていない。この他，権利の移転あるいはその一部移転の登記が共有をめぐる権利関係による場合に，共有持分の表示や権利の一部移転である旨の表示が求められることは，既に述べたとおりである。

(4)　**添付情報**

　所有権移転登記の添付情報は，一般的添付情報の項で既に述べたものを中

心にして，所有権移転登記に特有の添付情報が加えられるが，それは次のようなものである。

① 一般的な添付情報

＊登記原因証明情報(法61条,令7条1項5号ロ)　＊登記義務者の登記識別情報（法22条）　＊登記原因について，第三者の許可，同意，承諾を証する情報（令7条1項5号ハ）　＊代理権限を証する情報（令7条1項2号）　＊会社法人等番号（令7条1項1号）　＊申請人等の本人性の担保…電子証明書（電子申請について）または印鑑証明書（書面申請における登記義務者について）

② 特有の添付情報

登記権利者の住所を証する情報…所有権の移転登記（及び保存登記）に特有のものである（令別表30の添付情報ロ）。

(5) 登録免許税及び課税価格

所有権移転登記の登録免許税は定率課税であり，課税標準金額は登記する土地や建物の価格で(税法別表第1の1の(2))，それは登記申請時の不動産の時価によるものとされている（税法10条）。しかし，一口に不動産の時価といってもその算定には時間と労力の負担がともなうので，登録免許税法はその実施について「課税標準たる不動産の価格は，当分の間，当該登記の申請の日の属する年の前年12月31日現在又は当該申請の日の属する年の1月1日現在において地方税法第341条第9号に掲げる固定資産課税台帳に登録された当該不動産の価格を基準として政令で定める価格によることができる」（税法附則7条）と定め，実務もこれに従っている[4]。なお，不動産の価格が課税台帳に登録されていない不動産については，その不動産に類似するものの価格を基礎として登記官が認定することとしている（税法施行令附則3条）。

登録免許税の算出方法は，既に述べたとおり上述の課税価格に税法に定められた税率を乗じて一定の処理をしたものであるが，登録免許税が減免される場合もある。数個の不動産を目的にした所有権の移転登記を一つの申請情報でおこなう際には，不動産の価格を合算した上で算出をする。

---

[4] 昭和42・7・22民事甲2122号通達第1の1の(1)。

(6) 記録例をとおした登記の例

次は，ある不動産についての売買による所有権移転登記の例である。

権　利　部（甲区）	（所有権に関する事項）		
順位番号	登　記　の　目　的	受付年月日・受付番号	権　利　者　そ　の　他　の　事　項
何	所有権移転	令和何年何月何日 第何号	原因　令和何年何月何日売買 所有者　何市何町何番地 　　　　何　某

3　共有不動産をめぐる所有権移転登記の申請（共同申請）

(1)　概　説

　土地や建物の売買がなされる際に，買受人が1人ではなく家族など数名の場合もさほど珍しくはない。例えばAが，その所有する土地をBとCに売買すると，土地はBとCの共同所有になり，このときBとCには目的物に対する共同所有権の割合としての持分[5]が観念されことになるが，それが例えば各2分の1のように決められる。そして各共有者の持分は，権利者が自由に処分することができるので，共同所有者の内の一部の者の持分に限り，売買による所有権（持分権）移転[6]の登記がなされることもある。

　このような，不動産の共有持分をめぐる所有権（持分）移転の手続も，基本的には前述した所有権移転の手続にしたがうけれど，単独所有に比べて申請情報に加えられるものがあるなどやや異なるところがある。そこで，共有をめぐる所有権移転のなかで特徴的なものに限り，申請情報と添付情報に関して前述の手続に何が加わるかを中心に，ここで説明することにする。

　次に，共有不動をめぐっては，共有の解消に向けて分割がなされ（民法256条～262条），とりわけ土地については現実の分割にともない登記がなされる[7]。この登記も基本的には前述の所有権移転の手続と同様であるが，手続に至る過程に特徴があるので若干の説明を加える。なお，各共有者は共有物に

---

[5] 持分は，当事者の合意で決定され，それがない場合には均分の推定を受けるが（民法250条），不動産についてはそれが登記事項であるので手続の際には具体的に決められていなければならない。

[6] 所有権の移転に限らず，持分に対する担保権の設定も当然に可能である。

[7] 共有の建物についても共有物分割はありうるが，現物の分割は考え難い。

ついて分割の請求をすることができるが，5年を超えない期間内であれば分割をしない旨の契約を結び(民法256条1項但書)，その登記をすることもできる(令3条11号ニ，法65条)。

(2) 単独所有から共同所有へ

例えばAが，その所有する土地の共有持分2分の1をBに売買したことによる登記の申請は，Bが登記権利者でAが登記義務者であり，申請情報の登記の目的を「所有権一部移転」とし，この他登記権利者のBの表示には「持分2分の1」と冠記しなければならない（令3条9号11号ホ）。

次に，Aがその所有する土地をBとCに持分各2分の1で売買した場合の登記の申請は，登記権利者がBとCであり登記義務者はAである。この場合の申請情報の登記の目的は「所有権移転」であり，登記権利者のBとCにはそれぞれ「持分2分の1」と冠記しなければならない。添付情報は，登記権利者に求められるものについてBとCのそれぞれに必要となる。

(3) 共同所有から単独所有へ

上述の設例の後者とは反対に，BとCが持分各2分の1で共同所有(共有)する土地をAが買ったような場合の登記の申請が典型である。登記義務者に関しては，この場合のBとCの登記申請は義務の履行の性質を有しているので，双方が必ず申請手続をしなければならない。

申請情報の登記の目的は，本来「所有権移転」であろうが，実務上は「共有者全員持分全部移転」と表示している。添付情報について，登記義務者に求められるものは，登記識別情報のようにBとCのそれぞれについて必要となるものもある。

(4) 共有者中，一部の者の持分の移転

例えば，AとBが持分各2分の1で共有している土地について，まず一つは，Aが自己の共有持分の全てをCに売買した場合，次に，Aが自己の共有持分2分の1のさらに2分の1をCに売買した場合などが考えられる。このような例では，登記申請人はいずれの場合も登記権利者がC，登記義務者がAであるが，申請情報中の登記の目的は前者が「A持分全部移転」であり，後者は「A持分一部移転」である。次に，登記権利者のCに取得した持分を冠記しなければならないことは前述の例と同様であり，添付情報に関しては所

有権移転の項で述べたとおりである。

ところで，例えばある土地についてAが共有持分権を甲区順位番号3番で100分の5，順位番号5番で100分の7，順位番号9番で100分の6のように数回にわたって取得し，持分100分の18を持っているところ，Aがその共有持分の一部，例えば100分の5をBに売買して登記の申請をする場合，Aは共有持分100分の18の中の100分の5をBに移転するので，申請情報の登記の目的は「A持分一部移転」である。しかし登記実務では，移転に係る共有持分を登記上の順位番号で特定した持分の移転登記，この場合では登記の目的を例えば「A持分一部（順位番号3番で登記した持分）移転」[8]として申請することも認められている[9]。

(5) **共有物分割による登記**

共有物の分割方法には，物を各共有者の持分割合をもって現実に分割する方法（現物分割），共有の物を売却して代金を共有者で分ける方法（代金分割），共有者中の1人が物の単独所有権を取得することと引換えに，他の共有者に持分に応じた金銭を支払う方法（価格賠償）がある。このうちの代金分割は物を第三者に移転する登記であり，価格賠償は共有者間の持分の移転登記でなされる[10]。

ところで，土地に関する現物分割は，それによる権利の登記に先立って共有地を各共有者の持分の割合を基準に現実に分割する手続として分筆をおこない，その後それぞれの土地を単独所有とするための持分移転の登記を行うことになる。例えば，AとBが持分各2分の1で共有している仮に地番を1番で地積を300 m^{2}とする土地を分割する場合，土地をそれぞれ150 m^{2}の1番1と1番2の二つに分筆をするが，この段階で両土地の登記名義は，依然それぞれがAとBの持分各2分の1である。そこで各土地を単独所有名義とするために，それぞれの土地につき所有権を取得した者を登記権利者，共有持

---

[8] 昭和58・4・4民三第2251号民事局長回答。なお同様に，同じ登記名義人の共有持分中の一部について，順位番号で特定された持分のみを目的の抵当権設定の登記も認められている。
[9] これは，いわゆる宅地分譲の際に，開発地区内の道路や公園等が住宅等の購入者全員の共有とされる例が多く，このような場合の道路等の共有持分はいわば宅地本体とセットで売買がなされる事情等を考慮して認められたものと思われる。
[10] これによる持分移転登記の登記原因は，共有物分割である。

分を失った一方を登記義務者として，共有物分割を登記原因とする持分移転の登記を各別に行わなければならない。

共有物分割を登記原因とする持分移転の登記の手続は，共有者が自己の共有持分の全てを移転する前述の(4)の事例の前段と同様であるが，登録免許税に関しては，共有物分割の性質を考慮して売買による登記等と比べて低い税率が適用される[11]。

第2 所有権保存の登記

1 概　説

所有権保存登記は，表示に関する登記だけがなされている不動産に初めてする所有権の登記であり[12]，登記記録の権利部甲区に初めて記録される登記である（法74条）[13]。所有権保存登記については，これにより登記記録に初めて権利部が設けられるという特質があるが，それにもまして重要なのは，これが土地や建物のその後全ての登記の出発点に位置付けられる所有権の登記であり，したがって手続は実質的な所有権の確定作業を経てなされるべき性質を有しているといえる。この点に関しては，土地や建物の表題登記が不動産の所有者である申請人より所有権を証する書面を提出させ（令別表4の添付情報ハ，同12の添付情報ハ），しかも必要な場合には登記官が現地の調査を行う実質的な審査を経由してなされるので（法29条），表題部に所有者として記録された者（表題部所有者）[14]の所有権の確定作業は登記手続の上で終了したものといえる。

---

[11] 税法別表第1の1の(2)ロ。
[12] 「当該不動産についての爾後のあらゆる権利変動の登記にとっての前提であり出発点である…」幾代通・不動産登記法236頁。
[13] 土地や建物の物理的な現況を表す表示の登記には職権主義や強制主義が採用されているので，例えば建物が新築された場合には，制度上少なくてもその建物の表題登記だけはなされていなければならない（法28条，36条，47条）。これに対して権利の登記は，所有権についてであっても法令上は原則としてそれを強制する規定がないので，その限りでは所有権保存登記をするか否かも当事者の任意であるといえる。ちなみに現実について，筆者の実務経験に照らすと，土地については私有対象である限り登記されているようであるが，建物に関しては，表題登記のないものが極めて珍しいというわけでもない。
[14] 法27条3号。

このことをふまえて所有権保存登記は，先ず表題部に所有者として名前の記録された者自身と，その者の相続人等の一般承継人が単独で申請できるものとした（法74条1項1号）。次に，不動産について，所有権をめぐる争いがあって裁判等がなされた場合や収用がなされた後に，所有者が所有権の登記をする際に登記記録が表題部のみであった場合，裁判上の手続などで対象不動産の所有権の帰属が法律的に判断されていることをふまえて，表題部所有者とは関わりなく所有者が単独で所有権保存の登記を申請できることとした（法74条1項2号3号）。さらに，区分建物に関しては，表題登記をした者以外の者であっても一定の要件の下で所有権保存登記を申請できるものとしている（法74条2項）。

このように，所有権保存登記は表題部所有者との関わりの中で申請適格者が決められ，手続もそれに応じて違いがあるので，それらを分けて説明することにする。なお，所有権保存登記がなされると，登記記録中の表題部所有者に関する登記事項が登記官により抹消される（規則158条）。

2 表題部所有者による所有権保存登記の申請

(1) 申請当事者（単独申請）

表題部に，自分もしくは自分の被相続人あるいは被合併会社が所有者と記録された者（表題部所有権の一般承継人）は，単独で所有権保存登記を申請することができる（法74条1項1号）[15]。

(2) 登記事項

法74条1項による所有権保存登記の登記事項は，登記の目的，申請の受付の年月日及び受付番号，登記に係る権利の権利者の氏名・住所等並びに登記名義人が2人以上であるときは登記名義人ごとの持分など権利の登記に共通の登記事項であるが，登記原因及びその日付は記録されない（法59条，76条）。

(3) 申請情報

所有権保存登記の申請情報は，基本的には一般的申請情報の，登記の目的・

---

[15] 不動産が共有である場合には，この登記の申請が共有物保存行為と解されているので（民法252条但書），共有者中の1人が全員のために所有権保存登記の申請をすることができる。ただし，共有者中の1名が，自分の共有持分に限って所有権保存登記をすることはできない。

申請人・添付情報の表示・管轄登記所・申請の年月日・代理人・登録免許税・土地や建物を特定するための事項等であるが（法18条，令3条），登記の性質により登記原因及びその日付に関する情報は要しない（令3条6号）。この他，申請人が数名の場合には，各々の共有持分に関する情報が必要である（令3条9号）。

次に，所有権保存登記に限り求められるものとして申請人の適格性を表す情報があり，申請の根拠条項を，「法74条1項1号申請」のように表示しなければならない（令別表28の申請情報イ）。

(4) **添付情報**

所有権保存登記の添付情報は，一般的添付情報の項で既に述べたものを基本としてこれに特有の添付情報が加えられるが，単独申請であることや登記の性質から所有権移転登記などと比べると幾分異なる。

① 一般的な添付情報

＊代理権限を証する情報（令7条1項2号）　＊会社法人等番号（令7条1項1号）　＊申請人等の本人性の担保[16]…電子証明書（電子申請について）

所有権保存登記が単独申請であること，及びここでは登記原因に関する情報がないことから，登記原因証明情報や登記義務者の登記識別情報の添付は要しない（令7条3項1号，法22条参照）。

② 特有の添付情報

登記権利者の住所を証する情報…所有権の保存登記（及び移転登記）に特有のものである（令別表28の添付情報ニ）。

(5) **登録免許税及び課税価格**

所有権保存登記の登録免許税は定率課税であり，その税額は，既に述べたとおり登記する土地や建物の価格を課税標準金額とし，そこに定められた税率を乗じて算出する（税法別表第1の1の(1)）。なお，新築された住宅に関する所有権保存登記については，政策的な配慮により，税額が減額される場合がある[17]。

---

[16] 書面申請の場合，申請人の印鑑証明書は不要である（令16条2項，18条2項，規則48条1項4号）。

[17] 例えば個人の専用住宅に関しては，一定の要件の下であれば税率が通常のものに比べて減額されている（租税特別措置法第5章参照）。

(6) 記録例をとおした登記の例

次は，ある不動産の甲区順位番号１番になされた所有権保存登記の登記記録の例である。

権　利　部（甲区）　　　（所有権に関する事項）			
順位番号	登　記　の　目　的	受付年月日・受付番号	権　利　者　そ　の　他　の　事　項
1	所有権保存	令和何年何月何日 第何号	所有者　何市何町何番地 　　　　　何　　某

3　所有権を有することが確定判決によって確認された者，及び収用により所有権を取得した者による所有権保存登記の申請

(1) 概　説

確定判決によって所有権が確認できる者や収用により所有権を取得した者は，単独で所有権保存登記を申請することができる（法74条１項２号３号）。これは，不動産の所有権について裁判上の手続がなされたり土地収用法などに基づいて収用[18]がなされた場合，いずれも判決等により所有権の帰属関係が容易に証明できることによるものであり，前者と後者は当事者の権利取得の性質等にしたがえば別の手続であるけれど，上述した表題部に所有者として記録された者ないしその一般承継人ではない者からの申請という点では共通するので，便宜まとめて説明をする。なおここでの所有権保存登記は，手続の性質により表題登記のなされていない不動産に対しても申請することができるものとされ[19]，その場合には特有の添付情報が加わる。

(2) 申請当事者（単独申請）

表題部に所有者として登記された者に関わらず，所有権を有することが確定判決によって確認された者又は収用により所有権を取得した者は，単独で所有権保存登記を申請することができる。所有権を確定判決によって確認できる者とは，例えば，表題登記だけなされている建物についてＢが売買で所

---

[18] ここでの収用が表題登記のみなされた不動産に対しての場合には，表題部に所有者と記載された者を被収用者とする収用でなければならない（明治33・12・18民刑1661号民刑局長回答，幾代通・不動産登記法241頁）。

[19] 表題登記は，登記官が職権で行うことができるからである（法75条参照）。しかし，本文で述べるように，この場合には土地所在図や建物図面など，表題登記に必要な情報の添付が求められる。

有権を取得したが，表題部所有者のAがB名義とするための登記の手続に協力しないので訴えを提起して判決を得た場合のBである。

ところで，ここでいう確定判決は，登記の申請を単独ですることのできる判決（法63条1項）とは内容が異なる。後者の判決は共同申請を念頭に置いたものであり，したがって「申請を共同してしなければならない者の一方に，登記手続をすべきことを命ずる確定判決…」と定められているように（法63条1項），判決の内容は登記義務者に手続をなすことを命ずる給付判決を指している。これに対してここでいう判決は，もともと手続に対立当事者を予定していない単独申請によりなされる所有権保存に関するものなので,「所有権を有することが確定判決によって確認された者」であれば判決の内容を問わない。したがって，給付判決ではない確認判決でも差し支えない[20]。この他，判決だけではなく，それと同一の効力を有する裁判上の和解や調停の各調書でもかまわないことは，判決による登記と同様である。

(3) **申請情報**

ここでの所有権保存登記の申請情報は，基本的には一般的申請情報の，登記の目的・申請人・添付情報の表示・管轄登記所・申請の年月日・代理人・登録免許税・土地や建物を特定するための事項等を表示する（法18条，令3条）。登記の性質により登記原因及びその日付に関する情報は要しないことや，申請人の適格性を表示すること（令別表28の申請情報イ），その他共有の場合にその持分の情報を要することは，前述の表題部所有者による所有権保存登記の申請手続と同様である。

(4) **添付情報**

確定判決を得た者や収用によって所有権を取得した者の申請する所有権保存登記の添付情報は，前述の表題部所有者が自ら申請する場合の一般的添付情報の項で述べたものを基本として，これに手続の性質に従いそれぞれ特有の添付情報が加えられる。

---

[20] 学説及び実務ともにこのように解して取扱っている（船橋諄一・不動産登記法209頁他，登記研究210号等）。なお，ここでの所有権の確認は，判決主文に限らず判決理由中でなされたものでもよいと解されている（遠藤浩・青山正明編・不動産登記法コンメンタール248頁（松尾英夫））。

① 一般的な添付情報
＊代理権限を証する情報（令7条1項2号）　＊会社法人等番号（令7条1項1号）　＊申請人等の本人性の担保…電子証明書（電子申請について）
② 特有の添付情報
ⅰ　申請人の住所を証する情報…所有権の保存登記（及び移転登記）に特有のものである（令別表28の添付情報ニ）。
ⅱ　所有権を有することが確定判決[21]で確認されたことを証する情報…確定判決を得た者が申請する場合である（令別表28の添付情報ロ）。
ⅲ　収用によって所有権を取得したことを証する情報（収用の裁決が効力を失っていないことを証する情報を含むものに限る）…収用によって所有権を取得した者が申請する場合である（令別表28の添付情報ハ）。
ⅳ　土地所在図及び地積測量図…確定判決を得た者や収用によって所有権を取得した者が，表題登記のない土地の所有権保存を申請する場合である（令別表28の添付情報ホ）。
ⅴ　建物図面及び各階平面図…確定判決を得た者や収用によって所有権を取得した者が，表題登記のない建物の所有権保存登記を申請する場合である（令別表28の添付情報ヘ）。なお，この場合の建物が区分建物である場合には，この他の情報を添付しなければならないこともある（令別表28の添付情報ト・チ参照）。

(5)　登録免許税及び課税価格
　所有権保存登記の登録免許税は定率課税であり，その税額は既に述べたとおり登記する土地や建物の価格を課税標準金額とし，そこに定められた税率を乗じて算出する（税法別表第1の1の(1)）。

4　区分建物について，表題部所有者から所有権を取得した者による所有権保存登記の申請

(1)　概　説
　区分建物に関しては，表題部に所有者として記録された者より所有権を取

---

[21] 確定判決と同一の効力を有する，例えば和解調書等を含む（令別表28の添付情報ロ）。

得した者も，次のような手続により直接自己名義とするための所有権保存登記を申請することができる（法74条2項）。

(2) 申請当事者（単独申請）

表題部に所有者として記録された者より売買などによって所有権を取得した者は，単独で所有権保存登記を申請することができる。なお，区分建物が敷地権付きである場合には，敷地権の登記名義人の承諾を得なければならない（法74条2項後段）。

(3) 登記事項

法74条2項による所有権保存登記の登記事項は，登記の目的，申請の受付の年月日及び受付番号，登記に係る権利の権利者の氏名・住所等並びに登記名義人が2人以上であるときは登記名義人ごとの持分など権利の登記に共通の登記事項であり，この他，区分建物が敷地権付きである場合には，登記原因及びその日付が記録される（法59条，76条1項）。

(4) 申請情報

法74条2項による所有権保存登記の申請情報は，区分建物に敷地権が付いている場合とそうではない場合で異なる。

① 敷地権の付いていない区分建物

既に述べた表題部に自己の名前が記録された者のする所有権保存登記の申請情報と基本的に同一で，一般的申請情報の登記の目的・申請人・添付情報の表示・管轄登記所・申請の年月日・代理人・登録免許税・区分建物を特定するための事項等である（法18条，令3条）。一般的な申請情報中の，登記原因及びその日付に関する情報はここでも要しない（令3条6号）。この他，申請人が数名の場合には，各々の共有持分に関する情報が必要である（令3条9号）。

また，所有権保存登記に特有の申請人の適格性を表す情報[22]を，「法74条2項申請」のように表示しなければならない（令別表29の申請情報）。

② 敷地権の付いている区分建物

敷地権付きの区分建物に関する所有権保存登記の申請情報は，まず一般的

---

[22] この情報は，所有権保存登記に限って求められるものである。

申請情報の登記の目的・申請人・登記原因及びその日付・添付情報の表示・管轄登記所・申請の年月日・代理人・登録免許税・区分建物を特定するための事項等が必要であり（法18条，令3条），この他，申請人が数名の場合には，各々の共有持分に関する情報も必要である（令3条9号）。

次に，所有権保存登記に特有のものとして申請人の適格性を表す情報を，「法74条2項申請」のように表示し（令別表29の申請情報），更に敷地権の目的となる土地の所在する市・区・郡・町・村及び字並びに土地の地番・地目・地積と，敷地権の種類及び割合を表示しなければならない（令3条11号ヘ）。

(5) 添付情報

ここでの所有権保存登記の添付情報も，区分建物に敷地権が付いているか否かで次のように幾分異なる。

① 敷地権の付いていない区分建物

一般的な添付情報[23]としての，代理権限を証する情報（令7条1項2号）・会社法人等番号（令7条1項1号）及び電子証明書（電子申請について）を添付しなければならない他，特有の添付情報として，申請人が表題部所有者から当該区分建物の所有権を取得したことを証する表題部所有者又はその相続人その他一般承継人の作成した情報（令別表29の添付情報イ）及び申請人の住所を証する情報（令別表29の添付情報ハ）を提供しなければならない。

② 敷地権の付いている区分建物

一般的な添付情報としての，登記原因を証する情報（令別表29の添付情報ロ）・代理権限を証する情報（令7条1項2号）・会社法人等番号（令7条1項1号）及び電子証明書（電子申請）を添付しなければならない他，特有のものとして，敷地権の登記名義人の承諾を証するその登記名義人作成の情報（令別表29の添付情報ロ）及び申請人の住所を証する情報（令別表29の添付情報ハ）を添付しなければならない。

(6) 登録免許税及び課税価格

区分建物を目的とする所有権保存登記の登録免許税額等の算出方法は，既に述べたとおりであり，登記する建物の価格を課税標準金額とし，そこに定

---

[23] この登記が単独申請であること，及び登記原因に関する情報がないことから，登記原因証明情報や登記義務者の登記識別情報は不要である（令7条3項1号，法22条参照）。

められた税率を乗じてなされる(税法別表第1の1の(1))。なお,区分建物が敷地権付きである場合,申請人は区分建物の所有権保存登記にあわせて敷地権についても相当の登記を受けることになるので[24],それに係る登録免許税が同時に徴収される[25]。この他,新築された区分建物については,政策的な配慮により税額が減額される場合があることは,既に述べたとおりである。

5 登記官の職権による所有権保存登記
(1) 概説

繰り返しになるが,所有権保存登記はこれがなされて初めて登記記録権利部に甲区が設けられ,したがって全ての権利関係の登記の出発点であるといえる。他方,差押や処分禁止の仮処分の登記は,その性質から所有権の登記のない不動産,つまり登記記録の権利部のない土地や建物に対しても嘱託することを認めている。しかし,これがなされても所有権の登記がなければ差押等の登記を実行することができない。そこで,このような場合には,差押等の登記をする前提として登記官に職権で所有権保存の登記をすることを認めている(法76条2項)。

第3 所有権の更正登記

1 概説

一度なした登記に誤りがある場合,それを正しいものにする登記が認められているが,所有権に関する登記に誤りがあった場合にもその更正登記をすることができる。しかし誤りといっても,登記名義人そのものの間違いから[26]登記原因及びその日付の誤りなど対象は一様ではない。これについては更正登記の項で述べたように,例えばある土地を登記名義人のAからBが

---

[24] 敷地権としての権利(実質は,土地に関する所有権等の共有持分)を取得したことの登記を受けることになる(法73条)。
[25] したがって,区分建物及び敷地権を売買で取得したのであれば,敷地権については売買による登録免許税を算出し,区分建物の所有権保存登記にあわせて納付するのである(昭和58・11・10民三第6400号通達第15の2)。
[26] 住所や氏名等の登記名義人の表示の誤りは登記名義人住所変更等の登記の対象であり,ここからは除かれる(法64条参照)。

売買により取得したが，その登記を誤ってAからCにしてしまったような，いわば登記名義人の全面的交替になる更正はすることができないが，AからBとCが売買で取得したところ登記の手続を誤ってB単独の名義としてしまったような場合には，それをBとCの共有名義へと訂正しても登記の前後に同一性が保てることを理由に，更正の登記が認められている。このような更正について，対象となる所有権の登記が保存登記と移転登記があり，手続も異なるので分けて説明することにする。

2 所有権保存登記の更正
(1) 概　説
　所有権保存登記の誤りについては，共有をめぐる持分あるいは登記名義人についてのものが考えられる。更正を許容する範囲については前述のとおりであるが，所有権の更正登記は登記上の利害関係を有する第三者がいる場合その者の承諾がなければすることができない[27]。
(2) 申請当事者（共同申請）
　所有権保存登記についての登記名義人の共有持分関係を更正する登記を申請する場合の申請人は，更正の登記をすることにより登記上直接利益を受ける者が登記権利者，登記上直接不利益を受ける者が登記義務者である（法2条12号13号）。したがって，例えばA名義の所有権保存登記を持分各2分の1のAとBの共有名義と更正する登記[28]では，Bが登記権利者でありAが登記義務者である。
(3) 申請情報
　申請情報は，既に更正登記の項で述べたように全て一般的申請情報の，登記の目的・登記原因及びその日付・申請人・添付情報の表示・管轄登記所・申請の年月日・代理人・登録免許税・土地や建物を特定するための事項等を表示し（法18条，令3条），特有のものとして更正後の登記事項を表示する（令

---

[27] 登記上の利害関係を有する第三者がいる場合の所有権の更正の登記は，他の権利の更正登記のように，その者の承諾の有無で登記の形式を付記又は主登記とすることはなく，全て第三者の承諾を必要とし，登記は付記登記によるのである（昭和54・3・31民三第2112号民事局長通達）。
[28] この登記をなした後に，登記名義をA・B共有からBの単独所有とするための更正の登記をすることはできない（登記研究236号）。

別表25の申請情報）。

このうちの登記原因は錯誤であり，その日付は登記を誤った日が登記記録上明白[29]なので申請情報には表示を要しないのがこの登記原因に共通する実務の扱いである。更正後の登記事項については，例えばAとBの共有名義をA単独の登記名義と更正する場合には「更正後の事項　所有者　住所　A」のように表示する。

(4) 添付情報

添付情報は，申請の形態に応じて既に述べた一般的添付情報に更正登記に特有のものが加えられるが，それは次のようなものである。

① 一般的な添付情報

＊登記原因証明情報（法61条，令別表25の添付情報イ）　＊登記義務者の登記識別情報（法22条）　＊代理権限を証する情報（令7条1項2号）　＊会社法人等番号（令7条1項1号）　＊申請人等の本人性の担保…電子証明書（電子申請について）または印鑑証明書（書面申請における登記義務者について）

② 特有の添付情報[30]

登記上の利害関係人の承諾書…更正の登記をすることについて，登記上の利害関係を有する第三者[31]がいる場合は，既に述べたようにその者の承諾を証する情報等が必要である（令別表25の添付情報ロ・ハ）。

(5) 登録免許税

所有権保存登記を更正する登記の登録免許税は，不動産1個につき金1,000円である（税法別表第1の1の(14)）。

3　所有権移転登記の更正

(1) 概　説

所有権移転登記の更正についての許容範囲，とりわけ登記名義人の更正については前述の所有権保存登記を更正する場合とほぼ同様であり，この他共

---

[29] 更正の対象である登記のなされた日である。
[30] ここに示したもの以外に実務上は，例えば，登記名義人をA単独からA・Bの共有と更正する場合，Bについては新たに所有権の登記名義を取得することになるので，その者の住所を証する情報の添付が求められる（登記研究212号参照）。
[31] 抵当証券の所持人等がいる場合については，更正登記の項で述べたとおりである。

有持分や登記原因及びその日付も更正の対象に考えられる。なお、登記上の利害関係を有する第三者がいる場合の所有権移転登記の更正は、所有権保存登記の更正と同様にその者の承諾がなければすることができない。

(2) **申請当事者**（共同申請）

所有権移転登記を更正する登記の申請人は、原則どおり更正の登記をすることにより登記上直接利益を受ける者が登記権利者であり、登記上直接不利益を受ける者が登記義務者である（法60条、2条12号13号）。したがって、例えば、AからBとCが持分各2分の1の共有で不動産を取得したこととする所有権移転の登記をした後、共有持分が本来はBが3分の1、Cが3分の2であったとする更正の登記は、Cが登記権利者でありBが登記義務者である。これに対して、AからBへの所有権移転登記を、AからBとCの共有名義の所有権移転へと更正する登記については、登記権利者はCであるが、登記義務者[32]は形式的に不利益を受けるBだけではなく、この場合当初の所有権移転登記については登記名義人の一部について（申請時の登記権利者の一部）に誤りがあったことから、その際の登記義務者であったAも加えられて、AとBとするのが実務上の取扱いである[33]。

(3) **申請情報**

申請情報は、既に更正登記の項で述べたように、ここでも全て一般的申請情報である登記の目的・登記原因及びその日付・申請人・添付情報の表示・管轄登記所・申請の年月日・代理人・登録免許税・土地や建物を特定するための事項等を表示し（法18条、令3条）、特有のものとして更正後の登記事項を表示する（令別表25の申請情報）。

更正後の登記事項は、例えば「更正後の事項　B持分3分の1，C持分3分の2」のように表示する。

---

[32] 例えば、Aの所有する不動産を、持分10分の8B、10分の1C、10分の1Dの共有で取得したが、持分10分の9B、10分の1Cと誤ってしまった登記を更正する場合、登記権利者はD、登記義務者は持分の減少するB及び前所有権登記名義人のAであり、持分に変化のないCは申請人とはならない（登記研究422号）。

[33] 所有権移転登記によりなされた共有名義を単独所有名義に更正する場合にも、この例と同様に前所有権登記名義人は登記義務者となる（昭和36・10・14民事甲2604号民事局長回答）。

(4) 添付情報

添付情報も既に述べたように，一般的添付情報を中心にして更正登記に特有のものが加えられるが，それは次のようなものである。

① 一般的な添付情報

＊登記原因証明情報（法61条，令別表25の添付情報イ）　＊登記義務者の登記識別情報（法22条）　＊代理権限を証する情報（令7条1項2号）　＊会社法人等番号（令7条1項1号）　＊申請人等の本人性の担保…電子証明書（電子申請について）または印鑑証明書（書面申請における登記義務者について）

② 特有の添付情報[34]

登記上の利害関係人の承諾書…更正の登記をすることについて，登記上の利害関係を有する第三者がいる場合は，前述のようにその者の承諾を証する情報等が必要である（令別表25の添付情報ロ・ハ）。

(5) 登録免許税

所有権移転登記を更正する登記の登録免許税は，不動産1個につき金1,000円である（税法別表第1の1の(11)）。ただし，AからBへの所有権一部移転の登記を，AからBへの所有権移転とするような，更正の登記でも結果的に登記名義人の共有持分が増加する場合には，更正の前後を比較して増加する持分についてその取得の登記として登録免許税を納付しなければならない。したがってその算出は，既に述べた所有権移転登記と同様の方法である。

第4　所有権抹消の登記

1　概　説

土地や建物に対する所有権は，他の物権とは異なり対象物と離れて消滅することは考え難い[35]。しかしながら，売買による所有権移転の登記を完了した後に，その売買契約が何らかの事情で解除されたり，あるいはその登記が

---

[34] 所有権保存登記の更正の項で述べたように，更正後に新たな名義人が登記記録上に出現する場合には，その者の住所を証する情報が求められる。

[35] 不動産が物理的に消滅した場合には，土地や建物の所有権も消滅すると考えられるが，その場合の登記は権利の登記ではなく表示に関する登記としての滅失登記によってなされる（法42条，57条参照）。

第 4　所有権抹消の登記　133

当初から誤っていた場合など，ある不動産をめぐる所有権に関する登記が実体関係と一致しない状態が生じうる。このようなとき，実体と登記の不一致を解消するためになされるのが所有権の登記の抹消である。

　所有権の登記の抹消には，所有権保存登記を抹消する場合と，所有権移転登記を抹消する場合があり，これを分けて説明する。

2　所有権保存登記の抹消

　登記記録の権利部甲区になされた所有権保存登記は，所有権移転登記のなされていない限り，登記名義人が単独でその抹消を申請することができる（法77条）[36]。

(1)　申請当事者（単独申請）

　所有権保存登記の抹消は，前述の要件を満たせば登記名義人が単独で申請することができる（法77条）。

(2)　申請情報

　申請情報は，ここでも全て一般的申請情報の登記の目的・登記原因及びその日付・申請人・添付情報の表示・管轄登記所・申請の年月日・代理人・登録免許税・土地や建物を特定するための事項等を表示する（法18条，令3条）。この他，登記の抹消について特有の申請情報はない。

(3)　添付情報

　添付情報も既に述べたように，一般的添付情報を中心にして，それに登記の抹消に特有のものが加えられる。

①　一般的な添付情報

　＊登記原因証明情報（法61条，令7条1項5号ロ）　＊登記識別情報（法22条，令8条1項5号）　＊代理権限を証する情報（令7条1項2号）　＊会社法人等番号（令7条1項1号）　＊申請人等の本人性の担保…電子証明書（電子申請につい

---

[36] 所有権保存登記の抹消をした場合，表題部所有者の表示が既に抹消されていることから（旧法103条，新法規則158条参照），登記記録を閉鎖するのが原則であり（昭和36・9・2民事甲第2163号局長回答），しかしその不動産の所有関係の経緯が明らかな場合，例えば抹消された所有権保存登記が相続人からなされたものや，表題部所有者から譲渡された者からなされたものである場合などについては，登記記録を閉鎖せず表題部所有者の表示を回復する扱いであったが（昭和59・2・25民事甲1084号民事局長通達），新法の下でもこれは維持されるであろう。

て）または印鑑証明書（書面申請における登記義務者について）

② 特有の添付情報

登記上の利害関係人の承諾書…登記の抹消をすることについて，登記上の利害関係を有する第三者等[37]がいる場合は，その者の承諾を証する情報が必要である（法68条）。

(4) **登録免許税**

所有権移転登記を抹消する登記の登録免許税は，不動産1個につき金1,000円である（税法別表第1の1の(15)）。

3 所有権移転登記の抹消

一度なされた所有権移転登記の登記原因となった売買契約が解除等され，所有権が登記記録甲区の前所有権登記名義人に復帰した場合には，実体上の所有権を伴わなくなった所有権移転登記を抹消することができる。

(1) **申請当事者**（共同申請）

所有権移転登記を抹消する登記の申請人は，原則どおり登記の抹消をすることにより登記上直接利益を受ける者が登記権利者であり，登記上直接不利益を受ける者が登記義務者である（法60条，2条12号13号）。したがって，前所有権登記名義人が登記権利者であり，抹消される現在の所有権登記名義人が登記義務者である。

(2) **申請情報**

申請情報は，ここでも全て一般的申請情報の，登記の目的・登記原因及びその日付・申請人・添付情報の表示・管轄登記所・申請の年月日・代理人・登録免許税・土地や建物を特定するための事項等を表示する（法18条，登記令3条）。この他，この登記の抹消について特有の申請情報は所有権保存登記の抹消と同様に特別のものはない。

(3) **添付情報**

添付情報も既に述べたように，一般的添付情報を中心にして，それに登記の抹消に特有のものが加えられる。

---

[37] 登記の抹消について，利害関係を有する抵当証券の所持人又は裏書人を含む（法68条）。

① 一般的な添付情報

＊登記原因証明情報(法61条,令7条1項5号ロ)　＊登記義務者の登記識別情報(法22条)　＊代理権限を証する情報(令7条1項2号)　＊会社法人等番号(令7条1項1号)　＊申請人等の本人性の担保…電子証明書(電子申請について)または印鑑証明書(書面申請における登記義務者について)

② 特有の添付情報

登記上の利害関係人の承諾書…登記の抹消をすることについて，登記上の利害関係を有する第三者等[38)]がいる場合は，その者の承諾を証する情報が必要である(法68条)。

(4) **登録免許税**

所有権移転登記を抹消する登記の登録免許税は，不動産1個につき金1,000円である(税法別表第1の1の(15))。

第5　買戻権に関する登記

1　概説

不動産の売買契約締結に際し，売主は買主から受取った売買代金と契約の費用を買主に返還して売買契約を解除できる旨の特約をすることができるが(民法579条)，これを第三者に対抗するためには登記を必要とする。登記をした買戻特約の権利者は，その後買主から転売を受けた者や抵当権者などの登記された第三者に対しても特約を主張できるので，その権利を行使すれば第三者の権利を否定して自己に直接所有権の移転登記をすることができる。

買戻の特約の登記は，売買による登記と同時にしなければならないところに特徴がある(民法581条)。ここでいう同時とは文字通り時間的に同時であるが，しかしその申請は売買による登記[39)]と別の申請情報によりなされる[40)]。

[38)] 登記の抹消について，利害関係を有する抵当証券の所持人又は裏書人を含む(法68条)。
[39)] 売買による登記は，一般的には所有権移転登記である。しかし，表題登記のなされていない新築建物が売買され，買主において表題登記とそれに続く所有権保存登記を申請する場合には，買戻特約の登記をその所有権保存登記と同時に申請することができる(昭和38・8・29民事甲第2540号民事局長通達)。
[40)] 昭和35・3・31民事甲第712号民事局長通達。

一度登記のなされた特約上の権利は買戻権と呼ばれて独立した権利として取引の対象とされるので，その移転の登記をすることもできる。なお買戻特約の登記は，付記により実行される（規則3条9号）。

2 買戻特約の登記の申請

買戻特約の登記は，以下の手続によってなされる。

(1) 申請当事者（共同申請）

買戻特約の登記の申請人は，申請する登記がなされることにより登記記録上に買戻権を取得する買戻権者（売買による登記の登記義務者）が登記権利者であり，売買による登記により所有権登記名義人となる者[41]が，ここでの登記義務者となる[42]（法60条，2条12号13号）。

(2) 申請情報

買戻特約の登記の申請情報は，一般的申請情報の登記の目的・登記原因及びその日付・申請人・添付情報の表示・管轄登記所・申請の年月日・代理人・登録免許税・土地や建物を特定するための事項等の他（法18条，令3条），この登記に特有の申請情報として，買主が支払った代金，契約の費用，買戻期間の定めがあるときはその定めを，それぞれ表示しなければならない（令別表64の申請情報）。

買主が支払った代金とは買主が売主に現実に支払った代金であり，したがって登記した売買代金を後日変更する登記はすることができない[43]。売買代金が分割して支払われる約定である場合には，買主が登記の申請時点までに実際に支払った代金の他に売買の総代金を表示すれば，それを登記することができるものとされている[44]。また，土地と建物のように数個の不動産を一括して売買し，各々買戻の特約をした場合，売買代金は原則として不動産毎に定めてそれを申請情報とすべきであるが，それができない場合に売買代金

---

[41] 買戻特約の登記については，その申請が売買による登記と同時になされる特殊性から，登記義務者となるべき者が申請の時点で登記記録上に現れていない。
[42] 簡単にいうと，売買における売主が登記権利者で買主が登記義務者であり，同時に売買による所有権移転登記が申請される場合には，それと買戻特約とでは申請当事者の地位が逆転することになるのである。
[43] 昭和43・2・9・民三発第34号民事局第三課長回答。
[44] 昭和35・8・2民事甲第1971号民事局長通達。

は他の不動産との合計金額として表示することもできる[45]。なお，売買代金に利息を加えて返還する旨の買戻特約が結ばれた場合でも，ここでの売買代金は買主が現実に支払った代金であり利息との合計とすべきではない[46]。契約の費用とは，買主が契約の締結に際して支払った費用であり必要的な申請情報なので，これがない時や買主がその返還を求めない場合でも省略することはできずに，申請情報には「契約費用　なし」のように表示しなければならない。次に買戻の期間は，10年を越えることはできず一度定めたものを後日変更することはできない（民法580条）[47]。

(3) 添付情報

買戻特約の登記の申請情報は，一般的添付情報の項で既に述べたものが中心であり，この登記に特有のものは特に定められていない。また，売買による登記と同時に申請される特質もあり，次のようなものが求められる。

＊登記原因証明情報（法61条，令別表64の添付情報）　＊代理権限を証する情報（令7条1項2号）　＊会社法人等番号（令7条1項1号）　＊申請人等の本人性の担保…電子証明書（電子申請について）

登記識別情報は，買戻特約の登記が売買による所有権移転の登記等と時間的に同時に申請される特質から，申請の時点では登記義務者のもとに未だ通知されていないので提供を要しない。

(4) 登録免許税及び課税価格

買戻特約の登記は売買による登記に付記してなされるので，不動産1個につき金1,000円である（税法別表第1の1の(14)）。

3　買戻権の移転，変更，更正及び抹消の登記

(1) 概　説

登記された買戻権は，財産的な価値に着目して譲渡などがなされる場合があり，それによる移転の登記をすることができる。また前述のように，売買

---

[45] 昭和35・8・1民事甲第1934号民事局長通達。
[46] 上記民事局長通達。
[47] 買戻特約は，権利の帰属を不安定にすることからこのような期間の制限があり，その趣旨をふまえて期間の短縮は可能であると考えられている。なお，この期間を当初定めなかった場合，後日定めることはできない。

代金を分割払いとする買戻権においては現実に支払われた売買代金の他に，総売買代金をも便宜的に登記することができるものとされているので，この登記の後に実際支払った金額に増額による変更が生じた場合には，代金額を変更する登記ができるとされている[48]。この他，買戻の期間を短縮した場合にはそれによる変更登記をすることができる。又，登記事項に誤まりがあれば，更正の登記をすることができる。

次に，買戻特約について，その存続期間が満了した場合や当事者間で特約が解除等された場合には，それらによる買戻特約の抹消をすることができる。

(2) **登記申請の手続** (共同申請)

買戻権の移転，変更，更正及び抹消の各登記については，買戻しのこれらの手続に関する特別の規定はないので，その申請当事者，申請情報ならびに添付情報ともに，既に述べた権利一般の移転，変更，更正及び抹消の各登記申請の項で述べた方法にしたがってなされる。

---

[48] 香川保一・全訂不動産登記書式精義上 841 頁。

第4章　用益権に関する登記

第1　概　説

　所有権以外の物の利用を目的とする権利は，一般に用益（物）権と呼ばれている。民法における不動産[1]を目的とする用益物権には，地上権，永小作権及び地役権があり，それぞれが登記をすることができる(法3条)。また，民法上は債権として定められている賃借権も，土地や建物を目的とするものについては対抗力を得るために登記をすることができる(民法605条,法3条)。そして，これらの権利に関しても実体上の変動に応じてその設定の他，移転，変更（更正）及び抹消の各登記の申請をすることができる。

　ところで，これらの権利は当事者の設定行為により新たに成立し，その後譲渡されあるいは内容に変更が生じたりしながらも，最終的には定められた期間の終了や当事者の合意等により消滅するのであるが，権利が譲渡等された場合の移転登記，内容が変更された場合になされる変更の登記，消滅にともなう登記の抹消の各申請が，所有権をはじめ各権利にほぼ共通する変動であることから，その手続の基本的仕組みについては既に述べたとおりであり，したがって以下の項においてはその中でも特徴的なものに焦点をあてて説明を加えることにする。

　これに対し，当事者の合意による設定行為によって新たに権利が成立したことに基づく登記に関しては，所有権以外の不動産を目的とする権利にほぼ共通する変動の形態であるものの，その手続とりわけ申請情報については個々の権利の特徴が色濃く現れるので[2]，以下の各権利に関する登記の項に

---

[1] この場合は，不動産といっても土地が対象である。
[2] 所有権以外の権利は，他の権利（といっても所有権が中心であるが）の権能の一部を制限するので登記上その内容を公示することが合理的であり，したがって具体的に成立した制限物権が初めて登記に登場する設定登記に関しては，各権利の基本的な構成要素が登記事項となっている。

おいては，権利の設定登記を中心に述べることにしたい。

第2 地上権設定の登記

1 概　説

　地上権設定登記は，ある土地上に新たに地上権(民法265条)が成立したことによりなされる登記である。地上権は，ある人が他人の土地[3]に工作物あるいは竹木，例えば建物や杉の木を所有することを目的にして，土地の所有者と利用者（地上権者）の合意又は法律の規定（民法388条）によって成立する物権であり，対象地を全面的に利用する性質を有する権利[4]である。また，ある土地に一度成立すると同一地に内容の相容れない他の権利の成立を許さない排他的な性質を有している（一物一権主義）[5]。この地上権については，土地の上下の一定範囲について，例えば上空5mから20mのように垂直方向に区分して特定し，その部分のみを利用するために設定することもできる（民法269条の2）[6]。

2 地上権設定登記の申請

　地上権設定の登記は，以下の手続によってなされる。

(1) 申請当事者（共同申請）

　地上権設定登記の申請人は，申請する登記がなされることにより登記記録上に地上権を取得する地上権者が登記権利者であり，地上権の成立した土地の所有権登記名義人が登記義務者である（法60条，2条12号13号）。

---

[3] 対象の土地上に既に地役権が設定登記されている場合，その地役権の内容と抵触しない限り，地上権を設定してその登記をすることができる（登記研究369号）。
[4] 地上権は目的地の全てを現実に支配する権利であるために，共有地の一部の者の共有持分のみを目的に設定することはできない（最判昭和29・12・23民集8巻12号2235頁）。
[5] したがって，既に地上権の設定登記された土地上に，別の新たな地上権の設定登記はすることができない。この場合，登記された地上権が登記上の存続期間を経過して実体上消滅していたとしても，登記を抹消しない限り新たな地上権の設定登記をすることはできない（大審判明治39・10・31民録12・1366頁，昭和37・5・4民事甲第1262号民事局長回答）。これは，なされた登記の形式的確定力によるものである。
[6] 区分地上権，あるいは地下権・空中権と呼ばれることもある。

(2) 登記事項

　地上権設定登記の登記事項は，権利に共通の登記事項である，登記の目的，申請の受付の年月日及び受付番号，登記原因及びその日付，登記に係る権利の権利者の氏名・住所等並びに登記名義人が2人以上であるときは登記名義人ごとの持分等の他に，＊地上権設定の目的，＊地代又はその支払い時期の定めがあるときは，その定め，＊存続期間又は借地借家法第22条前段若しくは第23条1項の定めがあるときは，その定め，＊地上権設定の目的が借地借家法23条に規定する建物の所有であるときはその旨であるが，地上権が民法269条の2，1項前段に規定する地上権（後述する）である場合には，これらの他に＊地上権の目的である地下又は空間の上下の範囲及び民法269条の2，1項後段の定めがあるときはその定め，である（法59条，78条）。

(3) 申請情報

　地上権設定登記の申請情報は，一般的申請情報の登記の目的・登記原因及びその日付[7]・申請人・添付情報の表示・管轄登記所・申請の年月日・代理人・登録免許税・土地を特定するための事項等の他（法18条，令3条），この登記に特有の申請情報として次のものを表示しなければならない（令別表33の申請情報，法78条）。

　ⅰ　地上権設定の目的…地上権者が対象地を利用する目的であり，具体的かつ簡潔に表示する。民法における地上権の目的は工作物や竹木の所有であり，この範囲にある限り特に制限はないが，他人の土地を耕作の目的で利用するための権利として別に永小作権が用意されていることや（民法270条）[8]，建物の所有を目的とする地上権が借地借家法の適用を受けることなどから（借地借家法1条，2条），このことを登記上明らかにするために，申請情報の設定の目的は「建物所有」「桧所有」「高架鉄道敷設」のように，幾分具体的に表示することが求められている[9]。

　ⅱ　地代又はその支払い時期の定めがあるときは，その定め。…これらは，

---

[7] 法定地上権の登記原因及びその日付については，買受人が競売代金を納入して所有権が移転した日をもって（民事執行法79条参照），「法定地上権の設定」とする。
[8] 竹木の範囲内であっても「みかんの木」のように耕作の目的の樹木と考えられるものは，永小作権の対象であり地上権の目的にはならない。これに対し，スキー場の所有やゴルフ場の所有は，地上権設定の目的として認められる。

当事者の合意内容に従う[10]。

　iii　存続期間又は借地借家法第22条前段若しくは第23条1項の定めがあるときは，その定め。

　iv　地上権設定の目的が借地借家法23条1項または2項に規定する建物の所有であるときは，その旨。

　v　民法第269条の2，1項前段に規定する地上権（区分地上権）の設定の場合には，これらの他に後述するものが加えられる（区分地上権の項）。

(4)　**添付情報**

　地上権設定登記の添付情報は，一般的添付情報の項で既に述べた次のものが中心であり，その他設定される地上権に応じて特有のものが加えられる。

　①　一般的添付情報

　＊登記原因証明情報…②の個別的添付情報に示すものは除く（法61条，令別表33の添付情報ハ）。＊登記義務者の登記識別情報（法22条）　＊登記原因について，第三者の許可，同意，承諾を証する情報（令7条1項5号ハ）　＊代理権限を証する情報（令7条1項2号）　＊会社法人等番号（令7条1項1号）　＊申請人等の本人性の担保…電子証明書（電子申請について）または印鑑証明書（書面申請における登記義務者について）

　②　個別的添付情報

　申請する地上権が次のそれぞれに該当する場合には，申請情報に登記原因を証する情報として執行力のある確定判決の判決書の正本が提供される場合を除き，それぞれに掲げる情報を添付しなければならない（令別表33の添付情報イ・ロ）。

　i　借地借家法22条前段の定めがある地上権（定期借地権）の設定の場合，

---

[9] ここでの設定の目的を，「工作物所有」のように概括的に表示した地上権設定の登記は，そのことだけで却下されるべきものではない（幾代通・不動産登記法246頁）。しかし登記の法的性格を考慮すると，それにより権利が不明確な状態に置かれるのであれば，手続上は権利の区別ができる程度の記載（登記記録への表示）が望ましいと考えられている（香川保一・全訂不動産登記書式精義上876頁参照）。なお，借地借家法の適用を受ける地上権は，「建物所有」や「借地借家法第23条第1項の建物所有」と表示する扱いである。

[10] 「存続期間と地代の増減をしない」というような特約も，存続期間あるいは地代の定めとして登記することができる（大審明治40(オ)第29号同年3・12民1判決・民録13輯272頁，林良平・青山正明編注釈不動産法6・744頁（高橋眞））。

同条後段の書面等。
 ⅱ 借地借家法23条1項または2項に定める借地権（事業用定期借地権）にあたる地上権の設定の場合，同条3項の公正証書の謄本。
(5) **登録免許税及び課税価格**
 地上権設定登記の登録免許税は，土地の評価額を課税標準金額として，そこに一定の税率を乗じて算出される（税法別表第1の1の(3)イ）。
(6) **記録例をとおした登記の例**
 次は，ある土地に設定された地上権の記例である。

権　利　部（乙区）	（所有権以外の権利に関する事項）		
順位番号	登　記　の　目　的	受付年月日・受付番号	権利者その他の事項
何	地上権設定	令和何年何月何日第何号	原因　令和何年何月何日設定 目的　鉄筋コンクリート造建物所有 存続期間　60年 地代　1平方メートル1年何万円 支払時期　毎年何月何日 地上権者　何市何町何番地 　　　　　何　某

3　区分地上権の設定と登記の申請
(1) **概　説**
 地上権は，通常目的土地の上下にその効力が及ぶが，既に述べたように，当事者の合意により地下又は空間の上下の範囲を区切って使用するためにも設定することができる（民法269条の2）[11]。この地上権は一般に区分地上権（又は地下権・空中権）と呼ばれ，既に第三者の用益権が設定登記されている土地であっても，その第三者が承諾すれば設定して登記をすることができる（民法269条の2，2項）。
(2) **区分地上権の登記**
 区分地上権設定の登記の申請情報は，前述の地上権設定登記のそれに，設定の目的である地下又は空間の上下の範囲，及び民法269条の2，1項後段の定めがあるときはその定めに関するそれぞれの情報を提供しなければならな

---
[11] 階層的な区分建物の，特定階層の所有を目的とする区分地上権は設定することができない（昭和48・12・24民三第9230号民事局長回答）。

い(令別表33の申請情報,法78条5号)。このうちの前者は,区分地上権者が利用する空間を垂直方向に特定するための情報であり,例えば「東京湾平均海面の上100mから上30mの間」のように,水平面の基準と上下の範囲を明確に示す方法[12]をもって,必ず提供しなければならない。一方後者は,土地の所有者に対する使用の制限であり,当事者に約定がある場合にはそれにしたがって,例えば「土地の所有者は高架鉄道の運行の障害になる工作物を設置しない。」のように表示する。

添付情報は,前述の地上権設定の登記の申請と同様である。

4 地上権の移転,変更,更正及び抹消の登記
(1) 概 説

地上権者がその地上権を第三者に譲渡した場合,あるいは地上権者が死亡して相続人に地上権が相続されれば,新たに権利を取得した者のために地上権の移転登記をすることができる。地上権が売買されたこと等による移転の登記は,地上権を取得した者が登記権利者,登記がなされることにより地上権の登記名義を失う現在の地上権登記名義人が登記義務者となって共同して申請をするが,地上権が相続や合併により移転した場合には,相続人や合併により権利を承継した会社等が単独で申請することができる(法63条2項)。

ところで,地上権の移転登記の申請に際しては,その地上権が当事者により存続期間の延長をされながら変更の登記未了であるために,登記記録の上では存続期間が経過している場合,登記官の審査権の範囲では地上権が消滅しているものと判断されるので,存続期間を延長する変更の登記をした後でなければ移転登記をすることはできない。

次に,既に設定登記のされている地上権の内容に関し,地上権者と設定者との合意で地代が増額されたり存続期間が延長された場合,変更された事項に関しては登記と実体に不一致が生じることとなるので,これを解消するために変更の登記をすることができるし,登記事項に誤りがあれば更正の登記をすることができる。

---

[12]昭和41・11・14民事甲第1907号民事局長通達。

又，地上権（及び他の制限物権）は，所有権と異なり存続期間の満了や当事者の合意等により消滅する権利であり，この場合には登記の抹消をすることができる。地上権はこの他にも，地上権者が目的の土地の所有権を取得したことによる混同（民法179条），消滅時効（民法167条2項），一定の場合の土地所有者の消滅請求（民法266条1項，276条），地上権者の権利の放棄（民法268条1項，266条1項，275条）等を原因として消滅する。登記原因とともに申請情報により提供しなければならない日付に関しては，存続期間の満了はその満了日[13]，混同は地上権者が土地の所有権を取得した日[14]，消滅時効は時効期間の起算日であり（民法144条），その他解除や放棄などは合意や意思表示の日である。

(2) **地上権移転，変更，更正及び抹消の登記**

地上権の移転，変更，更正及び抹消の各登記の申請は，各種権利に共通する手続として既に述べたことに従ってなされ，申請情報及び添付情報ともに特有のものは定められていない。

登録免許税については，地上権の移転登記に関しては土地の評価額を課税標準金額とし，登記原因によって異なる税率を乗じて算出する。地上権の変更，更正及び抹消の登記については，不動産1個につき金1,000円である（税法別表第1の1の(3)ロ・ニ及び(14)(15)）。但し，同一の申請により20個を超える不動産について登記の抹消をする場合には，申請件数1件について金20,000円である。

第3 地役権の登記

1 概説

地役権は，土地の利用者がその土地（要役地）の便益に供するために他人の土地（承役地）を利用するための権利である（民法280条）。他人の所有（等）する土地を利用する目的は，所有権の相隣関係の規定に反しない限り認められ（民法280条但書），その際に要役地と承役地の双方が物理的に隣接している

---

[13] 地上権が消滅した日であり，実務上は満了日の翌日を表示している。
[14] 土地の所有権取得の登記をした日ではない。

必要はない。土地（要役地）の利用者の権利は一般に所有権であるが，地上権等の土地利用権を有する者が，利用地の便益に供するために他の土地に地役権を設定することができるかについては，学説は賃借権を含んで肯定するものが多く[15]，実務上もこれを認めている[16]。さらに，実務上は承役地の権利を地上権とする地役権の設定による登記を認めているが[17]，このような場合には土地利用権が登記されていることが必要である。

次に，地役権の内容は，地役権者が承役地を積極的に利用する場合に限らず，承役地の所有権等による利用に一定の制限を加えるような消極的利用を含むので，通行や送水の他にも日照や眺望を目的にして設定することができる。さらに，内容が相反しない限り同一の土地を承役地として複数の地役権を設定することができる[18]。この地役権は，他の物権と異なり１筆の土地の一部に成立した場合でも，そのまま登記することが認められている[19]。

なお，地役権は承役地上に成立する物権であるが，前述のようにそれは要役地の便益に供することを目的に存在する特質を有しているので，権利そのものを要役地とは無関係に独自に処分することは考えられない。したがって，地役権の移転登記はすることができない。

2　地役権設定登記の申請

地役権設定の登記は，以下の手続によってなされる。

(1)　申請当事者（共同申請）

地役権設定登記の申請人は，申請する登記がなされることにより登記記録上に地役権を取得する地役権者（要役地の所有権等の登記名義人）が登記権

---

[15] 我妻栄・物権法282頁，川島武宜・民法Ⅰ245頁，船橋諄一・物権法427頁。
[16] 要役地の権利を地上権とするものは昭和36・9・15民事甲2324号民事局長回答，賃借権とするものについては昭和39・7・31民事甲2700号民事局長回答。
[17] 登記権利者と登記義務者の双方が地上権者による地役権設定の登記の申請が，肯定されている（登記研究282号）。
[18] 昭和38・2・12民事甲第390号民事局長回答。既に通行を目的にした地役権の設定登記がされている土地を承役地として，更に通行を目的にした地役権の設定登記をすることができるとされている（登記研究501号）。
[19] 法80条1項3号，令別表35の添付情報ロ参照。なお物権は，客体の全部を目的に成立するのが基本であり，例えばある土地の一部に地上権を設定してその登記をする場合，設定する部分が分筆されて手続的に特定できなければすることができない。

利者であり，地役権の設定される土地（承役地）の所有権等の登記名義人が登記義務者である（法60条，2条12号13号）。なお，登記権利者については，後述する理由により登記名義人であることが必要である（法80条3項）[20]。

(2) **登記事項**

地役権設定登記の登記事項は，権利に共通の登記事項の登記の目的，申請の受付の年月日及び受付番号，登記原因及びその日付等の他に，＊要役地，＊地役権設定の目的及び範囲，＊民法第281条1項但書の定めがあるとき，民法第285条1項但書の別段の定め，民法286条の定めがあるときは，それらの定めである（法59条，80条）。

なお，権利に共通の登記事項中の，地役権者の氏名又は名称及び住所は登記されない（法80条2項）。

(3) **申請情報**

地役権設定登記の申請情報は，一般的申請情報の登記の目的・登記原因及びその日付・申請人・添付情報の表示・管轄登記所・申請の年月日・代理人・登録免許税・土地[21]を特定するための事項等の他（法18条，令3条），この登記に特有の申請情報として次のものを表示しなければならない（令別表35の申請情報，法80条1項）。

ⅰ 要役地…地役権は，要役地の便益に供するための権利であるので，これが登記されることになるのである。なお，要役地については地役権に関する一定の事項が登記されるので（法80条4項，規則159条1項）所有権の登記がなされていることが不可欠であり，これがない場合には地役権そのものの登記をすることができない（法80条3項，令20条3号）[22]。

ⅱ 地役権設定の目的及び範囲…目的は要役地の便益に供することで，その内容に制限はなく，通行・用水使用・庭園の観望などと表示する。範囲に

---

[20] 登記権利者の住所等が要役地の登記記録上の登記名義人の表示と一致していない場合でも，住所の変更等を証する情報を添付すれば，要役地の登記名義人の住所等の変更登記までは必要ないものと解されている（登記研究350号参照）。
[21] これは，地役権が設定される承役地についてのものである。
[22] 地役権そのものは承役地上に成立する権利であり，したがってその登記も承役地になされるのであるが，権利の性質により要役地の登記記録上にこの土地が地役権を有している旨の登記をするものとし（登記官の職権によりなされる（法80条4項））、しかしその前提に要役地に所有権の登記がなされている必要があるので，それを手続的に確保するためのものである。

ついては、土地の全部であるときは「全部」と表示し、一部であるときは目的となる土地の範囲を特定できる程度具体的に、例えば「東側 $10m^2$」のように表示する。

ⅲ 特約…民法第281条1項但書の定めがあるときは、「地役権は要役地と共に移転せず要役地の上の他の権利の目的とならない」のように表示する。民法第285条1項但書の別段の定めがあるときは、「用水は、要役地のためにまず使用する」のように表示する。また、民法286条の定めがあるときは、「承役地の所有者は地役権行使のための工作物の設置又はその修繕の義務を負う」のように表示する。

当事者の設定契約中にこれら以外の、例えば対価や存続期間が含まれていても、それを申請情報として登記することはできない[23]。

(4) 添付情報

地役権設定登記の添付情報は一般的添付情報の項で既に述べた次のものが中心であり、これに地役権に特有のものが加えられる。

① 一般的添付情報

＊登記原因証明情報（法61条、令別表35の添付情報イ）　＊登記義務者の登記識別情報（法22条）　＊登記原因について、第三者の許可、同意、承諾を証する情報（令7条1項5号ハ）　＊代理権限を証する情報（令7条1項2号）　＊会社法人等番号（令7条1項1号）　＊申請人等の本人性の担保…電子証明書（電子申請について）または印鑑証明書（書面申請における登記義務者について）[24]

② 個別的添付情報

ⅰ 地役権図面…地役権設定の範囲が承役地の一部であるとき（令別表35の添付情報ロ）。したがって、設定の範囲が土地の全てであるときには不要である。

---

[23] これらの事項は登記なくして第三者に対抗ができ、事実上の対抗要件は当事者間の地役権設定契約書であると解されている（幾代通他・不動産登記講座Ⅲ165頁（中尾英俊）、香川保一・全訂不動産登記書式精義上731頁）。

[24] 地役権が地上権などの用益権を目的とするもので、登記義務者である地上権登記名義人が登記識別情報を提供した場合、この印鑑証明書の添付は要しない（規則48条1項5号）。なお、このように所有権以外の権利の登記名義人が登記義務者となって、申請情報に登記識別情報を添付した場合に印鑑証明書の添付を要しないことは、既に述べたとおりであり、以下の各権利の登記手続きにおいても同様である。

ii 要役地の登記事項証明書…要役地が他の登記所の管轄区域内にあるとき（令別表35の添付情報ハ）。前述のように，地役権は要役地にも登記されるので，要役地に所有権の登記があることを確認するためにこの証明の提供を求めるのである[25]。

(5) 登録免許税及び課税価格

地役権設定登記の登録免許税は，土地（承役地）1個につき金1,500円である（税法別表第1の1の(4)）。

(6) 地役権設定登記の記録方法

地役権は，既に述べたように要役地に従属する性質をおびた権利であるために，当事者の申請手続に対しても他の権利にはない個性的な方法が求められているが，登記記録の上でも，要役地に一定の記録がなされることのほか，承役地になされる地役権設定の登記には，地役権者の氏名又は名称及び住所は記録されない（法80条2項）。したがって，地役権者は承役地の登記記録上の権利の設定登記から直接判明しないが，そこに記録された要役地を基に登記上で調査を行えば明らかになるので，特に不都合はないのである。

(7) 記録例をとおした登記の例

次は，ある土地に設定された地役権の記録例である。

（承役地）

権　利　部（乙区）	（所有権以外の権利に関する事項）		
順位番号	登　記　の　目　的	受付年月日・受付番号	権利者その他の事項
1	地役権設定	令和何年何月何日 第何号	原因　令和何年何月何日設定 目的　用水使用 範囲　東側16平方メートル 特約　用水は要役地のためにまず使用し承役地の所有者は用水使用のための溝を修繕する義務を負う 要役地　何市何町何番 　　　　同所何番 地役権図面第何号

（注）登記権利者（地役権者）の氏名及び住所を登記することを要しない（法第80条第2項）。

---

[25] 電子申請の場合は，登記事項証明書の提供に代えて登記官が電気通信回線による登記情報の提供に関する法律第2条1項に規定する登記情報の送信を同法第3条2項に規定する指定法人から受けるために必要な情報を送信しなければならない（令11条）。

(要役地)

権　利　部（乙区）	（所有権以外の権利に関する事項）		
順位番号	登　記　の　目　的	受付年月日・受付番号	権利者その他の事項
1	要役地地役権	余　白	承役地　何市何町何番 目的　用水使用 範囲　東側16平方メートル 令和何年何月何日登記

（注）要役地が承役地と同一登記所の管轄に属する場合の例である。

3　地役権の変更，更正及び抹消の登記
(1)　概　説

　既に設定登記のされている地役権について，その設定の範囲や目的などが地役権者と設定者との合意により変更された場合，その事項に関しては登記と実体に不一致が生じることとなるので，これを解消するために変更の登記をすることができるし，登記事項に誤りがあれば更正の登記をすることができる。又地役権も，当事者が存続期間を定めた場合にはその満了により，また当事者の合意による解除や，地役権者が承役地の所有権を取得したことによる混同（民法179条），地役権者の権利の放棄等によっても消滅する権利であり，この場合には登記の抹消をすることができる。登記原因とともに申請情報により提供しなければならない日付に関しては，既に述べたとおり存続期間の満了についてはそれにより消滅した日，混同は地役権者が承役地の所有権を取得した日，その他解除や放棄は当事者の合意や意思表示の日である。

(2)　地役権変更，更正及び抹消の登記

　地役権の変更，更正及び抹消の登記の申請は，各種権利に共通する手続として既に述べたことを基本とした上で，それぞれ添付情報について次のものが加えられる。

①　地役権変更（更正）登記に特有の添付情報

　登記原因を証する情報の他に，次のものを添付しなければならない。

　ⅰ　地役権図面…設定の範囲の変更（更正）の登記を申請する場合で，変更（更正）後の範囲が承役地の一部であるとき（令別表36の添付情報ロ）。

　ⅱ　要役地の登記事項証明書…要役地が他の登記所の管轄区域内にある場

合（令別表36の添付情報ハ）。

　　iii　登記上の利害関係を有する第三者[26]（地役権の変更（更正）登記につき利害関係を有する抵当証券の所持人又は裏書人を含む）があるときは，その第三者が作成した承諾を証する情報，又はその第三者に対抗することができる裁判があったことを証する情報…付記によってする変更（更正）登記を申請する場合（令別表36の添付情報ニ）。

　　iv　抵当証券…上記の第三者が抵当証券の所持人又は裏書人であるときは，その抵当証券（令別表36の添付情報ホ）。

　②　地役権抹消の登記に特有の添付情報

　　登記原因を証する情報の他に，次のものを添付しなければならない。

　　i　要役地の登記事項証明書…要役地が他の登記所の管轄区域内にある場合（令別表37の添付情報ロ）。

　　ii　登記上の利害関係を有する第三者（地役権登記の抹消につき利害関係を有する抵当証券の所持人又は裏書人を含む）があるときは，その第三者が作成した承諾を証する情報，又はその第三者に対抗することができる裁判があったことを証する情報（令別表37の添付情報ハ）。

　　iii　抵当証券…上記の第三者が抵当証券の所持人又は裏書人であるときは，その抵当証券（令別表37の添付情報ニ）。

　③　登録免許税

　　地役権の変更，更正及び抹消の登記の登録免許税は，いずれも土地（承役地）1個につき金1,000円である（税法別表第1の1の(14)及び(15)）。

第4　賃借権の登記

1　概　説

　賃借権は，民法上債権として定められているが（民法601条），不動産を目的

---

[26] 地役権の範囲の拡大による変更登記を申請する場合には，承役地の地役権に劣後する抵当権などの登記名義人がここでの利害関係人である。これとは逆に，地役権者である要役地の所有権等の登記名義人が登記義務者となって，地役権の設定の範囲の縮減や目的を少なくする変更の登記を申請する場合，要役地に抵当権等の設定登記がなされていれば，その登記名義人が利害関係人となる。

としたものは登記することにより，その後同一不動産上に物権を取得した者に対しても対抗できる(民法605条，法3条)。土地の所有者が，自己の所有する土地に自己のための賃借権を設定することは原則として認められないが，他の者とその土地を共同して利用する場合に限り，自己の所有地上に借地権(地上権もしくは賃借権)を設定することができる(自己借地権，借地借家法15条)。

次に，ある人が賃貸借により他人の物を利用する形態には，物の所有者あるいは利用権者と直接賃貸借契約を結ぶ方法と，他にも既に賃貸借契約により他人の物を利用している賃借権者よりその物をさらに借り受ける転貸契約[27]による方法が考えられる。不動産登記法は，いずれの場合でも登記することを認めているが，双方の契約が対価を支払って他人の物を利用する内容において共通することから，手続の上では申請情報等が共通している(令別表38，39の申請情報参照)。なお，賃借権が債権であることから，登記実務上では既に賃借権の設定登記されている不動産に重ねて賃借権の設定登記をすることができるものとされている[28]。

この他，建物の所有を目的にした土地の賃貸借は借地借家法の適用を受けるので(借地借家法1条)，この場合の賃借権[29]は存続期間等について一定の制限に従わなければならない。

2 賃借権設定登記の申請

新たに賃借権が設定された場合の登記は，以下の手続によってなされる。

(1) 申請当事者 (共同申請)

賃借権設定登記の申請人は，申請する登記がなされることにより登記記録上に賃借権を取得する賃借権者が登記権利者であり，賃貸人である不動産の所有権等の登記名義人が登記義務者となる(法60条，2条12号13号)。

(2) 登記事項

賃借権設定登記の登記事項は，権利に共通の登記事項である登記の目的，

---

[27] この場合，賃借権が債権であるために，原則として元の賃貸人の承諾を得る必要がある(民法612条)。
[28] 昭和30・5・21民事甲第972号民事局長通達。しかし，学説にはこれを疑問視するものがある(幾代通・不動産登記法255頁)。
[29] 建物の所有を目的とする土地の賃借権と地上権は，借地権と呼ばれる(借地借家法2条1号)。

申請の受付の年月日及び受付番号，登記原因及びその日付，登記に係る権利の権利者の氏名・住所等並びに登記名義人が2人以上であるときは登記名義人ごとの持分等の他に，＊賃料，＊存続期間又は賃料の支払時期の定めがあるときはその定め，＊賃借権の譲渡又は賃借物の転貸を許す旨の定めがあるときはその定め，＊敷金があるときはその旨，＊賃貸人が，財産の処分につき行為能力の制限を受けた者又は財産の処分の権限を有しない者であるときはその旨，＊土地の賃借権設定の目的が建物の所有であるときはその旨，＊土地の賃借権設定の目的が建物の所有である場合で，その建物が借地借家法23条1項または2項に規定する建物であるときはその旨，＊借地借家法第22条前段，第23条1項，第38条1項前段若しくは第39条1項又は高齢者の居住の安定確保に関する法律第56条の定めがあるときは，その定めである（法59条，81条）。

(3) **申請情報**

賃借権設定登記の申請情報は，一般的申請情報である登記の目的・登記原因及びその日付・申請人・添付情報の表示・管轄登記所・申請の年月日・代理人・登録免許税・土地や建物を特定するための事項等の他（法18条，令3条），この登記に特有の申請情報として次のものを表示しなければならない（令別表38の申請情報，法81条）。

 i 賃料[30]…社会的には地代，家賃などとも呼ばれているものであり，「1月金何円」「1$m^2$1月金何円」のように表示する。
 ii 存続期間又は賃料の支払時期の定めがあるときは，その定め。

借地借家法の適用を受ける賃借権(借地権)の存続期間は原則として30年であり，当事者がこれより長い期間を定めた時はそれに従うが（借地借家法3条），当事者が定められた方式に従って専ら事業の用に供する建物の所有を目的にした賃貸借契約を結ぶ場合には，存続期間は30年以上50年未満とすることができる（事業用定期借地権，借地借家法23条）。この他，存続期間を50年以上とするが，契約の更新や存続期間の延長のない賃貸借を結ぶこともできる（定期借地権，借地借家法22条）。

---

[30] 旧法による手続では，登記上「借賃」と表示されていた（旧法132条）。

iii 賃借権の譲渡又は賃借物の転貸を許す旨の定めがあるときは，その定め。
iv 敷金があるときは，その定め。
v 賃貸人が，財産の処分につき行為能力の制限を受けた者又は財産の処分の権限を有しない者であるときは，その旨。

　目的物に対して処分の能力・権限のない者でも管理に関する権限や能力があれば[31]，一定の場合には物の賃貸借をなすことができるので（民法602条），このことを明らかにするためである。

vi 土地の賃借権設定の目的が建物の所有であるときは，その旨。

　設定登記される賃借権が，借地借家法の適用を受けるものかどうか明らかにするためであり，「目的　建物所有」のように表示する。

vii 土地の賃借権設定の目的が建物の所有である場合で，その建物が借地借家法23条1項または2項に規定する建物であるときは，その旨。

viii 借地借家法第22条前段，第23条1項，第38条1項前段若しくは第39条1項又は高齢者の居住の安定確保に関する法律第56条の定めがあるときは，その定め。

　定期借地権，定期建物賃貸借等についてはそれを明らかにするためであり，「特約　借地借家法22条の特約」「特約　契約の更新がない」「特約　建物を取壊すこととなる時に賃貸借終了」のように表示する。

(4) 添付情報

　賃借権設定登記の添付情報は，一般的添付情報の項で既に述べた次のものが中心であり，その他設定される賃借権に応じて特有のものが加えられる。

① 一般的添付情報

　＊登記原因証明情報…②の個別的添付情報に示すものは除く（法61条，令別表38の添付情報へ）。＊登記義務者の登記識別情報（法22条）　＊登記原因について，第三者の許可，同意，承諾を証する情報（令7条1項5号ハ）　＊代理権限を証する情報（令7条1項2号）　＊会社法人等番号（令7条1項1号）　＊申請人等の本人性の担保…電子証明書（電子申請について）または印鑑証明書（書面申請における登記義務者について）

---

[31] 被保佐人，不在者の財産管理人，後見監督人のいる後見人等がこれにあたる（民法13条1項9号，28条，864条）。

② 個別的添付情報

申請する賃借権が次のそれぞれに該当する場合には，申請情報に登記原因を証する情報として執行力のある確定判決の判決書の正本が提供される場合を除き，それぞれに掲げる情報を添付しなければならない（令別表38の添付情報イ～ホ）。

 i 借地借家法22条前段の定めがある賃借権（定期借地権）の設定の場合，同条後段の書面及びその他の登記原因を証する情報。

 ii 借地借家法23条1項または2項に定める借地権にあたる賃借権（事業用定期借地権）の設定の場合，同条3項の公正証書の謄本。

 iii 借地借家法38条1項前段の定めがある賃借権（定期建物賃貸借）の設定の場合，同条前段の書面。

 iv 借地借家法39条1項の規定による定めがある賃借権（取壊し予定の建物賃貸借）の設定の場合，同条2項の書面及びその他の登記原因を証する情報。

 v 高齢者の居住の安定確保に関する法律第56条の定めがある賃借権（終身建物賃貸借）の設定の場合，同条の書面。

(5) 登録免許税及び課税価格

賃借権設定登記の登録免許税は，不動産の評価額を課税標準金額として，そこに一定の税率を乗じて算出される（税法別表第1の1の(3)のイ）。

3 賃借物の転貸の登記

(1) 総 説

既に設定された賃借権（原賃借権という）の目的である不動産を転貸する場合の登記は，転借人が登記権利者であり原賃借権の登記名義人が登記義務者となって共同して申請するが，前述のようにその申請に関する申請情報及び添付情報ともに，賃借権設定登記のそれと同様である。ただし，賃借権が債権であることの法的性質から，原賃借権の設定登記事項中に原賃借権の賃貸人（設定者）の，転貸を許す旨の特約事項の登記がない場合には，賃貸人が賃借物の転貸を承諾したことを証するその者の作成した情報，又は借地借家法第19条1項前段に規定する承諾に代わる許可があったことを証する情

報を添付しなければならない（令別表39の添付情報ロ）。

4　賃借権の移転，変更，更正及び抹消の登記
(1)　概　説
　賃借権者がその権利を第三者に譲渡した場合，あるいは賃借権者が死亡して相続人に権利が相続されれば，新たに権利を取得した者のために賃借権の移転登記をすることができる。賃借権移転の登記は，売買などで賃借権を新たに取得した者が登記権利者，登記がなされることにより賃借権の登記名義を失う現在の賃借権登記名義人が登記義務者となって共同して申請をするが，賃借権が相続や合併により移転した場合には，相続人や合併により権利を承継した会社等が単独でその移転登記を申請することができることは，他の権利と同様である。なお，賃借権の譲渡については，原則として賃借人の承諾が必要であることは，既に述べたとおりである（民法612条）。

　次に，既に設定登記のされている賃借権の内容に関し，例えば賃借権者と設定者との合意で賃料の増減があったり存続期間が延長された場合等，変更された事項に関しては登記と実体に不一致が生じることとなるので，これを解消するために変更の登記をすることができる。このうち存続期間の延長については，賃借権が借地権である場合には，一定の制限がある（借地借家法4条，7条等）。又，登記事項に誤りがあれば，更正の登記をすることができる。

　この他，賃借権も地上権などと同様に存続期間の満了や当事者の合意等により消滅する権利であり，この場合には登記の抹消をすることができる。

(2)　賃借権移転，変更，更正及び抹消の登記
　賃借権の移転，変更，更正及び抹消の各登記の申請は，各種権利に共通する手続として既に述べたことに従ってなされ，申請情報及び添付情報についても基本的には同様であるが，賃借権の移転登記については，移転する賃借権の登記事項中にその賃借権の譲渡を許す旨の特約の登記がない場合には，賃貸人が賃借権の譲渡を承諾したことを証するその者の作成した情報，又は借地借家法第19条1項前段若しくは第20条1項前段に規定された承諾に代わる許可があったことを証する情報の添付が必要である（令別表40の添付情報ロ）。

登録免許税については，賃借権の移転登記に関しては不動産の評価額を課税標準金額とし，登記原因によって異なる税率を乗じて算出する。賃借権の変更，更正及び抹消の各登記については，不動産1個につき金1,000円である（税法別表第1の1の(3)ロ・ニ及び(14)(15)）。但し，同一の申請により20個を超える不動産について貸借権の登記の抹消をする場合には，他の権利の抹消と同様に申請件数1件について金20,000円である。

第5章　担保権に関する登記

第1　概　説

　民法の上で，一定の債権の担保を目的とする物権には留置権，先取特権，質権及び（根）抵当権が定められている。留置権を除くこれらの担保物権は，いずれも権利の変動形態に応じて登記をすることができる(法3条)。先取特権と質権・（根）抵当権を比べると，前者は特定の債権を担保するために，法律に定められた一定の事実の発生により債務者の総財産または特定財産の上に当然成立する物権であるが，後者はいずれも債権者と担保提供者[1]の合意により成立する担保物権であるところに，まず大きな違いがある[2]。次に後者の質権と抵当権では，担保目的物の支配に占有を伴うか否かの法的性質に大きな違いがあり，さらに抵当権と根抵当権とを比べると，それぞれの権利の被担保債権への従属の仕方で顕著な違いがある。しかしながらこれらの権利は，債権者が債務者に対する優先弁済権を確保するという目的では共通し法的な性質に類似点も多いので[3]，手続の上でも公示するための登記事項そして申請情報に共通するものが多い。

　これらの担保に関する権利は，法律の定めまた当事者の設定行為により発生あるいは成立し，その後譲渡されあるいは内容に変更が生じたりしながらも，最終的には被担保債権が弁済されたりその他の事由により消滅する。このうち権利の発生や成立に関する登記については用益権と同様に個々の権利に特徴があるのでそれぞれ述べるが，権利が譲渡等された場合の移転登記，

---

[1]担保権成立の一方当事者は，自己の不動産を担保に提供する者であり，実際には債務者であることが多いが第三者であっても差し支えはない（民法342条，369条参照）。なお，この第三者を物上保証人あるいは担保提供者と呼ぶこともある。

[2]先取特権を法定担保物権，質権，（根）抵当権を約定担保物権という。

[3]担保物権は，元本確定前の根抵当権を除き権利の発生から消滅に至るまで被担保債権の影響を強く受ける(担保物権の被担保債権への附従性や随伴性と呼ばれる性質)。これは登記の手続からみた場合，申請情報の登記原因の問題となって現れる。

内容が変更された場合になされる変更の登記，消滅にともなう登記の抹消の各申請については，手続の基本的な仕組みについて既に述べたとおりであるので，これらについては用益権の登記と同様に特徴的なものに焦点をあてて説明を加えることにする。なお，担保物権の説明は一般に民法に定められた順に従うことが多いが，本書は抵当権の説明から始めることにした。これは，登記手続の理解が本書の目的であることと，抵当権が最も公示制度を必要とし[4]，したがってその需要により手続が多様であることによるものである。

第2　抵当権の登記

1　概　説

　抵当権は，債権者が債務者に対して有する特定の債権を担保するために，担保を提供する者との合意によりその者の所有等する特定の不動産上に成立する担保物権であり，土地と建物[5]の他にも地上権や永小作権を目的に成立する。

　抵当権も，担保物権に共通する法的性質である被担保債権への附従性に従うので，成立の時点において被担保債権が既に発生していることが必要である。しかし抵当権の利用されている実際に目を転ずると，当事者間においては金銭消費貸借と抵当権設定のそれぞれの合意を同時になし，抵当権設定登記の完了を待って債権者から債務者に金銭の交付がなされる例も多く[6]，これを法律の原則に照らすとまず金銭消費貸借契約がその要物性に反して無効となり（民法587条参照），したがって被担保債権の不存在に引きずられて抵当権とその登記も無効であるとの考えに帰着する。しかし，これでは取引の実情とあまりにもかけ離れてしまうので，判例は古くからこのような抵当権の設定登記を有効と解し[7]，学説も将来発生する債権のための抵当権を有効な

---

[4] 抵当権が目的物の現実の支配から離れて観念化したのは，公示制度の発展によるところが大きい。
[5] この場合法律的には，土地・建物の所有権の上に成立することになる。
[6] 債権者は，抵当権が設定不動産上に債権者の予定どおりの順位で登記されたことを登記上の証明書類等で確認した後に債務者に金銭の交付をするので，債権保全策としてはより安全な方法でもある。
[7] 大判明治38・12・6民録11・1653頁。

ものと解している[8]。

このように，抵当権は成立時における被担保債権への附従性が緩やかに解されているので，実務においても，例えば保証委託契約による保証人が将来取得すべき求償権（民法459条）を担保するための抵当権を設定し，登記をすることができるものとしている[9]。

抵当権の担保する債権は複数のものでもよいし，その際に債務者が同一でも異なる者でも差し支えはない。また，同一の債権を複数の者が(準)共有する場合には，共有の抵当権として登記することもできるが，債権者をそれぞれ別にする数個の債権をまとめて担保する抵当権の設定はすることができない[10]。

この他，ある土地の登記記録上に，それぞれ別に同一人の共有持分が，例えばAが順位番号5番で持分10分の2，順位番号7番で持分10分の1，順位番号9番で持分10分の3のように登記がなされている場合，当事者が望めば特定の順位番号の共有持分のみを目的に抵当権の設定と登記をすることができるのが，実務の扱いである。これは，外見上，所有権あるいは共有持分の一部を目的にした物権の成立を認めたように見えるがそうではなく，共有持分権の一部が登記をとおして特定できる場合に限ってそれぞれを別個独立の持分権と解した上での例外的な取扱いであり[11]，したがって，例えばAが単独で所有する土地の所有権の2分の1を目的にした抵当権を認めたものではない。

2 抵当権設定登記の申請

抵当権設定の登記は，以下の手続によってなされる。

---

[8] 我妻栄・新訂担保物権法119頁，239頁。
[9] 求償権が将来発生すべきものである場合には，もともと仮登記の対象であると考えられていたが，その後仮登記ではなく通常の登記をすることができるものとされた（大正12・12・25民事甲2918号局長回答）。
[10] 昭和35・12・27民事甲第3280号民事局長通達。
[11] 所有権あるいは共有持分権の一部を目的とする抵当権の設定について，登記実務は当初認めて（明治32・12・22民刑2080号民刑局長回答）その後否定したが（昭和35・6・1民事甲1340号民事局長通達），再度積極的に解するに至った（昭和58・4・4民三第2251号民事局長回答）。共有持分権の一部を目的にした抵当権の設定を認めた理由は，既に共有持分権の一部の移転の項で述べたとおりであるが，権利の対象が他の権利の一部分であっても登記上特定できることが，大きな理由であると考えられる。

第2　抵当権の登記

(1) **申請当事者**（共同申請）

抵当権設定登記の申請人は，申請する登記がなされることにより登記記録上に抵当権を取得する抵当権者が登記権利者であり，担保として提供される土地や建物の所有者である所有権登記名義人（あるいは地上権・永小作権の登記名義人）が登記義務者となる（法60条，2条12号13号）。

(2) **登記事項**

抵当権設定登記の登記事項は，登記の目的，申請の受付の年月日及び受付番号，登記原因及びその日付，登記に係る権利の権利者の氏名又は名称及び住所並びに登記名義人が2人以上であるときは登記名義人ごとの持分等の，権利の登記に共通の登記事項の他，＊債権額，＊債務者の氏名又は名称及び住所，＊所有権以外の権利を目的とするときは目的となる権利，＊二つ以上の不動産に関する権利を目的とするときはその二つ以上の不動産及び当該権利，＊債権額を外国通貨で指定した場合は，日本の通貨で表示した担保限度額，＊利息に関する定めがあるときはその定め，＊民法第375条2項に規定する損害の賠償額の定めがあるときはその定め，＊債権に付した条件があるときはその条件，＊民法第370条ただし書の別段の定めがあるときはその定め，＊抵当証券発行の定めがあるときはその定め，及びこの場合に元本又は利息の弁済期又は支払場所の定めがあるときはその定め，である（法59条，83条1項，88条1項）。

(3) **申請情報**

抵当権設定登記の申請情報は，一般的申請情報である登記の目的・登記原因及びその日付・申請人・添付情報の表示・管轄登記所・申請の年月日・代理人・登録免許税・土地や建物を特定するための事項等の他（法18条，令3条），この登記に特有の申請情報として次のものを表示しなければならない。このうち登記の目的は「抵当権設定」であり，登記原因及びその日付は，例えば代表的な貸金債権を担保するものでは「令和何年何月何日金銭消費貸借令和何年何月何日設定」と表示する[12]。次に申請人であるが，登記権利者は「抵

[12) 登記原因には，被担保債権に附従して成立する抵当権の法的性質により，このように抵当権自体の成立原因の他に被担保債権の成立原因も特定して表示しなければならない（昭和30・12・23民事甲第2747号民事局長通達）。

当権者」,登記義務者を「設定者」と表示したうえで,それぞれについて住所・氏名等を表示する他,各申請情報についての標題とともに内容を表示する。

個別的申請情報(令別表 55 の申請情報,法 83 条 1 項,88 条 1 項)

ⅰ 債権額…設定した抵当権によって担保される債権の額であり,個別具体的な債権の額そのものに限られない。抵当権が抵当権者と債務者との間で発生した数個の債権を担保するためのものであるときは,ここでの債権額はその合計額であり,又抵当権者の債務者に対する債権の一部,例えば金 3,000 万円の貸付債権の内の一部金 2,000 万円を担保するためであれば,ここでの債権額は金 2,000 万円である[13]。なお,数個の債権を担保する抵当権の設定登記を申請する場合,それぞれの債権の発生原因をその日付とともに特定して申請情報に表示しなければならない。

この他債権額については,被担保債権が物の引渡請求権等の場合には債権の価格を金銭に換算して表示し(法 83 条 1 項 1 号),外国通貨の場合には日本の通貨による担保限度額を表示する(法 83 条 1 項 5 号)。

ⅱ 債務者の氏名又は名称及び住所。…被担保債権の債務者である。

ⅲ 所有権以外の権利を目的とするときは,目的となる権利。

ⅳ 二つ以上の不動産に関する権利を目的とするときは,その二つ以上の不動産及び当該権利。この場合他の登記所の管轄区域内にある不動産に関するものがあるときは,その土地や建物を特定するための事項(不動産識別事項を表示したとき,この表示は要しない(令 6 条 2 項 6 号))。

ⅴ 利息に関する定めがあるときは,その定め。…利率,利息の発生期であり,「利息　年 5%」「利息　令和何年何月何日から令和何年何月何日までは年 3%,令和何年何月何日から令和何年何月何日までは年 5%」のように表示する。この利率等については利息制限法の適用を受けるので,それに反する定めは登記をすることができない[14]。当事者間において利息に関する約定がなければここに表示をしないが,利息が無いことの合意をしていれば例えば「利息　無し」のように表示する。前述した数個の債権をまとめて担保する

---

[13] 複数の債権をまとめて担保する場合には,債権額の他にその内訳を表示し,また債権の一部を担保する場合には,例えば「令和何年何月何日金銭消費貸借金 3,000 万円のうち金 2,000 万円同日設定」のように表示するのが実務の扱いである。

[14] 昭和 29・6・2 民事甲第 1144 号民事局長通達他。

第 2　抵当権の登記　*163*

抵当権を設定した場合には，それぞれの債権ごとの利率を表示して登記することもできる。しかし，重利の特約は登記することができない[15]。

　vi　民法第375条2項に規定する損害の賠償額の定めがあるときは，その定め。…損害賠償額の予定であり，「損害金　年何％」のように表示する。定期金的な性格を持たない違約金の定めはここでいう損害金には該当しないので，申請情報に表示して登記をすることはできない[16]。

　vii　債権に付した条件があるときは，その条件。…被担保債権に条件が付された場合であり，ここでの条件に解除条件が含まれることついて異論はない。しかし停止条件については，含まれると解するものが多いが[17]否定するものもある[18]。

　viii　民法第370条ただし書の別段の定めがあるときは，その定め。…抵当権の，目的不動産に対する効力の及ぶ範囲に当事者間で別段の定めをした場合である。

　ix　抵当証券発行の定めがあるときは，その定め，及びこの場合に元本又は利息の弁済期又は支払場所の定めがあるときは，その定め。

(4)　添付情報

抵当権設定登記の添付情報は次のようなものであるが，これらは一般的添付情報の項で既に述べたものが中心であり，抵当権設定の登記に特有の添付情報は特に定められていない。

　＊登記原因証明情報（法61条，令別表55の添付情報）[19]　＊登記義務者の登記識別情報（法22条）　＊登記原因について，第三者の許可，同意，承諾を証する情報（令7条1項5号ハ）　＊代理権限を証する情報（令7条1項2号）　＊会社法人等番号（令7条1項1号）　＊申請人等の本人性の担保…電子証明書（電子

---

[15] 柚木馨・西沢修・注釈民法［9］125頁，昭和34・11・26民事甲第2541号民事局長通達。
[16] これが登記実務の扱いである（昭和34・7・25民事甲第1567号民事局長通達）。しかし，学説には違約金も登記できると解しているものもある（柚木馨・西沢修・注釈民法［9］127～128頁）。
[17] 船橋淳一・不動産登記法238頁，杉ノ原舜一不動産登記法294頁他。
[18] 遠藤浩・青山正明・基本法コンメンタール不動産登記法282頁（高柳輝雄）。
[19] 具体的には，金銭消費貸借契約の成立とその年月日及びその内容である債権額，債務者，弁済期，利息，損害金その他債権に条件が付されたり民法370条但書の定めがあるときはその定め，抵当権設定契約の成立とその年月日，目的不動産，抵当権者，抵当権設定者などを内容とするものがこれにあたるものと考えられる。

申請について)または印鑑証明書(書面申請における登記義務者について)[20]

(5) 登録免許税及び課税価格

抵当権設定登記の登録免許税は，債権額を課税標準金額としてそこに一定の税率を乗じ，定められた方式で算出した金額である(税法別表第1の1の(5))。なお，登録免許税が減免される場合があることについては，前述のとおりである。

(6) 記録例をとおした登記の例

次は，ある土地に設定された抵当権の記録例である。

権 利 部 (乙区)	(所有権以外の権利に関する事項)		
順位番号	登 記 の 目 的	受付年月日・受付番号	権利者その他の事項
何	抵当権設定	令和何年何月何日 第何号	原因　令和何年何月何日金銭消費貸借 同日設定 債権額　金何万円 利息　年何％ 損害金　年何％ 債務者　何市何町何番地 　　　　乙某 抵当権者　何市何町何番地 　　　　甲某

3 共同担保の抵当権

(1) 概説

我が国では，民法の上で土地と建物を別個独立の不動産としているので(民法86条1項)，特定の債権を担保するために土地とその土地上の建物のそれぞれに抵当権が設定されるのが日常的である。同一の債権を担保するために設定された数個の抵当権は，法律上は別個独立した権利であっても被担保債権が同一であるがゆえに，その成立ないし消滅に至るそれぞれの変動が複数の不動産に共通し，また同時に発生することも多い。このような数個の抵当権を，共同抵当(権)ということもあるが[21]，実務では共同担保と呼ばれること

---

[20] 抵当権が地上権を目的とするもので，登記義務者である地上権登記名義人が登記識別情報を提供した場合，この印鑑証明書の添付は要しない(規則48条1項5号)。

[21] 例えば，幾代通・不動産登記法272頁。

が多い。

この共同担保の関係の抵当権については，同一の登記所の管轄区域内にある複数の不動産を目的に成立した場合，権利の性質によりそれらの登記を可能な限りまとめて申請することが認められている（規則35条）。そしてこの場合の登録免許税も，一つの抵当権の設定登記とみなして課税される（税法13条1項）。

次に，利用のされ方をとおして見れば，管轄する登記所の異なる数個の不動産が共同担保の関係となる抵当権が設定されることも珍しいことではなく，この場合の手続の仕方については，複数の登記所にまたがる共同担保の抵当権をそれぞれがどのように公示するかなど，用益権の登記にはない特徴があるので，ここで述べておくことにする。なお，これらは抵当権に限らず基本的には質権や根抵当権等の担保権に共通のものである。

(2) **登記義務者及び登記原因の時期の違いと一括申請**

① 原則的な一括申請

登記の申請は，既に述べたように1個の不動産に付き一つの申請情報をもってすることを原則とするが，同一の登記所の管轄区域内にある数個の不動産に関する登記の申請にあっては，登記の目的並びに登記原因及びその日付が同一の場合に限り，例外的に一つの申請情報による申請が認められている（令4条）。したがって，例えばAがそれぞれ所有する土地と土地上の建物を同一の契約でCに売買したような場合にはこの要件を満たし，2つの登記の申請を1個の申請情報でおこなうことができる。しかし，Aの所有する土地と土地上のBの所有する建物を一括してCに売買したような場合には，それぞれの登記の申請について登記義務者が異なるので，まとめて一つの申請情報で申請することはできない。

② 担保権の一括申請

被担保債権を同一のものとする抵当権等担保の登記に関しては，同一登記所の管轄区域内にある数個の不動産について，登記の目的が同一であれば一つの申請情報でまとめて申請することが認められている（規則35条）。したがって，例えば，Aの所有する土地と土地上のBの所有する建物のそれぞれに，Cを債権者とする抵当権を設定した場合には，一つの申請情報で登記の

申請をすることができる。又この例においては，土地と建物についての抵当権設定の合意の日が異なっていても，一つの申請情報による申請が認められる[22]。なお，抵当権の変更など他の登記についても，設定登記と同様に一括申請が幅広く認められている。

このような場合の申請情報についてであるが，異なる設定者が複数いる場合には，それを併記すれば足りる。また登記原因の日付が不動産により異なる場合，実務上申請情報にはそれぞれの不動産毎に登記原因とその日付を表示している。

(3) 共同担保の関係の公示方法　共同担保目録

共同担保の関係にある抵当権については，抵当権者が一部の不動産のみから配当を受けた場合，その不動産の次順位抵当権者が先順位抵当権者の有する他の不動産の抵当権に代位することができるが（民法392条2項），そのためには次順位抵当権者において，先順位抵当権者が他の不動産上に抵当権を有していることを知っている必要がある。そこで，ある不動産の抵当権の登記記録から，共同担保の関係にある他の不動産に関する情報が得られるように，共同担保の関係にある担保権については，その関係を明らかにする手段として共同担保目録が設けられる。

この共同担保目録は，共同担保の関係にある抵当権の設定登記の申請情報にある数個の不動産の表示を基に登記官が作成する（法83条2項）。そして，数個の不動産は登記記録の中に共同担保目録の記号及び目録番号を記録することにより目録を共有することになるので（規則166条1項），例えば甲土地と乙建物及び管轄登記所の異なる丙土地が共同担保の関係にある場合，甲土地の登記記録についての証明をとおして[23]他の不動産（乙建物及び丙土地）の存在を明らかにする仕組みになっているのである。

---

[22] 登記義務者が異なっている場合及び設定行為の時期が異なっているものについても，古くから認められてきた（前者が明治32・6・29民刑1191号局長回答，後者については昭和39・3・7民事甲588号民事局長通達）。

[23] 共同担保目録を必要とする場合には，登記事項の証明を請求する際にその旨を申出る必要がある（規則193条1項5号）。

(4) 申請時期の違いと手続

① 概説（いわゆる追加担保について）

甲登記所の管轄区域にある甲土地と，乙登記所の管轄区域にある乙土地に，同一の債権を担保するための抵当権が同時に設定された場合[24]，その登記もそれぞれの登記所に対して同時に[25]することができる。しかし，この場合二つの登記所それぞれの申請については，それぞれに登録免許税を納付しなければならず，したがって不動産の個数が多く登記所も異なる場合には，登録免許税が登記所の数に累積して増加してしまい，当事者に余分な負担がかかることになる。一方，共同担保の関係にある数個の不動産に関する抵当権の設定登記で，最初の申請以外のものについては，一定の証明を提供することにより不動産1個に付き金1,500円で足りる（税法13条2項）。このために実務現場では，このような場合まず一つの登記所で抵当権設定の登記をし，その完了の後に証明[26]を得て他の登記所に対する抵当権設定登記を申請することが一般的な方法であり，したがってこの場合の数個の不動産に対する各抵当権は，同時に成立しながらも手続の利用の仕方によって，申請の時期を異にするのである。このような場合の，最初にする抵当権設定登記の申請より後になされるものを，追加設定と呼ぶことがある[27]。

次に，例えばAが自己の所有する土地にX銀行のための抵当権を設定し，後日Aがその土地上に建物を建てて，土地の抵当権の被担保債権のために建物にもX銀行の抵当権を設定することは[28]我が国では日常的であり[29]，この土地と建物の各抵当権も前述した共同担保の関係である。

---

[24] つまり，契約が同時になされた場合である。
[25] これも，文字どおり時間的に同時という意味である。
[26] 税法施行規則11条の証明であり，被担保債権を同一とする抵当権の登記を既に受けた旨の登記事項の証明（既に登記を受けた不動産の全部事項証明等）がこれにあたる（準則125条）。
[27] これは通り名であり，ここでは手続き的に最初のもの以外を呼ぶことにするが，実際には最初の設定行為（契約）以降に同一の債権を担保する設定行為を同じく追加設定と呼んだり，これを追加担保とよぶこと多く，使用者によってまちまちである。それでも，被担保債権を同じくする抵当権で，最初のもの以降のそれを指す言葉としては，都合がいい。
[28] このような建物に対する抵当権を，追加担保と呼ぶこともある。
[29] これは，不動産の担保価値の問題ではなく，抵当権者が抵当権の設定された土地上に建物がある場合の競売の煩わしさを考えたものであり，いわば使い方の問題のようである。

② 申請の手続

このような，既に設定登記された抵当権と被担保債権を共通しながらも，申請時期の遅れた抵当権設定登記（追加担保）についての申請情報や添付情報については，基本的には通常の抵当権設定登記と同様であるが，申請情報には既に設定登記を受けた不動産についての，土地については所在・地番，建物については所在・家屋番号，及びそれぞれの登記の順位番号を表示しなければならない。ただし，前に受けた登記が申請する登記所と同一であって，既に共同担保目録がある場合には，その記号及び目録番号を表示すれば上述の不動産を特定するための所在等の表示は要しない（令別表55申請情報ハ，規則168条）。また登録免許税額については，前述のように一定の証明を添付情報として提供することにより不動産1個につき金1,500円で足りる（税法13条2項）。

4 抵当権移転の登記

(1) 概　説

抵当権は，それ自体を独自に処分することはできないが，担保する債権が譲渡されたり代位弁済されて他の者に帰属することとなった場合においては（民法466条，499条，500条参照），抵当権も被担保債権に従って新たな債権者へと承継される。また抵当権者に相続や会社の合併又は分割等が生じた場合にも，権利は相続人や権利を承継する会社等に承継される（単独申請でなされるものについては後述する）。

このような場合には，新たな抵当権者の名義とするために設定登記されている抵当権の移転登記をすることができる。その手続は次のとおりである。

(2) 申請当事者（共同申請）

抵当権移転登記の申請人は，申請する登記がなされることにより登記記録上に抵当権を取得する新たな抵当権者が登記権利者であり，これにより抵当権の登記名義を失う現在の抵当権登記名義人が登記義務者である（法60条，2条12号13号）。

(3) 申請情報

抵当権移転登記の申請情報は，既に移転登記の項で述べたように，一般的

申請情報である登記の目的・登記原因及びその日付・申請人・添付情報の表示・管轄登記所・申請の年月日・代理人・登録免許税・土地や建物を特定するための事項等であるが（法18条, 令3条），担保している債権の一部が譲渡されたこと等による抵当権の一部移転の登記を申請する場合には，申請情報には他の権利の一部移転のように権利者の持分を表示するのではなく，一部譲渡もしくは代位弁済された債権額を表示しなければならない（令別表57の申請情報）。

(4) 添付情報

抵当権移転登記の添付情報は次のようなものであるが，これらは一般的添付情報の項で既に述べたものが中心であり，この登記に特有の添付情報は特に定められていない。

＊登記原因証明情報（法61条, 令別表57の添付情報）　＊登記義務者の登記識別情報（法22条）　＊登記原因について，第三者の許可，同意，承諾を証する情報（令7条1項5号ハ）　＊代理権限を証する情報（令7条1項2号）　＊会社法人等番号（令7条1項1号）　＊申請人等の本人性の担保…電子証明書（電子申請について）または印鑑証明書（書面申請において登記識別情報の提供ができない登記義務者について）

(5) 登録免許税及び課税価格

登録免許税は，債権額を課税標準金額とし，一定の税率を乗じ，定められた方式で算出した金額である（税法別表第1の1の(6)）。

(6) 民法393条(共同抵当権における次順位抵当権者の代位)に基づく代位の登記

① 概　説

共同抵当権の目的不動産中の，ある不動産だけ競売されて抵当権者がその配当金により自己の債権の弁済を受けた場合，その抵当権は他の不動産上の抵当権とともに消滅するのが原則である。しかしこのとき競売された不動産に後順位担保権者がいる場合，その者は，先順位担保権者が仮に共同抵当権の目的不動産の全てを一括して競売した場合に他の目的不動産が負担すべきであった金額を限度に，他の目的不動産に存在する共同抵当権に代位することができるので（民法392条2項），代位した後順位抵当権者はこれにしたがって他の目的不動産に代位の登記をすることができる（民法393条）。この登記

は，抵当権の移転に準じて扱われるが[30]，申請情報が異なるのでここで手続の概略を説明する。

② 登記の申請

民法393条に基づく代位の登記は，代位者である競売のなされた不動産の後順位抵当権者が登記権利者であり，その競売不動産によって弁済を受けた先順位抵当権者（競売された不動産と共同担保の関係の，代位される他の不動産の抵当権の登記名義人）が登記義務者である（法60条，2条12号13号）。申請情報は，一般的申請情報の他（法18条，令3条），個別的な申請情報として，先順位の抵当権者が弁済を受けた不動産に関する権利，その不動産の代価及び弁済を受けた額，代位者が有する後順位抵当権（もしくは根抵当権）の被担保債権の内容である債権額・債務者等の表示をする（令別表59の申請情報）。このうち登記の目的は「何番抵当権代位」であり，登記原因及びその日付[31]については「令和何年何月何日民法第392条2項による代位」と表示する。

次に添付情報については，一般的添付情報の他に特に求められるものはない（令別表59の添付情報参照）。登録免許税は，不動産1個につき金1,000円である（税法別表第1の1の(14)）。

5 抵当権変更の登記

(1) 概　説

抵当権も，設定登記がなされた後に登記された権利の内容に変更が生じた場合には，その変更の登記をすることができる。この他抵当権については，目的である権利の拡大と縮小や，被担保債権自体に変化が生じた場合など，形式的には登記事項の変更といえないものについても，変更登記の形式にしたがってその手続がなされるので，代表的なものを取り上げて以下に述べておくことにする。

いずれの申請手続についても，基本的には既に述べた権利の変更登記の方法に従ってなされ，申請情報や添付情報に特別のものがあるわけではないが，

---

[30] 民法393条による代位の登記の性質については考え方が分かれているが，ここでは抵当権の移転登記と解する考え方に従う（香川保一・全訂不動産登記書式精義中159頁）。
[31] 先順位の抵当権者に対して競売代価が配当された日である。

抵当権の目的である権利の拡大と縮小や被担保債権の変化にともなう登記の申請情報には，その見かけが一般的な権利の内容の変更登記とは異なるものが多いので[32]，特徴的なものについてをふれておく。なお，ここにあげる抵当権変更の登記の登録免許税は，基本的に不動産1個につき金1,000円であるが(税法別表第1の1の(14))，債権額の増額に係るものについては，増額部分についてを新たな設定登記とみなして登録免許税を納付する(税法12条)。

次に，抵当権についても登記事項に誤まりがあれば更正の登記をすることができるが，その手続については更正登記の項で述べたとおりである。

(2) **債権額，利息，損害金の変更**

① 債権額の変更

設定登記されている抵当権の担保している債権が，一部弁済などされたことにより縮減した場合，登記上の債権額を減額するための変更登記をすることができる。これとは別に，登記されている債権額を減額するための抵当権の変更契約や，登記上の債権額が被担保債権の一部を担保するものである場合の債権額を増額する抵当権の変更契約[33]に基づいても，債権額の変更登記をすることができる。

これに対し，抵当権の担保する債権がいわゆる貸し増しにより増額された場合には，登記されている債権額を増加するための抵当権変更登記はすることができないとするのが実務の態度である[34]。

② 利息，損害金の変更

抵当権が担保するところの例えば金銭消費貸借契約等において，利息や損害金の利率を変更したり，利息等を廃止する契約がなされた場合には，それに従って登記をすることができる。

③ 登記の申請

債権額や利息，損害金の変更による登記の申請については，変更登記の項

---

[32] 申請情報の登記の目的が，必ずしも「何番抵当権変更」ではない。
[33] 例えば金3,000万円の金銭消費貸借上の債権のうち金2,000万円を担保するために抵当権が設定登記されたところ，後日その債権額を金2,500万円とする場合である。
[34] 新たに貸付された部分については，別の抵当権で担保すべきであるとしている（明治32・11・1民刑1904号民刑局長回答）。なお学説中には，これを変更登記ですることに不都合はないとして疑問視するものもある（我妻栄・新訂担保物権244頁）。

で既に述べた方法に従ってなされる。この場合の登記権利者は，変更の登記をすることにより登記上直接利益を受ける者であり，登記義務者は登記上直接不利益を受ける者であるが（法2条12号13号），ここでの債権額，利息及び損害金の変更については変更の前後を通じて当事者の受ける利益・不利益が比較的容易に判断し得るであろう。

(3) **債務者の変更**

債務者が債権者に対して負担している債務は，債権者，債務者及び引受人の合意により，同一性を保ったまま引受人に移すことができる。また，債権者との合意により引受人が債務を重畳的に引き受けることもできる。

債務引受がなされたことによる抵当権の変更登記も，変更登記の項で既に述べた方法に従ってなされる。この場合の登記権利者は，変更の登記をすることにより登記上直接利益を受ける者であり，登記義務者は登記上直接不利益を受ける者である（法2条12号13号）。ただ，債務者の変更については，変更の前後を通じて当事者の受ける利益・不利益が形式的にも不明であるので，実務上は抵当権者を登記権利者と解し設定者を登記義務者として手続を行っている[35]。登記原因及びその日付は，債務引受の形態にしたがいその合意日とともに「免責的債務引受」又は「重畳的債務引受」と表示する。この他債務者については，相続が開始した場合や会社の合併等がなされた場合にも債務が承継されるので（民法896条，会社法2条27号，同28号，同法750条1項，754条1項等），その変更登記の申請をすることができる。

(4) **抵当権の目的である権利（共有持分権）の拡大と縮小の登記**

① 概　説

共有者が，抵当権者のために自己の共有持分を目的とした抵当権の設定登記をした後に，同一不動産上にさらに共有持分を取得し，結果として共有持分の割合が増加したり単独所有になった場合，抵当権の効力はそのままでは設定者が新たに取得した共有持分には及ばない。そこで，抵当権の効力を目的不動産上に設定者が取得した新たな共有持分に及ぼすために，登記された

---

[35] 制限物権の変更登記において申請当事者の立場が登記権利者であるか登記義務者であるかが明確ではないときには，通常物権（権利）の負担者を保護する趣旨から，例えば本文の抵当権変更登記であれば，登記上で担保を負担している設定者を登記義務者とし，したがって抵当権者を登記権利者とするのが実務の扱いである。

抵当権の変更登記をすることができる[36]。またこれと反対に，抵当権の設定登記の後に設定者が所有権（もしくは共有持分権）の一部を第三者に移転した場合，そのままでは抵当権の効力が第三者の取得部分に当然及ぶので，抵当権の効力をその第三者に移転した持分を除いた部分，すなわち設定者の現在の共有持分に限定するための，抵当権変更登記をすることができる[37]。

② 登記の申請

抵当権の効力を，設定者が新たに取得した共有持分に及ぼすための変更登記の申請は，抵当権者が登記権利者，設定者が登記義務者であり，その他の手続は基本的に既に述べた権利の変更登記の方法に従うが，この登記が実質的には設定者が新たに取得した共有持分に対する新たな抵当権の設定であることから，申請情報は通常の変更登記とは異なり，登記の目的は例えば「何番抵当権の効力を所有権全部に及ぼす変更」のように表示し，登記原因及びその日付も設定登記と同様に例えば「令和何年何月何日金銭消費貸借令和何年何月何日設定」のように表示する。さらに登録免許税についても，変更登記のそれではなく抵当権設定の規定が適用され，一般的にはいわゆる追加担保の方式にしたがい１不動産につき金 1,500 円である（税法第 13 条 2 項）。

(5) その他の登記

以上の他にも，抵当権については以下の登記をすることができる。

① 抵当権付債権質入

設定登記されている抵当権の被担保債権が抵当権者より第三者に質入された場合，その抵当権は質権に拘束される。このような場合，登記上はいかなる処理をすべきかについては，解除条件付移転の登記をなすべきである等の考え方もあるが[38]，実務上は抵当権の変更登記たる付記登記をなすべきであるとする説[39]にしたがっている。

登記の申請人は，この登記をすることにより登記上直接利益を受ける債権の質権者が登記権利者であり，登記上不利益を受ける抵当権登記名義人が登

---

[36] 昭和 28・4・6 民事甲 556 号通達。
[37] 昭和 54・3・31 民三第 2112 号民事局長通達。
[38] 船橋諄一・不動産登記法 242 頁。杉ノ原舜一・不動産登記法 305 頁。
[39] 幾代通・不動産登記法 265 頁，香川保一・改定担保 481 頁，昭和 54・3・31 民三第 2112 号民事局長通達。

記義務者である(法2条12号13号)[40]。申請情報の登記の目的は「何番抵当権の債権質入」のように表示し，登記原因及びその日付は，債権への質権の成立であり例えば「令和何年何月何日金銭消費貸借令和何年何月何日設定」のように表示する。

なお，不動産抵当権を直接目的とする権利質を設定することは，できないものとされている[41]。

② 被担保債権の更改による登記

設定登記されている抵当権の被担保債権について，内容や債務者または債権者[42]の更改がなされた場合には(民法513条〜518条)，それによる抵当権変更の登記をすることができる。

③ 利息の特別の登記

抵当権によって担保される利息等は，原則として満期となった最後の2年分に限られるが，満期後に抵当権の設定登記に特別の登記をすれば，以後それも担保される（民法375条1項但書）。これが抵当権の利息の特別の登記であり[43]，その手続は変更登記の方式によってなされる。申請情報の登記の目的は，「何番抵当権の利息の特別登記」であり，登記原因及びその日付は，設定不動産が債務者所有（登記義務者が債務者）[44]の場合には「令和何年何月何日から同年何月何日までの利息延滞」と表示する。

④ 利息の元本組入れ

債権の利息が1年以上延滞している場合，債権者は定められた要件にしたがってその利息を元本に組入れることができるが(民法405条)，その債権が抵当権によって担保されている場合，登記されている抵当権の債権額を変更する登記をすることができる[45]。これによる登記の手続は，既に述べた権利の

---

[40] 香川保一・全訂不動産登記書式精義中191頁。
[41] 明治34・5・28民刑局長回答。
[42] 債権者を交替する更改がなされた場合の登記も抵当権の変更登記の形式によるので，登記権利者は旧債権者（抵当権者）である。
[43] 利息の特別の登記は，利息等が2年分以上遅滞している場合に限ってすることができるだけではなく，2年分の定期金や損害金の発生以前でもすることができる，と解されている（大決大正4・6・2民録21輯1018頁 我妻栄・新訂担保物権法253頁）。
[44] 不動産が物上保証人の所有である場合には，「令和何年何月何日から同年何月何日までの利息の担保契約」と表示する。
[45] 昭和25・10・20民事甲2810号通達。

変更登記の方式にしたがってなされる。この場合の申請情報の登記原因及びその日付は，例えば「令和何年何月何日から令和何年何月何日までの利息の元本組入」のように表示する。

⑤　債務者の氏名等の変更

抵当証券が発行されている抵当権については，債務者の氏名もしくは名称，又は住所を変更する登記は，債務者が単独で申請することができる（法64条2項）。

6　抵当権の処分による登記
(1)　概　説

抵当権は，それ自体を被担保債権から切り離して独自に処分することはできないが，抵当権者が第三者に対して負っている債務の担保とすることができる。また抵当権者が自己の抵当権を，同一の債務者に対する他の無担保債権者のために譲渡・放棄すること，さらに登記上の他の抵当権者等の債権者のために，その順位を譲渡・放棄することができる。これが，転抵当権，抵当権の譲渡又は放棄，抵当権の順位の譲渡又は放棄であり（民法376条），これらの処分がなされた場合には抵当権に質的な変更が加えられると考えることができるので，設定登記されている抵当権を変更する形式により登記の手続がなされる[46]。これらの登記の申請は，基本的には権利の変更登記の項で既に述べた方法にしたがうが，申請当事者と申請情報についてをここで簡単に述べておくことにする。なお，次の抵当権の処分による登記の登録免許税は，いずれも不動産1個につき金1,000円である（税法別表第1の1の(14)）。

(2)　申請当事者（共同申請）

抵当権の転抵当権については，転抵当権者が登記権利者，転抵当権の設定された抵当権の登記名義人が登記義務者であり，抵当権の譲渡又は放棄については，譲渡又は放棄を受けた無担保債権者（受益者）が登記権利者，抵当権登記名義人が登記義務者である。また抵当権の順位の譲渡又は放棄については，順位の譲渡等を受けた後順位の抵当権者が登記権利者で順位の譲渡等

---

[46] 香川保一・全訂不動産登記書式精義中188頁。

をした先順位の抵当権者が登記義務者である（法60条，2条12号13号）。

(3) **申請情報**

抵当権の処分による登記の申請情報は，基本的には既に変更登記の項で述べたとおりであるが（法18条，令3条等），ここでの登記は登記された権利の内容を形式的に変更するのではないことから，登記の目的や登記原因については一般的な権利の内容の変更と異なるものが多い。

まず転抵当権については，登記の目的が「何番抵当権転抵当」，登記原因及びその日付は転抵当権の設定であり，この場合抵当権の設定登記と同様に担保する債権の特定が求められるので，例えば「令和何年何月何日金銭消費貸借令和何年何月何日設定」のように表示する。抵当権のみの譲渡及び放棄については，登記の目的を「何番抵当権譲渡（又は放棄）」とし，登記原因及びその日付については，譲渡や放棄の対象となる債権の特定も必要であるために例えば「令和何年何月何日金銭消費貸借令和何年何月何日譲渡（又は放棄）」のように表示する。この他，転抵当及び抵当権のみの譲渡，放棄の各権利者の有する債権の内容である債権額や債務者等をも表示しなければならない（令別表58申請情報）。

抵当権の順位の譲渡又は放棄については，登記の目的は「何番抵当権の何番抵当権への順位譲渡（又は放棄）」，登記原因及びその日付については，「令和何年何月何日順位譲渡（又は放棄）」のように表示する。

7 順位変更の登記

(1) **概 説**

同一不動産上に複数設定された抵当権の優先弁済権の順序は，登記の前後による（民法373条。登記の前後とは，それぞれの登記記録中の順位番号の先後を基準に判断されるので（法4条，規則2条），抵当権の実行による競売に際しては登記記録の順位番号の先後にしたがって配当が行われる。この原則に対し，各抵当権者の合意により優先弁済権の順序を入れ替えるための順位変更をすることができる（民法374条)[47]。合意の当事者となるべき者は，優先弁

---

[47] これにより，関係する抵当権の順位は当初からその順位であったような，順位の絶対的変更の効果が生ずる。

済権に影響のある抵当権者全員であり、例えば順位番号1番でX、順位番号2番でY及び順位番号3番でZの各抵当権が設定登記されている場合、Yを1番としてXを2番と順位変更する際にはXとYの合意で足りるが、Zが1番でXを3番にするためにはYの合意[48]も必要である。なお、変更に係る抵当権に利害の関係を有する第三者[49]がいる場合、その者の承諾が必要である。

(2) **申請当事者**

抵当権の順位変更の登記の申請人は、上述のとおり順位の変更に関係する抵当権の登記名義人全員であり、登記権利者と登記義務者の区別をしない形態で申請に関わる（法89条1項）。

(3) **申請情報、添付情報及び登録免許税**

抵当権の順位変更の登記の申請情報は、基本的には既に変更登記の項で述べたとおりである（法18条、令3条）。このうち登記の目的は、例えば順位番号2番でX、順位番号3番でYの、それぞれ設定登記されている二つの抵当権について、Yを1番、Xを2番に順位の変更をする場合には、登記記録上のどの抵当権が順位変更に係る抵当権であるかを順位番号をもって特定して「2番、3番順位変更」のように表示し、次に変更後の登記事項の情報を「変更後の順位　第1　3番抵当権、第2　2番抵当権」[50]のように表示する（令別表25の申請情報）。

添付情報については、権利の変更登記の項で述べた方法にしたがうが、登記識別情報については、この申請に登記義務者はいないけれども申請人となる抵当権登記名義人全員のものが必要である（令8条1項6号）。

登録免許税は、順位変更に係る抵当権1個につき金1,000円である（税法別表第1の1の(8)）。したがって、2個の抵当権の順位変更であれば金2,000円である。

---

[48] Xの抵当権の被担保債権がZのそれより大きい場合、順位変更の前後をとおしてYはより有利になるが、その場合であってもYは合意の当事者に加えられなければならない。

[49] 順位変更により、登記記録上の順位が設定の当初より劣後することになる抵当権についての、転抵当権者などである。

[50] ここでの第1、第2は、申請に係る抵当権者相互の優先弁済の順位であり、ひらたく言うと、順位変更当事者の間で1番目は順位番号3番の抵当権で2番目が順位番号2番の抵当権、という意味である。

8 抵当権抹消の登記
(1) 概　説
　抵当権は，担保している債権が弁済などにより消滅すれば法的性質により必然的に消滅する他，放棄，混同（民法179条），消滅時効（民法167条2項）などによっても消滅する。なお，同一の登記所の管轄区域内にある数個の不動産に設定登記された共同担保の関係にある抵当権の登記の抹消については，後述のように1個の申請情報により申請をすることができる。

(2) 登記の申請
　抵当権が消滅したことによる登記の抹消の申請は，権利の登記の抹消の項で述べた方法にしたがってなされる。このときに登記権利者となるべき者が，例えば土地が債務者で建物が物上保証人のように不動産毎に異なる場合であっても差し支えはない（令4条但書，規則35条）[51]。

　登録免許税は，不動産1個につき金1,000円であるが，同一の申請情報をもって20個を超える登記の抹消を申請する場合には，1件につき金20,000円である（税法別表第1の1の(15)）。

第3　根抵当権の登記

1　概　説
　担保物権は，債権者が債務者に対して有する債権の優先弁済権を確保する手段であるが，債権者の債務者に対する債権であれば全て担保するのではなく特定の債権[52]に限ってのものであり，それゆえに成立ないし消滅は担保する債権に従属する性質を有している。そのために，例えば商店が銀行から商品仕入れの資金について借入れと返済を反復するような，同一の債権者と債務者との間の継続した取引により債権が発生と消滅を繰り返す関係において，銀行が債権の優先弁済権確保に抵当権を利用すると，その設定と消滅にともない登記の手続も繰り返しなされることになり，これは法律の制度はと

---
[51] 申請情報に登記権利者をそれぞれ併記すれば足りる。
[52] 既に述べたように，抵当権の担保する債権は原則としてその成立時に，特定の，すなわち既に存在する債権であるか，または将来発生する可能性が法律上にもあることが求められる。

もかく当事者にとって使い勝手のはなはだ良くない担保である。

そこで考えられたのが，最終的には優先弁済権の確保を目的にするが，成立から一定の日までは被担保債権に従属しないで存続する抵当権であり，極めて乱暴ないい方をすれば，これが根抵当権である。このような担保権の最終的に担保する債権については，債権者が債務者に対して有する全てで，しかも優先弁済額の上限もないという考え方もありうる。これについて根抵当権は，特定の日（元本確定期日）をもってそれまで流動的であった被担保債権を確定させることとし，しかしその日以降[53]に被担保債権となる債権を特定するための基準[54]を「担保する債権の範囲」，又優先弁済額の上限を「極度額」として，それらを予め[55]当事者に決定させることにした（民法398条の2，同条の6)[56]。そして，元本が確定すればそれ以後は特定の債権を担保するための，抵当権と同様の性質を持つ担保物権となるのである。したがって根抵当権の変動とりわけ元本確定前におけるそれは，担保する債権への従属性が否定されていることにともない，抵当権等他の担保物権と大きく異なることになるのである。

(1) 担保する債権の範囲

根抵当権の担保する債権は，根抵当権者と債務者の間における次の債権である（民法398条の2, 2項3項）。

根抵当権者と債務者との間の，特定の継続的取引契約により生ずる債権

特定の継続的取引契約とは，繰り返し継続して貸付を行ったり一定の商品を売買するような，債権者と債務者との間の具体的な反復継続する取引のための契約のことであるが，これについては，双方の当事者が必ずしも取引継続の義務を負うことまでは必要なく，当事者の間で将来反復継続して取引を行うことを約し，これを定める内容の契約であればよいとされている[57]。

---

[53] この日以降は，根抵当権は担保物権一般の性質である被担保債権との従属性を回復するが，この日まで根抵当権からみて担保する債権は流動的であり，不特定である。
[54] むしろ選別の基準というほうが適当かもしれない。
[55] 成立から元本確定期日までの間を指す。
[56] 根抵当権が，元本確定期日までは抵当権のような被担保債権への附従性や随伴性を持たない性質を「…いわば根抵当権を，極度額を限度とする1個の価値として構成しているものともいうことができる。」(貞家克己・清水湛・新根抵当法19頁)。

根抵当権者と債務者との一定種類の取引により生ずる債権　根抵当権の担保すべき債権への該当性の判定基準を，当事者の間で行われる様々な経済活動を分別類型化したものを種類とし，そこに求めようとするものである。それゆえに，ここでの種類は，その名称から取引の内容とその範囲が限定されていることが客観的に明瞭であることが必要である。具体的には，例えば取引行為の法的な側面に着目して「売買取引」のように民法で類型化された契約をもってそのまま種類とする方法がある。このとき，取引の目的物を限定して「電気製品売買取引」とする方法もあるし，取引の事実面や内容に着目して「商品供給取引」とすることもできる。更に取引の形態あるいは分野とでもいうべき面から見て，「銀行取引」のように定めることもできる[58]。

根抵当権者と債務者との間の特定の原因に基づいて継続して発生する債権　ここでの特定の原因とは，不法行為・不当利得・事務管理・租税など取引ではないものを指し，それにより継続して発生する可能性のある債権であり，例えば特定の工場の廃液や煤煙によって継続的に発生する損害賠償債権や，酒造業者が酒類製造工場から酒類を移出する際に，量に応じて生ずる酒税債権などがこれに該当する債権である。

手形上並びに小切手上の請求権　債務者が，根抵当権者ではない第三者に宛てて振出し，あるいは裏書などした手形や小切手が転々流通した後に根抵当権者が取得した場合の，いわゆる回り手形（小切手）上の根抵当権者の債務者に対する請求権である。この請求権は，根抵当権者が債務者との取引によって取得したものとはいえないが，手形等の流通性，取引の実情を考慮し，根抵当権者と債務者相互間の取引上の債権を被担保債権とする根抵当権の例外として，当事者が合意すれば一定の制限はあるけれどもこれを被担保債権とすることが認められる[59]。

---

[57] 貞家・清水・前掲新根抵当法 42〜43 頁。
[58] 昭和 46・10・4 民事甲第 3230 号民事局長通達（第 2 の 1 の(2)），貞家・清水・前掲新根抵当法 42〜44 頁。
[59] 貞家・清水・前掲新根抵当法 52 頁。

その他…特定債権　　根抵当権は，不特定の債権を担保するためのものであるが，それに併せて成立時に既に発生している債権をも被担保債権とすることができる[60]。

2　根抵当権の設定
(1)　概　説
　根抵当権の設定契約は，基本的には抵当権と同様に債権者と担保を供する者の合意であるが，前述のように根抵当権は一定の時期までは特定の債権を担保するものではない性質があるので，根抵当権独自に[61]極度額，担保する債権の範囲及び債務者を決め，この他元本の確定期日も定めることができる。このうちの極度額は，債権者である根抵当権者の優先弁済権行使の上限であり，これを超えた額は元本はもとより利息等であっても一切担保されない（民法398条の3，1項）。債務者については，根抵当権が担保する債権[62]を発生させる当事者であるために必ず決めなければならないが，その人数に制限はないので1人でも複数でも差し支えはない。債務者を複数にする場合には，債務者ごとに担保する債権の範囲を定めることもできる。

(2)　共同根抵当権
　同一の当事者間で，極度額，担保する債権の範囲及び債務者を同じくして，複数の不動産に根抵当権を設定する場合がある。これは，外見的には共同担保の抵当権に類似するが内容において全く異質のものであり，そのままでは大きな問題が生ずる。例えばXがA所有の甲土地と乙土地に極度額金1,000万円，債務者等を同じくする根抵当権を設定し，元本が確定して競売がなされた場合のXへの配当は，上述の根抵当権の性質をふまえると，甲地と乙地を合わせて1,000万円であるか，それとも甲地と乙地のそれぞれより金1,000万円の合計金2,000万円であるかが定かではない[63]。この問題を解消

---
[60] 担保する債権は，特定の債権を加えても，全体的には不特定である（昭和46・10・4民事甲第3230号民事局長通達第2の1の(5)）。
[61] 抵当権等の他の担保物権については，債務者や債権額などが基本的には既に成立している被担保債権の内容であり，その設定契約に際して債権が特定されれば自動的に決まるようなものである。
[62] 当事者で合意される担保する債権の範囲は，元本確定期日に被担保債権となりうる債権の基準を画しているだけである。

するために，根抵当法は極度額，債権の範囲及び債務者を同一として複数の不動産上に根抵当権を設定する場合で，その数個の根抵当権が民法392条等の共同抵当の規定の適用を受けるものとする場合には，当事者が設定に際してその旨の合意をなし更にその登記をもしなければならないものとした（民法398条の16）。この場合の数個の根抵当権を，共同根抵当権という。なお，極度額などを同一として数個の不動産上に設定された根抵当権であっても共同抵当の関係にないものを，累積式根抵当権[64]と呼ぶこともある。

(3) 根抵当権と登記

根抵当権は，繰返しになるが確定期日と呼ぶ特定の日をもって，あらかじめ決められた範囲に属する債権を極度額を限度に担保するものである。ところで，権利の変動は原則として当事者の意思により生じ，繰返すがその登記をすることは法律上強制されていない（民法177条，法3条等参照）。この原則をそのまま根抵当権に当てはめると，例えば担保する債権の範囲を「金銭消費貸借取引」として設定登記された根抵当権の元本が確定した場合に，当事者の間で売買取引上の債権があってもそれは担保されないが，仮に元本確定前に担保する債権の範囲に売買取引を加える変更契約が成立していれば，確定後に登記をすることで売買による債権は根抵当権により担保されることになってしまう。このときに，登記上の利害関係人は変更登記の申請に承諾を与えなければ特段の不利益はないが（令別表25の添付情報），このような手続を許容すると担保する債権の範囲を元本確定時の取引関係を見てから決め，あたかもそれが元本確定前に合意されていたような根抵当法の趣旨に反する登記が申請される懸念が生じ，仮に申請された場合には登記官の審査権の範囲ではそれを防ぐことができない。そうすると，法律が当事者に対して元本確定前に担保する債権の範囲などを決めさせる趣旨が，登記の手続をとおして事実上空洞化してしまうおそれがある。

このようなこともあって，根抵当法は元本確定前の根抵当権に関する，担保する債権の範囲の変更，元本確定期日の変更，根抵当権者又は債務者の相

---

[63] 当然であるが，抵当権では担保する債権が当初から決まっているので，このような難問を突きつけられることはない。

[64] この場合の債権者への配当額は，各根抵当権の極度額が累積されるのでこのように呼ぶ。ちなみに，筆者は実務でこのような根抵当権を扱った経験が，一度もない。

続にともなう一定の合意，共同担保の適用等については，当事者の合意に加えて登記をすることを要求している（民法398条の4，3項，同条の6，4項，同条の8，4項，同条の16，同条の17）[65]。またその際に，登記すべき時期の定められたものも多い。

3　根抵当権設定登記の申請

根抵当権設定の登記は，以下の手続によってなされる。

(1)　申請当事者（共同申請）

根抵当権設定登記の申請人は，申請する登記がなされることにより登記記録上に根抵当権を取得する根抵当権者が登記権利者であり，担保として提供される土地や建物の所有者である所有権登記名義人や地上権又は永小作権の登記名義人が登記義務者である（法60条，2条12号13号）。

(2)　登記事項

根抵当権設定登記の登記事項は[66]，登記の目的，申請の受付の年月日及び受付番号，登記原因及びその日付，登記に係る権利の権利者の氏名又は名称及び住所等，権利の登記に共通の登記事項の他，＊極度額，＊担保すべき債権の範囲，＊債務者の氏名又は名称及び住所，＊担保すべき元本の確定すべき期日の定めがあるときはその定め，＊民法第370条ただし書の別段の定めがあるときはその定め，＊民法398条の14，1項但書の定めがあるときはその定め等である（法59条，83条1項，88条2項）。

(3)　申請情報

根抵当権設定登記の申請情報は，一般的申請情報である登記の目的・登記原因及びその日付・申請人・添付情報の表示・管轄登記所・申請の年月日・代理人・登録免許税・土地や建物を特定するための事項等の他（法18条，登記令3条），この登記に特有の申請情報として次のものを表示しなければならない。このうち登記の目的は「根抵当権設定」であるが，数個の不動産に共同担保の関係で成立したものについては特に「共同根抵当権設定」としなけれ

---

[65] この点に関する限り，権利変動が意思主義ではなく登記主義の色彩を強く帯びている。
[66] 民法398条の16の共同担保である旨は，既に述べたように登記記録への共同担保目録の記号及び目録番号の記録をもって公示される（規則166条1項）。

ばならない（令別表第56の申請情報ハ）[67]。登記原因及びその日付は、「令和何年何月何日設定」と表示し[68]、申請人は登記権利者を「根抵当権者」、登記義務者を「設定者」としたうえで、それぞれについて住所・氏名等を表示する。根抵当権者が数名の場合、他の権利の設定登記であればここに権利者の持分の表示が求められるのであるが、根抵当権についてはその法的な性質により持分の表示をすることを要しない（令3条9号）[69]。この他、次の各申請情報を標題とともにその内容を表示する。

個別的申請情報（令別表56の申請情報、法83条1項、88条2項）
　i　極度額…根抵当権の優先弁済権行使の上限額である。
　ii　担保すべき債権の範囲…担保する債権の範囲であり、手続上では単に「債権の範囲」と表示する。これを、特定の継続的取引契約によって定めた場合であれば、契約の成立年月日とその名称を、例えば「令和何年何月何日石油販売特約店契約」のように表示し、一定の種類の取引をもって定めた場合は、例えば「銀行取引」「電気製品売買取引」のように表示する。手形上、小切手上の請求権については、「手形債権」「小切手債権」のように表示すれば足りる。この他、特定の債権を加える場合には、「令和何年何月何日売買代金」のように表示する。
　iii　債務者[70]の氏名又は名称及び住所。
　iv　担保すべき元本の確定すべき期日の定めがあるときはその定め。…この期日（手続上は単に確定期日という）の定めがあるときは、「確定期日　令和何年何月何日」と表示する。
　v　所有権以外の権利を目的とするときは、目的となる権利。
　vi　二つ以上の不動産に関する権利を目的とするときは、その二つ以上の不動産及び当該権利。

---

[67] 同一の登記所の管轄区域内にある数個の不動産上に成立する根抵当権であっても民法398条の16の適用を受けないものについては、登記の目的と登記原因等を同じくするものであっても、それらの登記を1個の申請情報ですることは（令4条、規則35条）、根抵当権の法的性質をふまえて相当ではない（昭和46・10・4民事甲第3230号民事局長通達第14の2参照）。
[68] これは抵当権と異なるが、担保する債権が特定していないことによるものである。
[69] 昭和46・10・4民事甲第3230号民事局長通達第12の1参照。
[70] 複数の債務者がいる場合、元本確定前の根抵当権はその法的性質により連帯債務が考え難いので、ここに連帯債務者と表示することは相当でない（登記研究304号）。

vii 民法第370条ただし書の別段の定めがあるときは，その定め。…抵当権と同様に，目的不動産に対する効力の及ぶ範囲に当事者間で別段の定めをした場合である。

viii 民法398条の16の根抵当権であるときは，その旨。…表示の方法は，前述のとおりである。

(4) 添付情報

根抵当権設定登記の添付情報は次のようなものであるが，これらは一般的添付情報の項で既に述べたものが中心であり，他に根抵当権設定の登記に特有の添付情報が以下のように若干加わる。

① 一般的添付情報

＊登記原因証明情報（法61条，令別表56の添付情報イ）　＊登記義務者の登記識別情報（法22条）　＊登記原因について，第三者の許可，同意，承諾を証する情報（令7条1項5号ハ）　＊代理権限を証する情報（令7条1項2号）　＊会社法人等番号（令7条1項1号）　＊申請人等の本人性の担保…電子証明書（電子申請について）または印鑑証明書（書面申請における登記義務者について）

② 特有の添付情報

登記事項証明書…既に設定登記された根抵当権と共同担保の関係の根抵当権が，前の登記の登記所とは異なる登記所の管轄区域内の不動産に設定された場合の登記の申請にさいしては，前の登記に関する登記事項の証明書を提供しなければならない（令別表56の添付情報ロ）。

(5) 登録免許税及び課税価格

根抵当権設定登記の登録免許税は，極度額を課税標準金額として，そこに一定の税率を乗じて定められた方式で算出した金額である（税法別表第1の1の(5)）。

(6) 記録例をとおした登記の例

次は，ある土地に設定された共同根抵当権の記録例である[71]。

---

[71] 民法398条の16の適用を受ける根抵当権については，既に述べたように申請情報の登記の目的は「共同根抵当権」であるが（令別表56の申請情報ハ），登記記録上の登記の目的は「根抵当権設定」である。共同根抵当権であることは，記録末尾の共同担保目録の記号及び目録番号によって公示される。この他，銀行に限っては，登記名義にその支店の表示をすることもできる。

権　利　部（乙区）	（所有権以外の権利に関する事項）		
順位番号	登　記　の　目　的	受付年月日・受付番号	権　利　者　そ　の　他　の　事　項
1	根抵当権設定	令和何年何月何日 第何号	原因　令和何年何月何日設定 極度額　金何万円 債権の範囲　銀行取引 確定期日　令和何年何月何日 債務者　何市何町何番地 　　　　何某 根抵当権者　何市何町何番地 　　　　株式会社何銀行 共同担保　目録（あ）第何号

共同担保目録					
記号及び番号	（あ）第何号			調整	令和何年何月何日
番　号	担保の目的である権利の表示		順位番号	予　　備	
1	何市何町　何番の土地		1	余　白	
2	何市何町　何番地　家屋番号　何番の建物		1	余　白	

(7) 申請時期の異なる共同根抵当権設定の登記

　根抵当権も，抵当権と同じく初めに設定登記された以降，別の不動産に当初の根抵当権と共同担保の関係で設定される場合がある（民法398条の16）[72]。この登記の申請についての申請情報や添付情報は，基本的に前述の根抵当権設定登記のそれと同様であるが，申請情報には次の事項が加えられる。なお登録免許税額については，抵当権と同様に一定の証明を添付情報として提供することにより不動産1個につき金1,500円で足りる。

　前に受けた登記の表示…既に一つの不動産を目的に根抵当権が設定され，もしくは二つ以上の不動産に対して共同担保の関係の根抵当権が設定された後に，それらと民法398条の16の規定の適用を受ける共同担保の関係の根抵当権が設定されてその登記の申請をおこなう場合，申請情報に前に受けた登記の表示として，土地については所在・地番，建物については所在・家屋番号，及びそれぞれの登記の順位番号を表示し，前に受けた登記が申請する

---

[72] 設定行為が同時であるが，不動産を管轄する登記所が異なることで申請時期が異なる場合も同様である。

登記所と同一であって既に共同担保目録がある場合には，その記号及び目録番号を表示しなければならない（令別表56の申請情報ニ，規則168条1項）。

4 根抵当権移転の登記
(1) 概　説
　根抵当権は，元本確定の前後で担保する債権への従属をめぐる法的な性質が大きく異なる。先ず元本確定前においては，担保する債権への随伴性が否定されていると考えられるので，個々の債権が根抵当権者から他の債権者に移っても，根抵当権が抵当権のようにそれに随って移ることはない（民法398条の7，1項前段）。これに対して根抵当権は，無条件ではないにしても権利のみを独自に処分することができる。

　根抵当権の譲渡には，以下に述べる三つの形態がある。この他，根抵当権者に相続が生じた場合には，その根抵当権関係を維持することに関して特別の規定があるが，基本的に権利は相続人に承継される（民法398条の8，1項3項4項）。根抵当権者に会社の合併又は分割がなされた場合には，根抵当権は元本確定前であっても法的性質の基本を維持しながら移転する（民法398条の9，同条の10）。

　次に，元本確定後の根抵当権は被担保債権への随伴性を回復するので債権の変動にしたがって移転するが，その手続は基本的に抵当権と同様であるので，その項を参照されたい。

　登記原因に関わらず根抵当権が移転した場合には，新たな根抵当権者の名義とするために，設定登記されている根抵当権の移転登記をすることができるが，その手続は次のとおりである。なお相続や会社の合併にともなう根抵当権の移転は登記権利者の単独申請でなされるので，その手続については後述する。

(2) 全部譲渡
　根抵当権者は，元本確定前の根抵当権を設定者の承諾を得て譲渡することができる（民法398条の12，1項）。これを他の譲渡の形態と区別するために，根抵当権の全部譲渡と呼ぶ。これによる登記の申請人は，申請する登記がなされることにより登記記録上に根抵当権を取得する新たな根抵当権者（譲受人）

が登記権利者であり，登記により根抵当権の登記名義を失う現在の根抵当権登記名義人（譲渡人）が登記義務者である（法60条，2条12号13号）。

申請情報及び添付情報は，既に移転登記の項で述べたそれに従うが，根抵当権の譲渡には設定者の承諾が要件となっていることから，添付情報には常にそれを証する情報が求められる（令7条1項5号ハ）他，特に加えられるものはない。登録免許税は，極度額を課税標準金額としてそこに一定の税率を乗じ，定められた方式で算出した金額である（税法別表第1の1の(6)）。

(3) 分割譲渡

根抵当権者は，元本確定前の根抵当権を設定者の承諾を得て二つの根抵当権に分割し，その一方を他人に譲渡することができる（民法398条の12，2項）。これにより，1個であった根抵当権が極度額をもって2個に分けられ，結果として登記記録の上に2個の各々独立した根抵当権が創り出されることになる[73]。

分割譲渡の登記の申請は，基本的には権利の移転登記であり，申請する登記がなされることにより登記記録上に分割後の根抵当権を取得する新たな根抵当権者が登記権利者で，原根抵当権登記名義人（譲渡人）が登記義務者である（法60条，2条12号13号）。

申請情報は，分割して譲渡される根抵当権を登記記録上で転写するために，譲渡される根抵当権に関する新たな極度額を表示する他に，分割譲渡前の根抵当権（原根抵当権）の登記されている事項を表示し，これに分割後の原根抵当権の極度額及び分割前の根抵当権に共同担保目録があるときはその記号及び目録番号をも加えなければならない（令別表60の申請情報，規則169条1項）。次に，この登記の申請情報には，全部譲渡同様に設定者の承諾を証する情報を添付する他，原根抵当権を目的とした権利を有する者がいた場合，分割して譲渡される根抵当権についてはその第三者の承諾をもって権利を消滅させるので（民法398条の12，3項），その第三者の承諾を証する情報をも添付しなければならない（令7条1項5号ハ）。

登録免許税は，分割して譲渡される根抵当権の極度額を課税標準金額とし

---

[73] 分割譲渡は，権利の共有状態を創り上げる一部譲渡とは本質的に異なる権利変動である。なお，譲渡とは無関係に根抵当権を数個の権利に分割することは，認められない。

て一定の税率を乗じ、定められた方式で算出した金額である（税法別表第 1 の 1 の(6)）。

(4) 一部譲渡

根抵当権者は、元本確定前の根抵当権の一部を設定者の承諾を得て他人に譲渡し、その者との共有の根抵当権とすることができる（民法 398 条の 13）。これに対して、共有根抵当権者は他の共有者の同意と設定者の承諾を得て自己の権利の全部を他人に譲渡することはできるが（民法 398 条の 14, 2 項）、自己の権利を分割して譲渡したりさらに一部譲渡することはできない[74]。

一部譲渡による登記の申請も、基本的には権利の移転登記である。申請人は、申請する登記がなされることにより登記記録上に共有根抵当権を取得する者が登記権利者であり、これにより根抵当権の一部を失う現在の根抵当権登記名義人が登記義務者である（法 60 条, 2 条 12 号 13 号）。申請情報及び添付情報は、既に移転登記の項で述べたそれに従うが、根抵当権の権利の性質により申請情報に一部譲渡を受ける共有根抵当権者の持分の表示は要しない（令 3 条 9 号）[75]。又根抵当権の一部譲渡には全部譲渡と同様に設定者の承諾が要件となっていることから、添付情報には常にそれを証する情報が求められる（令 7 条 1 項 5 号ハ）他、特に加えられるものはない。

登録免許税は、一部譲渡後の共有者の数で極度額を除した金額を課税標準金額として一定の税率を乗じ、定められた方式で算出した金額である（税法別表第 1 の 1 の (7)）。

5 根抵当権変更の登記

(1) 概　説

元本確定前の根抵当権は、債権の範囲及び債務者を変更することが根抵当権者と設定者の合意だけですることができるし[76]、元本確定期日も合意の日から 5 年以内の日とするのであれば変更することができるが、いずれの場合

---

[74] 昭和 46・10・4 民事甲第 3230 号民事局長通達第 12 の 2。
[75] 註 69 と同様の理由による。なお、共有者の持分を移転する登記も持分の表示は要しない（昭和 50・11・10 民三第 6400 号局長通達参照）。
[76] この変更については、登記上に変更に係る根抵当権より後順位の抵当権者等のいわゆる登記上の利害関係人が存在しても、それらの者の承諾は要しない（民法 398 条の 4, 2 項）。

も元本確定前にその登記をすることが必要である（民法398条の4，同条の6）[77]。債務者に，相続が開始し，あるいは債務者である会社に合併又は分割がなされた場合にも，相続人や権利・義務を承継した会社に債務が承継されるので（民法398条の8，2項，同条の9，2項，同条の10，2項），それによる根抵当権の変更登記がなされる（債務者の相続については後述する）。極度額の変更については，元本確定の前後を通じてすることができるが，利害関係人がいる場合にはその者の承諾を必要とする（民法398条の5）。

次に，元本の確定期日が到来したり，その他一定の事由が生ずると根抵当権の元本は確定する（民法398条の20，同条の6，4項他）。元本の確定は根抵当権の法的性質の変更と考えられるので，その登記をすることができる[78]。なお，一定の場合の元本確定の登記は，その根抵当権に関する権利取得の登記と併せて申請しなければならない（法93条但書）[79]。

この他，根抵当権についても登記事項に誤まりがあれば更正の登記をすることができるが，その手続については更正登記の項で述べたとおりである。

(2) 申請当事者

根抵当権変更の登記は，原則として共同申請でなされる。登記権利者は，変更の登記をすることにより登記上直接利益を受ける者であり，登記義務者は登記上直接不利益を受ける者である（法60条，2条12号13号）。ところで申請人の地位の判定についてであるが，極度額の変更については，変更の前後を通じて当事者の受ける利益・不利益が容易に判断できるので問題はない。しかし，担保する債権の範囲と債務者の変更については判別がそれほど容易ではないので，いずれの場合も原則として根抵当権者が登記権利者，設定者が登記義務者となるものとされている[80]。同様に，確定期日の変更については，

---

[77] 元本が確定すれば，これらの登記をすることはできない。このため，登記が根抵当権変更の効力要件の意味を持つことになる（我妻栄・新訂担保物権法499頁）。

[78] 対抗要件としての元本確定の登記をする必要性や実益は，実際上ないとされている（清水湛「新根抵当法の逐条解説」金融法務619号45頁）。

[79] 金融機関等が有する根抵当権により担保される債権の譲渡の円滑化のための臨時措置に関する法律に基づき根抵当権の担保する元本が確定した場合の登記は，その根抵当権の移転登記とともに申請することが必要である（平成10・10・23民三第2068号，同2069号通達）。

[80] 昭和46・10・4民事甲第3230号民事局長通達第3，第4。なお，債権の範囲及び債務者の各変更であっても，その前後を通じて当事者の登記上の利益・不利益が形式的に明白である場合，例え

登記された期日を繰り下げる場合については根抵当権者が登記権利者，繰り上げる場合には設定者が登記権利者になる[81]。

次に元本確定については，共同申請によってなされるものについては設定者が登記権利者，根抵当権者が登記義務者となって申請するが[82]，一定の場合には根抵当権者が単独で申請することができる（法93条，民法398条の19，同条の20参照）。

(3) 申請情報

根抵当権変更登記の申請情報は，既に変更登記の項で述べたように，一般的申請情報である登記の目的・登記原因及びその日付・申請人・添付情報の表示・管轄登記所・申請の年月日・代理人・登録免許税・土地や建物を特定するための事項など（法18条，令3条），及び権利の変更登記に特有の，変更後の登記事項の表示である（令別表25の申請情報）。

元本確定の登記も変更登記の形式で手続がなされるが，登記の目的は「何番根抵当権元本確定」とし，変更後の事項の表示は要しない。

(4) 添付情報

根抵当権変更及び共同で申請する元本確定の登記の添付情報は次のようなものであるが，これらは一般的添付情報の項で既に述べたものが中心であり，これらの登記の申請に特有の添付情報は特に定められていない。根抵当権者が単独で申請する元本の確定については，これとは別に，それぞれ一定の情報が求められる（令別表61，62，63の各添付情報）。

＊登記原因証明情報（法61条，令別表25の添付情報）　＊登記義務者の登記識別情報（法22条）　＊登記原因について，第三者の許可，同意，承諾を証する情報（令7条1項5号ハ）　＊代理権限を証する情報（令7条1項2号）　＊会社法人等番号（令7条1項1号）　＊申請人等の本人性の担保…電子証明書（電子申請について）または印鑑証明書（書面申請における登記義務者について）

ば債権の範囲を「売買取引・金銭消費貸借取引」から「売買取引」とする場合や，債務者を「A・B」から「A」に変更するような場合には，設定者が登記権利者，根抵当権者が登記義務者となってその申請をする（昭和46・12・27民事(三)発第960号依命通知第3，登記研究405号参照）。

[81] 香川保一・全訂不動産登記書式精義中510頁。
[82] 昭和46・10・4民事甲第3230号民事局長通達第9。

(5) 登録免許税及び課税価格

根抵当権変更登記の登録免許税は，極度額の増額については増加する極度額を課税標準金額として，設定登記と同様の登録免許税が課せられ（税法12条），債務者と債権の範囲，確定期日の変更等については，不動産1個につき金1,000円である（税法別表第1の1の(14)）。

6 根抵当権に特有の登記

(1) 概 説

根抵当権者や債務者に相続が開始した場合，根抵当権も他の権利と同様に権利あるいは担保されることになる債務が相続人に承継されるのであるが，元本確定前の根抵当権については権利の性質により既存の権利関係の承継に止まらずに，反復継続する取引を前提とした根抵当関係そのものを相続人が承継するか否かについての特有の問題が生ずる。

これについて根抵当法は，根抵当関係を継続するためには当事者間に新たな合意を求めることにした[83]。また共有根抵当権における各共有者は，それぞれ債権額の割合に応じて優先弁済を受けるのが原則であるが，共有者の間でこれと異なる定めや，ある共有者が他の共有者に優先して弁済を受ける旨を定めることができる（民法398条の14，1項）。

このうちの前者を，根抵当権者または債務者の相続による合意の登記，後者を根抵当権共有者の優先の定めの登記と呼んでいる。なお，前者の合意の登記が根抵当権者・債務者の相続開始後6月以内になされなかった場合，その根抵当権は相続の開始時に元本が確定したものとみなされる（民法398条の8，4項）。

(2) 根抵当権者の相続の合意の登記

元本確定前の根抵当権者に相続が開始した場合，相続人は相続開始時の債権は当然に承継する（民法896条）。しかし相続人が相続開始後に発生する債権を取得するためには，自らが債権者になる必要があり，債務者との根抵当関

---

[83] 根抵当権者や債務者が自然人の場合には，このような経過をたどる。一方根抵当権者や債務者が会社等の法人である場合，合併等があっても根抵当関係は承継会社に当然に引き継がれ，根抵当権設定者に元本確定請求権が与えられる（民法398条の9）。

係を継続する地位を取得しなければならないが，根抵当法は相続しただけで根抵当権者の地位をも取得するものではなく，相続の開始後6月以内に設定者との間で相続人を根抵当権者として根抵当関係を継続することを内容とする合意をし，その登記をしなければならないものとした（民法398条の8，1項）。これが根抵当権者の相続による合意の登記である。なおこの場合に，合意の登記の前提としては相続による根抵当権の移転の登記[84]を必要とする。

ここでの合意による登記は，根抵当権を相続により取得した相続人全員が登記権利者で，設定者が登記義務者となって共同で申請する[85]。申請情報及び添付情報は，基本的には権利の変更登記の項で述べたとおりであるが，合意によって決められた根抵当権者を申請情報中に「指定根抵当権者　何某」と表示する。

(3) **債務者の相続の合意の登記**

元本確定前の債務者に相続が開始した場合，相続人は相続開始時の根抵当権者に対する債務は承継するが，上述の根抵当権者の相続の場合と同様の理由により，相続開始以降の根抵当権者に対する債務を負うことは当然にはない。しかし，債務者の相続人と根抵当権者が取引の継続をして根抵当関係を維持したい場合には，相続の開始後6月以内に，根抵当権者と設定者とが相続人を新たな債務者とする旨の合意をしたうえでその登記をしなければならない（民法398条の8，2項）。

この合意による登記の申請は，相続による債務者の変更の登記をした後に，基本的には権利の変更登記の項で述べた方法にしたがってなされるが，合意によって決められた債務者を申請情報中に「指定債務者　何某」と表示する。

(4) **根抵当権共有者の優先の定めの登記**

共有根抵当権者は互いの合意によって，原則とは異なる優先弁済の割合や弁済を受ける優先順位を定め，これを登記することができる（民法398条の14，1項但書）。

これによる優先の定めの登記は根抵当権の変更登記の一種であるが，原則

---

[84] この移転登記に際し，相続人が複数いる場合でも申請情報にその持分の表示を要しない（令3条9号）。
[85] 昭和46・10・4民事甲第3230号民事局長通達第8。

的な共同申請ではなく共有根抵当権者全員が申請人となって，合同して申請をする（法89条2項）。

この他の申請手続は，基本的には権利の変更登記の項で述べた方法にしたがってなされ，申請情報のうち登記の目的を「何番根抵当権優先の定め」とし，変更登記に求められる変更後の登記事項については「優先の定め　A7，B3の割合」「AがBに優先」のように表示する。

7　根抵当権の抹消
(1)　概　説

元本確定前の根抵当権は被担保債権が不特定なので，債権が弁済などにより消滅しても根抵当権が直ちに消滅することはない。しかし，根抵当権自体が合意解除されたり放棄や混同（民法179条），消滅時効（民法167条2項）などによって消滅する。又元本の確定後においては，抵当権と同様に被担保債権の弁済により消滅する。この他根抵当権については，元本確定後に現存債権が極度額を超えている場合，物上保証人等が極度額に相当する金額を払い渡し又は供託してその根抵当権の消滅を請求することができるので（民法398条の22），これにより根抵当権が消滅した場合も，抹消の登記をすることができる。

(2)　登記の申請

根抵当権が消滅したことによる登記の抹消の申請は，権利の登記の抹消の項で述べた方法にしたがってなされる。同一の登記所の管轄区域内にある共同担保の関係にある根抵当権の抹消については，抵当権と同様に1個の申請情報により申請をすることができる。

登録免許税は，不動産1個につき金1,000円であるが，同一の申請情報をもって20個を超える登記の抹消を申請する場合には，1件につき金20,000円である（税法別表第1の1の(15)）。

第4　質権の登記

1　概　説

　質権は，譲渡の可能な物や一定範囲の債権を含む財産権を対象に，原則として設定者から質権者に物の占有を移すことで成立する担保権であり（民法342条等参照），土地や建物又は登記された賃借権等を目的に設定された場合には，いずれも登記をすることができる（法3条）。又，設定登記された質権の内容が変更されたり，質権が消滅した場合も他の権利と同様に登記をすることができる。

　質権に関する各登記の申請は，抵当権のそれらと類似点が多く，また変更（更正），移転及び抹消の各々の登記については，権利に共通する手続として既に述べた方法にしたがってなされるが，設定登記に関しては権利の性質により申請情報が若干異なるので，この点に焦点を絞って述べておくことにしたい。なお転質権についての登記は，質権設定の登記と同様の手続でなされる。

2　質権設定登記の申請

　質権設定の登記は，以下の手続によってなされる。

(1)　申請当事者（共同申請）

　質権設定登記の申請人は，申請する登記がなされることにより登記記録上に質権を取得する質権者が登記権利者であり，担保として提供される土地や建物の所有者である所有権登記名義人や賃借権の登記名義人が登記義務者となる（法60条，2条12号13号）。

(2)　登記事項

　質権設定登記の登記事項は，登記の目的，申請の受付の年月日及び受付番号，登記原因及びその日付，登記に係る権利の権利者の氏名又は名称及び住所等，権利の登記に共通の登記事項の他，＊債権額，＊債務者の氏名又は名称及び住所，＊所有権以外の権利を目的とするときは目的となる権利，＊2つ以上の不動産に関する権利を目的とするときは，その二つ以上の不動産及び当該権利，＊存続期間に関する定めがあるときはその定め，＊利息に関する

定めがあるときはその定め，＊違約金又は賠償額の定めがあるときはその定め，＊債権に付した条件があるときはその条件，＊民法346条但書の別段の定めがあるときはその定め，＊民法359条の規定により設定行為について別段の定めがあるときはその定め，＊民法361条において準用する370条但書の別段の定めがあるときはその定め等，である（法59条，83条1項，95条)[86]。

(3) **申請情報**

質権設定登記の申請情報は，一般的申請情報である登記の目的・登記原因及びその日付・申請人・添付情報の表示・管轄登記所・申請の年月日・代理人・登録免許税・土地や建物を特定するための事項等の他，この登記に特有の申請情報として次のものを表示しなければならない（法18条，令3条）。

個別的申請情報（令別表46の申請情報，法83条1項，95条1項）

それぞれの内容については，基本的に抵当権と同様である。

i　債権額…被担保債権が物の引渡請求権などの場合，債権額は債権の価格を金銭に換算して表示し（法83条1項1号），外国通貨の場合には日本の通貨による担保限度額を表示する（法83条1項5号）。

ii　債務者の氏名又は名称及び住所。

iii　所有権以外の権利を目的とするときは，目的となる権利。

iv　二つ以上の不動産に関する権利を目的とするときは，その二つ以上の不動産及び当該権利。

v　存続期間に関する定めがあるときは，その定め。…不動産を目的とする質権は，存続期間が10年を超えることができないが，この範囲内で当事者が存続期間を定めたときは，それを登記することができる（民法360条）。

vi　利息に関する定めがあるときは，その定め。…不動産質権者は，原則として債権の利息を債務者に請求することができないが（民法358条)[87]，これと異なる定めをすることによりその請求をすることもできる（民法359条）。

vii　違約金又は賠償額の定めがあるときはその定め。

viii　債権に付した条件があるときは，その条件。

---

[86] 質権も同一の債権を担保するために数個の不動産に設定された場合には，登記記録への共同担保目録の記号及び目録番号の記録をもって公示される（規則166条1項）。

[87] 不動産質権者は，原則として目的物の使用収益ができることと引換えであろう（民法356条参照）。

ix　民法346条但書の別段の定めがあるときは，その定め。
　x　民法359条の規定により設定行為について別段の定めがあるときは，その定め。…例えば不動産質権者が，目的物の使用及び収益をしないことの特約を結んだ場合である。
　xi　民法361条において準用する370条但書の別段の定めがあるときは，その定め。

(4)　添付情報

　質権設定登記の添付情報は次のようなものである。これらは一般的添付情報の項で既に述べたものが中心であり，質権設定の登記に特有の添付情報は特に定められていない。

　＊登記原因証明情報（法61条，令別表46の添付情報）　＊登記義務者の登記識別情報（法22条）　＊登記原因について，第三者の許可[88]，同意，承諾を証する情報（令7条1項5号ハ）　＊代理権限を証する情報（令7条1項2号）　＊会社法人等番号（令7条1項1号）　＊申請人等の本人性の担保…電子証明書（電子申請について）または印鑑証明書（書面申請における登記義務者について）。

(5)　登録免許税及び課税価格

　質権設定登記の登録免許税は，抵当権と同様に債権額を課税標準金額としてそこに一定の税率を乗じ，定められた方式で算出した金額である（税法別表第1の1の(5)）。

第5　先取特権の登記

1　概　説

　先取特権は，公平の原則や政策的な観点により法律に定められたもので，一定の債権が生じた場合にそれを被担保債権として債務者の総財産又は特定の財産上に当然発生する担保権である[89]。
　先取特権には，債権の発生原因と目的物により，一般の先取特権，動産の

---

[88] 不動産質権は，目的物の使用収益ができるので，原則として農地を目的に質権を設定する場合には都道府県知事もしくは市町村の農業委員会の許可を必要とする（農地法3条1項）。
[89] 法定担保物権と呼ばれる。

先取特権及び不動産の先取特権がある。このうち一般の先取特権は（民法306条），債務者の総財産上の成立するのでそこに土地や建物があれば登記をすることができる（法3条）。また特定の債権発生にともない特定不動産上に発生する不動産の先取特権も（民法325条），登記をすることができる（法3条）。

先取特権については，その保存，移転，変更（更正）及び抹消についての登記があるが，保存を除いたものは権利一般に共通する登記であり，既に述べた方法にしたがってなされるので，ここでは保存登記に焦点をあてて述べることにする。

2　一般の先取特権の保存と登記の申請

一般の先取特権は，共益費用や雇人の給料などの定められた債権の発生にともない，債務者の総財産上に発生する（民法306条）。

一般の先取特権保存の登記の申請は，以下の手続によってなされる。

(1)　**申請当事者**（共同申請）

先取特権保存登記の申請人は，申請する登記がなされることにより登記記録上に先取特権を取得することになる一定の債権者が登記権利者であり，債務者で土地や建物を所有等している者が登記義務者である（法60条，2条12号13号）。なお，先取特権については権利の性質により債務者ではない第三者が担保目的物を提供することがないので，第三者が登記義務者となることはない。

(2)　**登記事項**

一般の先取特権保存の登記の登記事項は，登記の目的，申請の受付の年月日及び受付番号，登記原因及びその日付，登記に係る権利の権利者の氏名・住所等，権利の登記に共通の登記事項の他，＊債権額，＊債務者の氏名又は名称及び住所，＊所有権以外の権利を目的とするときは目的となる権利，＊二つ以上の不動産に関する権利を目的とするときは，その二つ以上の不動産及び当該権利等，である（法59条，83条1項）。

(3)　**申請情報**

先取特権保存の登記の申請情報は，一般的申請情報である登記の目的・登記原因及びその日付・申請人・添付情報の表示・管轄登記所・申請の年月日・

代理人・登録免許税・土地や建物を特定するための事項等を表示する。このうち登記原因及びその日付については、例えば「令和何年何月から同年何月までの給料債権の先取特権発生」と表示する。

この他，一般の先取特権保存の登記に特有の申請情報として次のものを表示しなければならない（法18条，令3条）。

個別的申請情報（令別表42の申請情報，法83条1項）

それぞれの内容については，基本的に抵当権等他の担保権と共通のものであるが，法定された担保物権であることから限定されたものである。

ⅰ 債権額…一定範囲の債権に関するものである（民法308条等）。
ⅱ 債務者の氏名又は名称及び住所。
ⅲ 所有権以外の権利を目的とするときは，目的となる権利。
ⅳ 二つ以上の不動産に関する権利を目的とするときは，その二つ以上の不動産及び当該権利。この他，同一の債権を担保するために数個の不動産に上に一般の先取特権が成立した場合の，既に登記を受けた不動産の表示は，抵当権と同様である。

(4) **添付情報**

一般の先取特権保存の登記の添付情報は，次のようなものである。これらは一般的添付情報の項で既に述べたものが中心であり，先取特権保存の登記に特有の添付情報は特に定められていない。

＊登記原因証明情報（法61条，令別表42の添付情報）　＊登記義務者の登記識別情報（法22条）　＊代理権限を証する情報（令7条1項2号）　＊会社法人等番号（令7条1項1号）　＊申請人等の本人性の担保…電子証明書（電子申請について）または印鑑証明書（書面申請における登記義務者について）

(5) **登録免許税及び課税価格**

一般の先取特権保存の登記の登録免許税は，抵当権と同様に債権額を課税標準金額としてそこに一定の税率を乗じ，定められた方式で算出した金額である（税法別表第1の1の(5)）。

3 不動産の先取特権の保存と登記の申請

(1) 概　説

不動産の保存，工事及び売買により債権が発生した場合，それを担保するためにそれぞれ対象とする不動産上に先取特権が発生する。不動産保存の先取特権は，不動産を保存するために要した費用の請求権を担保するものであり，保存行為完了後に直ちに登記をすることが求められている（民法 337 条）。不動産工事の先取特権は，大工や建築等の技術者又は請負人が，債務者の不動産に関しておこなった工事費用の請求権を担保するものであり，工事着工の前に工事費用の予算額を登記すること[90]が求められている（民法 338 条 1 項）。不動産売買の先取特権は，不動産売買の代金と利息を担保するものであり，売買契約と同時[91]に代金や利息の支払いが未了である旨の登記をすることが必要である（民法 340 条）。

不動産の先取特権保存の登記の申請は，以下の手続によってなされる。

(2) 申請当事者（共同申請）

不動産の先取特権保存登記の申請人は，申請する登記がなされることにより登記記録上に先取特権を取得する一定の債権者が登記権利者であり，債務者が登記義務者である（法 60 条，2 条 12 号 13 号）。この場合の登記義務者は，他の権利が成立したことによる設定登記と同様に不動産の所有権の登記名義人である。しかし，建物新築による不動産工事の先取特権の保存の場合，登記申請が工事の着工前であり，未だ登記簿が存在しないので，登記上直接に不利益を受ける登記名義人もいない。そこで，手続をするために，工事により生ずる不動産の所有者となるべき注文主が登記義務者とみなされる（法 86 条 1 項）。

(3) 申請情報

不動産の先取特権保存の登記の申請情報は，前述の一般の先取特権のそれと基本的に同様であり，一般的申請情報である登記の目的・登記原因及びその日付・申請人・添付情報の表示・管轄登記所・申請の年月日・代理人・登

---

[90] 申請時期の実質について登記官の審査が及ぶことはないが，工事着工後の不動産工事先取特権保存の登記は，実体上無効なものである（大判大正 6・2・9 民録 23 輯 244 頁）。

[91] 売買による所有権移転登記等と，時間的に同時にしなければならない（昭和 29・9・21 民事甲 1931 号通達）。

録免許税・土地や建物を特定するための事項等を表示する（法18条、令3条）。このうち、不動産売買の先取特権保存の申請情報の登記原因及びその日付については、「令和何年何月何日売買の先取特権発生」のように表示し、建物新築工事の先取特権保存の登記原因及びその日付は、「令和何年何月何日新築請負の先取特権発生」のように表示する。また、建物を新築する場合の不動産工事の先取特権の保存については、不動産が未だ存在していないのでそれを識別する情報もないために、設計書に基づいて新築予定建物の所在と、種類・構造・床面積等及びそれらが設計書に基づく旨を表示する（令別表43の申請情報ロ～ヘ）。

この他、不動産の先取特権保存の登記に特有の申請情報として、次のものを表示しなければならない。

個別的申請情報（令別表42の申請情報、法83条1項）

それぞれの内容については、一般の先取特権と基本的に共通である。

ⅰ 債権額…不動産工事の先取特権保存については、工事費用の予算額を表示する。

ⅱ 債務者の氏名又は名称及び住所。

ⅲ 所有権以外の権利を目的とするときは、目的となる権利（建物を新築する場合の不動産工事の先取特権については除かれる）。

ⅳ 二つ以上の不動産に関する権利を目的とするときは、その二つ以上の不動産及び当該権利。

ⅴ この他、不動産売買の先取特権の保存について当事者に利息の約定があれば、それも表示すべきである[92]。

(4) **添付情報**

不動産の先取特権保存の登記の添付情報は、次のようなものである。これらは一般的添付情報の項で既に述べたものが中心であり、不動産の先取特権保存の登記に特有の添付情報は特に定められていないが、建物新築に関する不動産工事先取特権の保存に限って加えられるものがある。

---

[92] 利息に関する定めは申請情報とされていない（令42条、法83条参照）。しかし、利息は売買の先取特権の被担保債権であるし（民法340条）、旧法においても手続上に明文の規定はないなかで（旧法115条参照）実務上登記し得るものであったので（昭和58・11・10民三第6400号民事局長通達参照）、当事者間に利息の定めがあれば登記できるものと解する。

＊登記原因証明情報(法61条，令別表42，43の添付情報)　＊登記義務者の登記識別情報（法22条)…建物新築に関する不動産工事の先取特権保存については，申請時に登記識別情報が登記義務者の手元にないので，その提供を要しない(法86条1項)。不動産売買の先取特権の保存については，その申請が売買による登記と同時になされることから，この登記識別情報は提供を要しない。＊代理権限を証する情報（令7条1項2号）　＊会社法人等番号（令7条1項1号）＊申請人等の本人性の担保…電子証明書（電子申請について）または印鑑証明書（書面申請における登記義務者について）　＊新築建物の設計書(図面を含む)の内容を証する情報…建物新築に関する不動産工事先取特権の保存の申請に限って必要である(令別表43の添付情報ロ)。

(5) 登録免許税及び課税価格

不動産の先取特権保存の登記の登録免許税は，一般の先取特権と同様に債権額を課税標準金額としてそこに一定の税率を乗じ，定められた方式で算出した金額である（税法別表第1の1の(5))。

(6) 建物新築に関する不動産工事先取特権保存の手続上の特徴

① 登記の記録上の特徴

建物新築に関する不動産工事先取特権保存は，物権の一般原則と異なり権利の客体である物，この場合には建物が未だ存在しないところでその登記がなされるところに特徴があり，したがって登記の記録も他の権利にはない方法がとられている。

先ず，登記が申請された時点では登記記録が存在しないので，新築する建物並びにその建物の種類・構造・床面積が設計書による旨とともに記録される(法86条2項1号)。次に，登記記録の権利部の甲区に登記義務者の氏名又は名称及び住所の表示と(法86条2項2号)，それを建物の新築工事に関する不動産工事の先取特権の保存登記をするために登記する旨の記録をし（規則161条)，その後に権利部の乙区に先取特権保存の登記がなされる。

② 建物の完成

建物新築に関する不動産工事の先取特権の保存の登記をした後に，工事が完了して建物が完成した場合には，建物の所有者には遅滞なく所有権保存の登記を申請することが，法律の上で求められている（法87条)[93]。次に所有者

により所有権保存登記の申請がなされると，甲区になされた登記義務者等の記録は登記官により抹消される（規則162条2項）。

---

[93] 権利に関する登記について，このように登記すべきことを求める規定は極めて珍らしい。

第6章　共同申請とは異なる申請

第1　概　説

　前項まで所有権を始め用益権や担保権についての登記の手続を述べてきたが、それらはいずれも土地や建物に権利の変動が生じたことによって登記を必要とする者が、定められた相手とともに任意に行う共同申請によるものが中心であった。これに対し、登記の申請を行うべき者が任意に手続を行わない場合は、判決に基づいて一方の当事者だけで手続をすることや［判決による登記］、一定の登記を法律の規定に基づいて第三者が代わって行うことが［代位登記］、さらに手続をなすべき者が死亡したり合併により消滅した場合には、それらの者の相続人等の権利・義務を承継した者が手続を代わって行うことも認められている［一般承継人による申請］。また各種権利について登記名義を有する者が死亡した場合や合併した場合には権利の承継が生ずるが、それが実体的に明らかでありしかも手続的に証明しやすいことから、権利を承継した者だけによる申請が認められる［相続による登記・合併による登記］。この他、登記名義を有する者の住所や氏名等が変わった場合、そのことを登記記録上に表すのは権利の得喪とは無関係であるので、登記名義人のみによる申請が認められている［登記名義人住所等の変更の登記］。

　判決や代位、相続人による登記の申請や、相続・合併を登記原因とする登記そして登記名義人の住所等の変更の各手続については、権利の種類あるいは登記の形態をあまり問わない横断的な手続なので、それぞれの権利の項ではなくここでまとめて説明することにした。なお、判決や相続を登記原因とする登記や登記名義人の住所等の変更の登記などは、共同申請ではないので単独申請[1]と呼ばれている。

---

[1] 単独申請とは、当事者の対立構造によらないで、主に登記権利者だけでなされる登記申請の形式を指すもので、共同申請に対する登記手続上の概念である。したがって、申請人が数名いる場合でもこの形式であれば単独申請である。

第1 概説

単独申請について

　既に述べたが，権利に関する登記の申請は，登記（記録）内容の実体関係との符合（信憑性の確保）の観点から，求める手続の結果である登記（記録）を基準に，まず利益を受ける者（登記権利者）を当事者とするが，それだけでなく不利益を受ける者をも登記義務者として当事者に加え，双方が共同して行うことを原則としている。しかし，様々な手続きの中には，共同申請のどちらか一方だけでも登記と実体関係の符合を確保できる，と考えられるものがある。

　この代表に，判決による登記と相続を登記原因とする権利の移転登記や，登記名義人の住所等の変更登記があるが，他にも種々なものがある。それぞれの手続きは以下本文で個別に扱い，そこでも単独申請を可能とする趣旨にふれるが，ここでは整理の仕方を念頭に説明をしておく。

　まず，単独申請は，それぞれに可能とする理由があるが，整理すると手続きが①単独でしかなし得ないもの，②共同申請でも可能であるが，単独でもできるとするもの，に分けられる。なお単独申請の整理の際には，誰が手続きを行うかにも着目する必要がある。

　①は，判決による登記・相続を登記原因とする権利移転の登記・登記名義人の住所等の変更登記が主なものであり，一部の所有権保存登記などもこれに該当する。②には，仮登記や抹消登記にそれがみられる。

　次に，①と②で括ったそれぞれについて，単独申請の理由を少し踏み込んで考えてみよう。①にある判決による登記は，そもそも共同申請で行うべきところ当事者の一方が協力しないことから争いになり，登記手続をなすべきことを認めた判決を得た一方の当事者が申請を行うのであるから，単独でしかなし得ないのである（もっとも，判決が出た後，他方の当事者が手続きに協力することも考えられなくはないが。）。相続による権利の移転登記は，本文でも後述するが，仮に（形式的ではあるが）共同申請でそれを行うとした場合に登記義務者となるべき者（登記の上で不利益を受ける者）は死亡した登記名義人であり，無理やり共同申請を適用すると死亡した登記名義人に代わってその相続人が登記義務者の役割を担うことになってしまい，そこに登記権利者である相続人自身が含まれて来る（法62条（一般承継人による申請）参照）。そうすると，登記権利者と登記義務者が同一人（だけではないが）に帰すことになるのである。このことに加え，戸籍制度が整備されているわが国では相続による権利の承継が形式的に証明し易いことがあるので，相続人が単独で申請することを認めたものと考えられる。このほか，登記名義人の住所等の変更の登記は，登記名義人の記録事項である住所や氏名が変わったことを報告することが目的であり，それをしたことによる権利関係への影響は考えられないことから，登記名義人が自分だけで手続きを行うことを認めたものである。

　②は，仮登記と抹消登記にその規定が置かれている。この手続きは，共同申

請もできるが，単独申請も可能であるところが要点である。ただし注意すべきは，誰が申請するのか，その他①と同様に，申請を可能とする理由，共同申請をする場合との相違点，を中心に整理すると理解がし易い。例えば，仮登記について単独申請を認める理由は，仮登記が予備的な登記であるところにある。要件は「仮登記義務者の承諾」であり，この場合は登記権利者が単独で申請することができる。さてここで思い出して欲しい。仮登記といえども登記であるから，共同申請の原則は維持される。したがって，仮登記は，共同申請ができるしその一方で，要件を満たせば単独申請も可能である。

　仮登記の抹消は，仮登記名義人自身が単独で申請できるし，仮登記名義人の抹消への承諾を得ればその仮登記に対する登記上の利害関係人が単独で申請することができる。誤解の無いように確認するが，仮登記の抹消は，仮登記ではなく通常の抹消の登記である。通常の登記に単独申請を認める理由は，抹消の対象が仮登記であり，それが上述のように予備的性質を持ち，当初の手続きで単独申請も可能としているので，それとの衡平をはかったものと考えられる。抹消登記にはこの他にも独自の理由を持つ単独申請の規定が置かれているが，本書の性格からこれ以上言及しない。

第2　相続による登記

1　概　説

　ある人が死亡すると相続が開始し，死亡した者（被相続人）に帰属していた権利・義務は，一身に専属するものを除き一切が相続人に承継される（民法896条）。相続人が不動産あるいはそれを目的とした権利を承継した場合には，その相続人は相続を原因とした権利の移転の登記を単独で申請することができる（法63条2項）。

　相続による登記が共同申請ではなく登記権利者の単独申請でなしうる理由には，仮に相続を登記原因とする登記を共同申請で行うとすれば，形式的に登記義務者と考えられる者が既に死亡していること[2]，その他，わが国では戸籍制度が整備されているために，相続の事実が登記官において手続的に容易に判断しうることなどが考えられる。

---

[2] 相続による登記をあえて共同申請で行うとすれば，既に死亡している登記義務者に代わって手続を行うべき者が，登記権利者となる相続人自身である（法62条参照）。

2　申請の手続（単独申請）

相続を登記原因とする権利の移転の登記は,以下の手続によってなされる。

(1)　申請人

申請人は，登記の目的である不動産について登記名義人から相続により権利を承継した相続人である（法63条2項）。したがってここでの相続人とは，死亡した者に対して抽象的な意味において相続権を有する者としての相続人ではなく，被相続人である登記名義人から特定の不動産あるいはその権利を現に相続により取得した者である[3]。より具体的にいえば，A・B・Cが共同相続人である相続において，相続財産はその相続人全員の定められた相続分（民法900条，901条）[4]による共有とされるので[5]，相続財産中の不動産に対する権利の移転の登記を申請する場合には，共同相続人であるA・B・C全員がここでいう相続人である。次に，この例で法定相続人A・B・Cが遺産分割協議を行い，相続財産中のある土地についてはA一人が相続すると合意した場合，ここでいう相続人はAである[6]。この他，法定相続人はA・B・Cであるが，寄与分により（民法904条の2）又はB・Cが具体的相続分のない特別受益者（民法903条）であることによってAが不動産を単独で相続した場合にも，ここでの相続人はAである。

なお，ある不動産について共同相続人がその相続分による登記を経た後に，遺産分割の協議により特定の相続人の単独所有等になったことによる権利（共有持分権）の移転登記は，登記原因が遺産分割であって相続ではないので，ここでの相続による登記ではなく共同申請による登記の手続をしなければならない[7]。

---

[3] 相続開始時における被相続人の配偶者の胎児は，相続に関しては権利能力を有するので，ここでの相続人になることができる（民法886条）。なお，胎児を相続人としてする登記の申請に，医師の懐胎を証する情報は要しない（登記研究191号参照）。

[4] 一般にこの持分を，法定相続分あるいは法定持分と呼ぶ。

[5] 共同相続による登記の申請は，共有物に関する保存行為と解されているので，相続人全員のためにそのうちの1人から申請することができるが，申請者が自己の相続分に関してのみの登記を申請することはできない（昭和30・10・15民事甲第2216号民事局長回答）。

[6] 遺産分割の協議を経て権利の承継がなされた場合，その効果は相続開始時に遡及するので（民法909条），法定相続人全員に対する共同相続の登記を経ることなく，相続を登記原因とする登記をすることができる。

[7] 既に述べたところの，共有者の持分の移転登記の手続である。

(2) 申請情報

相続を登記原因とする権利の移転登記は，所有権はもとより様々な権利についてなしうるが，その申請に関して特有の申請情報が決められているわけではなく（令別表22の申請情報参照），基本的には各々共同申請によるものと同様であり（法18条，令3条），ただし相続人の単独申請のために登記義務者の表示はなされない[8]。

(3) 添付情報

相続を登記原因とする権利の移転登記の申請には，一般的添付情報の項で述べた中で該当するものの他，相続を証する市町村長等が職務上作成した情報及びその他の登記原因を証する情報（令別表22の添付情報）[9]を加えて提供しなければならない。

① 相続を証する市町村長が職務上作成した情報[10]

具体的には戸籍に関する情報である。戸籍に関する情報（戸籍謄本等）は，登記名義人である被相続人と相続人との一定の親族関係を証するためのものであり，これにより相続関係や共同相続における各相続人の法定相続分が明らかにされる（民法886条〜901条参照）。

ところで，この場合の戸籍に関する情報は単一のものではない。戸籍は原則として，市町村の区域内に本籍を定める一つの夫婦及びこれと氏を同じくする子ごとに編成されるので（戸籍法6条），先ず出生時には一般的に両親の戸籍にその子として加えられる。その後婚姻すると，配偶者とともに独立した戸籍が編成され，子が生まれるとそこに加えられる。またこれとは別に，本籍を移動する等で表示の内容が変わる場合がある。このために，被相続人と相続人の相続関係を表す戸籍に関する情報は，被相続人の出生から[11]死亡時

[8) 申請情報には，共同申請と同様の登記義務者の表示はしないが，登記の連続性を登記官の審査に係らしめるための手続上の形式的な登記義務者の表示として，「被相続人何某」と表示する。
[9) 結論的にいえば，これらは登記名義人から申請人たる相続人への権利承継の過程を形式的に証する情報である。
[10) 相続を登記原因とする権利の移転登記を書面で申請する場合，申請人がいわゆる**相続関係説明図**を申請書に添付すれば，戸籍謄本（抄本）及び除籍謄本に限り，その相続関係説明図をもって戸籍謄本等の写しとして原本還付の手続をすることができる（平成17・2・25民二第457号民事局長通達第1の7)。
[11) 法務省HP 不動産登記申請書様式(20)の記載例（注6）による（http://houmukyoku.moj.go.jp/homu/minji79.html)。

のものまでを，その間に転籍がなされた場合にはそれをも含め，時系列に従い形式的に接続させた全てを提供しなければならない[12]。

② その他の登記原因を証する情報

相続人が，登記原因であるところの相続により権利を取得したことを明らかにする情報であり，具体的には次のようなものが主なものである。

ⅰ 遺産分割協議の成立を証する情報…共同相続人間で遺産分割の協議がなされた場合[13]に（民法906条〜909条参照），その内容結果を表した共同相続人の全員[14]が作成した情報[15]である。

ⅱ 相続放棄申述受理の証明に関する情報…家庭裁判所の証明である（民法938条）。

ⅲ 特別受益者に該当する旨の情報…共同相続人中に，民法903条に該当して具体的な相続分が存在しない者等がいる場合に，それを証する本人の作成した情報である。

ⅳ 相続権を失った者の証明…相続人中に，相続の欠格者(民法891条)がいる場合には，欠格者であることを証する本人の作成した情報や確定した裁判に関する情報である[16]。

相続に関する登記原因を証する情報の代表例は，①に②を加えたものである。なお，共同相続人が民法所定の相続分（法定相続分）を取得したことによる登記を申請する場合には，基本的には①の情報で足りる[17]。

3 数次相続による登記

(1) 概 説

例えば，甲土地を所有していたAが死亡し，その相続人であるB・C・Dが

---

[12] なお，実務ではここでの戸籍に関する情報を，登記官の認証文の付いた法定相続情報一覧図の写しをもって代えることもできる。
[13] 未成年者とその母がともに共同相続人である場合，相続財産について遺産分割の協議をするためには未成年者の子のために特別代理人の選任を要する（民法826条1項）。
[14] 共同相続人中に，遺産分割協議の成立後に死亡した者がいる場合には，本人に代わってその相続人が，遺産分割協議が成立したことを証明することができる（登記研究294号）。
[15] 共同相続人が，各自作成した情報（遺産分割協議の成立したことを証明するもの）であっても足りる。
[16] 昭和33・1・10民事甲第4号通達参照。
[17] この場合，共同相続人各自の相続分は，登記官において明白であることによる。

遺産分割の協議により甲土地についてはBが相続する旨の合意をしたが，Bがそれによる登記未了の間に死亡し，Bを被相続人とする相続が更に開始することがある。このような場合，甲土地の所有権は既にBを経由しているのでBの相続人の例えばE・Fが共同相続することができる。これによる甲土地の所有権に関する登記は，まず登記名義人であるAからその相続人であった亡Bに対して相続を登記原因とした所有権移転登記をなし[18]，その後更にBを被相続人として，相続を登記原因としたE・Fを相続人とする所有権移転登記へと，個々の相続ごとにその経過をたどりながら現在の所有者まで順次進めていくのが手続本来の姿であろう。しかし，この例のように中間の相続人が1人[19]であった場合には，登記上においてその者（B）の名義とする登記をおこなう実益に乏しいので，登記上の被相続人Aよりその者の相続人であった亡Bに登記名義を移すことなく，直接次の段階の相続人であるE・Fの名義とするための権利の移転登記をすることが認められている[20]。このように重なった相続による登記を，数次相続の登記と呼んでいる[21]。

(2) 申請の手続

数次相続による権利の移転登記の申請についての申請情報と添付情報は，いずれも基本的には通常の相続による権利の移転登記と変わらない。このうち申請情報の登記原因については，上述の例であれば「平成何年何月何日B相続，令和何年何月何日相続」のよう重ねて表示し，添付情報については，数次の相続に関する各々の相続を証する市町村長等が職務上作成した情報及びその他の登記原因を証する情報をあわせて提供する。

---

[18] この手続は，後述の相続人による登記として，死亡したBのためにその相続人であるE・Fがすることができる。

[19] 抽象的な意味での相続人が1人ではなく，ある不動産を遺産分割を経由して1人が取得した場合も相続人が1人であり，ここでの数次相続をすることができる（昭和30・12・16民事甲2670号民事局長通達）。なお，中間の相続人が共同相続である場合には，それらの者の相続の開始や相続の形態が全く異なるものになるので（つまり登記原因が同一ではない），このような数次相続による登記をすることができない。

[20] 明治32・3・7民刑局長回答。

[21] この登記は，許容された中間省略登記だといえる。

4　特別縁故者への財産の分与の登記
(1)　概　説
　ある人が死亡し，相続人が不存在である場合に，家庭裁判所は被相続人と生計を同じくしていた者や，療養看護に努めた者などの特別縁故者の請求により，その者に対して審判により相続財産の分与をすることができる（民法958条の3）。これによる特別縁故者への権利移転の登記は，判決による登記に準じて[22]特別縁故者より単独で申請することができるものとされている[23]。なお，相続人が不明である場合に相続財産は法人とされるので（民法951条），この登記を申請するにあたっては，被相続人の登記名義をあらかじめその者の相続財産とする登記名義人の表示を変更する登記をしなければならない[24]。

(2)　申請の手続
　特別縁故者への財産の分与の登記の申請は，上述のように判決による登記に準じて特別縁故者の単独申請によってなされるが，登記原因は「民法第958条の3の審判」であり，その日付は審判の確定した日である。

5　会社等の法人の合併による権利の移転登記
(1)　概　説
　株式会社などの法人が合併した場合は，自然人の相続と同じように権利・義務の承継が行われる（会社法2条27号，同28号，同法750条1項，754条1項等）。そしてこの場合も，合併の経過などは商業登記により明らかなので，不動産上の権利の移転登記については，存続会社等権利を承継した法人が単独で申請することができる（法63条2項）[25]。
(2)　申請の手続
　法人の合併による権利の移転登記の申請情報については，登記原因を合併

---

[22] 財産分与は，家庭裁判所の審判（家事審判法9条参照）によってなされる。
[23] 昭和37・6・15民事甲1606号民事局長通達。
[24] 昭和54・3・31民三第2112号民事局長通達。
[25] 旧法においては，法文上に規定はなかった（旧法27条参照）。しかし，実務上は本文で述べたような理由により，旧法27条を類推適用して単独申請することが古くから認められていた（明治40・6・17民刑262号民刑局長回答）。

とし，その他は相続によるものと基本的に同様である。添付情報は，一般的添付情報の項で述べた中で該当するものの他，登記原因を証する情報として法人の合併を証する登記官等の公務員が職務上作成した情報を提供しなければならない（令別表22の添付情報）。

6 相続に関連する登記
(1) 概 説
相続をめぐっては，それを直接の登記原因とする前述の登記以外に，遺贈や遺留分の減殺がなされたことによる登記がある。これらの手続は共同申請でなされるものであり，遺贈や遺留分の減殺はそれによる所有権移転登記等の登記原因の問題に過ぎないけれど，相続に関連することもあるのでここで簡単に述べておくことにする。

(2) 遺贈による登記と申請
遺言により土地や建物[26]の贈与がなされた場合，贈与を受けた者（受遺者）はそれによる登記をすることができる。遺贈には特定と包括の二つがあり（民法964条），包括遺贈を受けた受遺者は相続人と同様の権利義務を有するが，相続により権利を承継したわけではないので単独で登記の申請をすることはできない（法63条2項参照）。遺言には幾つかの方式があり，遺言書は公証人が作成したもの以外は遺言者が死亡した際に家庭裁判所の検認を受けることが必要である（民法1004条）。遺言の執行に関しては，遺言執行者[27]がいる場合にはその者が，いない場合には相続人が行なう。なお遺言執行者は，相続人の代理人である（民法1015条）。

遺贈による所有権移転登記[28]を申請する際の登記権利者は受遺者であり，登記義務者については，遺言執行者がいる場合には遺言者，遺言執行者がいない場合には相続人である[29]。申請情報については，登記原因を遺贈[30]とす

---

[26] この場合は所有権の贈与だが，他の権利でも基本的には同様である。なおここでは所有権についてのもので述べることにする。

[27] 遺言執行者は，遺言者が遺言により指定することができるが（民法1006条），家庭裁判所が利害関係人の請求により選任することもできる（民法1010条）。

[28] 遺贈による登記は，登記名義人である遺言者が死亡した後になされるものであり，したがってその申請の基本的構造が，次に述べる登記義務者の死亡の場合の一般承継人による登記と同じである。

る他は一般的な所有権移転登記と同様である。添付情報も基本的には通常の所有権移転登記と同様であるが，遺言執行者が申請する場合には，代理権限を証する情報として，その選任を明らかにする情報[31]を添付しなければならない。

(3) 遺留分減殺による登記と申請

被相続人のなした遺贈もしくは贈与によって相続人がその遺留分を侵害された場合，遺留分権利者である相続人は遺留分を保全するために必要な限度で遺贈又は贈与の減殺を請求することができる（民法1031条）。減殺の請求がなされると遺贈や贈与の効力が将来に向けて失われ，相続人が土地や建物を取得することがある。

遺留分減殺請求による所有権移転の登記は，減殺請求をした相続人と被請求者である受遺者又は受贈者が共同して申請するが，その申請情報は一般的な所有権移転登記と同様である。なお，登記原因は遺留分減殺でありその日付は減殺請求をした日である。添付情報についても，一般的な所有権移転登記のそれと同様のものが求められる[32]。

第3 一般承継人による申請

1 概　説

不動産登記は，不動産をめぐる取引の安全を目的に権利関係を公示する制度であり（法1条），したがって権利の変動が生じた場合に速やかにそれによる登記をすることが望ましい。ところがわが国において，登記は実体法の上で権利の変動に直接必要な要件とされていないこともあって（民法177条参照），

---

[29] 登記研究462号，香川保一・全訂不動産登記書式精義上611頁。
[30] 登記原因では，包括遺贈と特定遺贈の区別はしない。
[31] 遺言執行者が，遺言により指定されている場合は遺言書が，家庭裁判所が選任した場合にはその選任を証する情報及び前者の場合には代理権が発生したことを証するために遺言者の死亡を証する情報を加えて添付する。相続人が申請する場合には，遺言者と相続人の相続関係を明らかにする市町村長の作成した戸籍に関する情報をも添付しなければならない（香川保一・全訂不動産登記書式精義上613頁参照）。
[32] 農地について遺留分の減殺がなされたことによる所有権移転登記の申請については，農地法上の許可に関する情報（令7条1項5号ハ）の添付は要しない（登記研究233号参照）。

権利の変動と登記の手続との間に時間的な隙間が空いてしまい，その間に本来であれば登記をなすべき当事者が死亡等してしまう事態も起こりうる。そこでこのような場合には，本来の手続当事者に代わり，その者の相続人[33]や合併により権利を承継した会社やその他の法人のような一般承継人が，登記の申請を行うことができることとしている（法62条）。

ところで，登記権利者が死亡したことによりその共同相続人が一般承継人として登記の申請をする場合（相続人による登記という。），登記を求める権利の行使が共有物の保存行為と解されていることから，共同相続人中の1人が全員のためにその手続をすることができる。これに対して登記義務者が死亡した場合にはその共同相続人の全員が義務を承継するので，一般承継人としての登記の申請は全員で行わなければならない[34]。

2　申請の手続

一般承継人により登記の申請を行う場合の申請情報と添付情報は，ともに本来の当事者がなすべきであった申請に関するそれらのものが基本であり[35]，これに次のものが加えられる。

(1) 申請情報

申請人が，登記権利者，登記義務者又は登記申請人の一般承継人である旨の表示（令3条11号ロ）

被承継人が登記名義人となる登記を申請する場合には，被承継人の氏名又は名称及び相続等一般承継時の住所の表示（令3条11号ハ）[36]。

(2) 添付情報

一般承継を証する，市町村長，登記官その他の公務員が職務上作成した情報（令7条1項5号イ）

---

[33] これを，相続人による登記と呼んでいる。
[34] 登記研究129号，同130号参照。
[35] 登記名義人となる登記権利者もしくは申請人が死亡したことによる所有権の移転または保存の登記を申請する場合，申請情報に添付すべき登記権利者等の住所を証する情報は（令別表30の添付情報ロ等），死亡した者の最後の住所を証する情報である。
[36] 登記権利者が登記名義人となる登記の申請については，死亡等した本来の登記権利者が登記名義人となるので，その者の氏名及び住所（最後の住所）等を申請情報上に表示させるのである。なお，これによる登記を死者名義の登記と呼ぶことがある。

本来の申請当事者と一般承継人との権利の承継関係[37]を明らかにする情報であり，自然人の場合には戸籍に関する情報，会社の合併については商業登記上の証明である。

第4　判決による登記

1　概　説

不動産をめぐる権利の変動が生じたが，それによる登記を共同してなすべき登記義務者が手続に協力しない場合，登記権利者はその協力を求めて登記義務者を訴え，登記をなすべき旨の勝訴判決を得て単独で登記の申請をすることができる（法63条1項）。

ここでいう判決は，登記義務者の登記所に対する登記申請の意思に代わるものであるために，登記をなすべき意思表示を命ずる給付判決であることが必要であり[38]，確定しているものでなければならない[39]。

次に登記手続をなすべきことを内容とする裁判上の和解や調停の各調書は，確定判決と同一の効力を有するので（民事訴訟法267条他），ここでの判決に含まれる[40]。また家事審判法15条による審判も同様であるが，公正証書は登記すべきことを内容としていてもここでの判決には含まれない。

なお，これとは逆に登記権利者が手続に協力しない場合にも，登記義務者が判決を得て単独で登記の申請をすることができる（法63条1項）[41]。

2　申請の手続（単独申請）

判決による登記の申請は，共同でおこなうべき申請手続の代替形式である

---

[37] 相続や合併の関係を明らかにするものである。
[38] 旧法では判決の内容まで示していなかったが（旧法27条）このように解されていた（大正15・6・23大審院判決民集536頁）。新法はこの点を明確にしたものであろう。なお，確認判決や形成判決はここでの判決から除かれる。
[39] この判決には原則として執行文の付与を必要としないが（民事執行法173条1項），判決の内容が被告に対し反対給付と引換えに登記申請をなすべき旨を命じている場合などは，執行文を必要とする（民事執行法173条1項但書）。
[40] 明治33・1・17民刑局長回答，昭和29・1・6民事甲第2460号民事局長回答等。
[41] しかしそのような例は，実際稀であろう。

ので，申請の行為が判決を得た登記権利者等の単独でおこなわれる他，申請情報は当事者の共同申請による場合と同様である。添付情報については，登記原因を証する情報として執行力のある確定判決の判決書の正本を提供しなければならないが(令7条1項5号ロ(1))，登記の申請行為に関わらない者に求められる添付情報，例えば登記権利者が単独で申請する場合の登記義務者の登記識別情報等は不要であり，その他は共同して申請する場合と同様である。

第5 債権者代位による登記

1 概 説

　債権者は，自己の債権を保全するために債務者に属する権利を行使することができるので(民法423条)[42]，その権利が登記の申請に関するものであれば，債権者は債務者に代わって登記申請の手続をすることができる[43]。このような登記の申請形式を代位申請，またこれによってなされる登記を代位登記と呼んでいる。

　ところで代位申請は，債務者が登記権利者もしくは単独の申請人となって申請すべき登記に限って認められると解されている[44]。なぜなら，仮に債権者が債務者の有する全ての登記申請権を代位して行使できると解した場合，例えば売買による買主が，売主に対して有する自己の登記請求権を保全するために，その債権者として売主（債務者）の登記義務者としての登記申請権を代位して行使することを容認し，結果としては登記権利者だけの申請を許容することに繋がってしまい，これでは代位資格の証明に確定判決が求められない代位申請によって[45]，共同申請が事実上空洞化してしまうからであ

---

[42] この他，法令により本来の申請人に代わって別の者が登記の申請を認められている場合があり，この場合も代位申請がなされる（農地法による不動産登記に関する政令9条1項，土地改良登記令2条等）。
[43] 債権者の代位権行使については，実体上債権者の保全する権利の内容によって債務者の無資力を要件とするか否かに議論があるが（於保不二雄・債権総論148頁），被保全権利が登記請求権である場合，判例・通説ともに債務者の無資力を要件としないと解している（明治43・7・6大民判・民録16輯537頁）。登記手続の上でも，代位申請に際して債務者の無資力を証する情報等を必要としてはいない。なお，これを疑問視する説もある（我妻栄・新訂債権総論163頁）。
[44] 言換えると，代位者（債権者）は，被代位者（債務者）が登記権利者もしくは単独申請の登記申請人となる場合に限り，代位による登記の申請をすることができる。

る[46]。なお，代位権の代位行使も許されると解されている[47]。

2　申請の手続（代位申請）

　債権者代位による登記の申請は，債権者（代位者）が債務者（被代位者）の手続的な地位を代わって行使するものであり，共同申請であれば登記義務者とともに，単独申請であれば債権者のみで，それぞれの手続をおこなうことができる。そしてこの申請も，求める登記は既に決まっているなかでの共同申請に代わる手続の一形式に過ぎないので，申請情報は当事者が本来申請する場合と基本的には同様であり，そこに代位者の氏名又は名称及び住所と代位原因及び申請人が代位者である旨を加えて表示する（令3条4号）。ここでの代位原因については，債権者が債務者との関係で保全すべき債権の生じた法律的な原因関係と，その債権を記載する。例えば，売買による所有権移転登記請求権を保全するために代位する場合には，「令和何年何月何日売買の所有権移転登記請求権」のように表示する。

　次に添付情報については，これも原則としては本来の申請に必要なものであり，それに代位原因を証する情報を加えて提供しなければならない（令7条1項3号）。

　なお，代位申請による登記がなされた場合，登記記録上には登記が代位によりなされた旨を明らかにするために，代位者の氏名又は名称及び住所と代位原因が記録される（法59条7号）。

第6　登記名義人の氏名もしくは名称又は住所の変更の登記

1　概　説

　権利を有する者は，登記記録の上に自然人であれば氏名，会社その他の法人は商号等の名称そして各々の住所が記録されるけれど（法59条4号），その者

[45) 幾代通・不動産登記法 86 頁。
[46) 実務上は，抵当権者が債権者として設定者に代位しての抵当権設定登記の申請が拒否された例がある（大正 4・11・6 民 1701 号法務局長回答）。
[47) 船橋諄一・不動産登記法 127 頁。大判昭和 5・7・14 民集 9 巻 252 頁。

が転居や商号の変更をすれば，登記記録と事実の間に不一致が生ずる[48]。そして，名義人がこれを放置したまま登記義務者として他の登記を申請すると，申請情報上の登記義務者の表示と登記記録の該当すべき表示とが形式の上で一致しないために，登記官の審査権の範囲においては登記義務者であるとの判断がなされずに，その登記が却下される（法25条7号）。

　登記記録とそれに本来符合すべき実体関係の不一致の解消は，登記原因に応じて変更登記あるいは更正登記によって行うが，登記名義人の氏名，名称又は住所の変更あるいは更正に関しては，権利そのものの変更（更正）ではなく，それをすることに利害関係を有する者も考え難いことから，登記名義人が単独で申請できるものとされている（法64条1項）。なお，住所の表示が行政区画又はその名称の変更等の行政上の理由による場合には，登記記録上の行政区画等について，変更の登記があったものとみなされる（規則92条）。

　ところで，この登記名義人の氏名等の変更（更正）の登記は，登記名義人の住所や氏名等の表示について事実と登記記録を一致させることを目的したものであり，変更の過程までをも記録させる趣旨ではない。したがって，甲地の住所をもって記録された登記名義人がその後乙地，さらに丙地へと転居を数回繰り返したような例においては，登記記録上に表示された名義人の住所等がどのような経過をたどって現在のそれになったかを証明する情報は必要であるものの，申請情報の登記原因及びその日付には現在の住所地である丙地への住所移転及びその日付を表示して，登記上の住所を現在のものとするための登記の申請をすることができる[49]。同様の理由により，本来登記の申請情報は登記原因と登記の目的に応じて作成しなければならないところ（令4条），例えば登記名義人について住所の移転による変更と氏名に誤りがあることによる氏名の更正の各登記を，同一の申請情報ですることもできる（規則35条）[50]。さらに，例えば同一の登記所の管轄区域内にある甲土地につい

---

[48]この変更は，権利の主体の変更ではない。なお会社の組織変更については（会社法2条26号，745条1項，747条1項），登記の上では名義人の名称の変更の登記をすることになっている。

[49]登記研究109号参照。ちなみに，登記名義人が転居を繰り返した後に登記記録上の住所地に戻った場合には，登記名義人の住所の変更の登記を要しない（登記研究379号参照）。

[50]この両者は，登記の目的が登記名義人住所の変更と登記名義人の氏名の更正で異なり，しかも登

てはA地を，乙土地についてはB地を住所として記録されている登記名義人が，その後C地に住所移転した場合の甲土地・乙土地についての登記名義人の住所の変更の登記についても，1個の申請情報で申請することができる[51]。

2　登記名義人の住所等の変更（更正）の登記の申請
(1)　申請人
　登記名義人の住所等の変更の登記は，前述のように登記名義人が単独で申請することができる（法64条1項）。
(2)　申請情報
　申請情報は，既に述べた一般的なものの他に変更（更正）登記のそれと同様に，変更（更正）後の登記名義人の氏名，住所等を表示するが（法18条，令3条，同別表23の申請情報），単独申請なので登記義務者の表示がされることはない。
(3)　添付情報
　添付情報については，既に述べた一般的な添付情報のなかで単独申請に求められるものを提供する他，登記原因を証する情報として次のような登記名義人の氏名や名称又は住所に変更（更正の場合には錯誤もしくは遺漏）があったことを証する市町村長，登記官等の公務員が職務上作成した情報の添付が必要である（令別表23の添付情報）。
　ⅰ　変更を証する情報（登記原因を証する情報）
　例えば自然人の転居による住所の変更に関しては，市町村長が証明する住所の移転事項に関する情報であり，婚姻による氏名の変更については，同じく市町村長の証明する戸籍に関する情報がある。また会社その他の法人に関しては，商業登記等に関する登記官の証明する情報がこれにあたる。なお，申請人が申請情報とともに，自然人の場合には住民基本台帳法7条13号に定められた住民票コードを，会社等法人の場合には商業登記法7条（他の法令において準用する場合を含む）に定められた会社法人等番号を提供した場合，そ

　記原因及びその日付もそれぞれ異なるので，原則に従えば別個の申請情報による申請であるが，実務上は以前から一括の申請が認められていた（昭和32・3・22民事甲第423号民事局長通達他参照）。
[51] 登記研究283号参照。

れらの内容から申請する登記の内容に関する変更があったことを確認することができるときには，ここでの情報の提供を省略することができる（令9条，規則36条4項）。

　ⅱ　更正を証する情報（登記原因を証する情報）

　例えば所有権移転登記の申請に際し，登記権利者であるＢの住所を乙地とすべきところ，申請情報上の住所をＢが乙地に居住する前の甲地と表示し，しかも住所を証する情報も甲地であったときのものを添付したことにより誤ってなされた登記上のＢの住所を正しい乙地と更正する登記については，転居の経緯が表された市町村長の住民基本台帳上の証明で足りるが，例えば氏名の「何夫」が誤って「何男」と登記された場合[52]，何をもって証明すべきかはさほど簡単ではない。このような場合，実務では氏名の正しい表示のなされた市町村長の発行する戸籍や住所の証明と，登記上の「何男」はその住所地に居住していない証明等[53]が提供されている。

---

[52] このような単純な誤りが，ないとはいえない。
[53] 名義人の住所や氏名を更正する登記の前後を通して名義人の同一性が確保される証明を必要とするのであるが，これを登記識別情報の提供によって証明することも可能であると考える（昭和36・9・21民事甲2371指示参照）。

第7章 仮登記

第1　概説

　不動産をめぐる権利の変動は生じ，それによる権利の移転や変更などの登記の申請をすべきところ当事者において手続に必要な一定の情報が整わない場合も起こり得る。また不動産をめぐり，将来の権利変動を内容とする契約が結ばれることもある。このような場合の当事者は，手続上の諸条件が備わることを待ってから，あるいは権利の変動が生じてから登記をすることで足りるのかもしれないが，その間不動産をめぐる権利関係が若干不安定になり，取引の安全にも影響しかねないことから，不動産登記法は予備的に登記する制度を設けた。これが仮登記であり，上述の前者に向けたものが条件不備の仮登記（法105条1号），また後者に対するものが請求権保全の仮登記（法105条2号）である。

1　条件不備の仮登記

　登記原因である実体上の権利の変動は生じているが，それによる登記を申請する手続上の条件が整わない場合，当事者は仮登記をすることができる（法105条1号）。不備の条件は何でもよいというわけではなく，登記義務者が提供すべき登記識別情報又は登記原因について第三者の許可，同意若しくは承諾を必要とする場合の，それを証する情報である（規則178条)[1]。

　次の仮登記と区別するため，一般に条件不備の仮登記，あるいは法105条の1号に基づくので1号仮登記と呼ぶことができるこの仮登記は，上述の要

---

[1] 旧法においては，仮登記を認める不備の条件が法令に明示されていなかったが（旧法2条1号参照），実務上はこの二つであり（昭和35・4・7民事甲788号民事局長通達），新法はこれをふまえたものと思われる。なお，登記原因についての第三者の許可書等の不備は，この仮登記が登記原因の発生を当然の前提とすることから，第三者の許可等は既になされたがそれを証する情報が作成されていない場合である。

件に該当すれば，例えば所有権移転の仮登記から抵当権抹消の仮登記など基本的には権利の種類を問わずにすることができる。

なお，前項まで述べてきた登記を仮登記と比べたときに一般に「本登記」と呼ぶので，本書でも以下これにしたがう。

2 請求権保全の仮登記

不動産をめぐる契約からは，例えば売買予約契約による予約完結権のように（民法556条），将来登記できる権利変動を発生させる請求権[2]が生じることもある。また，これらの権利が始期付きもしくは条件付でなされる場合もある（民法127条，135条参照）。このような場合当事者は，将来の（本）登記に備えて請求権等をあらかじめ登記記録上に保全するための仮登記をすることができる（法105条2号）。この仮登記を，請求権保全の仮登記あるいは前項の仮登記と同様の理由により，2号仮登記と呼ぶことができる。

仮登記とは何か

　仮登記は，初学者が理解し難いところである。理由は一様ではなかろうが，筆者は仮登記の「登記」の用語に振り回され，また二種類のそれの内容の違いを整理しないまま，無理に前に進もうとしたため，思考が縦横に混乱してしまった苦い経験がある。そこで，本文の説明を再度ここで嚙み砕くことにしよう。
　ここでは，仮登記の制度がなぜ設けられたかの理由が重要であり，次のように整理すると良いだろう。

　1）登記制度本来のありかたと使い方
　①登記制度は，ある不動産をめぐる権利に変動が生じ，それに対抗力を付与することを目的に置かれた制度である。
　②登記制度（システム）の利用には，厳格な作業手順が決められている。
　これら二つの説明は，本書冒頭のコラムでも登場したが，①は実体法の観点から，②が手続法の観点によるものである。しかしこれだけでシステムを運用すると，不動産をめぐる権利の動き，そして取引の安全という制度の目的に照らした場合，いくつか不都合な事態が考えられる。そこで，ここでの①と②の考え方を拡張・緩和した手続きを次のように設けたものと考えられる。

---

[2] この請求権は，権利の設定，移転，変更等を目的とする債権的なものである。

2）登記制度の利用の拡張

不動産取引の実際には，上記に該当しないが取引等の情報を社会に開示したほうが取引の安全に資する場合がある。そこで次のような限られた場合には，上記の要件を拡張・緩和して登記（記録）を認めることにした。

①実体的な観点…登記を求める権利の変動はまだ生じていないが，その蓋然性が高い場合。

例えば，近い将来に物権の変動（所有権の移転など）を予定した契約～予約契約・停止条件付契約など～が結ばれたときである。これは，物権が変動したわけではないので1）の①には該当しない。この時に，「物権の変動は発生していないので登記は認めない」とすることは簡単だが，それでは，将来的に登記に結びつく可能性の高い権利（契約）関係のあることが公示・登記（記録）に現れない。そうすると，ある不動産について，取引の安全の観点からは若干の不安要素を抱えることになる。

②手続的な観点…登記を求める権利の変動は既に生じたけれども手続のマニュアル（登記の法令）に従うと作業を完結できないとき。

例えば登記義務者が登記識別情報を失念したようなときであり，1）についての①は満たすが②の要件は満たされない場合である。

ここでの①と②は，いずれも本来の登記制度のありかたと手続に従えば登記はできない。しかし不動産登記法は，不動産取引の安全をより強固にはかるために，登記の本来的な効力である対抗力には関係の無い，表現を変えると民法に定められた登記ではない，しかし，将来的にはそれになり得る記録としての手続きの上での登記（つまり予備的な登記である。なおこの場合，講学上は「仮の記録」と読み替えるぐらいのほうが，混乱を避けられる）を用意したのである。このうち①が本文2の請求権保全の仮登記で，②が本文1の条件不備の仮登記にあたる。

第2　仮登記の申請

(1) 概　説

仮登記も手続の上では登記なのでその申請についても原則は共同申請であるが，対抗力を備えていない予備的性格の登記ということもあってその手続は幾分簡略化されている。また，一定の場合単独申請によることもできる。

(2) 仮登記の共同申請

共同申請による仮登記は，仮登記権利者及び仮登記義務者の申請によってなされる。このそれぞれが，本来なすべき（将来なされるべき）登記の登記

権利者及び登記義務者と同様の立場にいる者である。

① 申請情報

仮登記の申請情報は，条件不備の仮登記と請求権保全の仮登記の双方とも形式的には同様であり，一般的申請情報を提供するほかに特段加えられるものはないが，実質は異なるところがある。

まず1号仮登記は，既に述べたように不動産をめぐる権利の変動は生じたが，登記の申請手続に支障があるために仮登記がなされるに過ぎない。それゆえに，登記をとおして公示される事項は本来なされるべき登記と同じであり，そこに仮登記である旨を加えれば足りる。したがって申請情報は，登記が仮登記である旨を登記の目的に，例えば「所有権移転仮登記」「抵当権設定仮登記」とするほかは，本来なすべき登記と同じである。なお納付すべき登録免許税額は，本来なす登記とは異なる。

次に2号仮登記であるが，この仮登記は1号仮登記と異なり将来的に権利の変動を引起す権利が生じた場合にそれを登記上保全しようとするものであり，仮登記される権利がそれ自体独立した権利[3]である。それゆえに，公示される事項は，形式的ではあるが将来の権利変動により生ずべき権利等についてのものと，請求権や条件付権利に関するものについてがあるといえる。したがって申請情報は，例えば金銭消費貸借にともないその債務不履行を停止条件にした抵当権設定の契約がなされた場合には，条件成就による権利の変動は抵当権の設定なのでそこで設定される抵当権についての申請情報と同様のものを表示し，登記原因は条件付権利の発生原因であり，他に条件等をも表示する。この例では登記の目的が「条件付抵当権設定仮登記」登記の原因を「令和何年何月何日金銭消費貸借同日設定（条件　前記金銭消費貸借の債務不履行）」のように表示する。

② 添付情報

仮登記の添付情報については，条件不備の仮登記と請求権保全等の仮登記で区別はされず，仮登記登記義務者の登記識別情報や登記原因についての第三者の許可等を証する情報は要しない（法107条2項等）[4]。その他は，仮登記も

---

[3] 予約契約上の請求権（民法556条），停止条件付き権利（民法129条参照）など。

登記であるので登記原因証明情報を必要とし（法61条），これ以外にも一般的な添付情報の項で既に述べた，代理人の代理権限を証する情報（令7条1項2号），会社法人等番号（令7条1項1号），申請人等の電子証明書（電子申請について）または印鑑証明書（書面申請における登記義務者について）などを，申請形態にしたがって添付しなければならない。また仮登記が一般承継人や代位者によってなされる場合には，それぞれ必要とされる情報を提供しなければならない。

③　登録免許税

仮登記の登録免許税は，それが予備的な登記であることから次のように通常の登記に比べて低額とされている。

ⅰ　所有権の移転又は保存の仮登記及び所有権移転請求権又は所有権保存請求権の保全の仮登記…不動産の価格を課税標準とし，そこに一定の税率を乗じ，定められた方式で算出した金額である（税法別表第1の1の(12)）。

ⅱ　上記以外の仮登記…権利や登記の種類に応じて定率課税されるものと，不動産1個につき金1,000円の場合がある（税法別表第1の1の(12)）。

(3)　仮登記の単独申請

仮登記はその予備的な性質をふまえ，仮登記義務者の承諾があれば申請情報にその承諾を証する情報と登記原因を証する情報及び一般的な添付情報のなかで必要とされる情報をも添付して，仮登記権利者が単独で申請することができる（法107条1項，令別表68の添付情報）。この場合の申請情報は，基本的に上述の共同申請による場合と変わらず，申請に関わらない仮登記義務者の表示[5]もしなければならない。

また裁判所の仮登記を命ずる処分があった場合にも，それに基づいて仮登記権利者が単独で仮登記を申請することができる（法107条1項，108条参照）。

---

[4] 法105条1号の仮登記に関しては，登記原因についての第三者の許可等を証する情報の不備が仮登記をなしうる要件なので，結論として申請情報にその添付がなされない。他方，法105条2号による仮登記の申請に対する第三者の許可等を証する情報の要否については，旧法においては明文の規定がないなかで，仮登記の趣旨をふまえてこのこの情報の添付を要しない扱いであった（昭和39・3・3民事甲第291号民事局長通達）。新法による手続でも同様であろう。

[5] 手続行為をするのは仮登記権利者のみであるが，申請情報には登記連続性の原則の要請から，登記義務者をも表示する。

第3　仮登記の実行

　仮登記は，将来なされる登記（本登記）に備えて予備的になされるものであるために，公示上そのことを明らかにする必要がある。そこで登記記録の上では，申請の内容にしたがった記録（つまり登記）の他，その次に，仮登記に基づき将来なされるであろう本登記を仮登記と同一の順位番号で記録するための余白が設けられる（規則179条1項）。

【記録例をとおした登記の例】
　次は，ある土地になされた所有権移転仮登記の記録例である。

権利部（甲区）	（所有権に関する事項）		
順位番号	登記の目的	受付年月日・受付番号	権利者その他の事項
何	所有権移転仮登記	令和何年何月何日 第何号	原因　令和何年何月何日売買 権利者　何市何町何番地 　　　　何　某
	余白	余白	余白

　　将来の本登記に備えて余白が設けられる。

第4　仮登記上の権利の処分

1　概説

　仮登記によって保全されている権利が，当事者によって処分される場合がある。例えば，BがAから甲土地を買い，その登記については手続上の条件が不備であったために仮登記をなした後，Bは事情により甲土地にXのための抵当権を設定したような場合[6]，まずそのような処分による登記をなしうるか否かで議論が分かれた。当初判例[7]及び実務[8]ともにこれには否定的で

---

[6] 甲土地の所有権は実体上既にBにあるので，Bはそれを処分することができる。
[7] 1号仮登記の移転について大決大正4・5・29民録21輯865頁，2号仮登記の移転については大判大正6・3・2民録23輯302頁。

あったが，その後実務は態度を改め，条件不備の仮登記によって保全されている所有権が処分された場合は重ねて主登記として仮登記をすることを[9]，又請求権保全の仮登記によって保全されていた所有権移転請求権が処分された場合には，その仮登記に移転の付記登記[10]をすること，さらにその移転請求権に移転請求権が生じた場合，それを保全するための付記による仮登記をなすことをいずれも認めた[11]。この他にも，仮登記によって保全されている所有権に対し，抵当権の設定予約がされた場合の抵当権設定請求権の仮登記などをすることも認められている[12]。

仮登記上の権利の処分

　仮登記上の権利の処分は，仮登記そのものよりも更に混乱を起こし易い。ここは，前のコラムで説明した条件不備の仮登記と請求権保全の仮登記のそれぞれの内容を理解したことを前提に説明を続けることにする。
　仮登記上の権利の処分は，①どのような権利が処分されたのかと，それをどう②登記（記録）するか，つまりここでも①実体と②手続きの組み合わせが問題になる。

　1）条件不備の仮登記で保全された権利とその処分・記録方式
　　条件不備の仮登記で保全されている権利は当然 物権（所有権・抵当権他） で，実体的には既に 仮登記名義人のところに存在する 。例えば，BはA所有の土地を売買で取得したが，手続き上の条件不備で所有権移転仮登記を行ったとしよう。この場合， 登記名義は仮登記であるが所有権は既にBにある 。このとき，Bがその土地をCに売買することは可能であり，そうすると登記名義に関わらずCが所有権を取得する。しかし，Cの登記名義をどうするかが問題で，Bの名義が仮登記なので当然にCも仮登記上の名義にならざるを得ないのである。次が記録の例である。

権利部（甲区）	（所有権に関する事項）		
順位番号	登記の目的	受付年月日・受付番号	権利者その他の事項
何	何番仮登記所有権移転の仮登記	令和何年何月何日第何号	原因　令和何年何月何日売買 権利者　何市何町何番地 　　　　何　某
	余　白	余　白	余　白

---

[8] 大正6・6・8民事甲第1043号法務局長回答，昭和3・12・26民事甲第12777号民事局長回答。
[9] 登記上に仮登記が重ねてなされるので，仮登記の仮登記と呼ばれることがある。

2）請求権保全の仮登記で保全された権利とその処分・記録方式
　請求権保全の仮登記で保全された権利は物権ではなく，物権変動の原因となる請求権（債権）あるいは条件付き権利（条件不備ではない）である。そうすると，物権は仮登記名義人のところに存在しない。例えば，BはA所有の土地を将来取得する目的で売買予約契約を結び，そこから生じる権利を保全するために所有権移転請求権保全の仮登記を行ったとしよう。この場合，所有権は未だAにある。このとき，Bが仮登記で保全されている権利をCに譲渡することは可能であり，それがなされるとCはAに対する所有権移転請求権それ自体を確定的に取得する。さて，これによる登記（記録）の方式であるが，これはBの権利をそのままCに移転する形式をとり，しかも確定的に移転しているのだから，この場合は所有権移転請求権の移転の登記であって，それは仮登記ではなく本登記でなされる。なお「本登記」といっても特殊なのもではなく，本文で説明してきた通常の登記・記録方式のことであるが，「仮登記」の文脈で通常の登記を指す場合に限り，あえて「本登記」と呼ぶ。
　ところで，仮登記によって保全されている権利の処分でありながら，それによる登記に1）と2）で違いが出る理由は，ここでの1）と2）であげた所有権の例で説明すると次のとおりである。
　1）は，本来「本」登記で保全すべき権利（所有権）が，実体関係は問題ないが手続きに支障があって仮登記を利用した場合であり，そこ（仮登記で保全された権利）を起点に所有権が処分されてもそれは仮登記にならざるを得ない。
　2）の所有権移転請求権は，「仮登記」が本来の姿である。この権利が譲渡など処分された場合，形式的にいうと権利を取得した者への移転登記（「仮」登記名義人を入れ替える作業）を行うのであり，これは仮登記ではない。なお記録の形式は，付記登記である。
　次が記録の例である。

権　利　部（甲区）	（所有権に関する事項）		
順位番号	登　記　の　目　的	受付年月日・受付番号	権利者その他の事項
何	所有権移転請求権仮登記	平成何年何月何日第何号	原因　平成何年何月何日売買予約（又は代物弁済予約） 権利者　何市何町何番地 　　　　何　某
付記何号	余　白	余　白	余　白
	何番所有権移転請求権の移転	令和何年何月何日第何号	原因　令和何年何月何日売買 権利者　何市何町何番地 　　　　何　某

---

10) 請求権保全の仮登記によって登記記録上保全された権利は，本文でも述べたように独立した権利であるために，その処分による移転登記などは仮登記ではなく通常の（本）登記でなされる。

2　申請の手続

　仮登記上の権利が処分されたことによる登記は，基本的にはこれまで述べてきたなかで該当する手続にしたがってなされる。このうちの，1号仮登記上の所有権が売買されたことによる登記は上述のように仮登記であり，登記の目的は「何番仮登記所有権移転の仮登記」である。これに対して2号仮登記によって保全されている請求権が譲渡等確定的に処分された場合の登記は通常の権利の移転登記であり，登記の目的は「何番所有権移転請求権の移転」[13]のように表示する。

第5　仮登記に基づく本登記

1　概　説

　仮登記がなされた後に，手続上不備であった条件が満たされた場合や，仮登記上の請求権が行使されて物権変動が生じた場合には，それによる登記がなされる。これらの登記は基本的には通常の登記であるが，前提に仮登記があるために，いわばその上乗せとしておこなう手続と考えることができる。仮登記に基づく本登記の申請には様々なものがあるが，共同申請でなされるものについて，所有権に関するものとそれ以外では申請人が異なるので，ここでは一応分けて説明することにした。

2　所有権移転に関する仮登記に基づく本登記の申請

　仮登記に基づく本登記の手続の代表的な所有権の移転に関する仮登記に基づく本登記の申請は，なされた仮登記の種類に関わらず，その仮登記をなした際の仮登記権利者が登記権利者で，仮登記義務者が登記義務者となっておこなう。

　これによる仮登記に基づく本登記は，1号仮登記の場合は手続上不備で

---

[11] 昭和36・12・27民事甲第1600号民事局長通達。
[12] この例の場合には，仮登記により保全されている所有権の処分であることを公示するために，登記の目的を「甲区何番仮登記所有権の抵当権設定請求権仮登記」のように記録がなされる。昭和54・3・31民三第2112号民事局長通達参照。
[13] この登記が条件不備で仮登記によりなされることも，もちろんあり得る。

あった条件が満たされたことによるので，申請情報の内容は仮登記の際と同一であるが[14]，2号仮登記によるものは仮登記上の権利に基づいて物権の変動が生じたわけであるから，登記原因及びその日付については仮登記のそれと異なり，本登記をすることとなった原因及びその日付である。その他，申請情報として提供すべき事項は仮登記と同様である。なおいずれの場合も，実務上は仮登記に基づく（本）登記であることを明確にする情報を登記の目的に加え，例えば「何番仮登記の所有権移転本登記」のように表示する。

添付情報も基本的には通常の申請と同様であるが，登記上の利害関係人もしくは利害関係を有する抵当証券の所持人又は裏書人がいる場合には，その者の承諾に関する情報等を添付しなければならない（令別表69の添付情報イ，ロ）。ここでいう登記上の利害関係人とは，本登記申請の基となっている所有権に関する仮登記に対して登記記録上形式的に劣後する権利の名義人であり，例えばA所有の土地に対してBが売買予約による所有権移転請求権の仮登記をなしたが，後日CがAより売買をしたことによる所有権移転の登記を完了した場合，その後AとBが仮登記に基づく所有権移転（本）登記の申請を行う場合についてはCが登記上の利害関係人にあたる[15]。同様に，Bの仮登記の後にAがXのために抵当権設定登記をした場合のXなども，Bが（本）登記を申請する際の登記上の利害関係人である。

この登録免許税に関しては，登記原因などに応じて本来納付すべき税率から一定の割合が控除されることがある（税法17条）。

3　所有権以外の権利に関する仮登記に基づく本登記の申請

所有権以外の権利に関する仮登記に基づく本登記の申請も，その仮登記をなした際の仮登記権利者が登記権利者で，仮登記義務者が登記義務者となっておこなうが，仮登記をなした後に所有権の移転がなされた場合には，現在の所有権登記名義人を登記義務者とすることもできる[16]。

申請情報については，所有権に関する仮登記に基づく本登記の項で述べた

---

[14] むしろ，同一でなければならない。
[15] 仮登記の後に所有権が数次に移転登記された場合の登記上の利害関係人は，現在の所有権登記名義人だけで足りる（昭和37・7・30民事甲第2117号民事局長通達）。

ことと同様であり，又添付情報も基本的にはその登記に仮登記がなされていなかった場合と同様であるが，所有権以外の権利に関する仮登記に基づく本登記については，所有権の場合のような登記上の利害関係人が基本的には考えにくいので，その承諾の問題は生じない[17]。なお，登録免許税に関しては，申請する登記について仮登記がなかった場合と同様である。

4 登記実行の特則

仮登記に基づく本登記は，仮登記を記録する際にあらかじめ設けられた余白に記録される（規則179条）。その際に仮登記に基づく本登記の申請が所有権に関するもので，申請情報に登記上の利害関係人の承諾を証する情報が添付されている場合，その者の権利の登記は，登記官の職権により抹消がなされる（法109条，規則180条）。

【記録例をとおした登記の例】

次は，ある土地になされた仮登記に基づく所有権移転登記（本登記）の記録例である。

権　利　部（甲区）	（所有権に関する事項）		
順位番号	登　記　の　目　的	受付年月日・受付番号	権利者その他の事項
何	（仮登記事項）	（事項省略）	（事項省略）
	所有権移転	平成何年何月何日 第何号	原因　平成何年何月何日売買 所有者　何市何町何番地 　　　　何　某

本登記は，仮登記の際に設けられた余白（第3仮登記の実行の項の記録例参照）になされる。

---

[16] これについて，判例及び学説の多数は仮登記をなした際の仮登記義務者が本登記義務者となるべきであるとしているが（最判昭和44・10・16民集23巻1759頁，船橋諄一・不動産登記法86頁，幾代通・不動産登記法216頁），実務及び一部の学説はどちらであってもよいとしている（昭和37・10・11民事甲2810号民事局長通達，石田喜久夫・民商法雑誌48巻2号263頁）。

[17] ただし，本登記される権利と内容の相容れない権利が登記記録に存在する場合，例えば，Aのための地上権設定請求権の仮登記の後，Bのために地上権設定の登記がなされている場合などである。この場合には，所有権の仮登記の本登記と同様にその者を本登記に利害関係がある者として承諾に関する情報を必要と解するものと（幾代通・不動産登記法217頁），第三者の登記を残したまま仮登記の本登記をなすべきであり，事後措置としていずれかが抹消されない限り，その権利を目的とする他の登記はなし得ないものとする，との考え方がある（香川保一・全訂不動産登記書式精義下77頁）。手続的観点からは，後者と解さざるを得ないであろう。

第6 仮登記抹消の特則

1 概　説

　仮登記の抹消も，共同申請によってすることができる。しかし，仮登記の申請に通常の登記に比べて簡便な方法を設けていることとの兼ね合いで，仮登記の抹消にも簡便な方法を設けている。

　(1)　**仮登記名義人の単独申請**

　仮登記の抹消は，仮登記の名義人が単独で申請することができる（法110条前段）。この場合の申請情報は共同申請による場合と同様であるが，添付情報は仮登記名義人の登記識別情報（令8条1項8号）と，その他申請人に求められる一般的な添付情報である。

　(2)　**登記上の利害関係人からの単独申請**

　仮登記の抹消は，仮登記名義人の抹消についての承諾があれば，登記上の利害関係人も単独で申請することができる（法110条後段）。ここでの登記上の利害関係人とは，当該仮登記に基づく本登記がなされた場合に自己の権利が否定されるかまたは不利益を受ける者と解され[18]，例えば抹消すべき仮登記に劣後する権利の登記名義人などである。なお，仮登記をなした際の登記義務者（仮登記義務者）は，形式上この利害関係人に該当しないが，利害関係人が単独で抹消の申請をなしうることとの均衡上，その仮登記義務者も単独で仮登記の抹消の申請ができると解されている[19]。

　この場合の申請情報は，本来なされるべき共同申請による場合と基本的に同様であり，そこに登記の申請を行う者を加えて表示する（令3条1号11号イ）。添付情報は登記原因を証する情報，仮登記名義人が作成した仮登記の抹消を承諾することに関する情報又はこれに対抗することができる裁判があったことを証する情報，仮登記の抹消について登記上の利害関係を有する第三者がいる場合には，その者の作成した抹消を承諾することに関する情報又はその第三者に対抗することができる裁判があったことを証する情報（令

---

[18] 幾代通・浦野雄幸編，判例先例コンメンタール不動産登記法Ⅲ379頁（時岡泰）。
[19] 香川保一・不動産登記書式精義下124頁。

別表70の添付情報），その他申請人に求められる一般的な添付情報である。

第7 仮登記担保に関する登記

1 概説

債権者が，債務者に対して有する金銭債権を担保するために，債務不履行時には債務者（又は第三者）の所有権等の権利を取得することを目的にして不動産上になされた代物弁済予約・停止条件付代物弁済などを仮登記原因とする仮登記を担保仮登記と呼び[20]，債権者と担保提供者とのこのような合意を仮登記担保契約という（仮登記担保契約に関する法律1条）。当事者間で不動産を目的にした代物弁済予約や停止条件付代物弁済の契約が結ばれた場合，民法の原則に従えば債権者による予約完結権の行使や定められた条件の成就により物権の変動が生じ，目的不動産の所有権が直ちに債権者に移るものと考えられる。しかし仮登記担保契約に関する法律は，予約完結権の行使等を実質的には担保の実行であると考えて，不動産の所有権等は直ちにではなく，債権者が不動産等の価格と債権額の差額の清算や後順位担保権者への通知について一定の期間を設け，その経過後に移転することにした（仮登記担保契約に関する法律2条）。

2 申請の手続

担保仮登記を登記する際の申請手続について，特別の申請情報や添付情報は定められていない。又その仮登記に基づいて本登記をする際にも[21]基本的には通常の仮登記に基づく本登記と同様であるが，その本登記が所有権に関するもので，仮登記に劣後する抵当権等の担保権者又は担保仮登記権者がいる場合，申請情報にはその者の承諾に関する情報（令別表69の添付情報イ）や一定の情報[22]を添付して申請をすることができる[23]。

---

[20] 仮登記担保契約に関する法律4条参照。
[21] 申請情報上の登記原因の日付は，予約完結の意思表示の日や条件成就の日ではなく，清算期間が経過して所有権移転の効力が発生した日である（仮登記担保契約に関する法律2条）。
[22] 清算金を供託したことを証する情報などである（仮登記担保契約に関する法律18条）。

---

23) この場合の登記の申請は，供託の日から1月経過後でなければならない（仮登記担保契約に関する法律18条，昭和54・4・21民三第2592号通達第1の4）。

第8章　その他の登記と申請

第1　概　説

　これまでは，土地や建物をめぐり当事者の間で売買や担保権の設定の合意などがなされたことによる登記ないし権利が消滅した場合の登記までのそれぞれについて，当事者が行う申請を中心に手続の基本を述べてきた。これに対し，当事者の権利の得喪とは関係のない登記や，これまで説明してきた共同申請や単独申請以外の方法で申請できる登記がある。そこで，これらの代表的なものを幾つか述べておくことにする。

第2　抹消の登記の特例

1　概　説
　権利に関する登記の抹消については，原則的な共同申請によるもののほかに，次に該当する場合には一定の要件を満たせば当事者が単独で申請することができる。

2　死亡又は解散による権利の登記の抹消
　登記された権利に，ある人の死亡又は法人の解散によってそれが消滅する旨が記録されている場合（法59条5号），その者が死亡しあるいは会社が解散して権利が消滅したことによる登記の抹消は，登記権利者が単独で申請することができる（法69条）。
　この場合の申請情報は共同申請の場合と基本的に同様であるが，登記原因は「令和何年何月何日何々権者死亡」のように表示し，添付情報には一般的添付情報の他に登記原因証明情報として人の死亡又は法人の解散を証する市町村長，登記官その他の公務員が職務上作成した情報を添付しなければなら

ない（令別表26の添付情報イ）。

3　登記義務者の所在が知れない場合の登記の抹消

登記された権利が消滅したことにより，登記権利者がその抹消の申請をしたい場合に，本来共同して手続をすべき登記義務者の所在が知れない場合がある。これについては，次の規定にしたがって登記権利者が単独で登記の抹消を申請することができる（法70条）。

(1)　除権決定による申請

登記義務者の所在が知れない場合，登記権利者はその者に対して抹消登記を請求する訴えを提起し，勝訴判決を得て単独で登記の申請をすることができる（法63条）。しかしこの手続には公示送達を利用するなど時間等を要し，登記権利者に負担を強いることにもなるので，このような場合には登記権利者は公示催告手続に関する法律にしたがって公示催告の申立をなし，除権決定を得ればそれを証する情報を申請情報に添付して，単独で登記の抹消を申請することができる（法70条1項2項，令別表26の添付情報ロ）。なお，この場合の申請情報は，共同申請による場合と基本的には同様であり，添付情報には登記原因証明情報としての除権決定のあったことを証する情報の他，一般的添付情報を添付する。

(2)　被担保債権の消滅を証する情報による担保権の登記の抹消の申請

登記義務者の所在が知れない場合で，抹消する権利が先取特権・質権・抵当権であり，登記権利者がそれらの権利が消滅したことを証するものとして，＊債権証書，＊被担保債権及び最後の2年分の利息その他の定期金の完全な弁済があったことを証する情報[1]と＊登記義務者の所在が知れないことを証する情報[2]を提供したときは，登記権利者は単独でその担保権の登記の抹消を申請することができる（法70条3項前段，令別表26の添付情報ハ）。この場合の手続も前項と同様に，申請情報は共同申請による場合と基本的には同様であ

---

[1] これらの情報があれば，債権者（担保権者）が弁済を受けた事実と，それにより担保権が消滅したことが推認される（民法486条，487条，374条参照）。

[2] 所在が知れないことを証する情報とは，登記義務者の登記記録上の住所に宛てた債権の受領催告書に，不到達であった旨の記載がされて返送された配達証明付郵便などである（昭和63・7・1民三第3456号通達）。

り，添付情報にはここで述べた債権証書等の前者を登記原因証明情報とし，後者の所在不明を証する情報の他に一般的添付情報を添付する。

(3) **被担保債権の全額に相当する金銭の供託による担保権の登記の抹消の申請**

同様に登記義務者の所在が知れない場合，先取特権・質権・抵当権については，被担保債権の弁済期から20年が経過し，その期間が経過した後にその被担保債権・利息及び債務不履行により生じた損害の全額に相当する金銭の供託がされた場合は，＊被担保債権の弁済期を証する情報，＊弁済期から20年の経過後にその被担保債権・利息・債務不履行により生じた損害の全額に相当する金銭が供託されたことを証する情報及び＊登記義務者の所在が知れないことを証する情報を提供したときは，登記権利者は単独でその担保権の登記の抹消を申請することができる（法70条3項後段，令別表26の添付情報ニ）。この場合も前項の手続と同様に，申請情報は共同申請による場合と基本的には同じであり，添付情報には前述の被担保債権の弁済期を証する情報等を登記原因証明情報とし，これに登記義務者の所在不明を証する情報とその他の一般的添付情報を添付する。

4 仮処分に後れる登記の抹消

不動産に関する権利についての登記請求権[3]を保全するための処分禁止の仮処分の執行は，執行裁判所から嘱託される処分禁止の登記によってなされる（民事保全法53条，47条3項）。そして，後日仮処分債権者が仮処分債務者を登記義務者として仮処分によって保全された請求権に基づく登記（仮登記は除かれる）を申請する際に，仮処分に後れる登記[4]がある場合，登記権利者は同時であれば[5]その仮処分に後れる登記の抹消を単独で申請することができ

---

[3] これに関し，所有権に関する登記請求権については，登記名義を実質的に変更することを内容とする所有権（共有持分）移転，共有持分の更正，所有権の抹消，所有権移転登記抹消の回復の各登記についてがある。

[4] 仮処分に後れる登記とは，仮処分の登記より後順位の登記であるが，仮処分の登記の前に設定登記された抵当権の登記名義人を申立人とする競売開始決定による差押の登記や，仮処分債務者に対する破産など，仮処分に対抗できる登記は除かれる（平成2・11・8民三第5000号通達第三の1の(2)のウ）。

[5] 平成2・11・8民三第5000号通達第三の1の(2)のエ。

る（法111条，民事保全法58条2項）。この場合の申請情報には，登記原因証明情報の添付は要しないが（令7条3項2号3号），民事保全法59条1項に規定する通知をしたことを証する情報を添付しなければならない（令別表71の添付情報）。

5 保全仮登記に係る仮処分の登記に後れる登記の抹消

不動産に関してその使用又は収益をする権利についての保全仮登記がなされた後に（民事保全法53条2項），その仮登記に係る仮処分の債権者が本登記を申請する際に，債権者は所有権以外の不動産についての使用若しくは収益をする権利又はその権利を目的とする権利に関する登記であって，当該保全仮登記とともにした処分禁止の登記に後れる登記がある場合，前項の仮処分に後れる登記の抹消と同様に債権者が自己の登記と同時であれば[6]単独でその抹消の申請をすることができる（法113条，民事保全法58条4項）。この場合の申請情報には，登記原因証明情報の添付は要しないが（令7条3項4号），民事保全法59条1項に規定する通知をしたことを証する情報を添付しなければならない（令別表72の添付情報）。

第3 抹消回復の登記

1 概　説

一度なされた登記が不適法に抹消された場合，登記上の利害関係を有する第三者がいる場合にはその者の承諾があるときに限り，それを元に復元するための登記をすることができる（法72条）。不適法の理由は，なされた登記の抹消[7]に関する登記原因の無効や取消等のように実体的なものと，甲土地の抵当権を抹消すべきところ，誤って甲土地とともに乙土地の抵当権をも抹消してしまった場合のような手続上の誤りもあり，この両者を区別しない。しかし，当事者が自発的にしたものは当然ながら除かれる。

---

[6] 平成2・11・8民三第5000号通達第三の3の(5)。
[7] ここでいう抹消とは，一つの登記記録全ての抹消だけではなく，登記事項の一部の抹消である変更（更正）も含まれる。

2　申請の手続

抹消回復登記の申請は，原則どおり当事者の共同申請によるが，登記権利者と登記義務者は，それぞれ回復すべき登記を新たに申請する場合と同様の者である。

申請情報は，一般的な申請情報の登記の目的・登記原因及びその日付・申請人・添付情報の表示・管轄登記所・申請の年月日・代理人・登録免許税・土地や建物を特定するための事項等を表示し，その他回復登記に特有の申請情報として，回復する登記の登記事項を表示しなければならない（令別表27の申請情報）。

次に添付情報は，一般的な添付情報の項で既に述べたものが中心であり，登記原因証明情報（法61条，令別表27の添付情報イ），登記義務者の登記識別情報（法22条）代理権限を証する情報（令7条1項2号），会社法人等番号（令7条1項1号），申請人等の本人性の担保としての電子証明書（電子申請について）または印鑑証明書（書面申請における登記義務者について）等を添付する他，この登記に特有のものとして，登記上の利害関係を有する第三者（登記の回復について利害関係を有する抵当証券の所持人又は裏書人を含む）がいる場合には，その者の作成した回復を承諾することに関する情報又はその第三者に対抗することができる裁判があったことを証する情報，さらにこの第三者が抵当証券の所持人又は裏書人であるときは，その抵当証券等を添付しなければならない（令別表27の添付情報ロ・ハ）。

登録免許税は，不動産1個につき金1,000円を納付する（税法別表第1の1の(14)）。

第4　嘱託による登記

1　概　説

権利に関する不動産登記は，登記を必要とする当事者の一定の行為により開始されるのが原則であり，当事者の場合にはこれまで述べてきた方法にしたがって申請をしなければならない。一方，国が道路用地の取得をするなど官庁や公署（これらを官公署という）自体が実体上の当事者となる場合や（法

116条参照），差押などのように官公署が公権力の主体として登記を要する場合のように，官公署が当事者となることもあり，これについては申請ではなく嘱託という手続形式が設けられている（法16条）。嘱託の手続は，基本的には申請の方法を踏襲したものであるが(法16条2項参照)，本書の目的をふまえて説明は省略する。

参考資料1　地券

　明治政府は，廃藩置県を実施した後の明治5年に，幕藩体制より続いた田畑の永代売買の禁を解き，かつ地券制度を定めて土地を自由な取引の対象とし，近代的な土地の所有権を確立した。明治5年の地券はその年の干支から「壬申地券」と呼ばれたが，その後のものは「改正地券」と呼ばれていた。

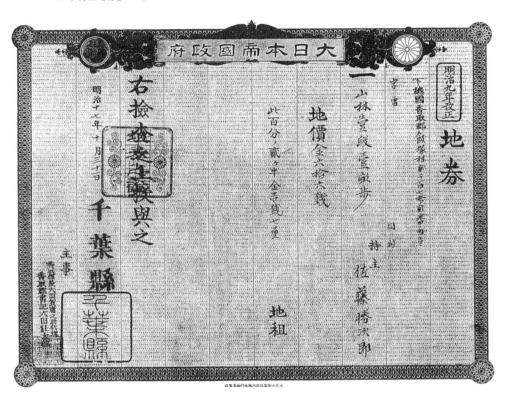

参考資料2 旧登記簿（例）

　平成16年の法改正まで，長い間使用されてきた登記簿（現在の登記記録に該当する）の例である（旧法16条参照）。この例は土地の登記簿であり，建物の登記簿は表題部の様式が若干異なるが，その他はこれと同様である。

参考資料3　土地の登記事項証明書の例

法務省の HP　http://www.moj.go.jp/MINJI/minji162-1.pdf　より

様式例・1

表　題　部 (土地の表示)	調製	余白		不動産番号	0000000000000

地図番号	余白	筆界特定	余白

所　在	特別区南都町一丁目			余白

①地　番	②地　目	③　地　　積　　㎡	原因及びその日付〔登記の日付〕
101番	宅地	300：00	不詳〔平成20年10月14日〕

所有者	特別区南都町一丁目1番1号　甲野太郎

権　利　部　(甲　区)　　(所有権に関する事項)			
順位番号	登記の目的	受付年月日・受付番号	権利者その他の事項
1	所有権保存	平成20年10月15日 第637号	所有者　特別区南都町一丁目1番1号　甲野太郎
2	所有権移転	平成20年10月27日 第718号	原因　平成20年10月26日売買 所有者　特別区南都町一丁目5番5号　法務五郎

権　利　部　(乙　区)　　(所有権以外の権利に関する事項)			
順位番号	登記の目的	受付年月日・受付番号	権利者その他の事項
1	抵当権設定	平成20年11月12日 第807号	原因　平成20年11月4日金銭消費貸借同日設定 債権額　金4,000万円 利息　年2・60％（年365日日割計算） 損害金　年14・5％（年365日日割計算） 債務者　特別区南都町一丁目5番5号　法務五郎 抵当権者　特別区北都町三丁目3番3号　株式会社南北銀行（取扱店　南都支店） 共同担保　目録(あ)第2340号

共　同　担　保　目　録					
記号及び番号	(あ)第2340号			調製	平成20年11月12日
番　号	担保の目的である権利の表示		順位番号	予　備	
1	特別区南都町一丁目　101番の土地		1	余白	
2	特別区南都町一丁目　101番地　家屋番号101番の建物		1	余白	

これは登記記録に記録されている事項の全部を証明した書面である。

平成21年3月27日
関東法務局特別出張所　　　　登記官　　　法務八郎

＊　下線のあるものは抹消事項であることを示す。　　　整理番号　D23992　(1/1)　　1/1

参考資料 4-1　建物の登記事項証明書の例

法務省の HP　http://www.moj.go.jp/MINJI/minji162-2.pdf　より
（認証文のある 2/2 は省略する）

表　題　部	（主である建物の表示）	調製	余　白	不動産番号	0000000000000
所在図番号	余　白				
所　在	特別区南都町一丁目　101番地			余　白	
家屋番号	101番			余　白	

①種類	②構　造	③床　面　積　㎡	原因及びその日付〔登記の日付〕
居宅	木造かわらぶき2階建	1階　80：00 2階　70：00	平成20年11月1日新築 〔平成20年11月12日〕

表　題　部	（附属建物の表示）				

符号	①種類	②構　造	③床　面　積　㎡	原因及びその日付〔登記の日付〕
1	物置	木造かわらぶき平家建	30：00	〔平成20年11月12日〕

所　有　者	特別区南都町一丁目5番5号　法　務　五　郎

権　利　部（甲　区）	（所有権に関する事項）		
順位番号	登　記　の　目　的	受付年月日・受付番号	権利者その他の事項
1	所有権保存	平成20年11月12日 第806号	所有者　特別区南都町一丁目5番5号 　　　　法　務　五　郎

権　利　部（乙　区）	（所有権以外の権利に関する事項）		
順位番号	登　記　の　目　的	受付年月日・受付番号	権利者その他の事項
1	抵当権設定	平成20年11月12日 第807号	原因　平成20年11月4日金銭消費貸借同日設定 債権額　金4,000万円 利息　年2・60％（年365日日割計算） 損害金　年14・5％（年365日日割計算） 債務者　特別区南都町一丁目5番5号 　　　　法　務　五　郎 抵当権者　特別区北都町三丁目3番3号 　　　　　株式会社　南北銀行 　　　　　（取扱店　南都支店） 共同担保　目録（あ）第2340号

共　同　担　保　目　録				
記号及び番号	(あ)第2340号		調製	平成20年11月12日
番　号	担保の目的である権利の表示	順位番号	予　備	
1	特別区南都町一丁目　101番の土地	1	余　白	
2	特別区南都町一丁目　101番地　家屋番号　101番の建物	1	余　白	

＊　下線のあるものは抹消事項であることを示す。　　　整理番号　D23990　（2/2）　1/2

参考資料 4-2 区分建物の登記事項証明書の例

法務省の HP　http://www.moj.go.jp/MINJI/minji162-3.pdf　より

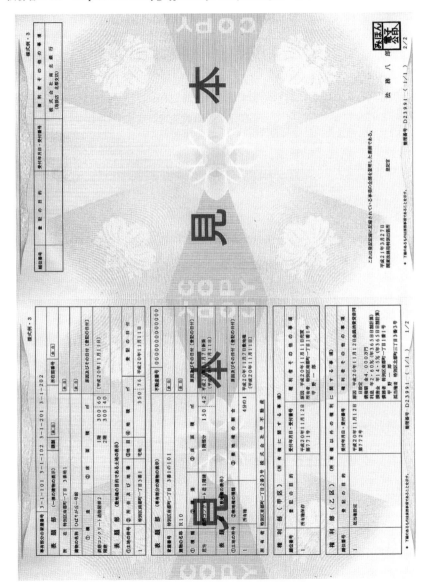

参考資料5　登記識別情報通知書の例

書面申請における登記識別情報通知書の例（法21条，規則63条，準則37条）

登記識別情報の記号及び番号には，それが被通知人以外の第三者に知られることのないようにシールが貼られる。

登記識別情報通知

次の登記の登記識別情報について，下記のとおり通知します。

【不動産】

【不動産番号】

【受付年月日・受付番号（又は順位番号）】

【登記の目的】

【登記名義人】

　　　　　　　　　　（以下余白）

　　　　　　　　　　　記

　　　　　　　登　記　識　別　情　報
　　　　　　□□□□-□□□□-□□□□-□□□□

　　令和　　　年　　　月　　　日

　　　　法務局　　　出張所

　　　　登記官

参考資料6 登記完了証の例
　書面申請における登記完了証の例（規則181条，182条）

登記完了証

次の登記申請が完了したことを下記のとおり通知します。

記

申請受付番号	
受 付 年 月 日	
登 記 の 目 的	
不 動 産 の 表 示	

以上

　　年　　月　　日

　　　法務局　　　　　出張所

　　　　登記官

参考様式1　売買による所有権移転登記の申請書の例（書面申請，以下全て同じ。）

　乙山次郎が，所有する土地を甲野太郎に売買したことに基づく所有権移転登記を，登記申請人である登記権利者甲野太郎と登記義務者乙山次郎が自ら申請する場合の例である。
　申請書には，申請人又はその代表者もしくは代理人が一定の場合を除き記名押印しなければならない（令16条）。なお，委任による代理人によって登記の申請をおこなう場合には，申請人等は一定の場合を除き代理人の権限を証する書面に記名押印しなければならない（令18条）。以下，申請書は全て同様である。

```
　　　　　　　　　登　記　申　請　書

登記の目的　　所有権移転
原　　　因　　令和何年何月何日売買
権　利　者　　甲市乙町三丁目5番8号
　　　　　　　　甲　野　太　郎　㊞
　　　　　　　　連絡先の電話番号 000-0000[2]
義　務　者　　甲市乙町五丁目3番1号
　　　　　　　　乙　山　次　郎　㊞
　　　　　　　　連絡先の電話番号 000-0000[2]
添付情報[1]
　　登記原因証明情報　　登記識別情報[3]　　住所証明情報
　　印鑑証明書
　令和何年何月何日申請　　甲地方法務局乙出張所
課税価格　　　金何円
登録免許税[4]　金何円
不動産の表示[5]
　所　　在　　甲市乙町三丁目
　地　　番　　5番9
　地　　目　　宅地
　地　　積　　227・52 m$^2$
```

[1] 実務的には書面申請の場合にはこれを「添付書類」と記載することもある。
[2] 既に述べたように，この表示は任意的であると解されているが，原則的にはこのように表示する。以下，全ての参考様式について同じである。
[3] 登記識別情報が添付できない場合には，その理由を例えば「失念した」のように表示しなければならない（表示は参考様式6参照。令3条12号）。この場合には，原則として登記官が登記義務者本人に対する事前通知による確認手続をとるが（法23条，規則70条），専門家代理人等の本人確認情報により登記官が相当と認めれば，事前確認の手続はなされない（法23条4項）。
[4] 税法別表第1の1の(2)のハ。なお登録免許税額の算出にあたっては，租税特別措置法等の関係法令に税率の軽減等の規定があるので，事例に応じて確認することが必要である（以下，全て同じ）。
[5] 本文で述べた，不動産を特定するための事項である（第2章，第3の3の(5)参照）。なお，不動産識別事項（不動産番号）を申請情報としてここで提供した場合，この不動産の表示は省略することができる（令6条，規則90条）。以下申請書（申請情報）全て同様である。

参考様式2　所有権保存登記の申請書の例（法74条1項1号申請）

　ある建物について，表題部に自分の名前が所有者と表示されている甲野太郎の所有権保存登記の申請を，乙川一郎が代理する場合の例である。

登　記　申　請　書

登記の目的　　所有権保存

所　有　者　　甲市甲町三丁目5番8号（住民票コード…………）
　　　　　　　　　甲　野　太　郎

添付情報
　　住所証明情報[1]　　代理権限証明情報

登記識別情報の通知を希望しません[2]。

令和何年何月何日法第74条1項1号申請[3]　　甲地方法務局乙出張所

代　理　人　　乙市乙町九丁目6番3号
　　　　　　　　　乙　川　一　郎　㊞
　　　　　　　　　連絡先の電話番号 000-0000

課税価格　　　金何円

登録免許税[4]　金何円

不動産の表示

所　　　在　　甲市甲町三丁目3番地1

家屋番号　　　3番1

種　　　類　　居宅

構　　　造　　木造瓦葺平家建

床　面　積　　153・25 m^2

---

[1] 住民票コードを記載した場合は，住所証明情報を省略することができる。なお，実務的にはこれを「住所証明書」と記載することも多い。
[2] 申請人が登記識別情報の通知を希望しない場合は（法21条但書），このように表示する（規則64条2項）。以下，登記権利者又は申請人が登記名義人となる申請について同じである。
[3] この申請については，申請人の適格性を明確にするため，不動産登記法第74条1項1号等による申請であることの表示をしなければならない（令別表28の申請情報イ）。
[4] 税法別表第1の1の(1)。なお，租税特別措置法に減額される場合の規定がある。

参考様式3 所有権保存登記の申請書の例（法74条2項申請）

　甲野太郎が，表題部に名前が記載されている所有者より，敷地権の表示のある区分建物を売買により取得したことによる所有権保存登記の申請を，乙川一郎が代理する場合の例である。この申請についても，参考様式2と同様に申請人の適格性を明確にするため，不動産登記法第何条による申請であることの情報を表示しなければならない。

　　　　　　　　　　登　記　申　請　書

　　　登記の目的　　所有権保存
　　　原　　　因　　令和何年何月何日売買
　　　所　有　者　　甲市甲町三丁目5番8号
　　　　　　　　　　甲　野　太　郎
　　　添付情報
　　　　登記原因証明情報　　住所証明情報　　代理権限証明情報[1]
　　　　承諾書[2]
　　　令和何年何月何日法74条2項申請　　甲地方法務局乙出張所
　　　代　理　人　　乙市乙町九丁目6番3号
　　　　　　　　　　乙　川　一　郎　㊞
　　　　　　　　　　連絡先の電話番号 000-0000
　　　課税価格　　　建物金何円
　　　　　　　　　　敷地権金何円
　　　登録免許税[3]　建物金何円
　　　　　　　　　　敷地権金何円
　　　　　　　　　　合計金何円
　　　不動産の表示
　　　一棟の建物の表示
　　　所　　　在　　甲市甲町三丁目3番地1
　　　建物の名称　　○○○
　　　専有部分の建物の表示
　　　家屋番号　　　甲町3番1の5
　　　建物の名称　　○○○
　　　種　　　類　　居宅
　　　構　　　造　　鉄筋コンクリート造1階建
　　　床　面　積　　3階部分 75・88 m^2
　　　敷地権の表示
　　　（以下省略）

---

[1] 実務的にはこれを「代理権限証書」と記載することも多い。
[2] 敷地権の登記名義人の作成に係る，承諾に関する情報である（令別表29の添付情報ロ）。
[3] 税法別表第1の1の(1)，同(2)のハ。

参考様式4　所有権抹消登記の申請書の例

　この例は，参考様式1により甲野太郎が，乙山次郎から売買で取得した不動産について，その後何らかの事由で売買契約が解除されたような場合になされる登記であり，登記権利者は前所有権登記名義人の乙山次郎，登記義務者が現在の所有権登記名義人である甲野太郎である。登記上の利害関係人[1]がいる場合は，その者の承諾に関する情報を加えなければならない（法68条，令別表26の添付情報へ）。

```
　　　　　　　　　登　記　申　請　書

　　登記の目的　　　何番[2]所有権抹消
　　原　　　因　　　令和何年何月何日解除[3]
　　権　利　者　　　甲市乙町五丁目3番1号
　　　　　　　　　　　　乙　山　次　郎
　　義　務　者　　　甲市乙町三丁目5番8号
　　　　　　　　　　　　甲　野　太　郎
　　添付情報
　　　　登記原因証明情報　　登記識別情報
　　　　印鑑証明書　　　　　代理権限証明情報
　　令和何年何月何日申請　　甲地方法務局乙出張所
　　代　理　人　　　乙市乙町九丁目6番3号
　　　　　　　　　　　　乙　川　一　郎　㊞
　　　　　　　　　　連絡先の電話番号　000-0000
　　登録免許税[4]　　金何円
　　不動産の表示　　　（省略）
```

---

[1] 甲野太郎がこの土地の所有権登記名義人となっている間に登記義務者となって登記した，例えば抵当権設定登記の名義人など，甲野太郎の所有権を前提にした登記の名義人である。

[2] この番号は，抹消されるべき登記を登記記録の上で特定するためのものであり，この例の場合では，甲野太郎の所有権登記の順位番号を表示する。
　　このような表示は，既になされた登記を抹消したり，変更，更正さらに，所有権以外の権利の移転などの登記をする場合になされるが，申請が複数の不動産を目的としたもので，各不動産毎に順位番号が異なる場合には，例えば抹消される登記を受付年月日及び番号により特定して表示することもできるし，各不動産毎に順位番号を表示する方法も実務では使われている。

[3] この他，例えば誤ってなされた登記を抹消する場合の登記原因は錯誤である。この場合，錯誤の日付は抹消されるべき登記がなされた日であり，それが登記記録上明らかであることから，本文で述べたように申請情報として表示する必要はない。

[4] 税法別表第1の1の(15)。

参考様式5　買戻特約の登記の申請書の例

乙山次郎が甲野太郎に不動産を売買した際に，双方で買戻の特約をなしたことによる登記を，乙川一郎が代理して申請する場合の例である。この登記は，売買による所有権移転とは別の登記ではあるが，特約が売買契約と同時にしなければならないことから[1]，売買による所有権移転登記[2]と同時に申請[3]しなければならない。

登　記　申　請　書

登記の目的　　買戻特約

原　　　因　　令和何年何月何日特約

売 買 代 金　　金何円

契 約 費 用　　金何円

期　　　間　　令和何年何月何日から何年間

権 利 者　　甲市乙町五丁目3番1号
　　　　　　　乙　山　次　郎

義 務 者　　甲市乙町三丁目5番8号
　　　　　　　甲　野　太　郎

添付情報
　　登記原因証明情報　　代理権限証明情報

令和何年何月何日申請　　甲地方法務局乙出張所

代 理 人　　乙市乙町九丁目6番3号
　　　　　　　乙　川　一　郎　㊞
　　　　　　　連絡先の電話番号 000-0000

登録免許税[4]　金何円

不動産の表示　　（省略）

---

[1] 民法579条参照。
[2] 未だ登記がなされていない建物などを目的に買戻特約付き売買がなされ，建物について買主名義で直接表示の登記と所有権保存登記をする場合には，買戻特約の登記は所有権移転登記ではなく，買主が申請する所有権保存登記と同時に申請することができる（昭和38・8・29民甲第2540号民事局長通達）。
[3] 登記は，売買による所有権移転登記と同一の受付番号によって実行される。
[4] 税法別表第1の1の(14)。

参考様式6　地上権設定の登記の申請書の例
　乙野三郎が，甲野太郎の所有する土地に檜の所有を目的にした地上権の設定契約を締結したことによる登記を，乙川一郎が代理して申請する場合の例である。

登　記　申　請　書

登記の目的　　　地上権設定

原　　　因　　　令和何年何月何日設定

目　　　的[1]　　檜所有

存続期間　　　　何十年

地　　　代　　　1$m^2$1年何円

支　払　期　　　毎年何月何日

権　利　者　　　乙市乙町一丁目15番30号
　　　　　　　　　　乙　野　三　郎

義　務　者　　　甲市甲町三丁目5番8号
　　　　　　　　　　甲　野　太　郎

添付情報
　　登記原因証明情報　　代理権限証明情報　　印鑑証明書
登記識別情報を提供できない理由　失念[2]

令和何年何月何日申請　　甲地方法務局乙出張所

代　理　人　　　乙市乙町五丁目6番3号
　　　　　　　　　　乙　川　一　郎　㊞
　　　　　　　　連絡先の電話番号 000-0000

課税価格　　　　金何円

登録免許税[3]　　金何円

不動産の表示　　　（省略）

---

[1] 建物所有を目的の地上権（借地権）の場合で，一般の住宅のような場合にはここでの目的は「木造建物所有」「鉄骨造建物所有」のように表示し，借地借家法23条1項の事業用定期借地権の場合には，「借地借家法第23条1項の建物所有」のように表示する。
[2] 参考様式1の註2参照。
[3] 税法別表第1の1の(3)のイ。

参考様式7　区分地上権設定の登記の申請書の例

　株式会社南部鉄道が，甲野太郎の所有する土地に高架鉄道の敷設を目的にした，いわゆる区分地上権の設定契約を締結したことによる登記を，乙川一郎が代理して申請する場合の例である。区分地上権の設定登記の申請情報については，一般の地上権設定登記のそれに，地上権の成立する土地の上下の「範囲」が加えられる。

登　記　申　請　書

登記の目的　　地上権設定[1]

原　　　因　　令和何年何月何日設定

目　　　的　　高架鉄道敷設

範　　　囲　　東京湾平均海面の上80mから上30mの間

存続期間　　　何拾年

地　　　代　　1$m^2$1年何円

支　払　期　　毎年何月何日

特　　　約　　土地の所有者は高架鉄道の運行の障害となる工作物を
　　　　　　　設置しない

権　利　者　　乙市甲町六丁目30番35号
　　　　　　　　株式会社南部鉄道
　　　　　　　　（会社法人等番号 0000-0000）
　　　　　　　　代表取締役　南部一太郎

義　務　者　　甲市甲町三丁目5番8号
　　　　　　　　甲　野　太　郎

添付情報
　　登記原因証明情報　　登記識別情報　　代理権限証明情報
　　会社法人等番号　　　印鑑証明書

令和何年何月何日申請　　甲地方法務局乙出張所

代　理　人　　乙市乙町五丁目6番3号
　　　　　　　　乙　川　一　郎　㊞
　　　　　　　　連絡先の電話番号 000-0000

課税価格　　　金何円

登録免許税[2]　金何円

不動産の表示　　（省略）

---

[1] 区分地上権は通称名であるため，登記の目的は地上権設定である。
[2] 税法別表第1の1の(3)のイ。

参考様式 8　地役権設定設定の登記の申請書の例
　乙山次郎が，甲野太郎の所有する土地の一部に対して通行のための地役権を設定したことによる登記を，乙川一郎が代理して申請する場合の例である。

登　記　申　請　書

　登記の目的　　地役権設定
　原　　因　　令和何年何月何日設定
　目　　的　　通行
　範　　囲　　東側何 m² [1]
　権　利　者　　甲市乙町五丁目 3 番 1 号
　　　　　　　　　乙　山　次　郎
　義　務　者　　甲市甲町三丁目 5 番 8 号
　　　　　　　　　甲　野　太　郎
　添付情報
　　登記原因証明情報　登記識別情報　地役権図面[2]
　　代理権限証明情報　印鑑証明書　要役地の登記事項証明書[3]
　令和何年何月何日申請　　甲地方法務局乙出張所
　代　理　人　　乙市乙町五丁目 6 番 3 号
　　　　　　　　　乙　川　一　郎　㊞
　　　　　　　　　連絡先の電話番号 000-0000
　登録免許税[4]　金何円
　不動産の表示　　　（省略）
　　承役地の表示[5]　（省略）
　　要役地の表示[6]　（省略）

---

[1] 範囲は，必要的な申請情報であるので，承役地の全部が地役権の範囲である場合には，「全部」と表示する。
[2] 地役権図面は，地役権が承役地の一部に設定された場合に必要なものである（令別表 35 の添付情報ロ）。したがって，設定の範囲が承役地全ての場合には不要である。
[3] 要役地が他の登記所の管轄区域内にあるときである（令別表 35 の添付情報ハ）。
[4] 税法別表第 1 の 1 の(4)。承役地の土地 1 個につき 1,500 円である。
[5] 地役権の設定された土地（承役地）の表示をする。
[6] 令別表 35 の申請情報。

参考様式9　賃借権設定の登記の申請書の例
　丙野花子が，甲野太郎の所有する土地に建物の所有を目的にした賃借権を設定したことによる登記を，乙川一郎が代理して申請する場合の例である。

登　記　申　請　書

登記の目的　　賃借権設定

原　　　因　　令和何年何月何日設定

目　　　的　　建物所有

賃　　　料　　1月何円[1]

支 払 時 期　　毎月末日

存 続 期 間　　○○年

特　　　約　　譲渡，転貸ができる。

権　利　者　　丙市甲町二丁目18番3号
　　　　　　　　丙　野　花　子

義　務　者　　甲市甲町三丁目5番8号
　　　　　　　　甲　野　太　郎

添付情報
　登記原因証明情報　　登記識別情報　　代理権限証明情報
　印鑑証明書

令和何年何月何日申請　　甲地方法務局乙出張所

代　理　人　　乙市乙町五丁目6番3号
　　　　　　　　乙　川　一　郎　㊞
　　　　　　　連絡先の電話番号 000-0000

課税価格　　　金何円

登録免許税[2]　金何円

不動産の表示　　（省略）

---

[1] 当事者の合意によるが，「1m²1月何円」のような約定も可能である。
[2] 税法別表第1の1の(3)のイ。

参考様式10　抵当権設定登記の申請書の例

　エイ・ビー銀行株式会社が，甲野太郎との間の金銭消費貸借契約上の債権を保全するために，甲野太郎の所有する不動産に抵当権を設定したことによる登記を，乙川一郎が代理して申請する場合の例である。

登　記　申　請　書

登記の目的　　抵当権設定
原　　　因[1]　令和何年何月何日金銭消費貸借　令和何年何月何日設定
債　権　額　　金何円
利　　　息　　年何％
損　害　金　　年何％
債　務　者　　甲市甲町三丁目5番8号
　　　　　　　　甲　野　太　郎
抵 当 権 者　　甲市丙町七丁目1番25号
　　　　　　　　エイ・ビー銀行株式会社
　　　　　　　　（会社法人等番号0000-0000）
　　　　　　　　　　代表取締役　F
設　定　者　　甲市甲町三丁目5番8号
　　　　　　　　甲　野　太　郎
添付情報
　　登記原因証明情報　　登記識別情報　　代理権限証明情報
　　会社法人等番号　　　印鑑証明書
令和何年何月何日申請　　甲地方法務局乙出張所
代　理　人　　乙市乙町五丁目6番3号
　　　　　　　　乙　川　一　郎　㊞
　　　　　　　　連絡先の電話番号000-0000
課税価格　　　金何円
登録免許税[2]　金何円
不動産の表示　　　（省略）

---

[1] 抵当権の登記原因については，本文で述べたように抵当権自体の成立の他に，被担保債権とその成立の日付をも表示しなければならない。
[2] 税法別表第1の1の(5)。

参考様式11　共同担保の抵当権設定登記の申請書の例

エイ・ビー銀行株式会社が，甲野太郎との間の金銭消費貸借契約上の債権を保全するために，甲野太郎の所有する土地と，土地上の甲野一郎所有の建物にそれぞれ抵当権を設定したことによる登記を，乙川一郎が代理して申請する場合の例である。

登　記　申　請　書

登記の目的　　抵当権設定
原　　　因　　令和何年何月何日金銭消費貸借　令和何年何月何日設定
債　権　額　　金何円
利　　　息　　年何％
損　害　金　　年何％
債　務　者　　甲市甲町三丁目5番8号
　　　　　　　　甲　野　太　郎
抵当権者　　　甲市丙町七丁目1番25号
　　　　　　　　エイ・ビー銀行株式会社
　　　　　　　　（会社法人等番号 0000-0000）
　　　　　　　　　代表取締役　F
設　定　者[1]　甲市甲町三丁目5番8号
　　　　　　　　甲　野　太　郎
　　　　　　　甲市甲町三丁目5番8号
　　　　　　　　甲　野　一　郎
添付情報
　　登記原因証明情報　　登記識別情報　　代理権限証明情報
　　会社法人等番号　　　印鑑証明書
令和何年何月何日申請　　甲地方法務局乙出張所
代　理　人　　乙市乙町五丁目6番3号
　　　　　　　　乙　川　一　郎　㊞
　　　　　　　　連絡先の電話番号 000-0000
課税価格　　　金何円
登録免許税[2]　金何円
不動産の表示[3]　（省略）

---

[1] 登記義務者が複数の場合でも，被担保債権を同一とする担保の登記に関しては管轄登記所が同一であれば一括して申請ができるので，このように並べて表示すれば足りる。
[2] 税法別表第1の1の(5)。
[3] ここに，抵当権の設定された複数の不動産を表示する。なお，この例のように登記義務者が不動産によって異なる場合，実務上は不動産ごとの登記義務者を明らかにするために，土地や建物の表示それぞれに所有者名を付記している。

参考様式　259

参考様式12　抵当権移転登記の申請書の例
　エイ・ビー銀行株式会社が，甲野太郎に対する金銭消費貸借契約上の債権をイー・エフ銀行株式会社に譲渡したことにより，甲野太郎の所有する不動産上に設定登記された抵当権が移転したことにともなう登記を，乙川一郎が代理して申請する場合の例である。

登　記　申　請　書

登記の目的　　何番1)抵当権移転

原　　　因　　令和何年何月何日債権譲渡

権　利　者　　丙市乙町一丁目9番38号
　　　　　　　　イー・エフ銀行株式会社
　　　　　　　　（会社法人等番号0000-0000）
　　　　　　　　　代表取締役　G

義　務　者　　甲市丙町七丁目1番25号
　　　　　　　　エイ・ビー銀行株式会社
　　　　　　　　（会社法人等番号0000-0000）
　　　　　　　　　代表取締役　F

添付情報
　　登記原因証明情報　　登記識別情報　　代理権限証明情報
　　会社法人等番号

令和何年何月何日申請　　甲地方法務局乙出張所

代　理　人　　乙市乙町五丁目6番3号
　　　　　　　　乙　川　一　郎　㊞
　　　　　　　　連絡先の電話番号000-0000

課税価格　　　金何円

登録免許税2)　金何円

不動産の表示　　（省略）

---

1) 参考様式4の註2参照。
2) 税法別表第1の1の(6)のロ。

参考様式13　抵当権移転登記の申請書の例

　エイ・ビー銀行株式会社が，甲野太郎に対する金銭消費貸借契約上の債権の一部を，イー・エフ銀行株式会社に譲渡したことにより，甲野太郎の所有する不動産上に設定登記された抵当権の一部が移転した[1]ことにともなう登記を，乙川一郎が代理して申請する場合の例である。

登　記　申　請　書

登記の目的　　何番[2]抵当権一部移転

原　　　因　　令和何年何月何日債権一部譲渡

譲　渡　額[3]　金何万円

権　利　者　　丙市乙町一丁目9番38号
　　　　　　　　イー・エフ銀行株式会社
　　　　　　　（会社法人等番号 0000-0000）
　　　　　　　　　代表取締役　G

義　務　者　　甲市丙町七丁目1番25号
　　　　　　　　エイ・ビー銀行株式会社
　　　　　　　（会社法人等番号 0000-0000）
　　　　　　　　　代表取締役　F

添付情報
　　登記原因証明情報　　登記識別情報　　代理権限証明情報
　　会社法人等番号

令和何年何月何日申請　　甲地方法務局乙出張所

代　理　人　　乙市乙町五丁目6番3号
　　　　　　　　乙　川　一　郎　㊞
　　　　　　　　連絡先の電話番号 000-0000

課税価格[4]　　金何円

登録免許税[5]　金何円

不動産の表示　　　（省略）

---

[1] これにより，抵当権はエイ・ビー銀行㈱とイー・エフ銀行㈱の（準）共有となる。
[2] 参考様式4の註2参照。
[3] 譲渡された債権額を表示する（令別表45の申請情報）。
[4] 課税価格は，譲渡された債権の価格であり，1,000円未満の端数がある場合にはそれを切り捨てた金額である。
[5] 税法別表第1の1の(6)のロ。

参考様式14　抵当権変更登記の申請書の例
　エイ・ビー銀行株式会社が，甲野太郎の所有する不動産上に設定登記した抵当権について，甲野太郎が借入金の一部を返済して債権額が減額したことによる抵当権の変更の登記を，乙川一郎が代理して申請する場合の例である。

登　記　申　請　書

登記の目的　　　　何番[1]抵当権変更

原　　因　　　　　令和何年何月何日一部弁済

変更後の事項[2]　　債権額　金何円[3]

権　利　者　　　　甲市甲町三丁目5番8号
　　　　　　　　　　甲　野　太　郎

義　務　者　　　　甲市丙町七丁目1番25号
　　　　　　　　　　エイ・ビー銀行株式会社
　　　　　　　　　　（会社法人等番号 0000-0000）
　　　　　　　　　　　代表取締役　F

添付情報
　　登記原因証明情報　　登記識別情報　　代理権限証明情報
　　会社法人等番号

令和何年何月何日申請　　甲地方法務局乙出張所

代　理　人　　　　乙市乙町五丁目6番3号
　　　　　　　　　　乙　川　一　郎　㊞
　　　　　　　　　　連絡先の電話番号 000-0000

登録免許税[4]　　　金何円

不動産の表示　　　（省略）

---

[1] 参考様式4の註2参照。
[2] 令別表25の申請情報。
[3] エイ・ビー銀行㈱の，甲野太郎に対する貸付金（被担保債権）の残額を表示する。
[4] 税法別表第1の1の(14)。

参考様式 15　抵当権の効力を所有権全てに及ぼす変更登記の申請書の例

　甲野太郎がある土地について共有持分2分の1を有し，その共有持分に対してエイ・ビー銀行株式会社が抵当権の設定登記をなしたが，甲野太郎がその後さらに同一土地の共有持分2分の1を取得した場合，既に設定登記しているエイ・ビー銀行㈱の抵当権の効力は，そのままでは甲野太郎が新たに取得した共有持分には及ばない。エイ・ビー銀行㈱が抵当権の効力を甲野太郎の新たに取得した持分（結果として所有権の全て）に及ぼすためには，新たな取得分について抵当権設定の合意が必要であるが，その結果なされる登記は抵当権設定登記ではなく，既に設定登記されている抵当権の効力を，新たに取得した共有持分に及ぼす変更としておこなうものとされている。以下は，これによる変更の登記を，乙川一郎が代理して申請する場合の例である。

```
　　　　　　　　　　登 記 申 請 書

登記の目的　　　何番[1]抵当権の効力を所有権全部に及ぼす変更（付記）
原　　　因　　　令和何年何月何日金銭消費貸借　令和何年何月何日設定[2]
権　利　者　　　甲市丙町七丁目1番25号
　　　　　　　　　エイ・ビー銀行株式会社
　　　　　　　　　（会社法人等番号 0000-0000）
　　　　　　　　　　代表取締役　F
義　務　者　　　甲市甲町三丁目5番8号
　　　　　　　　　甲　野　太　郎
添付情報
　　登記原因証明情報　　　登記識別情報　　　代理権限証明情報
　　会社法人等番号　　　　印鑑証明書　　　　証明書[3]
令和何年何月何日申請　　甲地方法務局乙出張所
代　理　人　　　乙市乙町五丁目6番3号
　　　　　　　　　乙　川　一　郎　㊞
　　　　　　　　　連絡先の電話番号 000-0000
登録免許税　　　金1,500円[4]　登録免許税法第13条2項による。
不動産の表示　　　（省略）
```

[1] 参考様式4の註2参照。
[2] 登記原因およびその日付については，この変更が実質的には共有持分上への抵当権の設定であることから，このように表示する。
[3] 登録免許税法第13条2項の適用を受けるためのものであるが省略される場合もある。
[4] 不動産1個につき，金1,500円である（税法第13条2項）。

参考様式 16　抵当権の効力が，共有者の一部について消滅したことによる抵当権変更登記の申請書の例

　甲野太郎が，既にエイ・ビー銀行株式会社の抵当権設定登記のなされている土地について，その持分2分の1を甲野一郎に贈与した場合，そのままでは甲野一郎の取得した共有持分上に抵当権の効力が及んでいる。しかし，抵当権者が甲野一郎の共有持分に限って抵当権を放棄すれば，甲野一郎の共有持分上の抵当権の効力は消滅することになり，これによる登記を抵当権の変更登記としてすることができる。以下は，この変更の登記を，乙川一郎が代理して申請する場合の例である。

登　記　申　請　書

登記の目的　　　何番[1]抵当権を甲野太郎持分の抵当権とする変更

原　　　因　　　令和何年何月何日甲野一郎持分の放棄

権　利　者　　　甲市甲町三丁目5番8号
　　　　　　　　　甲　野　一　郎

義　務　者　　　甲市丙町七丁目1番25号
　　　　　　　　　エイ・ビー銀行株式会社
　　　　　　　　　（会社法人等番号 0000-0000）
　　　　　　　　　　代表取締役　F

添付情報
　　登記原因証明情報　　登記識別情報　　代理権限証明情報
　　会社法人等番号

令和何年何月何日申請　　甲地方法務局乙出張所

代　理　人　　　乙市乙町五丁目6番3号
　　　　　　　　　乙　川　一　郎　㊞
　　　　　　　　　連絡先の電話番号 000-0000

登録免許税[2]　　金 1,000 円

不動産の表示　　　（省略）

---

[1] 参考様式4の註2参照。
[2] 税法別表第1の1の(14)。不動産1個につき1,000円である。

参考様式17　免責的債務引受による抵当権変更登記の申請書の例
　エイー・ビー銀行株式会社が，甲野太郎の所有する不動産に抵当権設定の登記をしているところ，甲野太郎の債務を甲野一郎が免責的に引受けた[1]ことによる抵当権変更の登記を，乙川一郎が代理して申請する場合の例である。

登　記　申　請　書

登記の目的　　何番[2]抵当権変更

原　　　因　　令和何年何月何日免責的債務引受

変更後の事項　債務者　甲市甲町二丁目2番2号　甲野一郎

権　利　者　　甲市丙町七丁目1番25号
　　　　　　　エイ・ビー銀行株式会社
　　　　　　　（会社法人等番号 0000-0000）
　　　　　　　　代表取締役　F

義　務　者　　甲市甲町三丁目5番8号
　　　　　　　　甲　野　太　郎

添付情報[3]
　　登記原因証明情報　　登記識別情報　　代理権限証明情報
　　会社法人等番号

令和何年何月何日申請　　甲地方法務局乙出張所

代　理　人　　乙市乙町五丁目6番3号
　　　　　　　　乙　川　一　郎　㊞
　　　　　　　　連絡先の電話番号 000-0000

登録免許税[4]　金何円

不動産の表示　　　（省略）

---

[1] 債務引受の形態については，本例のような免責的なものと，現在の債務者とは別の者が連帯債務者として加わる重畳的債務引受がある。後者の場合には，申請情報として「追加する事項　連帯債務者　住所　何某」と表示する（香川保一・全訂不動産登記書式精義中346頁）。

[2] 参考様式4の註2参照。

[3] この申請の登記義務者が所有権登記名義人の場合，本来であれば印鑑証明書の提供が求められる。しかし，旧法による手続では，債務引受けによる抵当権の変更登記に際し，登記義務者である所有権登記名義人が申請書に登記済証を添付すれば印鑑証明書の添付（旧法細則42条）を省略できる取り扱いであった（昭和30・5・30民事甲第1123号通達）。改正法は，この扱いを明確にした（規則48条1項5号，47条3号イ(1)）。

[4] 税法別表第1の1の(14)。

参考様式 18　抵当権の順位変更登記の申請書の例

　エイ・ビー銀行株式会社が，甲野太郎の所有する不動産に抵当権設定の登記をした後に，甲野太郎が自己の債務を担保するために，同一の不動産上にイー・エフ銀行のための抵当権を設定し，その登記を完了した。その後，エイ・ビー銀行とイー・エフ銀行との間で，この抵当権の順位を変更する合意が成立したことによる登記を，乙川一郎が代理して申請する場合の例である。

```
                   登 記 申 請 書

     登記の目的    何番，何番[1]順位変更

     原    因    令和何年何月何日合意

     変更後の順位   第1　何番抵当権
                  第2　何番抵当権

     申 請 人[2]   甲市丙町七丁目1番25号
                    エイ・ビー銀行株式会社
                    （会社法人等番号 0000-0000）
                         代表取締役　F
                  丙市乙町一丁目9番38号
                    イー・エフ銀行株式会社
                    （会社法人等番号 0000-0000）
                         代表取締役　G

     添付情報
        登記原因証明情報　　登記識別情報　　代理権限証明情報
        会社法人等番号

     令和何年何月何日申請　　甲地方法務局乙出張所

     代 理 人    乙市乙町五丁目6番3号
                    乙　川　一　郎　㊞
                    連絡先の電話番号 000-0000

     登録免許税[3]  金何円

     不動産の表示    （省略）
```

---

[1] 参考様式4の註2参照。
[2] 順位変更は，当事者の合同行為と解されているので，登記申請の形式も共同申請ではない（法89条1項）。
[3] 税法別表第1の1の(8)。

参考様式19　抵当権抹消登記の申請書の例

　甲野太郎が，エイ・ビー銀行株式会社に対して借入金の全額を返済し，所有する不動産に設定登記されている抵当権が消滅したことによる登記を，乙川一郎が代理して申請する場合の例である。

登　記　申　請　書

登記の目的　　　何番[1]抵当権抹消

原　　因　　　令和何年何月何日弁済

権　利　者　　　甲市甲町三丁目5番8号
　　　　　　　　　甲　野　太　郎

義　務　者　　　甲市丙町七丁目1番25号
　　　　　　　　　エイ・ビー銀行株式会社
　　　　　　　　　（会社法人等番号 0000-0000）
　　　　　　　　　代表取締役　F

添付情報
　　登記原因証明情報　　登記識別情報　　代理権限証明情報
　　会社法人等番号

令和何年何月何日申請　　甲地方法務局乙出張所

代　理　人　　　乙市乙町五丁目6番3号
　　　　　　　　　乙　川　一　郎　㊞
　　　　　　　　　連絡先の電話番号 000-0000

登録免許税[2]　　金何円

不動産の表示　　　（省略）

---

[1] 参考様式4の註2参照。
[2] 税法別表第1の1の(15)。

参考様式 20　根抵当権設定登記の申請書の例

　エイー・ビー銀行株式会社は，株式会社甲野商店との間で継続的になされている銀行取引等を担保するために，株式会社甲野商店の代表取締役である甲野太郎の所有する不動産に根抵当権を設定した。これによる登記を，乙川一郎が代理して申請する場合の例である。

登　記　申　請　書

登記の目的　　根抵当権設定

原　　　因　　令和何年何月何日設定

極　度　額　　金 50,000,000 円

債権の範囲　　銀行取引　手形債権　小切手債権

債　務　者　　甲市甲町六丁目 25 番 1 号
　　　　　　　　株式会社　甲野商店

根抵当権者　　甲市丙町七丁目 1 番 25 号
　　　　　　　　エイ・ビー銀行株式会社（取扱店　甲支店）[1]
　　　　　　　　（会社法人等番号 0000-0000）
　　　　　　　　　代表取締役　F

設　定　者　　甲市甲町三丁目 5 番 8 号
　　　　　　　　甲　野　太　郎

添付情報
　　登記原因証明情報　　登記識別情報　　代理権限証明情報
　　会社法人等番号　　　印鑑証明書

令和何年何月何日申請　　甲地方法務局乙出張所

代　理　人　　乙市乙町五丁目 6 番 3 号
　　　　　　　　乙　川　一　郎　㊞
　　　　　　　　連絡先の電話番号 000-0000

課税価格　　　金何円

登録免許税[2]　金何円

不動産の表示　　（省略）

---

[1] 銀行が（根）抵当権者である場合，設定登記の（根）抵当権者の申請情報に支店名を表示すれば，それが登記名義人に付記して登記されるのが実務の取扱いである。
[2] 税法別表第 1 の 1 の(5)。

参考様式 21　共同根抵当権設定登記の申請書の例

　エイー・ビー銀行株式会社は，株式会社甲野商店との間で継続的になされている銀行取引等を担保するために，株式会社甲野商店が自ら所有する建物と，代表取締役である甲野太郎の所有する土地に，共同根抵当権を設定した。これによる登記を，乙川一郎が代理して申請する場合の例である。

登　記　申　請　書

登記の目的　　共同根抵当権設定[1]

原　　因　　令和何年何月何日設定

極　度　額　　金50,000,000円

債権の範囲　　銀行取引　手形債権　小切手債権

債　務　者　　甲市甲町六丁目25番1号
　　　　　　　株式会社　甲野商店

根抵当権者　　甲市丙町七丁目1番25号
　　　　　　　エイ・ビー銀行株式会社　（取扱店　甲支店）
　　　　　　　（会社法人等番号 0000-0000）
　　　　　　　代表取締役　F

設　定　者[2]　甲市甲町三丁目5番8号
　　　　　　　甲　野　太　郎
　　　　　　　甲市甲町六丁目25番1号
　　　　　　　株式会社　甲野商店
　　　　　　　（会社法人等番号 0000-0000）
　　　　　　　代表取締役　甲野太郎

添付情報
　　登記原因証明情報　　登記識別情報　　代理権限証明情報
　　会社法人等番号　　　印鑑証明書

令和何年何月何日申請　　甲地方法務局乙出張所

代　理　人　　乙市乙町五丁目6番3号
　　　　　　　乙　川　一　郎　㊞
　　　　　　　連絡先の電話番号 000-0000

課税価格　　　金何円

登録免許税[3]　金何円

不動産の表示　　（省略）

---

[1] 民法398条の16の適用を受ける根抵当権であることを表示する。なお，登記記録の登記の目的に「共同」は表示されない。
[2] 参考様式11の註1参照。
[3] 税法別表第1の1の(5)。

参考様式22　根抵当権の全部譲渡による移転登記の申請書の例

　エイー・ビー銀行株式会社が，既に設定登記をした甲野太郎の所有する不動産上の元本確定前の根抵当権を，甲野太郎の承諾を得てイー・エフ銀行株式会社に全部譲渡した[1]ことによる登記を，乙川一郎が代理して申請する場合の例である。

登　記　申　請　書

登記の目的　　　何番[2]根抵当権移転

原　　因　　　令和何年何月何日譲渡

権　利　者　　　丙市乙町一丁目9番38号
　　　　　　　　イー・エフ銀行株式会社
　　　　　　　　（会社法人等番号0000-0000）
　　　　　　　　代表取締役　G

義　務　者　　　甲市丙町七丁目1番25号
　　　　　　　　エイ・ビー銀行株式会社
　　　　　　　　（会社法人等番号0000-0000）
　　　　　　　　代表取締役　F

添付情報
　　登記原因証明情報　　登記識別情報　　代理権限証明情報
　　会社法人等番号　　　承諾書[3]

令和何年何月何日申請　　甲地方法務局乙出張所

代　理　人　　　乙市乙町五丁目6番3号
　　　　　　　　乙　川　一　郎　㊞
　　　　　　　　連絡先の電話番号000-0000

課税価格　　　金何円

登録免許税[4]　金何円

不動産の表示　　　（省略）

---

[1] 民法398条の12，1項。
[2] 参考様式4の註2参照。
[3] 民法398条の12，令7条1項5号ハ。なお，承諾書には作成者の印鑑証明書を添付しなければならない（令19条2項）。
[4] 税法別表第1の1の(6)のロ。

270　参考様式

参考様式23　根抵当権の極度額変更の登記の申請書の例

　エイー・ビー銀行株式会社が，甲野太郎の所有する不動産上に既に設定登記している根抵当権の極度額金5,000万円を，甲野太郎との間で金8,000万円に変更する合意が成立したことによる登記を，乙川一郎が代理して申請する場合の例である。なお，極度額の変更をするにあたり，利害関係を有する第三者がいる場合，その者の承諾が必要である（民法398条の5)[1]）。

```
                登 記 申 請 書

   登記の目的    何番[2]根抵当権変更
   原　　因     令和何年何月何日変更
   変更後の事項  極度額　金80,000,000円
   権　利　者[3]  甲市丙町七丁目1番25号
                エイ・ビー銀行株式会社
                （会社法人等番号 0000-0000）
                   代表取締役　F
   義　務　者[4]  甲市甲町三丁目5番8号
                甲　野　太　郎
   添付情報
      登記原因証明情報　登記識別情報　代理権限証明情報
      会社法人等番号　印鑑証明書
   令和何年何月何日申請　甲地方法務局乙出張所
   代　理　人    乙市乙町五丁目6番3号
                乙　川　一　郎　㊞
                連絡先の電話番号 000-0000
   課税価格[5]   金30,000,000円
   登録免許税[6] 金120,000円
   不動産の表示   （省略）
```

---

[1] この場合には，申請情報に第三者の承諾に関する情報を添付しなければならない（令7条1項5号ハ）。
[2] 参考様式4の註2参照。
[3] この登記の実行で，登記記録の上で極度額が増額することにより利益を受けるエイ・ビー銀行㈱である（法2条12号）。
[4] この登記の実行で，登記記録の上で極度額が増額することにより不利益を受ける担保の負担者であり（法2条13号），根抵当権が不動産の所有権を目的にしている場合には，所有権登記名義人である。
[5] 登記は変更の登記であるが，極度額が増額するので，登録免許税に関しては増加する金額について新たな根抵当権の設定と同様に扱われる（税法第12条参照）。
[6] 税法別表第1の1の(5)。

参考様式24　根抵当権の債務者の相続による変更登記の申請書の例

　エイー・ビー銀行株式会社が甲野太郎の所有する不動産上に既に根抵当権の設定登記をしていたところ，元本確定前のその根抵当権の債務者である甲野太郎が死亡したために，債務者を相続人である妻の甲野如月と長男甲野一郎および長女甲野弥生とするための登記である。

　　　　　　　　　　登　記　申　請　書

　　登記の目的　　　何番[1]根抵当権変更

　　原　　　因　　　令和何年何月何日相続

　　変更後の事項[2]　債務者（被相続人　甲野太郎）
　　　　　　　　　　甲市甲町三丁目5番8号
　　　　　　　　　　　甲　野　如　月
　　　　　　　　　　甲市甲町三丁目5番8号
　　　　　　　　　　　甲　野　一　郎
　　　　　　　　　　甲市甲町三丁目5番8号
　　　　　　　　　　　甲　野　弥　生

　　権　利　者[3]　　甲市丙町七丁目1番25号
　　　　　　　　　　　エイ・ビー銀行株式会社
　　　　　　　　　　　（会社法人等番号0000-0000）
　　　　　　　　　　　　代表取締役　F

　　義　務　者[4]　　甲市甲町三丁目5番8号
　　　　　　　　　　　甲　野　一　郎

　　添付情報
　　　　登記原因証明情報　　登記識別情報　　代理権限証明情報
　　　　会社法人等番号　　　印鑑証明書

　　令和何年何月何日申請　　甲地方法務局乙出張所

　　代　理　人　　　乙市乙町五丁目6番3号
　　　　　　　　　　　乙　川　一　郎　㊞
　　　　　　　　　　　連絡先の電話番号000-0000

　　登録免許税[5]　　金何円

　　不動産の表示　　　（省略）

---

[1] 参考様式4の註2参照。
[2] 令別表25の申請情報。
[3] この申請は，根抵当権者と設定者のいずれが登記上直接利益を受けるか（法2条12号）判定し難いので，この場合には根抵当権者が登記権利者，設定者が登記義務者であるとの取扱い方針が示されている（昭和46・10・4民事甲3230号通達第四）。
[4] 註3で述べたように，登記義務者は設定者である。
[5] 税法別表第1の1の(14)。

参考様式25　根抵当権の元本確定の登記の申請書の例

　エイー・ビー銀行株式会社が既に設定登記をした甲野太郎の所有する不動産上の根抵当権の元本が確定したことによる登記の申請（共同申請）を，乙川一郎が代理する場合の例である。

登　記　申　請　書

　　登記の目的　　　何番[1]根抵当権元本確定

　　原　　因　　　　令和何年何月何日確定

　　権　利　者[2]　甲市甲町三丁目5番8号
　　　　　　　　　　甲　野　太　郎

　　義　務　者[2]　甲市丙町七丁目1番25号
　　　　　　　　　　エイ・ビー銀行株式会社
　　　　　　　　　　（会社法人等番号 0000-0000）
　　　　　　　　　　代表取締役　F

　　添付情報
　　　　登記原因証明情報　　登記識別情報　　代理権限証明情報
　　　　会社法人等番号

　　令和何年何月何日申請　　甲地方法務局乙出張所

　　代　理　人　　乙市乙町五丁目6番3号
　　　　　　　　　　乙　川　一　郎　㊞
　　　　　　　　　　連絡先の電話番号 000-0000

　　登録免許税[3]　金何円

　　不動産の表示　　（省略）

---

[1] 参考様式4の註2参照。
[2] 設定者が登記権利者であり，根抵当権登記名義人が登記義務者である（昭和46・10・4民事甲3230号通達第九）。
[3] 税法別表第1の1の(14)。

参考様式26　根抵当権の債務者相続による合意の登記の申請書の例

　エイー・ビー銀行株式会社が甲野太郎の所有する不動産上に既に設定登記している元本確定前の根抵当権の債務者甲野太郎が死亡し，債務者を相続人である妻の甲野如月と長男甲野一郎および長女甲野弥生とするための登記（参考様式24）の完了後，債務者を甲野一郎とする合意が成立[1]したことによる根抵当権変更登記を，乙川一郎が代理する場合の例である。

　　　　　　　　　登　記　申　請　書

　登記の目的　　　何番[2]根抵当権変更

　原　　　因　　　令和何年何月何日合意

　指定債務者　　　甲市甲町三丁目5番8号
　　　　　　　　　　甲　野　一　郎

　権　利　者　　　甲市丙町七丁目1番25号
　　　　　　　　　　エイ・ビー銀行株式会社
　　　　　　　　　　（会社法人等番号 0000-0000）
　　　　　　　　　　　代表取締役　F

　義　務　者　　　甲市甲町三丁目5番8号
　　　　　　　　　　甲　野　一　郎

　添付情報
　　　登記原因証明情報　　登記識別情報　　代理権限証明情報
　　　会社法人等番号　　　印鑑証明書

　令和何年何月何日申請　　甲地方法務局乙出張所

　代　理　人　　　乙市乙町五丁目6番3号
　　　　　　　　　　乙　川　一　郎　㊞
　　　　　　　　　　連絡先の電話番号 000-0000

　登録免許税[3]　　金何円

　不動産の表示　　　（省略）

---

[1] 民法398条の8，2項参照。
[2] 参考様式4の註2参照。
[3] 税法別表第1の1の(14)。

参考様式27　建物新築による不動産工事先取特権保存登記の申請書の例

　株式会社エル・エム工務店が，甲野太郎より建物の新築工事を請負ったことによる不動産工事の先取特権保存の登記を，乙川一郎が代理する場合の例である。

```
　　　　　　　　　登　記　申　請　書

　　登記の目的　　不動産工事先取特権保存
　　原　　因　　　令和何年何月何日新築請負の先取特権発生
　　工事費用予算額[1]　　金何円
　　債　務　者[1]　甲市甲町三丁目5番8号
　　　　　　　　　　甲　野　太　郎
　　先取特権者　　丙市乙町八丁目17番6号
　　　　　　　　　　株式会社エル・エム工務店
　　　　　　　　　　（会社法人等番号 0000-0000）
　　　　　　　　　　代表取締役　L
　　義　務　者[2]　甲市甲町三丁目5番8号
　　　　　　　　　　甲　野　太　郎
　　添付情報
　　　登記原因証明情報　　　設計書[3]　　代理権限証明情報
　　　会社法人等番号
　　令和何年何月何日申請　　甲地方法務局乙出張所
　　代　理　人　　乙市乙町五丁目6番3号
　　　　　　　　　　乙　川　一　郎　㊞
　　　　　　　　　　連絡先の電話番号 000-0000
　　課税価格　　　金何円
　　登録免許税[4]　金何円
　　新築する建物の表示[5]　（省略）
　　（以上，設計書による。）
```

[1] 令別表43の申請情報イ。
[2] 登記義務者は，本来申請された登記が実行された場合に，登記記録の上で不利益を受ける者であり，したがって既存の登記の登記名義人であるべきである。しかし，建物新築による不動産工事先取特権の保存登記は，未だ建物が存在しない時点で登記がなされるという特質から，完成後に建物所有者となるべき者（注文主）を登記義務者として手続がなされる（法86条1項）。
[3] 図面を含むものである（令別表43の添付情報ロ）。
[4] 税法別表第1の1の(5)。
[5] 令別表43の申請情報ロ～ヘ。

参考様式 275

参考様式 28　相続による所有権移転登記の申請書の例
　甲野太郎が死亡し，相続財産である不動産を妻の甲野如月，長男甲野一郎および長女の甲野弥生が，民法所定の持分割合により共同相続したことによる登記を，乙川一郎が代理して申請する場合の例である。

登 記 申 請 書

　登記の目的　　所有権移転

　原　　　因　　令和何年何月何日相続

　相　続　人[1]（被相続人　甲野太郎）
　　　　　　　　甲市甲町三丁目5番8号
　　　　　持分4分の2　甲　野　如　月
　　　　　　　　甲市甲町三丁目5番8号
　　　　　持分4分の1　甲　野　一　郎
　　　　　　　　甲市甲町三丁目5番8号
　　　　　持分4分の1　甲　野　弥　生

　添付情報
　　　登記原因証明情報[2]　　住所証明情報　　代理権限証明情報

　令和何年何月何日申請　　甲地方法務局乙出張所

　代　理　人　　乙市乙町五丁目6番3号
　　　　　　　　乙　川　一　郎　㊞
　　　　　　　　連絡先の電話番号 000-0000

　課税価格　　　金何円

　登録免許税[3]　金何円

　不動産の表示　　（省略）

---

[1] 相続人の単独申請である（法63条2項）。
[2] 相続を証する情報である（令別表22の添付情報）。
[3] 税法別表第1の1の(2)のイ。

参考様式29　特別縁故者への財産分与による所有権移転登記の申請書の例

　甲野三太郎が死亡し，相続人が存在しないため，家庭裁判所が生計を同じくしていた丙山皐月に甲野三太郎の財産の一部である不動産を分与する審判をなしたことによる登記を，乙川一郎が代理して申請する場合の例である。

登　記　申　請　書

登記の目的　　所有権移転

原　　因　　令和何年何月何日[1]民法第958条の3の審判

権　利　者[2]　甲市甲町一丁目3番5号
　（申請人）　　丙　山　皐　月

義　務　者[3]　甲市甲町一丁目3番5号
　　　　　　　亡　甲野三太郎　相続財産

添付情報
　登記原因証明情報[4]　　住所証明情報　　代理権限証明情報

令和何年何月何日申請　　甲地方法務局乙出張所

代　理　人　　乙市乙町五丁目6番3号
　　　　　　　乙　川　一　郎　㊞
　　　　　　　連絡先の電話番号 000-0000

課税価格　　　金何円

登録免許税[5]　金何円

不動産の表示　　（省略）

---

[1] 審判の確定した日を記載する。
[2] 判決による登記に準じて，登記権利者の単独申請が可能であるが，相続財産管理人と共同して申請することもできる。
[3] 登記義務者は，法人としての相続財産である。相続人のあることが明らかではない場合，相続財産は法人とされるので（民法951条），財産分与による登記に先立って登記名義人を被相続人から相続財産に変えるための登記をしなければならない。この名義人の表示を変更する登記は，相続財産管理人の申請によるか，もしくは特別縁故者が審判書正本（確定証明書付き）を代位原因を証する書面として，相続財産管理人に代位して申請することができる。
[4] 審判書である。
[5] 税法別表第1の1の(2)のハ。

参考様式30　登記権利者の相続人（一般承継者）による所有権移転登記申請書の例

　乙山次郎が，所有する不動産を甲野太郎に売買したが，その登記未了の間に甲野太郎が死亡したので，甲野太郎の共同相続人である甲野如月，甲野一郎および甲野弥生が被相続人に代わって乙山次郎と共同して申請する所有権移転登記[1]を，乙川一郎が代理して申請する場合の例である。

　本例は，登記権利者の相続人による申請である。登記義務者が死亡したことによりその者の相続人が申請する場合は，登記義務者の表示に加えてその相続人を表示する[2]。

```
　　　　　　　　　登　記　申　請　書

　　登記の目的　　所有権移転

　　原　　　因　　令和何年何月何日売買

　　権　利　者[3]　甲市乙町三丁目5番8号
　　　　　　　　　　亡　甲　野　太　郎

　　申　請　人　　甲市乙町三丁目5番8号
　　　（相続人）[4]　　　甲　野　如　月
　　　　　　　　　甲市乙町三丁目5番8号
　　　　　　　　　　　　甲　野　一　郎
　　　　　　　　　甲市乙町三丁目5番8号
　　　　　　　　　　　　甲　野　弥　生

　　義　務　者　　甲市乙町五丁目3番1号
　　　　　　　　　　　　乙　山　次　郎

　　添付情報
　　　　登記原因証明情報　　登記識別情報
　　　　一般承継証明情報　　代理権限証明情報
　　　　住所証明情報　　　　印鑑証明書

　　　（以下，書略。）
```

---

[1] 法62条。
[2] 本文で述べたように，登記権利者の相続人による登記については，共有物保存行為として相続人中の一部の者のみで申請ができるが，登記義務者の相続人による登記の場合，申請人は相続人全員である。
[3] 登記権利者（被相続人）の最後の住所と氏名を表示する（令3条11号ハ）。
[4] 令3条11号ロ。

参考様式31　判決による所有権移転登記の申請書の例

　甲野太郎は，乙山次郎から売買により不動産を取得したが，乙山次郎が所有権移転登記の申請に協力しないので，登記名義の引渡しを求める訴えを提起して勝訴[1]したことによる登記を，乙川一郎が代理して申請する場合の例である。

登　記　申　請　書

　登記の目的　　所有権移転

　原　　因　　令和何年何月何日売買

　権　利　者[2]　　甲市乙町三丁目5番8号
　　（申請人）　　甲　野　太　郎

　義　務　者　　甲市乙町五丁目3番1号
　　　　　　　　乙　山　次　郎

　添付情報
　　登記原因証明情報（判決）　住所証明情報　代理権限証明情報

　令和何年何月何日申請　　甲地方法務局乙出張所

　代　理　人　　乙市乙町五丁目6番3号
　　　　　　　　乙　川　一　郎　㊞
　　　　　　　　連絡先の電話番号　000-0000

　課税価格　　　金何円

　登録免許税[3]　金何円

　（以下，省略。）

---

[1] 登記義務者に登記すべきことを命ずる内容であれば，本案の判決の他，和解，調停であっても同様である（令7条1項5号ロ(1)参照）。
[2] 登記権利者の単独申請である（法63条1項）。
[3] 税法別表第1の1の(2)のハ。

参考様式32　代位による所有権移転登記の申請書の例

　丙野花子は，甲野太郎に対する金銭債権を保全するために，甲野太郎が乙山次郎から売買により取得した不動産に対する仮差押命令を得た。しかし，甲野太郎は乙山次郎からの所有権移転登記を放置していたため，丙野花子が仮差押の前提として甲野太郎に代位して乙山次郎と共同して，甲野太郎名義とするための所有権移転登記をすることにし，それを乙川一郎が代理して申請する場合の例である。

登　記　申　請　書

登記の目的　　所有権移転

原　　　因　　令和何年何月何日売買

権　利　者[1]　甲市乙町三丁目5番8号
　（被代位者）　　　甲　野　太　郎

代　位　者[1]　甲市甲町二丁目18番3号
　　　　　　　　　　丙　野　花　子

代 位 原 因[1]　令和何年何月何日仮差押命令の
　　　　　　　仮差押登記請求権

義　務　者　　甲市乙町五丁目3番1号
　　　　　　　　　　乙　山　次　郎

添付情報
　　登記原因証明情報　　　代位原因証明情報[2]
　　登記識別情報　　　　　代理権限証明情報
　　住所証明情報　　　　　印鑑証明書

令和何年何月何日申請　　甲地方法務局乙出張所

代　理　人　　乙市乙町五丁目6番3号
　　　　　　　　　　乙　川　一　郎　㊞
　　　　　　　　　連絡先の電話番号 000-0000

課税価格　　金何円

登録免許税[3]　金何円

（以下，省略。）

---

[1] 令3条4号。
[2] 令7条1項3号。
[3] 税法別表第1の1の(2)のハ。

参考様式33　所有権移転仮登記の申請書の例

　乙山次郎が，所有する不動産を甲野太郎に売買したことに基づいて，本来は所有権移転登記の申請をすべきところ，登記義務者の登記識別情報が提供できないためにする仮登記の申請を（法105条1号），乙川一郎が代理する場合の例である。

登　記　申　請　書

登記の目的　　所有権移転仮登記

原　　因　　令和何年何月何日売買

権　利　者　　甲市乙町三丁目5番8号
　　　　　　　　甲　野　太　郎

義　務　者　　甲市乙町五丁目3番1号
　　　　　　　　乙　山　次　郎

添付情報
　登記原因証明情報　　代理権限証明情報　　印鑑証明書

令和何年何月何日申請　　甲地方法務局乙出張所

代　理　人　　乙市乙町五丁目6番3号
　　　　　　　　乙　川　一　郎　㊞
　　　　　　　連絡先の電話番号 000-0000

課税価格　　金何円

登録免許税[1]　金何円

（以下，省略。）

---

[1] 税法別表第1の1の(12)。

参考様式34　単独申請による所有権移転仮登記の申請書の例

　甲野太郎が，乙山次郎の所有する不動産について，売買予約契約を締結したことによる所有権移転請求権を保全するための仮登記について（法105条2号），乙山次郎の承諾を得て単独でする仮登記を（法107条1項），乙川一郎が代理して申請する場合の例である。

登　記　申　請　書

登記の目的　　所有権移転請求権仮登記

原　　因　　令和何年何月何日売買予約

権　利　者　　甲市乙町三丁目5番8号
（申請人）　　　甲　野　太　郎

義　務　者　　甲市乙町五丁目3番1号
　　　　　　　　乙　山　次　郎

添付情報
　登記原因証明情報　　　承諾書[1]　　代理権限証明情報

令和何年何月何日申請　　甲地方法務局乙出張所

代　理　人　　乙市乙町五丁目6番3号
　　　　　　　　乙　川　一　郎　㊞
　　　　　　　　連絡先の電話番号 000-0000

課税価格　　　金何円

登録免許税[2]　金何円

（以下，省略。）

---

[1] 令別表68の添付情報ロ。なお，承諾書には作成者の印鑑証明書を添付しなければならない（令19条2項）。
[2] 税法別表第1の1の(12)。

参考様式35　仮登記に基づく所有権移転の本登記の申請書の例

　甲野太郎は，乙山次郎の所有する不動産に対して，既になした仮登記に基づいて所有権移転登記を行うことになり，それを乙川一郎が代理して申請する場合の例である。

登　記　申　請　書

登記の目的　　何番仮登記の所有権移転本登記[1]

原　　　因　　令和何年何月何日売買

権　利　者　　甲市乙町三丁目5番8号
　　　　　　　　甲　野　太　郎

義　務　者　　甲市乙町五丁目3番1号
　　　　　　　　乙　山　次　郎

添付情報[2]
　登記原因証明情報　　登記識別情報　　住所証明情報
　代理権限証明情報　　印鑑証明書

令和何年何月何日申請　　甲地方法務局乙出張所

代　理　人　　乙市乙町五丁目6番3号
　　　　　　　　乙　川　一　郎　㊞
　　　　　　　　連絡先の電話番号 000-0000

課税価格　　　金何円

登録免許税[3]　金何円

（以下，省略。）

---

[1] 申請が，既になした仮登記に基づく本登記であることを明らかにするために，このように表示するのが実務の扱いである。

[2] 添付情報については，ここに表示したものの他，例えば甲野太郎の所有権移転仮登記の後に設定登記をした抵当権登記名義人のような登記上の利害関係人等がいる場合には，その者が登記の申請を承諾したことを証する情報等を添付しなければならない（令別表69の添付情報イ）。

[3] 税法17条。

参考様式 36　登記名義人の表示を変更する登記の申請書の例
　甲野太郎が登記名義を取得の後に転居して住所が変わった場合，登記簿上の住所を現在のものとするための登記名義人住所変更の登記を，乙川一郎が代理して申請する場合の例である。

　　　　　　　　　　登 記 申 請 書

　　登記の目的　　何番[1]所有権登記名義人住所変更

　　原　　　因　　令和何年何月何日住所移転

　　変更後の事項　住所　甲市乙町三丁目5番8号

　　申　請　人　　甲市乙町三丁目5番8号
　　　　　　　　　　甲　野　太　郎

　　添付情報
　　　登記原因証明情報[2]　　代理権限証明情報

　　令和何年何月何日申請　　甲地方法務局乙出張所

　　代　理　人　　乙市乙町五丁目6番3号
　　　　　　　　　　乙　川　一　郎　㊞
　　　　　　　　　　連絡先の電話番号 000-0000

　　登録免許税[3]　金何円

　　（以下，省略。）

---

[1] 参考様式4の註2参照。
[2] 申請人である登記名義人の住所等の変更，もしくは錯誤・遺漏（登記名義人の住所等の更正の場合）があったことを証する情報である（令別表23の添付情報）。
[3] 税法別表第1の1の⒁。

参考様式37　除権決定等による抹消登記の単独申請の申請書の例

　甲野太郎は，丙野花子に対する金銭債務の弁済をしたが，その債務を担保するために自己の所有する不動産に設定登記された抵当権の登記抹消の申請を失念した。その後，抵当権の抹消をすることにしたけれど，登記義務者である丙野花子が行方不明であったため，不動産登記法70条に基づき裁判所において公示催告手続をして除権決定を得たことにより，単独で抵当権の抹消をすることになり，その登記を乙川一郎が代理して申請する場合の例である。

　この例で，甲野太郎が丙野花子との間の金銭消費貸借に関する債権証書，並びに被担保債権及び最後の2年分の利息等の定期金の完全な弁済があったことを証する情報[1]を提供すれば，甲野太郎は公示催告手続を経ることなく単独で抵当権の抹消登記を申請することができる（法70条3項前段）。なお，この場合の申請は，下記の申請情報と基本的に同様であり，添付情報の除権判決が，債権証書・被担保債権等の弁済を証する情報に替わる。

```
　　　　　　　　登　記　申　請　書

　登記の目的　　何番[2]抵当権抹消
　原　　　因　　令和何年何月何日弁済
　権　利　者[3]　甲市乙町三丁目5番8号
　　（申請人）　　　甲　野　太　郎
　義　務　者　　丙市甲町二丁目18番3号
　　　　　　　　　　丙　野　花　子
　添付情報
　　登記原因証明情報[4]　　代理権限証明情報
　令和何年何月何日申請　　甲地方法務局乙出張所
　代　理　人　　乙市乙町五丁目6番3号
　　　　　　　　　　乙　川　一　郎　㊞
　　　　　　　　連絡先の電話番号 000-0000

　登録免許税[5]　金何円
　　不動産の表示　　（省略）
```

[1] 令別表26の添付情報ハ。
[2] 参考様式4の註2参照。
[3] 甲野太郎の単独申請である（法70条2項）。
[4] 除権決定があったことを証する情報である（令別表26の添付情報ロ）。
[5] 税法別表第1の1の(15)。

◆不動産登記法◆

（平成十六年六月十八日法律第百二十三号）

第一章　総則（第一条—第五条）
第二章　登記所及び登記官（第六条—第十条）
第三章　登記記録等（第十一条—第十五条）
第四章　登記手続
　第一節　総則（第十六条—第二十六条）
　第二節　表示に関する登記
　　第一款　通則（第二十七条—第三十三条）
　　第二款　土地の表示に関する登記（第三十四条—第四十三条）
　　第三款　建物の表示に関する登記（第四十四条—第五十八条）
　第三節　権利に関する登記
　　第一款　通則（第五十九条—第七十三条）
　　第二款　所有権に関する登記（第七十四条—第七十七条）
　　第三款　用益権に関する登記（第七十八条—第八十二条）
　　第四款　担保権等に関する登記（第八十三条—第九十六条）
　　第五款　信託に関する登記（第九十七条—第百四条の二）
　　第六款　仮登記（第百五条—第百十条）
　　第七款　仮処分に関する登記（第百十一条—第百十四条）
　　第八款　官庁又は公署が関与する登記等（第百十五条—第百十八条）
第五章　登記事項の証明等（第百十九条—第百二十二条）
第六章　筆界特定
　第一節　総則（第百二十三条—第百三十条）
　第二節　筆界特定の手続
　　第一款　筆界特定の申請（第百三十一条—第百三十三条）
　　第二款　筆界の調査等（第百三十四条—第百四十一条）
　第三節　筆界特定（第百四十二条—第百四十五条）
　第四節　雑則（第百四十六条—第百五十条）
第七章　雑則（第百五十一条—第百五十八条）
第八章　罰則（第百五十九条—第百六十四条）
附則

第一章　総　則

（目的）

第一条　この法律は，不動産の表示及び不動産に関する権利を公示するための登記に関する制度について定めることにより，国民の権利の保全を図り，もって取引の安全と円滑に資することを目的とする。

（定義）

第二条　この法律において，次の各号に掲げる用語の意義は，それぞれ当該各号に定めるところによる。

一　不動産　土地又は建物をいう。
二　不動産の表示　不動産についての第二十七条第一号，第三号若しくは第四号，第三十四条第一項各号，第四十三条第一項，第四十四条第一項各号又は第五十八条第一項各号に規定する登記事項をいう。
三　表示に関する登記　不動産の表示に関する登記をいう。
四　権利に関する登記　不動産についての次条各号に掲げる権利に関する登記をいう。
五　登記記録　表示に関する登記又は権

利に関する登記について，一筆の土地又は一個の建物ごとに第十二条の規定により作成される電磁的記録（電子的方式，磁気的方式その他人の知覚によっては認識することができない方式で作られる記録であって，電子計算機による情報処理の用に供されるものをいう。以下同じ。）をいう。

六　登記事項　この法律の規定により登記記録として登記すべき事項をいう。

七　表題部　登記記録のうち，表示に関する登記が記録される部分をいう。

八　権利部　登記記録のうち，権利に関する登記が記録される部分をいう。

九　登記簿　登記記録が記録される帳簿であって，磁気ディスク（これに準ずる方法により一定の事項を確実に記録することができる物を含む。以下同じ。）をもって調製するものをいう。

十　表題部所有者　所有権の登記がない不動産の登記記録の表題部に，所有者として記録されている者をいう。

十一　登記名義人　登記記録の権利部に，次条各号に掲げる権利について権利者として記録されている者をいう。

十二　登記権利者　権利に関する登記をすることにより，登記上，直接に利益を受ける者をいい，間接に利益を受ける者を除く。

十三　登記義務者　権利に関する登記をすることにより，登記上，直接に不利益を受ける登記名義人をいい，間接に不利益を受ける登記名義人を除く。

十四　登記識別情報　第二十二条本文の規定により登記名義人が登記を申請する場合において，当該登記名義人自らが当該登記を申請していることを確認するために用いられる符号その他の情報であって，登記名義人を識別することができるものをいう。

十五　変更の登記　登記事項に変更があった場合に当該登記事項を変更する登記をいう。

十六　更正の登記　登記事項に錯誤又は遺漏があった場合に当該登記事項を訂正する登記をいう。

十七　地番　第三十五条の規定により一筆の土地ごとに付す番号をいう。

十八　地目　土地の用途による分類であって，第三十四条第二項の法務省令で定めるものをいう。

十九　地積　一筆の土地の面積であって，第三十四条第二項の法務省令で定めるものをいう。

二十　表題登記　表示に関する登記のうち，当該不動産について表題部に最初にされる登記をいう。

二十一　家屋番号　第四十五条の規定により一個の建物ごとに付す番号をいう。

二十二　区分建物　一棟の建物の構造上区分された部分で独立して住居，店舗，事務所又は倉庫その他建物としての用途に供することができるものであって，建物の区分所有等に関する法律（昭和三十七年法律第六十九号。以下「区分所有法」という。）第二条第三項に規定する専有部分であるもの（区分所有法第四条第二項の規定により共用部分とされたものを含む。）をいう。

二十三　附属建物　表題登記がある建物に附属する建物であって，当該表題登記がある建物と一体のものとして一個の建物として登記されるものをいう。
二十四　抵当証券　抵当証券法（昭和六年法律第十五号）第一条第一項に規定する抵当証券をいう。

（登記することができる権利等）

第三条　登記は，不動産の表示又は不動産についての次に掲げる権利の保存等（保存，設定，移転，変更，処分の制限又は消滅をいう。次条第二項及び第百五条第一号において同じ。）についてする。
一　所有権
二　地上権
三　永小作権
四　地役権
五　先取特権
六　質権
七　抵当権
八　賃借権
九　採石権（採石法（昭和二十五年法律第二百九十一号）に規定する採石権をいう。第五十条及び第八十二条において同じ。）

（権利の順位）

第四条　同一の不動産について登記した権利の順位は，法令に別段の定めがある場合を除き，登記の前後による。
② 付記登記（権利に関する登記のうち，既にされた権利に関する登記についてする登記であって，当該既にされた権利に関する登記を変更し，若しくは更正し，又は所有権以外の権利にあってはこれを移転し，若しくはこれを目的とする権利の保存等をするもので当該既にされた権利に関する登記と一体のものとして公示する必要があるものをいう。以下この項及び第六十六条において同じ。）の順位は主登記（付記登記の対象となる既にされた権利に関する登記をいう。以下この項において同じ。）の順位により，同一の主登記に係る付記登記の順位はその前後による。

（登記がないことを主張することができない第三者）

第五条　詐欺又は強迫によって登記の申請を妨げた第三者は，その登記がないことを主張することができない。
② 他人のために登記を申請する義務を負う第三者は，その登記がないことを主張することができない。ただし，その登記の登記原因（登記の原因となる事実又は法律行為をいう。以下同じ。）が自己の登記の登記原因の後に生じたときは，この限りでない。

第二章　登記所及び登記官

（登記所）

第六条　登記の事務は，不動産の所在地を管轄する法務局若しくは地方法務局若しくはこれらの支局又はこれらの出張所（以下単に「登記所」という。）がつかさどる。
② 不動産が二以上の登記所の管轄区域にまたがる場合は，法務省令で定めるところにより，法務大臣又は法務局若しくは地方法務局の長が，当該不動産に関する登記の事務をつかさどる登記所を指定する。
③ 前項に規定する場合において，同項の指定がされるまでの間，登記の申請は，当該二以上の登記所のうち，一の登記所にすることができる。

（事務の委任）

第七条　法務大臣は，一の登記所の管轄に属する事務を他の登記所に委任すること

ができる。

(事務の停止)
第八条　法務大臣は、登記所においてその事務を停止しなければならない事由が生じたときは、期間を定めて、その停止を命ずることができる。

(登記官)
第九条　登記所における事務は、登記官(登記所に勤務する法務事務官のうちから、法務局又は地方法務局の長が指定する者をいう。以下同じ。)が取り扱う。

(登記官の除斥)
第十条　登記官又はその配偶者若しくは四親等内の親族（配偶者又は四親等内の親族であった者を含む。以下この条において同じ。）が登記の申請人であるときは、当該登記官は、当該登記をすることができない。登記官又はその配偶者若しくは四親等内の親族が申請人を代表して申請するときも、同様とする。

第三章　登記記録等

(登記)
第十一条　登記は、登記官が登記簿に登記事項を記録することによって行う。

(登記記録の作成)
第十二条　登記記録は、表題部及び権利部に区分して作成する。

(登記記録の滅失と回復)
第十三条　法務大臣は、登記記録の全部又は一部が滅失したときは、登記官に対し、一定の期間を定めて、当該登記記録の回復に必要な処分を命ずることができる。

(地図等)
第十四条　登記所には、地図及び建物所在図を備え付けるものとする。
②　前項の地図は、一筆又は二筆以上の土地ごとに作成し、各土地の区画を明確にし、地番を表示するものとする。
③　第一項の建物所在図は、一個又は二個以上の建物ごとに作成し、各建物の位置及び家屋番号を表示するものとする。
④　第一項の規定にかかわらず、登記所には、同項の規定により地図が備え付けられるまでの間、これに代えて、地図に準ずる図面を備え付けることができる。
⑤　前項の地図に準ずる図面は、一筆又は二筆以上の土地ごとに土地の位置、形状及び地番を表示するものとする。
⑥　第一項の地図及び建物所在図並びに第四項の地図に準ずる図面は、電磁的記録に記録することができる。

(法務省令への委任)
第十五条　この章に定めるもののほか、登記簿及び登記記録並びに地図、建物所在図及び地図に準ずる図面の記録方法その他の登記の事務に関し必要な事項は、法務省令で定める。

第四章　登記手続

第一節　総則
(当事者の申請又は嘱託による登記)
第十六条　登記は、法令に別段の定めがある場合を除き、当事者の申請又は官庁若しくは公署の嘱託がなければ、することができない。
②　第二条第十四号、第五条、第六条第三項、第十条及びこの章（この条、第二十七条、第二十八条、第三十二条、第三十四条、第三十五条、第四十一条、第四十三条から第四十六条まで、第五十一条第五項及び第六項、第五十三条第二項、第五十六条、第五十八条第一項及び第四項、第五十九条第一号、第三号から第六号まで及び第八号、第六十六条、第六十七条、第七十一条、第七十三条第一項第二号から第四号まで、第二項及び第三項、第七十六条、第七十八条から第八十六条まで、

第八十八条，第九十条から第九十二条まで，第九十四条，第九十五条第一項，第九十六条，第九十七条，第九十八条第二項，第百一条，第百二条，第百六条，第百八条，第百十二条，第百十四条から第百十七条まで並びに第百十八条第二項，第五項及び第六項を除く。）の規定は，官庁又は公署の嘱託による登記の手続について準用する。

（代理権の不消滅）

第十七条 登記の申請をする者の委任による代理人の権限は，次に掲げる事由によっては，消滅しない。

一 本人の死亡
二 本人である法人の合併による消滅
三 本人である受託者の信託に関する任務の終了
四 法定代理人の死亡又はその代理権の消滅若しくは変更

（申請の方法）

第十八条 登記の申請は，次に掲げる方法のいずれかにより，不動産を識別するために必要な事項，申請人の氏名又は名称，登記の目的その他の登記の申請に必要な事項として政令で定める情報（以下「申請情報」という。）を登記所に提供してしなければならない。

一 法務省令で定めるところにより電子情報処理組織（登記所の使用に係る電子計算機（入出力装置を含む。以下この号において同じ。）と申請人又はその代理人の使用に係る電子計算機とを電気通信回線で接続した電子情報処理組織をいう。）を使用する方法
二 申請情報を記載した書面（法務省令で定めるところにより申請情報の全部又は一部を記録した磁気ディスクを含む。）を提出する方法

（受付）

第十九条 登記官は，前条の規定により申請情報が登記所に提供されたときは，法務省令で定めるところにより，当該申請情報に係る登記の申請の受付をしなければならない。

② 同一の不動産に関し二以上の申請がされた場合において，その前後が明らかでないときは，これらの申請は，同時にされたものとみなす。

③ 登記官は，申請の受付をしたときは，当該申請に受付番号を付さなければならない。この場合において，同一の不動産に関し同時に二以上の申請がされたとき（前項の規定により同時にされたものとみなされるときを含む。）は，同一の受付番号を付するものとする。

（登記の順序）

第二十条 登記官は，同一の不動産に関し権利に関する登記の申請が二以上あったときは，これらの登記を受付番号の順序に従ってしなければならない。

（登記識別情報の通知）

第二十一条 登記官は，その登記をすることによって申請人自らが登記名義人となる場合において，当該登記を完了したときは，法務省令で定めるところにより，速やかに，当該申請人に対し，当該登記に係る登記識別情報を通知しなければならない。ただし，当該申請人があらかじめ登記識別情報の通知を希望しない旨の申出をした場合その他の法務省令で定める場合は，この限りでない。

（登記識別情報の提供）

第二十二条 登記権利者及び登記義務者が共同して権利に関する登記の申請をする場合その他登記名義人が政令で定める登記の申請をする場合には，申請人は，その申請情報と併せて登記義務者（政令で

定める登記の申請にあっては，登記名義人。次条第一項，第二項及び第四項各号において同じ。）の登記識別情報を提供しなければならない。ただし，前条ただし書の規定により登記識別情報が通知されなかった場合その他の申請人が登記識別情報を提供することができないことにつき正当な理由がある場合は，この限りでない。

（事前通知等）

第二十三条　登記官は，申請人が前条に規定する申請をする場合において，同条ただし書の規定により登記識別情報を提供することができないときは，法務省令で定める方法により，同条に規定する登記義務者に対し，当該申請があった旨及び当該申請の内容が真実であると思料するときは法務省令で定める期間内に法務省令で定めるところによりその旨の申出をすべき旨を通知しなければならない。この場合において，登記官は，当該期間内にあっては，当該申出がない限り，当該申請に係る登記をすることができない。

②　登記官は，前項の登記の申請が所有権に関するものである場合において，同項の登記義務者の住所について変更の登記がされているときは，法務省令で定める場合を除き，同項の申請に基づいて登記をする前に，法務省令で定める方法により，同項の規定による通知のほか，当該登記義務者の登記記録上の前の住所にあてて，当該申請があった旨を通知しなければならない。

③　前二項の規定は，登記官が第二十五条（第十号を除く。）の規定により申請を却下すべき場合には，適用しない。

④　第一項の規定は，同項に規定する場合において，次の各号のいずれかに掲げるときは，適用しない。

一　当該申請が登記の申請の代理を業とすることができる代理人によってされた場合であって，登記官が当該代理人から法務省令で定めるところにより当該申請人が第一項の登記義務者であることを確認するために必要な情報の提供を受け，かつ，その内容を相当と認めるとき。

二　当該申請に係る申請情報（委任による代理人によって申請する場合にあっては，その権限を証する情報）を記載し，又は記録した書面又は電磁的記録について，公証人（公証人法（明治四十一年法律第五十三号）第八条の規定により公証人の職務を行う法務事務官を含む。）から当該申請人が第一項の登記義務者であることを確認するために必要な認証がされ，かつ，登記官がその内容を相当と認めるとき。

（登記官による本人確認）

第二十四条　登記官は，登記の申請があった場合において，申請人となるべき者以外の者が申請していると疑うに足りる相当な理由があると認めるときは，次条の規定により当該申請を却下すべき場合を除き，申請人又はその代表者若しくは代理人に対し，出頭を求め，質問をし，又は文書の提示その他必要な情報の提供を求める方法により，当該申請人の申請の権限の有無を調査しなければならない。

②　登記官は，前項に規定する申請人又はその代表者若しくは代理人が遠隔の地に居住しているとき，その他相当と認めるときは，他の登記所の登記官に同項の調査を嘱託することができる。

（申請の却下）

第二十五条　登記官は，次に掲げる場合には，理由を付した決定で，登記の申請を

却下しなければならない。ただし，当該申請の不備が補正することができるものである場合において，登記官が定めた相当の期間内に，申請人がこれを補正したときは，この限りでない。
一　申請に係る不動産の所在地が当該申請を受けた登記所の管轄に属しないとき。
二　申請が登記事項（他の法令の規定により登記記録として登記すべき事項を含む。）以外の事項の登記を目的とするとき。
三　申請に係る登記が既に登記されているとき。
四　申請の権限を有しない者の申請によるとき。
五　申請情報又はその提供の方法がこの法律に基づく命令又はその他の法令の規定により定められた方式に適合しないとき。
六　申請情報の内容である不動産又は登記の目的である権利が登記記録と合致しないとき。
七　申請情報の内容である登記義務者（第六十五条，第七十七条，第八十九条第一項（同条第二項（第九十五条第二項において準用する場合を含む。）及び第九十五条第二項において準用する場合を含む。），第九十三条（第九十五条第二項において準用する場合を含む。）又は第百十条前段の場合にあっては，登記名義人）の氏名若しくは名称又は住所が登記記録と合致しないとき。
八　申請情報の内容が第六十一条に規定する登記原因を証する情報の内容と合致しないとき。
九　第二十二条本文若しくは第六十一条の規定又はこの法律に基づく命令若しくはその他の法令の規定により申請情報と併せて提供しなければならないものとされている情報が提供されないとき。
十　第二十三条第一項に規定する期間内に同項の申出がないとき。
十一　表示に関する登記の申請に係る不動産の表示が第二十九条の規定による登記官の調査の結果と合致しないとき。
十二　登録免許税を納付しないとき。
十三　前各号に掲げる場合のほか，登記すべきものでないときとして政令で定めるとき。

（政令への委任）
第二十六条　この章に定めるもののほか，申請情報の提供の方法並びに申請情報と併せて提供することが必要な情報及びその提供の方法その他の登記申請の手続に関し必要な事項は，政令で定める。

第二節　表示に関する登記
　第一款　通　則
（表示に関する登記の登記事項）
第二十七条　土地及び建物の表示に関する登記の登記事項は，次のとおりとする。
一　登記原因及びその日付
二　登記の年月日
三　所有権の登記がない不動産（共用部分（区分所有法第四条第二項に規定する共用部分をいう。以下同じ。）である旨の登記又は団地共用部分（区分所有法第六十七条第一項に規定する団地共用部分をいう。以下同じ。）である旨の登記がある建物を除く。）については，所有者の氏名又は名称及び住所並びに所有者が二人以上であるときはその所有者ごとの持分
四　前三号に掲げるもののほか，不動産

を識別するために必要な事項として法務省令で定めるもの

（職権による表示に関する登記）
第二十八条　表示に関する登記は，登記官が，職権ですることができる。

（登記官による調査）
第二十九条　登記官は，表示に関する登記について第十八条の規定により申請があった場合及び前条の規定により職権で登記しようとする場合において，必要があると認めるときは，当該不動産の表示に関する事項を調査することができる。
２　登記官は，前項の調査をする場合において，必要があると認めるときは，日出から日没までの間に限り，当該不動産を検査し，又は当該不動産の所有者その他の関係者に対し，文書若しくは電磁的記録に記録された事項を法務省令で定める方法により表示したものの提示を求め，若しくは質問をすることができる。この場合において，登記官は，その身分を示す証明書を携帯し，関係者の請求があったときは，これを提示しなければならない。

（一般承継人による申請）
第三十条　表題部所有者又は所有権の登記名義人が表示に関する登記の申請人となることができる場合において，当該表題部所有者又は登記名義人について相続その他の一般承継があったときは，相続人その他の一般承継人は，当該表示に関する登記を申請することができる。

（表題部所有者の氏名等の変更の登記又は更正の登記）
第三十一条　表題部所有者の氏名若しくは名称又は住所についての変更の登記又は更正の登記は，表題部所有者以外の者は，申請することができない。

（表題部所有者の変更等に関する登記手続）
第三十二条　表題部所有者又はその持分についての変更は，当該不動産について所有権の保存の登記をした後において，その所有権の移転の登記の手続をするのでなければ，登記することができない。

（表題部所有者の更正の登記等）
第三十三条　不動産の所有者と当該不動産の表題部所有者とが異なる場合においてする当該表題部所有者についての更正の登記は，当該不動産の所有者以外の者は，申請することができない。
２　前項の場合において，当該不動産の所有者は，当該表題部所有者の承諾があるときでなければ，申請することができない。
３　不動産の表題部所有者である共有者の持分についての更正の登記は，当該共有者以外の者は，申請することができない。
４　前項の更正の登記をする共有者は，当該更正の登記によってその持分を更正することとなる他の共有者の承諾があるときでなければ，申請することができない。

第二款　土地の表示に関する登記

（土地の表示に関する登記の登記事項）
第三十四条　土地の表示に関する登記の登記事項は，第二十七条各号に掲げるもののほか，次のとおりとする。
一　土地の所在する市，区，郡，町，村及び字
二　地番
三　地目
四　地積
２　前項第三号の地目及び同項第四号の地積に関し必要な事項は，法務省令で定める。

（地番）
第三十五条　登記所は，法務省令で定める

ところにより，地番を付すべき区域（第三十九条第二項及び第四十一条第二号において「地番区域」という。）を定め，一筆の土地ごとに地番を付さなければならない。

（土地の表題登記の申請）
第三十六条 新たに生じた土地又は表題登記がない土地の所有権を取得した者は，その所有権の取得の日から一月以内に，表題登記を申請しなければならない。

（地目又は地積の変更の登記の申請）
第三十七条 地目又は地積について変更があったときは，表題部所有者又は所有権の登記名義人は，その変更があった日から一月以内に，当該地目又は地積に関する変更の登記を申請しなければならない。

② 地目又は地積について変更があった後に表題部所有者又は所有権の登記名義人となった者は，その者に係る表題部所有者についての更正の登記又は所有権の登記があった日から一月以内に，当該地目又は地積に関する変更の登記を申請しなければならない。

（土地の表題部の更正の登記の申請）
第三十八条 第二十七条第一号，第二号若しくは第四号（同号にあっては，法務省令で定めるものに限る。）又は第三十四条第一項第一号，第三号若しくは第四号に掲げる登記事項に関する更正の登記は，表題部所有者又は所有権の登記名義人以外の者は，申請することができない。

（分筆又は合筆の登記）
第三十九条 分筆又は合筆の登記は，表題部所有者又は所有権の登記名義人以外の者は，申請することができない。

② 登記官は，前項の申請がない場合であっても，一筆の土地の一部が別の地目となり，又は地番区域（地番区域でない字を含む。第四十一条第二号において同じ。）を異にするに至ったときは，職権で，その土地の分筆の登記をしなければならない。

③ 登記官は，第一項の申請がない場合であっても，第十四条第一項の地図を作成するため必要があると認めるときは，第一項に規定する表題部所有者又は所有権の登記名義人の異議がないときに限り，職権で，分筆又は合筆の登記をすることができる。

（分筆に伴う権利の消滅の登記）
第四十条 登記官は，所有権の登記以外の権利に関する登記がある土地について分筆の登記をする場合において，当該分筆の登記の申請情報と併せて当該権利に関する登記に係る権利の登記名義人（当該権利に関する登記が抵当権の登記である場合において，抵当証券が発行されているときは，当該抵当証券の所持人又は裏書人を含む。）が当該権利を分筆後のいずれかの土地について消滅させることを承諾したことを証する情報が提供されたとき（当該権利を目的とする第三者の権利に関する登記がある場合にあっては，当該第三者が承諾したことを証する情報が併せて提供されたときに限る。）は，法務省令で定めるところにより，当該承諾に係る土地について当該権利が消滅した旨を登記しなければならない。

（合筆の登記の制限）
第四十一条 次に掲げる合筆の登記は，することができない。
一 相互に接続していない土地の合筆の登記
二 地目又は地番区域が相互に異なる土地の合筆の登記
三 表題部所有者又は所有権の登記名義人が相互に異なる土地の合筆の登記

四 表題部所有者又は所有権の登記名義人が相互に持分を異にする土地の合筆の登記
五 所有権の登記がない土地と所有権の登記がある土地との合筆の登記
六 所有権の登記以外の権利に関する登記がある土地（権利に関する登記であって，合筆後の土地の登記記録に登記することができるものとして法務省令で定めるものがある土地を除く。）の合筆の登記

（土地の滅失の登記の申請）
第四十二条 土地が滅失したときは，表題部所有者又は所有権の登記名義人は，その滅失の日から一月以内に，当該土地の滅失の登記を申請しなければならない。

（河川区域内の土地の登記）
第四十三条 河川法（昭和三十九年法律第百六十七号）第六条第一項（同法第百条第一項において準用する場合を含む。第一号において同じ。）の河川区域内の土地の表示に関する登記の登記事項は，第二十七条各号及び第三十四条第一項各号に掲げるもののほか，第一号に掲げる土地である旨及び第二号から第五号までに掲げる土地にあってはそれぞれその旨とする。
一 河川法第六条第一項の河川区域内の土地
二 河川法第六条第二項（同法第百条第一項において準用する場合を含む。）の高規格堤防特別区域内の土地
三 河川法第六条第三項（同法第百条第一項において準用する場合を含む。）の樹林帯区域内の土地
四 河川法第二十六条第四項（同法第百条第一項において準用する場合を含む。）の特定樹林帯区域内の土地
五 河川法第五十八条の二第二項（同法第百条第一項において準用する場合を含む。）の河川立体区域内の土地

② 土地の全部又は一部が前項第一号の河川区域内又は同項第二号の高規格堤防特別区域内，同項第三号の樹林帯区域内，同項第四号の特定樹林帯区域内若しくは同項第五号の河川立体区域内の土地となったときは，河川管理者は，遅滞なく，その旨の登記を登記所に嘱託しなければならない。

③ 土地の全部又は一部が第一項第一号の河川区域内又は同項第二号の高規格堤防特別区域内，同項第三号の樹林帯区域内，同項第四号の特定樹林帯区域内若しくは同項第五号の河川立体区域内の土地でなくなったときは，河川管理者は，遅滞なく，その旨の登記の抹消を登記所に嘱託しなければならない。

④ 土地の一部について前二項の規定により登記の嘱託をするときは，河川管理者は，当該土地の表題部所有者若しくは所有権の登記名義人又はこれらの者の相続人その他の一般承継人に代わって，当該土地の分筆の登記を登記所に嘱託することができる。

⑤ 第一項各号の河川区域内の土地の全部が滅失したときは，河川管理者は，遅滞なく，当該土地の滅失の登記を登記所に嘱託しなければならない。

⑥ 第一項各号の河川区域内の土地の一部が滅失したときは，河川管理者は，遅滞なく，当該土地の地積に関する変更の登記を登記所に嘱託しなければならない。

第三款 建物の表示に関する登記
（建物の表示に関する登記の登記事項）
第四十四条 建物の表示に関する登記の登記事項は，第二十七条各号に掲げるもののほか，次のとおりとする。
一 建物の所在する市，区，郡，町，村，

字及び土地の地番（区分建物である建物にあっては，当該建物が属する一棟の建物の所在する市，区，郡，町，村，字及び土地の地番）
二　家屋番号
三　建物の種類，構造及び床面積
四　建物の名称があるときは，その名称
五　附属建物があるときは，その所在する市，区，郡，町，村，字及び土地の地番（区分建物である附属建物にあっては，当該附属建物が属する一棟の建物の所在する市，区，郡，町，村，字及び土地の地番）並びに種類，構造及び床面積
六　建物が共用部分又は団地共用部分であるときは，その旨
七　建物又は附属建物が区分建物であるときは，当該建物又は附属建物が属する一棟の建物の構造及び床面積
八　建物又は附属建物が区分建物である場合であって，当該建物又は附属建物が属する一棟の建物の名称があるときは，その名称
九　建物又は附属建物が区分建物である場合において，当該区分建物について区分所有法第二条第六項に規定する敷地利用権（登記されたものに限る。）であって，区分所有法第二十二条第一項本文（同条第三項において準用する場合を含む。）の規定により区分所有者の有する専有部分と分離して処分することができないもの（以下「敷地権」という。）があるときは，その敷地権

②　前項第三号，第五号及び第七号の建物の種類，構造及び床面積に関し必要な事項は，法務省令で定める。

（家屋番号）
第四十五条　登記所は，法務省令で定めるところにより，一個の建物ごとに家屋番号を付さなければならない。

（敷地権である旨の登記）
第四十六条　登記官は，表示に関する登記のうち，区分建物に関する敷地権について表題部に最初に登記をするときは，当該敷地権の目的である土地の登記記録について，職権で，当該登記記録中の所有権，地上権その他の権利が敷地権である旨の登記をしなければならない。

（建物の表題登記の申請）
第四十七条　新築した建物又は区分建物以外の表題登記がない建物の所有権を取得した者は，その所有権の取得の日から一月以内に，表題登記を申請しなければならない。
②　区分建物である建物を新築した場合において，その所有者について相続その他の一般承継があったときは，相続人その他の一般承継人も，被承継人を表題部所有者とする当該建物についての表題登記を申請することができる。

（区分建物についての建物の表題登記の申請方法）
第四十八条　区分建物が属する一棟の建物が新築された場合又は表題登記がない建物に接続して区分建物が新築されて一棟の建物となった場合における当該区分建物についての表題登記の申請は，当該新築された一棟の建物又は当該区分建物が属することとなった一棟の建物に属する他の区分建物についての表題登記の申請と併せてしなければならない。
②　前項の場合において，当該区分建物の所有者は，他の区分建物の所有者に代わって，当該他の区分建物についての表題登記を申請することができる。
③　表題登記がある建物（区分建物を除く。）に接続して区分建物が新築された

場合における当該区分建物についての表題登記の申請は，当該表題登記がある建物についての表題部の変更の登記の申請と併せてしなければならない。
④　前項の場合において，当該区分建物の所有者は，当該表題登記がある建物の表題部所有者若しくは所有権の登記名義人又はこれらの者の相続人その他の一般承継人に代わって，当該表題登記がある建物についての表題部の変更の登記を申請することができる。

（合体による登記等の申請）

第四十九条　二以上の建物が合体して一個の建物となった場合において，次の各号に掲げるときは，それぞれ当該各号に定める者は，当該合体の日から一月以内に，合体後の建物についての建物の表題登記及び合体前の建物についての建物の表題部の登記の抹消（以下「合体による登記等」と総称する。）を申請しなければならない。この場合において，第二号に掲げる場合にあっては当該表題登記がない建物の所有者，第四号に掲げる場合にあっては当該表題登記がある建物（所有権の登記がある建物を除く。以下この条において同じ。）の表題部所有者，第六号に掲げる場合にあっては当該表題登記がない建物の所有者及び当該表題登記がある建物の表題部所有者をそれぞれ当該合体後の建物の登記名義人とする所有権の登記を併せて申請しなければならない。

一　合体前の二以上の建物が表題登記がない建物及び表題登記がある建物のみであるとき。当該表題登記がない建物の所有者又は当該表題登記がある建物の表題部所有者

二　合体前の二以上の建物が表題登記がない建物及び所有権の登記がある建物のみであるとき。当該表題登記がない建物の所有者又は当該所有権の登記がある建物の所有権の登記名義人

三　合体前の二以上の建物がいずれも表題登記がある建物であるとき。当該建物の表題部所有者

四　合体前の二以上の建物が表題登記がある建物及び所有権の登記がある建物のみであるとき。当該表題登記がある建物の表題部所有者又は当該所有権の登記がある建物の所有権の登記名義人

五　合体前の二以上の建物がいずれも所有権の登記がある建物であるとき。当該建物の所有権の登記名義人

六　合体前の三以上の建物が表題登記がない建物，表題登記がある建物及び所有権の登記がある建物のみであるとき。当該表題登記がない建物の所有者，当該表題登記がある建物の表題部所有者又は当該所有権の登記がある建物の所有権の登記名義人

②　第四十七条並びに前条第一項及び第二項の規定は，二以上の建物が合体して一個の建物となった場合において合体前の建物がいずれも表題登記がない建物であるときの当該建物についての表題登記の申請について準用する。この場合において，第四十七条第一項中「新築した建物又は区分建物以外の表題登記がない建物の所有権を取得した者」とあるのは「いずれも表題登記がない二以上の建物が合体して一個の建物となった場合における当該合体後の建物についての合体時の所有者又は当該合体後の建物が区分建物以外の表題登記がない建物である場合において当該合体時の所有者から所有権を取得した者」と，同条第二項中「区分建物である建物を新築した場合」とあり，及

び前条第一項中「区分建物が属する一棟の建物が新築された場合又は表題登記がない建物に接続して区分建物が新築されて一棟の建物となった場合」とあるのは「いずれも表題登記がない二以上の建物が合体して一個の区分建物となった場合」と，同項中「当該新築された一棟の建物又は当該区分建物が属することとなった一棟の建物」とあるのは「当該合体後の区分建物が属する一棟の建物」と読み替えるものとする。
③　第一項第一号，第二号又は第六号に掲げる場合において，当該二以上の建物（同号に掲げる場合にあっては，当該三以上の建物）が合体して一個の建物となった後当該合体前の表題登記がない建物の所有者から当該合体後の建物について合体前の表題登記がない建物の所有権に相当する持分を取得した者は，その持分の取得の日から一月以内に，合体による登記等を申請しなければならない。
④　第一項各号に掲げる場合において，当該二以上の建物（同項第六号に掲げる場合にあっては，当該三以上の建物）が合体して一個の建物となった後に合体前の表題登記がある建物の表題部所有者又は合体前の所有権の登記がある建物の所有権の登記名義人となった者は，その者に係る表題部所有者についての更正の登記又は所有権の登記があった日から一月以内に，合体による登記等を申請しなければならない。

（合体に伴う権利の消滅の登記）
第五十条　登記官は，所有権等（所有権，地上権，永小作権，地役権及び採石権をいう。以下この款及び第百十八条第五項において同じ。）の登記以外の権利に関する登記がある建物について合体による登記等をする場合において，当該合体による登記等の申請情報と併せて当該権利に関する登記に係る権利の登記名義人（当該権利に関する登記が抵当権の登記である場合において，抵当証券が発行されているときは，当該抵当証券の所持人又は裏書人を含む。）が合体後の建物について当該権利を消滅させることについて承諾したことを証する情報が提供されたとき（当該権利を目的とする第三者の権利に関する登記がある場合にあっては，当該第三者が承諾したことを証する情報が併せて提供されたときに限る。）は，法務省令で定めるところにより，当該権利が消滅した旨を登記しなければならない。

（建物の表題部の変更の登記）
第五十一条　第四十四条第一項各号（第二号及び第六号を除く。）に掲げる登記事項について変更があったときは，表題部所有者又は所有権の登記名義人（共用部分である旨の登記又は団地共用部分である旨の登記がある建物の場合にあっては，所有者）は，当該変更があった日から一月以内に，当該登記事項に関する変更の登記を申請しなければならない。
②　前項の登記事項について変更があった後に表題部所有者又は所有権の登記名義人となった者は，その者に係る表題部所有者についての更正の登記又は所有権の登記があった日から一月以内に，当該登記事項に関する変更の登記を申請しなければならない。
③　第一項の登記事項について変更があった後に共用部分である旨の登記又は団地共用部分である旨の登記があったときは，所有者（前二項の規定により登記を申請しなければならない者を除く。）は，共用部分である旨の登記又は団地共用部分である旨の登記がされた日から一月以

内に，当該登記事項に関する変更の登記を申請しなければならない。
④ 共用部分である旨の登記又は団地共用部分である旨の登記がある建物について，第一項の登記事項について変更があった後に所有権を取得した者（前項の規定により登記を申請しなければならない者を除く。）は，その所有権の取得の日から一月以内に，当該登記事項に関する変更の登記を申請しなければならない。
⑤ 建物が区分建物である場合において，第四十四条第一項第一号（区分建物である建物に係るものに限る。）又は第七号から第九号までに掲げる登記事項（同号に掲げる登記事項にあっては，法務省令で定めるものに限る。次項及び第五十三条第二項において同じ。）に関する変更の登記は，当該登記に係る区分建物と同じ一棟の建物に属する他の区分建物についてされた変更の登記としての効力を有する。
⑥ 前項の場合において，同項に規定する登記事項に関する変更の登記がされたときは，登記官は，職権で，当該一棟の建物に属する他の区分建物について，当該登記事項に関する変更の登記をしなければならない。

（区分建物となったことによる建物の表題部の変更の登記）

第五十二条 表題登記がある建物（区分建物を除く。）に接続して区分建物が新築されて一棟の建物となったことにより当該表題登記がある建物が区分建物になった場合における当該表題登記がある建物についての表題部の変更の登記の申請は，当該新築に係る区分建物についての表題登記の申請と併せてしなければならない。
② 前項の場合において，当該表題登記がある建物の表題部所有者又は所有権の登記名義人は，当該新築に係る区分建物の所有者に代わって，当該新築に係る区分建物についての表題登記を申請することができる。
③ いずれも表題登記がある二以上の建物（区分建物を除く。）が増築その他の工事により相互に接続して区分建物になった場合における当該表題登記がある二以上の建物についての表題部の変更の登記の申請は，一括してしなければならない。
④ 前項の場合において，当該表題登記がある二以上の建物のうち，表題登記がある一の建物の表題部所有者又は所有権の登記名義人は，表題登記がある他の建物の表題部所有者若しくは所有権の登記名義人又はこれらの者の相続人その他の一般承継人に代わって，当該表題登記がある他の建物について表題部の変更の登記を申請することができる。

（建物の表題部の更正の登記）

第五十三条 第二十七条第一号，第二号若しくは第四号（同号にあっては，法務省令で定めるものに限る。）又は第四十四条第一項各号（第二号及び第六号を除く。）に掲げる登記事項に関する更正の登記は，表題部所有者又は所有権の登記名義人（共用部分である旨の登記又は団地共用部分である旨の登記がある建物の場合にあっては，所有者）以外の者は，申請することができない。
② 第五十一条第五項及び第六項の規定は，建物が区分建物である場合における同条第五項に規定する登記事項に関する表題部の更正の登記について準用する。

（建物の分割，区分又は合併の登記）

第五十四条 次に掲げる登記は，表題部所有者又は所有権の登記名義人以外の者は，申請することができない。

一　建物の分割の登記（表題登記がある建物の附属建物を当該表題登記がある建物の登記記録から分割して登記記録上別の一個の建物とする登記をいう。以下同じ。）
二　建物の区分の登記（表題登記がある建物又は附属建物の部分であって区分建物に該当するものを登記記録上区分建物とする登記をいう。以下同じ。）
三　建物の合併の登記（表題登記がある建物を登記記録上他の表題登記がある建物の附属建物とする登記又は表題登記がある区分建物を登記記録上これと接続する他の区分建物である表題登記がある建物若しくは附属建物に合併して一個の建物とする登記をいう。以下同じ。）

② 共用部分である旨の登記又は団地共用部分である旨の登記がある建物についての建物の分割の登記又は建物の区分の登記は，所有者以外の者は，申請することができない。

③ 第四十条の規定は，所有権等の登記以外の権利に関する登記がある建物についての建物の分割の登記又は建物の区分の登記をするときについて準用する。

（特定登記）

第五十五条　登記官は，敷地権付き区分建物（区分建物に関する敷地権の登記がある建物をいう。第七十三条第一項及び第三項，第七十四条第二項並びに第七十六条第一項において同じ。）のうち特定登記（所有権等の登記以外の権利に関する登記であって，第七十三条第一項の規定により敷地権についてされた登記としての効力を有するものをいう。以下この条において同じ。）があるものについて，第四十四条第一項第九号の敷地利用権が区分所有者の有する専有部分と分離して処分することができるものとなったことにより敷地権の変更の登記をする場合において，当該変更の登記の申請情報と併せて特定登記に係る権利の登記名義人（当該特定登記が抵当権の登記である場合において，抵当証券が発行されているときは，当該抵当証券の所持人又は裏書人を含む。）が当該変更の登記後の当該建物又は当該敷地権の目的であった土地について当該特定登記に係る権利を消滅させることを承諾したことを証する情報が提供されたとき（当該特定登記に係る権利を目的とする第三者の権利に関する登記がある場合にあっては，当該第三者が承諾したことを証する情報が併せて提供されたときに限る。）は，法務省令で定めるところにより，当該承諾に係る建物又は土地について当該特定登記に係る権利が消滅した旨を登記しなければならない。

② 前項の規定は，特定登記がある建物について敷地権の不存在を原因とする表題部の更正の登記について準用する。この場合において，同項中「第四十四条第一項第九号の敷地利用権が区分所有者の有する専有部分と分離して処分することができるものとなったことにより敷地権の変更の登記」とあるのは「敷地権の不存在を原因とする表題部の更正の登記」と，「当該変更の登記」とあるのは「当該更正の登記」と読み替えるものとする。

③ 第一項の規定は，特定登記がある建物の合体又は合併により当該建物が敷地権のない建物となる場合における合体による登記等又は建物の合併の登記について準用する。この場合において，同項中「第四十四条第一項第九号の敷地利用権が区分所有者の有する専有部分と分離して処分することができるものとなったことに

より敷地権の変更の登記」とあるのは「当該建物の合体又は合併により当該建物が敷地権のない建物となる場合における合体による登記等又は建物の合併の登記」と，「当該変更の登記」とあるのは「当該合体による登記等又は当該建物の合併の登記」と読み替えるものとする。
④　第一項の規定は，特定登記がある建物の滅失の登記について準用する。この場合において，同項中「第四十四条第一項第九号の敷地利用権が区分所有者の有する専有部分と分離して処分することができるものとなったことにより敷地権の変更の登記」とあるのは「建物の滅失の登記」と，「当該変更の登記」とあるのは「当該建物の滅失の登記」と，「当該建物又は当該敷地権の目的であった土地」とあるのは「当該敷地権の目的であった土地」と，「当該承諾に係る建物又は土地」とあるのは「当該土地」と読み替えるものとする。

（建物の合併の登記の制限）
第五十六条　次に掲げる建物の合併の登記は，することができない。
一　共用部分である旨の登記又は団地共用部分である旨の登記がある建物の合併の登記
二　表題部所有者又は所有権の登記名義人が相互に異なる建物の合併の登記
三　表題部所有者又は所有権の登記名義人が相互に持分を異にする建物の合併の登記
四　所有権の登記がない建物と所有権の登記がある建物との建物の合併の登記
五　所有権等の登記以外の権利に関する登記がある建物（権利に関する登記であって，合併後の建物の登記記録に登記することができるものとして法務省令で定めるものがある建物を除く。）の建物の合併の登記

（建物の滅失の登記の申請）
第五十七条　建物が滅失したときは，表題部所有者又は所有権の登記名義人（共用部分である旨の登記又は団地共用部分である旨の登記がある建物の場合にあっては，所有者）は，その滅失の日から一月以内に，当該建物の滅失の登記を申請しなければならない。

（共用部分である旨の登記等）
第五十八条　共用部分である旨の登記又は団地共用部分である旨の登記に係る建物の表示に関する登記の登記事項は，第二十七条各号（第三号を除く。）及び第四十四条第一項各号（第六号を除く。）に掲げるもののほか，次のとおりとする。
一　共用部分である旨の登記にあっては，当該共用部分である建物が当該建物の属する一棟の建物以外の一棟の建物に属する建物の区分所有者の共用に供されるものであるときは，その旨
二　団地共用部分である旨の登記にあっては，当該団地共用部分を共用すべき者の所有する建物（当該建物が区分建物であるときは，当該建物が属する一棟の建物）
②　共用部分である旨の登記又は団地共用部分である旨の登記は，当該共用部分である旨の登記又は団地共用部分である旨の登記をする建物の表題部所有者又は所有権の登記名義人以外の者は，申請することができない。
③　共用部分である旨の登記又は団地共用部分である旨の登記は，当該共用部分又は団地共用部分である建物に所有権等の登記以外の権利に関する登記があるときは，当該権利に関する登記に係る権利の

登記名義人（当該権利に関する登記が抵当権の登記である場合において，抵当証券が発行されているときは，当該抵当証券の所持人又は裏書人を含む。）の承諾があるとき（当該権利を目的とする第三者の権利に関する登記がある場合にあっては，当該第三者の承諾を得たときに限る。）でなければ，申請することができない。

④　登記官は，共用部分である旨の登記又は団地共用部分である旨の登記をするときは，職権で，当該建物について表題部所有者の登記又は権利に関する登記を抹消しなければならない。

⑤　第一項各号に掲げる登記事項についての変更の登記又は更正の登記は，当該共用部分である旨の登記又は団地共用部分である旨の登記がある建物の所有者以外の者は，申請することができない。

⑥　共用部分である旨の登記又は団地共用部分である旨の登記がある建物について共用部分である旨又は団地共用部分である旨を定めた規約を廃止した場合には，当該建物の所有者は，当該規約の廃止の日から一月以内に，当該建物の表題登記を申請しなければならない。

⑦　前項の規約を廃止した後に当該建物の所有権を取得した者は，その所有権の取得の日から一月以内に，当該建物の表題登記を申請しなければならない。

第三節　権利に関する登記

第一款　通則

（権利に関する登記の登記事項）

第五十九条　権利に関する登記の登記事項は，次のとおりとする。

一　登記の目的
二　申請の受付の年月日及び受付番号
三　登記原因及びその日付
四　登記に係る権利の権利者の氏名又は名称及び住所並びに登記名義人が二人以上であるときは当該権利の登記名義人ごとの持分

五　登記の目的である権利の消滅に関する定めがあるときは，その定め

六　共有物分割禁止の定め（共有物若しくは所有権以外の財産権について民法（明治二十九年法律第八十九号）第二百五十六条第一項ただし書（同法第二百六十四条において準用する場合を含む。）の規定により分割をしない旨の契約をした場合若しくは同法第九百八条の規定により被相続人が遺言で共有物若しくは所有権以外の財産権について分割を禁止した場合における共有物若しくは所有権以外の財産権の分割を禁止する定め又は同法第九百七条第三項の規定により家庭裁判所が遺産である共有物若しくは所有権以外の財産権についてした分割を禁止する審判をいう。第六十五条において同じ。）があるときは，その定め

七　民法第四百二十三条その他の法令の規定により他人に代わって登記を申請した者（以下「代位者」という。）があるときは，当該代位者の氏名又は名称及び住所並びに代位原因

八　第二号に掲げるもののほか，権利の順位を明らかにするために必要な事項として法務省令で定めるもの

（共同申請）

第六十条　権利に関する登記の申請は，法令に別段の定めがある場合を除き，登記権利者及び登記義務者が共同してしなければならない。

（登記原因証明情報の提供）

第六十一条　権利に関する登記を申請する場合には，申請人は，法令に別段の定め

がある場合を除き，その申請情報と併せて登記原因を証する情報を提供しなければならない。

（一般承継人による申請）

第六十二条　登記権利者，登記義務者又は登記名義人が権利に関する登記の申請人となることができる場合において，当該登記権利者，登記義務者又は登記名義人について相続その他の一般承継があったときは，相続人その他の一般承継人は，当該権利に関する登記を申請することができる。

（判決による登記等）

第六十三条　第六十条，第六十五条又は第八十九条第一項（同条第二項（第九十五条第二項において準用する場合を含む。）及び第九十五条第二項において準用する場合を含む。）の規定にかかわらず，これらの規定により申請を共同してしなければならない者の一方に登記手続をすべきことを命ずる確定判決による登記は，当該申請を共同してしなければならない者の他方が単独で申請することができる。

② 相続又は法人の合併による権利の移転の登記は，登記権利者が単独で申請することができる。

（登記名義人の氏名等の変更の登記又は更正の登記等）

第六十四条　登記名義人の氏名若しくは名称又は住所についての変更の登記又は更正の登記は，登記名義人が単独で申請することができる。

② 抵当証券が発行されている場合における債務者の氏名若しくは名称又は住所についての変更の登記又は更正の登記は，債務者が単独で申請することができる。

（共有物分割禁止の定めの登記）

第六十五条　共有物分割禁止の定めに係る権利の変更の登記の申請は，当該権利の共有者であるすべての登記名義人が共同してしなければならない。

（権利の変更の登記又は更正の登記）

第六十六条　権利の変更の登記又は更正の登記は，登記上の利害関係を有する第三者（権利の変更の登記又は更正の登記につき利害関係を有する抵当証券の所持人又は裏書人を含む。以下この条において同じ。）の承諾がある場合及び当該第三者がない場合に限り，付記登記によってすることができる。

（登記の更正）

第六十七条　登記官は，権利に関する登記に錯誤又は遺漏があることを発見したときは，遅滞なく，その旨を登記権利者及び登記義務者（登記権利者及び登記義務者がない場合にあっては，登記名義人。第三項及び第七十一条第一項において同じ。）に通知しなければならない。ただし，登記権利者，登記義務者又は登記名義人がそれぞれ二人以上あるときは，その一人に対し通知すれば足りる。

② 登記官は，前項の場合において，登記の錯誤又は遺漏が登記官の過誤によるものであるときは，遅滞なく，当該登記官を監督する法務局又は地方法務局の長の許可を得て，登記の更正をしなければならない。ただし，登記上の利害関係を有する第三者（当該登記の更正につき利害関係を有する抵当証券の所持人又は裏書人を含む。以下この項において同じ。）がある場合にあっては，当該第三者の承諾があるときに限る。

③ 登記官が前項の登記の更正をしたときは，その旨を登記権利者及び登記義務者に通知しなければならない。この場合においては，第一項ただし書の規定を準用する。

④ 第一項及び前項の通知は，代位者にも

しなければならない。この場合においては，第一項ただし書の規定を準用する。

（登記の抹消）

第六十八条　権利に関する登記の抹消は，登記上の利害関係を有する第三者（当該登記の抹消につき利害関係を有する抵当証券の所持人又は裏書人を含む。以下この条において同じ。）がある場合には，当該第三者の承諾があるときに限り，申請することができる。

（死亡又は解散による登記の抹消）

第六十九条　権利が人の死亡又は法人の解散によって消滅する旨が登記されている場合において，当該権利がその死亡又は解散によって消滅したときは，第六十条の規定にかかわらず，登記権利者は，単独で当該権利に係る権利に関する登記の抹消を申請することができる。

（登記義務者の所在が知れない場合の登記の抹消）

第七十条　登記権利者は，登記義務者の所在が知れないため登記義務者と共同して権利に関する登記の抹消を申請することができないときは，非訟事件手続法（平成二十三年法律第五十一号）第九十九条に規定する公示催告の申立てをすることができる。

②　前項の場合において，非訟事件手続法第百六条第一項に規定する除権決定があったときは，第六十条の規定にかかわらず，当該登記権利者は，単独で前項の登記の抹消を申請することができる。

③　第一項に規定する場合において，登記権利者が先取特権，質権又は抵当権の被担保債権が消滅したことを証する情報として政令で定めるものを提供したときは，第六十条の規定にかかわらず，当該登記権利者は，単独でそれらの権利に関する登記の抹消を申請することができる。同項に規定する場合において，被担保債権の弁済期から二十年を経過し，かつ，その期間を経過した後に当該被担保債権，その利息及び債務不履行により生じた損害の全額に相当する金銭が供託されたときも，同様とする。

（職権による登記の抹消）

第七十一条　登記官は，権利に関する登記を完了した後に当該登記が第二十五条第一号から第三号まで又は第十三号に該当することを発見したときは，登記権利者及び登記義務者並びに登記上の利害関係を有する第三者に対し，一月以内の期間を定め，当該登記の抹消について異議のある者がその期間内に書面で異議を述べないときは，当該登記を抹消する旨を通知しなければならない。

②　登記官は，通知を受けるべき者の住所又は居所が知れないときは，法務省令で定めるところにより，前項の通知に代えて，通知をすべき内容を公告しなければならない。

③　登記官は，第一項の異議を述べた者がある場合において，当該異議に理由がないと認めるときは決定で当該異議を却下し，当該異議に理由があると認めるときは決定でその旨を宣言し，かつ，当該異議を述べた者に通知しなければならない。

④　登記官は，第一項の異議を述べた者がないとき，又は前項の規定により当該異議を却下したときは，職権で，第一項に規定する登記を抹消しなければならない。

（抹消された登記の回復）

第七十二条　抹消された登記（権利に関する登記に限る。）の回復は，登記上の利害関係を有する第三者（当該登記の回復につき利害関係を有する抵当証券の所持人

又は裏書人を含む。以下この条において同じ。）がある場合には，当該第三者の承諾があるときに限り，申請することができる。
（敷地権付き区分建物に関する登記等）
第七十三条 敷地権付き区分建物についての所有権又は担保権（一般の先取特権，質権又は抵当権をいう。以下この条において同じ。）に係る権利に関する登記は，第四十六条の規定により敷地権である旨の登記をした土地の敷地権についてされた登記としての効力を有する。ただし，次に掲げる登記は，この限りでない。
一　敷地権付き区分建物についての所有権又は担保権に係る権利に関する登記であって，区分建物に関する敷地権の登記をする前に登記されたもの（担保権に係る権利に関する登記にあっては，当該登記の目的等（登記の目的，申請の受付の年月日及び受付番号並びに登記原因及びその日付をいう。以下この号において同じ。）が当該敷地権となった土地の権利についてされた担保権に係る権利に関する登記の目的等と同一であるものを除く。）
二　敷地権付き区分建物についての所有権に係る仮登記であって，区分建物に関する敷地権の登記をした後に登記されたものであり，かつ，その登記原因が当該建物の当該敷地権が生ずる前に生じたもの
三　敷地権付き区分建物についての質権又は抵当権に係る権利に関する登記であって，区分建物に関する敷地権の登記をした後に登記されたものであり，かつ，その登記原因が当該建物の当該敷地権が生ずる前に生じたもの

四　敷地権付き区分建物についての所有権又は質権若しくは抵当権に係る権利に関する登記であって，区分建物に関する敷地権の登記をした後に登記されたものであり，かつ，その登記原因が当該建物の当該敷地権が生じた後に生じたもの（区分所有法第二十二条第一項本文（同条第三項において準用する場合を含む。）の規定により区分所有者の有する専有部分とその専有部分に係る敷地利用権とを分離して処分することができない場合（以下この条において「分離処分禁止の場合」という。）を除く。）
②　第四十六条の規定により敷地権である旨の登記をした土地には，敷地権の移転の登記又は敷地権を目的とする担保権に係る権利に関する登記をすることができない。ただし，当該土地が敷地権の目的となった後にその登記原因が生じたもの（分離処分禁止の場合を除く。）又は敷地権についての仮登記若しくは質権若しくは抵当権に係る権利に関する登記であって当該土地が敷地権の目的となる前にその登記原因が生じたものは，この限りでない。
③　敷地権付き区分建物には，当該建物のみの所有権の移転を登記原因とする所有権の登記又は当該建物のみを目的とする担保権に係る権利に関する登記をすることができない。ただし，当該建物の敷地権が生じた後にその登記原因が生じたもの（分離処分禁止の場合を除く。）又は当該建物のみの所有権についての仮登記若しくは当該建物のみを目的とする質権若しくは抵当権に係る権利に関する登記であって当該建物の敷地権が生ずる前にその登記原因が生じたものは，この限りでない。

第二款　所有権に関する登記

（所有権の保存の登記）

第七十四条　所有権の保存の登記は，次に掲げる者以外の者は，申請することができない。
一　表題部所有者又はその相続人その他の一般承継人
二　所有権を有することが確定判決によって確認された者
三　収用（土地収用法（昭和二十六年法律第二百十九号）その他の法律の規定による収用をいう。第百十八条第一項及び第三項から第五項までにおいて同じ。）によって所有権を取得した者

② 　区分建物にあっては，表題部所有者から所有権を取得した者も，前項の登記を申請することができる。この場合において，当該建物が敷地権付き区分建物であるときは，当該敷地権の登記名義人の承諾を得なければならない。

（表題登記がない不動産についてする所有権の保存の登記）

第七十五条　登記官は，前条第一項第二号又は第三号に掲げる者の申請に基づいて表題登記がない不動産について所有権の保存の登記をするときは，当該不動産に関する不動産の表示のうち法務省令で定めるものを登記しなければならない。

（所有権の保存の登記の登記事項等）

第七十六条　所有権の保存の登記においては，第五十九条第三号の規定にかかわらず，登記原因及びその日付を登記することを要しない。ただし，敷地権付き区分建物について第七十四条第二項の規定により所有権の保存の登記をする場合は，この限りでない。

② 　登記官は，所有権の登記がない不動産について嘱託により所有権の処分の制限の登記をするときは，職権で，所有権の保存の登記をしなければならない。

③ 　前条の規定は，表題登記がない不動産について嘱託により所有権の処分の制限の登記をする場合について準用する。

（所有権の登記の抹消）

第七十七条　所有権の登記の抹消は，所有権の移転の登記がない場合に限り，所有権の登記名義人が単独で申請することができる。

第三款　用益権に関する登記

（地上権の登記の登記事項）

第七十八条　地上権の登記の登記事項は，第五十九条各号に掲げるもののほか，次のとおりとする。
一　地上権設定の目的
二　地代又はその支払時期の定めがあるときは，その定め
三　存続期間又は借地借家法（平成三年法律第九十号）第二十二条前段若しくは第二十三条第一項若しくは大規模な災害の被災地における借地借家に関する特別措置法（平成二十五年法律第六十一号）第七条第一項の定めがあるときは，その定め
四　地上権設定の目的が借地借家法第二十三条第一項又は第二項に規定する建物の所有であるときは，その旨
五　民法第二百六十九条の二第一項前段に規定する地上権の設定にあっては，その目的である地下又は空間の上下の範囲及び同項後段の定めがあるときはその定め

（永小作権の登記の登記事項）

第七十九条　永小作権の登記の登記事項は，第五十九条各号に掲げるもののほか，次のとおりとする。
一　小作料
二　存続期間又は小作料の支払時期の定

めがあるときは，その定め
三　民法第二百七十二条ただし書の定めがあるときは，その定め
四　前二号に規定するもののほか，永小作人の権利又は義務に関する定めがあるときは，その定め

（地役権の登記の登記事項等）
第八十条　承役地（民法第二百八十五条第一項に規定する承役地をいう。以下この条において同じ。）についてする地役権の登記の登記事項は，第五十九条各号に掲げるもののほか，次のとおりとする。
一　要役地（民法第二百八十一条第一項に規定する要役地をいう。以下この条において同じ。）
二　地役権設定の目的及び範囲
三　民法第二百八十一条第一項ただし書若しくは第二百八十五条第一項ただし書の別段の定め又は同法第二百八十六条の定めがあるときは，その定め
② 前項の登記においては，第五十九条第四号の規定にかかわらず，地役権者の氏名又は名称及び住所を登記することを要しない。
③ 要役地に所有権の登記がないときは，承役地に地役権の設定の登記をすることができない。
④ 登記官は，承役地に地役権の設定の登記をしたときは，要役地について，職権で，法務省令で定める事項を登記しなければならない。

（賃借権の登記等の登記事項）
第八十一条　賃借権の登記又は賃借物の転貸の登記の登記事項は，第五十九条各号に掲げるもののほか，次のとおりとする。
一　賃料
二　存続期間又は賃料の支払時期の定めがあるときは，その定め
三　賃借権の譲渡又は賃借物の転貸を許す旨の定めがあるときは，その定め
四　敷金があるときは，その旨
五　賃貸人が財産の処分につき行為能力の制限を受けた者又は財産の処分の権限を有しない者であるときは，その旨
六　土地の賃借権設定の目的が建物の所有であるときは，その旨
七　前号に規定する場合において建物が借地借家法第二十三条第一項又は第二項に規定する建物であるときは，その旨
八　借地借家法第二十二条前段，第二十三条第一項，第三十八条第一項前段若しくは第三十九条第一項，高齢者の居住の安定確保に関する法律（平成十三年法律第二十六号）第五十二条又は大規模な災害の被災地における借地借家に関する特別措置法第七条第一項の定めがあるときは，その定め

（採石権の登記の登記事項）
第八十二条　採石権の登記の登記事項は，第五十九条各号に掲げるもののほか，次のとおりとする。
一　存続期間
二　採石権の内容又は採石料若しくはその支払時期の定めがあるときは，その定め

第四款　担保権等に関する登記
（担保権の登記の登記事項）
第八十三条　先取特権，質権若しくは転質又は抵当権の登記の登記事項は，第五十九条各号に掲げるもののほか，次のとおりとする。
一　債権額（一定の金額を目的としない債権については，その価額）
二　債務者の氏名又は名称及び住所

三　所有権以外の権利を目的とするときは，その目的となる権利
四　二以上の不動産に関する権利を目的とするときは，当該二以上の不動産及び当該権利
五　外国通貨で第一号の債権額を指定した債権を担保する質権若しくは転質又は抵当権の登記にあっては，本邦通貨で表示した担保限度額
②　登記官は，前項第四号に掲げる事項を明らかにするため，法務省令で定めるところにより，共同担保目録を作成することができる。

（債権の一部譲渡による担保権の移転の登記等の登記事項）
第八十四条　債権の一部について譲渡又は代位弁済がされた場合における先取特権，質権若しくは転質又は抵当権の移転の登記の登記事項は，第五十九条各号に掲げるもののほか，当該譲渡又は代位弁済の目的である債権の額とする。

（不動産工事の先取特権の保存の登記）
第八十五条　不動産工事の先取特権の保存の登記においては，第八十三条第一項第一号の債権額として工事費用の予算額を登記事項とする。

（建物を新築する場合の不動産工事の先取特権の保存の登記）
第八十六条　建物を新築する場合における不動産工事の先取特権の保存の登記については，当該建物の所有者となるべき者を登記義務者とみなす。この場合においては，第二十二条本文の規定は，適用しない。
②　前項の登記の登記事項は，第五十九条各号及び第八十三条第一項各号（第三号を除く。）に掲げるもののほか，次のとおりとする。
一　新築する建物並びに当該建物の種類，構造及び床面積は設計書による旨
二　登記義務者の氏名又は名称及び住所
③　前項第一号の規定は，所有権の登記がある建物の附属建物を新築する場合における不動産工事の先取特権の保存の登記について準用する。

（建物の建築が完了した場合の登記）
第八十七条　前条第一項の登記をした場合において，建物の建築が完了したときは，当該建物の所有者は，遅滞なく，所有権の保存の登記を申請しなければならない。
②　前条第三項の登記をした場合において，附属建物の建築が完了したときは，当該附属建物が属する建物の所有権の登記名義人は，遅滞なく，当該附属建物の新築による建物の表題部の変更の登記を申請しなければならない。

（抵当権の登記の登記事項）
第八十八条　抵当権（根抵当権（民法第三百九十八条の二第一項の規定による抵当権をいう。以下同じ。）を除く。）の登記の登記事項は，第五十九条各号及び第八十三条第一項各号に掲げるもののほか，次のとおりとする。
一　利息に関する定めがあるときは，その定め
二　民法第三百七十五条第二項に規定する損害の賠償額の定めがあるときは，その定め
三　債権に付した条件があるときは，その条件
四　民法第三百七十条ただし書の別段の定めがあるときは，その定め
五　抵当証券発行の定めがあるときは，その定め
六　前号の定めがある場合において元本又は利息の弁済期又は支払場所の定

めがあるときは，その定め
② 根抵当権の登記の登記事項は，第五十九条各号及び第八十三条第一項各号（第一号を除く。）に掲げるもののほか，次のとおりとする。
一　担保すべき債権の範囲及び極度額
二　民法第三百七十条ただし書の別段の定めがあるときは，その定め
三　担保すべき元本の確定すべき期日の定めがあるときは，その定め
四　民法第三百九十八条の十四第一項ただし書の定めがあるときは，その定め

（抵当権の順位の変更の登記等）
第八十九条　抵当権の順位の変更の登記の申請は，順位を変更する当該抵当権の登記名義人が共同してしなければならない。
② 前項の規定は，民法第三百九十八条の十四第一項ただし書の定めがある場合の当該定めの登記の申請について準用する。

（抵当権の処分の登記）
第九十条　第八十三条及び第八十八条の規定は，民法第三百七十六条第一項の規定により抵当権を他の債権のための担保とし，又は抵当権を譲渡し，若しくは放棄する場合の登記について準用する。

（共同抵当の代位の登記）
第九十一条　民法第三百九十三条の規定による代位の登記の登記事項は，第五十九条各号に掲げるもののほか，先順位の抵当権者が弁済を受けた不動産に関する権利，当該不動産の代価及び当該弁済を受けた額とする。
② 第八十三条及び第八十八条の規定は，前項の登記について準用する。

（根抵当権当事者の相続に関する合意の登記の制限）
第九十二条　民法第三百九十八条の八第一項又は第二項の合意の登記は，当該相続による根抵当権の移転又は債務者の変更の登記をした後でなければ，することができない。

（根抵当権の元本の確定の登記）
第九十三条　民法第三百九十八条の十九第二項又は第三百九十八条の二十第一項第三号若しくは第四号の規定により根抵当権の担保すべき元本が確定した場合の登記は，第六十条の規定にかかわらず，当該根抵当権の登記名義人が単独で申請することができる。ただし，同項第三号又は第四号の規定により根抵当権の担保すべき元本が確定した場合における申請は，当該根抵当権又はこれを目的とする権利の取得の登記の申請と併せてしなければならない。

（抵当証券に関する登記）
第九十四条　登記官は，抵当証券を交付したときは，職権で，抵当証券交付の登記をしなければならない。
② 抵当証券法第一条第二項の申請があった場合において，同法第五条第二項の嘱託を受けた登記所の登記官が抵当証券を作成したときは，当該登記官は，職権で，抵当証券作成の登記をしなければならない。
③ 前項の場合において，同項の申請を受けた登記所の登記官は，抵当証券を交付したときは抵当証券交付の登記を，同項の申請を却下したときは抵当証券作成の登記の抹消を同項の登記所に嘱託しなければならない。
④ 第二項の規定による抵当証券作成の登記をした不動産について，前項の規定による嘱託により抵当証券交付の登記をし

たときは，当該抵当証券交付の登記は，当該抵当証券作成の登記をした時にさかのぼってその効力を生ずる。

（質権の登記等の登記事項）
第九十五条 質権又は転質の登記の登記事項は，第五十九条各号及び第八十三条第一項各号に掲げるもののほか，次のとおりとする。
一　存続期間の定めがあるときは，その定め
二　利息に関する定めがあるときは，その定め
三　違約金又は賠償額の定めがあるときは，その定め
四　債権に付した条件があるときは，その条件
五　民法第三百四十六条ただし書の別段の定めがあるときは，その定め
六　民法第三百五十九条の規定によりその設定行為について別段の定め（同法第三百五十六条又は第三百五十七条に規定するものに限る。）があるときは，その定め
七　民法第三百六十一条において準用する同法第三百七十条ただし書の別段の定めがあるときは，その定め

② 第八十八条第二項及び第八十九条から第九十三条までの規定は，質権について準用する。この場合において，第九十条及び第九十一条第二項中「第八十八条」とあるのは，「第九十五条第一項又は同条第二項において準用する第八十八条第二項」と読み替えるものとする。

（買戻しの特約の登記の登記事項）
第九十六条 買戻しの特約の登記の登記事項は，第五十九条各号に掲げるもののほか，買主が支払った代金及び契約の費用並びに買戻しの期間の定めがあるときはその定めとする。

第五款　信託に関する登記
（信託の登記の登記事項）
第九十七条 信託の登記の登記事項は，第五十九条各号に掲げるもののほか，次のとおりとする。
一　委託者，受託者及び受益者の氏名又は名称及び住所
二　受益者の指定に関する条件又は受益者を定める方法の定めがあるときは，その定め
三　信託管理人があるときは，その氏名又は名称及び住所
四　受益者代理人があるときは，その氏名又は名称及び住所
五　信託法（平成十八年法律第百八号）第百八十五条第三項に規定する受益証券発行信託であるときは，その旨
六　信託法第二百五十八条第一項に規定する受益者の定めのない信託であるときは，その旨
七　公益信託ニ関スル法律（大正十一年法律第六十二号）第一条に規定する公益信託であるときは，その旨
八　信託の目的
九　信託財産の管理方法
十　信託の終了の事由
十一　その他の信託の条項

② 前項第二号から第六号までに掲げる事項のいずれかを登記したときは，同項第一号の受益者（同項第四号に掲げる事項を登記した場合にあっては，当該受益者代理人が代理する受益者に限る。）の氏名又は名称及び住所を登記することを要しない。

③ 登記官は，第一項各号に掲げる事項を明らかにするため，法務省令で定めるところにより，信託目録を作成することができる。

（信託の登記の申請方法等）
第九十八条　信託の登記の申請は，当該信託に係る権利の保存，設定，移転又は変更の登記の申請と同時にしなければならない。
②　信託の登記は，受託者が単独で申請することができる。
③　信託法第三条第三号に掲げる方法によってされた信託による権利の変更の登記は，受託者が単独で申請することができる。

（代位による信託の登記の申請）
第九十九条　受益者又は委託者は，受託者に代わって信託の登記を申請することができる。

（受託者の変更による登記等）
第百条　受託者の任務が死亡，後見開始若しくは保佐開始の審判，破産手続開始の決定，法人の合併以外の理由による解散又は裁判所若しくは主務官庁（その権限の委任を受けた国に所属する行政庁及びその権限に属する事務を処理する都道府県の執行機関を含む。第百二条第二項において同じ。）の解任命令により終了し，新たに受託者が選任されたときは，信託財産に属する不動産についてする受託者の変更による権利の移転の登記は，第六十条の規定にかかわらず，新たに選任された当該受託者が単独で申請することができる。
②　受託者が二人以上ある場合において，そのうち少なくとも一人の受託者の任務が前項に規定する事由により終了したときは，信託財産に属する不動産についてする当該受託者の任務の終了による権利の変更の登記は，第六十条の規定にかかわらず，他の受託者が単独で申請することができる。

（職権による信託の変更の登記）
第百一条　登記官は，信託財産に属する不動産について次に掲げる登記をするときは，職権で，信託の変更の登記をしなければならない。
一　信託法第七十五条第一項又は第二項の規定による権利の移転の登記
二　信託法第八十六条第四項本文の規定による権利の変更の登記
三　受託者である登記名義人の氏名若しくは名称又は住所についての変更の登記又は更正の登記

（嘱託による信託の変更の登記）
第百二条　裁判所書記官は，受託者の解任の裁判があったとき，信託管理人若しくは受益者代理人の選任若しくは解任の裁判があったとき，又は信託の変更を命ずる裁判があったときは，職権で，遅滞なく，信託の変更の登記を登記所に嘱託しなければならない。
②　主務官庁は，受託者を解任したとき，信託管理人若しくは受益者代理人を選任し，若しくは解任したとき，又は信託の変更を命じたときは，遅滞なく，信託の変更の登記を登記所に嘱託しなければならない。

（信託の変更の登記の申請）
第百三条　前二条に規定するもののほか，第九十七条第一項各号に掲げる登記事項について変更があったときは，受託者は，遅滞なく，信託の変更の登記を申請しなければならない。
②　第九十九条の規定は，前項の信託の変更の登記の申請について準用する。

（信託の登記の抹消）
第百四条　信託財産に属する不動産に関する権利が移転，変更又は消滅により信託財産に属しないこととなった場合における信託の登記の抹消の申請は，当該権利

の移転の登記若しくは変更の登記又は当該権利の登記の抹消の申請と同時にしなければならない。
② 信託の登記の抹消は，受託者が単独で申請することができる。
（権利の変更の登記等の特則）
第百四条の二　信託の併合又は分割により不動産に関する権利が一の信託の信託財産に属する財産から他の信託の信託財産に属する財産となった場合における当該権利に係る当該一の信託についての信託の登記の抹消及び当該他の信託についての信託の登記の申請は，信託の併合又は分割による権利の変更の登記の申請と同時にしなければならない。信託の併合又は分割以外の事由により不動産に関する権利が一の信託の信託財産に属する財産から受託者を同一とする他の信託の信託財産に属する財産となった場合も，同様とする。
② 信託財産に属する不動産についてする次の表の上欄に掲げる場合における権利の変更の登記（第九十八条第三項の登記を除く。）については，同表の中欄に掲げる者を登記権利者とし，同表の下欄に掲げる者を登記義務者とする。この場合において，受益者（信託管理人がある場合にあっては，信託管理人。以下この項において同じ。）については，第二十二条本文の規定は，適用しない。

一　不動産に関する権利が固有財産に属する財産から信託財産に属する財産となった場合	受益者	受託者
二　不動産に関する権利が信託財産に属する財産から固有財産に属する財産となった場合	受託者	受益者
三　不動産に関する権利が一の信託の信託財産に属する財産から他の信託の信託財産に属する財産となった場合	当該他の信託の受益者及び受託者	当該一の信託の受益者及び受託者

第六款　仮登記
（仮登記）
第百五条　仮登記は，次に掲げる場合にすることができる。
一　第三条各号に掲げる権利について保存等があった場合において，当該保存等に係る登記の申請をするために登記所に対し提供しなければならない情報であって，第二十五条第九号の申請情報と併せて提供しなければならないものとされているもののうち法務省令で定めるものを提供することができないとき。
二　第三条各号に掲げる権利の設定，移転，変更又は消滅に関して請求権（始期付き又は停止条件付きのものその他将来確定することが見込まれるものを含む。）を保全しようとするとき。
（仮登記に基づく本登記の順位）
第百六条　仮登記に基づいて本登記（仮登記がされた後，これと同一の不動産についてされる同一の権利についての権利に関する登記であって，当該不動産に係る登記記録に当該仮登記に基づく登記であることが記録されているものをいう。以

下同じ。）をした場合は，当該本登記の順位は，当該仮登記の順位による。
（仮登記の申請方法）
第百七条　仮登記は，仮登記の登記義務者の承諾があるとき及び次条に規定する仮登記を命ずる処分があるときは，第六十条の規定にかかわらず，当該仮登記の登記権利者が単独で申請することができる。
② 　仮登記の登記権利者及び登記義務者が共同して仮登記を申請する場合については，第二十二条本文の規定は，適用しない。
（仮登記を命ずる処分）
第百八条　裁判所は，仮登記の登記権利者の申立てにより，仮登記を命ずる処分をすることができる。
② 　前項の申立てをするときは，仮登記の原因となる事実を疎明しなければならない。
③ 　第一項の申立てに係る事件は，不動産の所在地を管轄する地方裁判所の管轄に専属する。
④ 　第一項の申立てを却下した決定に対しては，即時抗告をすることができる。
⑤ 　非訟事件手続法第二条及び第二編（同法第五条，第六条，第七条第二項，第四十条，第五十九条，第六十六条第一項及び第二項並びに第七十二条を除く。）の規定は，前項の即時抗告について準用する。
（仮登記に基づく本登記）
第百九条　所有権に関する仮登記に基づく本登記は，登記上の利害関係を有する第三者（本登記につき利害関係を有する抵当証券の所持人又は裏書人を含む。以下この条において同じ。）がある場合には，当該第三者の承諾があるときに限り，申請することができる。

② 　登記官は，前項の規定による申請に基づいて登記をするときは，職権で，同項の第三者の権利に関する登記を抹消しなければならない。
（仮登記の抹消）
第百十条　仮登記の抹消は，第六十条の規定にかかわらず，仮登記の登記名義人が単独で申請することができる。仮登記の登記名義人の承諾がある場合における当該仮登記の登記上の利害関係人も，同様とする。

　　　第七款　仮処分に関する登記
（仮処分の登記に後れる登記の抹消）
第百十一条　所有権について民事保全法（平成元年法律第九十一号）第五十三条第一項の規定による処分禁止の登記（同条第二項に規定する保全仮登記（以下「保全仮登記」という。）とともにしたものを除く。以下この条において同じ。）がされた後，当該処分禁止の登記に係る仮処分の債権者が当該仮処分の債務者を登記義務者とする所有権の登記（仮登記を除く。）を申請する場合においては，当該債権者は，当該処分禁止の登記に後れる登記の抹消を単独で申請することができる。
② 　前項の規定は，所有権以外の権利について民事保全法第五十三条第一項の規定による処分禁止の登記がされた後，当該処分禁止の登記に係る仮処分の債権者が当該仮処分の債務者を登記義務者とする当該権利の移転又は消滅に関し登記（仮登記を除く。）を申請する場合について準用する。
③ 　登記官は，第一項（前項において準用する場合を含む。）の申請に基づいて当該処分禁止の登記に後れる登記を抹消するときは，職権で，当該処分禁止の登記も抹消しなければならない。

（保全仮登記に基づく本登記の順位）
第百十二条　保全仮登記に基づいて本登記をした場合は，当該本登記の順位は，当該保全仮登記の順位による。
（保全仮登記に係る仮処分の登記に後れる登記の抹消）
第百十三条　不動産の使用又は収益をする権利について保全仮登記がされた後，当該保全仮登記に係る仮処分の債権者が本登記を申請する場合においては，当該債権者は，所有権以外の不動産の使用若しくは収益をする権利又は当該権利を目的とする権利に関する登記であって当該保全仮登記とともにした処分禁止の登記に後れるものの抹消を単独で申請することができる。
（処分禁止の登記の抹消）
第百十四条　登記官は，保全仮登記に基づく本登記をするときは，職権で，当該保全仮登記とともにした処分禁止の登記を抹消しなければならない。

第八款　官庁又は公署が関与する登記等

（公売処分による登記）
第百十五条　官庁又は公署は，公売処分をした場合において，登記権利者の請求があったときは，遅滞なく，次に掲げる事項を登記所に嘱託しなければならない。
　一　公売処分による権利の移転の登記
　二　公売処分により消滅した権利の登記の抹消
　三　滞納処分に関する差押えの登記の抹消
（官庁又は公署の嘱託による登記）
第百十六条　国又は地方公共団体が登記権利者となって権利に関する登記をするときは，官庁又は公署は，遅滞なく，登記義務者の承諾を得て，当該登記を登記所に嘱託しなければならない。

②　国又は地方公共団体が登記義務者となる権利に関する登記について登記権利者の請求があったときは，官庁又は公署は，遅滞なく，当該登記を登記所に嘱託しなければならない。
（官庁又は公署の嘱託による登記の登記識別情報）
第百十七条　登記官は，官庁又は公署が登記権利者（登記をすることによって登記名義人となる者に限る。以下この条において同じ。）のためにした登記の嘱託に基づいて登記を完了したときは，速やかに，当該登記権利者のために登記識別情報を当該官庁又は公署に通知しなければならない。
②　前項の規定により登記識別情報の通知を受けた官庁又は公署は，遅滞なく，これを同項の登記権利者に通知しなければならない。
（収用による登記）
第百十八条　不動産の収用による所有権の移転の登記は，第六十条の規定にかかわらず，起業者が単独で申請することができる。
②　国又は地方公共団体が起業者であるときは，官庁又は公署は，遅滞なく，前項の登記を登記所に嘱託しなければならない。
③　前二項の規定は，不動産に関する所有権以外の権利の収用による権利の消滅の登記について準用する。
④　土地の収用による権利の移転の登記を申請する場合には，当該収用により消滅した権利又は失効した差押え，仮差押え若しくは仮処分に関する登記を指定しなければならない。この場合において，権利の移転の登記をするときは，登記官は，職権で，当該指定に係る登記を抹消しなければならない。

⑤　登記官は，建物の収用による所有権の移転の登記をするときは，職権で，当該建物を目的とする所有権等の登記以外の権利に関する登記を抹消しなければならない。第三項の登記をする場合において同項の権利を目的とする権利に関する登記についても，同様とする。
⑥　登記官は，第一項の登記をするときは，職権で，裁決手続開始の登記を抹消しなければならない。

第五章　登記事項の証明等

（登記事項証明書の交付等）

第百十九条　何人も，登記官に対し，手数料を納付して，登記記録に記録されている事項の全部又は一部を証明した書面（以下「登記事項証明書」という。）の交付を請求することができる。
②　何人も，登記官に対し，手数料を納付して，登記記録に記録されている事項の概要を記載した書面の交付を請求することができる。
③　前二項の手数料の額は，物価の状況，登記事項証明書の交付に要する実費その他一切の事情を考慮して政令で定める。
④　第一項及び第二項の手数料の納付は，収入印紙をもってしなければならない。ただし，法務省令で定める方法で登記事項証明書の交付を請求するときは，法務省令で定めるところにより，現金をもってすることができる。
⑤　第一項の交付の請求は，法務省令で定める場合を除き，請求に係る不動産の所在地を管轄する登記所以外の登記所の登記官に対してもすることができる。

（地図の写しの交付等）

第百二十条　何人も，登記官に対し，手数料を納付して，地図，建物所在図又は地図に準ずる図面（以下この条において「地図等」という。）の全部又は一部の写し（地図等が電磁的記録に記録されているときは，当該記録された情報の内容を証明した書面）の交付を請求することができる。
②　何人も，登記官に対し，手数料を納付して，地図等（地図等が電磁的記録に記録されているときは，当該記録された情報の内容を法務省令で定める方法により表示したもの）の閲覧を請求することができる。
③　前条第三項から第五項までの規定は，地図等について準用する。

（登記簿の附属書類の写しの交付等）

第百二十一条　何人も，登記官に対し，手数料を納付して，登記簿の附属書類（電磁的記録を含む。以下同じ。）のうち政令で定める図面の全部又は一部の写し（これらの図面が電磁的記録に記録されているときは，当該記録された情報の内容を証明した書面）の交付を請求することができる。
②　何人も，登記官に対し，手数料を納付して，登記簿の附属書類（電磁的記録にあっては，記録された情報の内容を法務省令で定める方法により表示したもの）の閲覧を請求することができる。ただし，前項の図面以外のものについては，請求人が利害関係を有する部分に限る。
③　第百十九条第三項から第五項までの規定は，登記簿の附属書類について準用する。

（法務省令への委任）

第百二十二条　この法律に定めるもののほか，登記簿，地図，建物所在図及び地図に準ずる図面並びに登記簿の附属書類（第百五十三条及び第百五十五条において「登記簿等」という。）の公開に関し必要な事項は，法務省令で定める。

第六章　筆界特定

第一節　総則

（定義）

第百二十三条　この章において、次の各号に掲げる用語の意義は、それぞれ当該各号に定めるところによる。

一　筆界　表題登記がある一筆の土地（以下単に「一筆の土地」という。）とこれに隣接する他の土地（表題登記がない土地を含む。以下同じ。）との間において、当該一筆の土地が登記された時にその境を構成するものとされた二以上の点及びこれらを結ぶ直線をいう。

二　筆界特定　一筆の土地及びこれに隣接する他の土地について、この章の定めるところにより、筆界の現地における位置を特定すること（その位置を特定することができないときは、その位置の範囲を特定すること）をいう。

三　対象土地　筆界特定の対象となる筆界で相互に隣接する一筆の土地及び他の土地をいう。

四　関係土地　対象土地以外の土地（表題登記がない土地を含む。）であって、筆界特定の対象となる筆界上の点を含む他の筆界で対象土地の一方又は双方と接するものをいう。

五　所有権登記名義人等　所有権の登記がある一筆の土地にあっては所有権の登記名義人、所有権の登記がない一筆の土地にあっては表題部所有者、表題登記がない土地にあっては所有者をいい、所有権の登記名義人又は表題部所有者の相続人その他の一般承継人を含む。

（筆界特定の事務）

第百二十四条　筆界特定の事務は、対象土地の所在地を管轄する法務局又は地方法務局がつかさどる。

②　第六条第二項及び第三項の規定は、筆界特定の事務について準用する。この場合において、同条第二項中「不動産」とあるのは「対象土地」と、「登記所」とあるのは「法務局又は地方法務局」と、「法務局若しくは地方法務局」とあるのは「法務局」と、同条第三項中「登記所」とあるのは「法務局又は地方法務局」と読み替えるものとする。

（筆界特定登記官）

第百二十五条　筆界特定は、筆界特定登記官（登記官のうちから、法務局又は地方法務局の長が指定する者をいう。以下同じ。）が行う。

（筆界特定登記官の除斥）

第百二十六条　筆界特定登記官が次の各号のいずれかに該当する者であるときは、当該筆界特定登記官は、対象土地について筆界特定を行うことができない。

一　対象土地又は関係土地のうちいずれかの土地の所有権の登記名義人（仮登記の登記名義人を含む。以下この号において同じ。）、表題部所有者若しくは所有者又は所有権以外の権利の登記名義人若しくは当該権利を有する者

二　前号に掲げる者の配偶者又は四親等内の親族（配偶者又は四親等内の親族であった者を含む。次号において同じ。）

三　第一号に掲げる者の代理人若しくは代表者（代理人又は代表者であった者を含む。）又はその配偶者若しくは四親等内の親族

（筆界調査委員）
第百二十七条　法務局及び地方法務局に，筆界特定について必要な事実の調査を行い，筆界特定登記官に意見を提出させるため，筆界調査委員若干人を置く。
②　筆界調査委員は，前項の職務を行うのに必要な専門的知識及び経験を有する者のうちから，法務局又は地方法務局の長が任命する。
③　筆界調査委員の任期は，二年とする。
④　筆界調査委員は，再任されることができる。
⑤　筆界調査委員は，非常勤とする。

（筆界調査委員の欠格事由）
第百二十八条　次の各号のいずれかに該当する者は，筆界調査委員となることができない。
一　禁錮以上の刑に処せられ，その執行を終わり，又はその執行を受けることがなくなった日から五年を経過しない者
二　弁護士法（昭和二十四年法律第二百五号），司法書士法（昭和二十五年法律第百九十七号）又は土地家屋調査士法（昭和二十五年法律第二百二十八号）の規定による懲戒処分により，弁護士会からの除名又は司法書士若しくは土地家屋調査士の業務の禁止の処分を受けた者でこれらの処分を受けた日から三年を経過しないもの
三　公務員で懲戒免職の処分を受け，その処分の日から三年を経過しない者
②　筆界調査委員が前項各号のいずれかに該当するに至ったときは，当然失職する。

（筆界調査委員の解任）
第百二十九条　法務局又は地方法務局の長は，筆界調査委員が次の各号のいずれかに該当するときは，その筆界調査委員を解任することができる。

一　心身の故障のため職務の執行に堪えないと認められるとき。
二　職務上の義務違反その他筆界調査委員たるに適しない非行があると認められるとき。

（標準処理期間）
第百三十条　法務局又は地方法務局の長は，筆界特定の申請がされてから筆界特定登記官が筆界特定をするまでに通常要すべき標準的な期間を定め，法務局又は地方法務局における備付けその他の適当な方法により公にしておかなければならない。

第二節　筆界特定の手続
第一款　筆界特定の申請
（筆界特定の申請）
第百三十一条　土地の所有権登記名義人等は，筆界特定登記官に対し，当該土地とこれに隣接する他の土地との筆界について，筆界特定の申請をすることができる。
②　筆界特定の申請は，次に掲げる事項を明らかにしてしなければならない。
一　申請の趣旨
二　筆界特定の申請人の氏名又は名称及び住所
三　対象土地に係る第三十四条第一項第一号及び第二号に掲げる事項（表題登記がない土地にあっては，同項第一号に掲げる事項）
四　対象土地について筆界特定を必要とする理由
五　前各号に掲げるもののほか，法務省令で定める事項
③　筆界特定の申請人は，政令で定めるところにより，手数料を納付しなければならない。
④　第十八条の規定は，筆界特定の申請について準用する。この場合において，同条中「不動産を識別するために必要な事

項，申請人の氏名又は名称，登記の目的その他の登記の申請に必要な事項として政令で定める情報（以下「申請情報」という。）」とあるのは「第百三十一条第二項各号に掲げる事項に係る情報（第二号，第百三十二条第一項第四号及び第百五十条において「筆界特定申請情報」という。）」と，「登記所」とあるのは「法務局又は地方法務局」と，同条第二号中「申請情報」とあるのは「筆界特定申請情報」と読み替えるものとする。

（申請の却下）

第百三十二条　筆界特定登記官は，次に掲げる場合には，理由を付した決定で，筆界特定の申請を却下しなければならない。ただし，当該申請の不備が補正することができるものである場合において，筆界特定登記官が定めた相当の期間内に，筆界特定の申請人がこれを補正したときは，この限りでない。

一　対象土地の所在地が当該申請を受けた法務局又は地方法務局の管轄に属しないとき。

二　申請の権限を有しない者の申請によるとき。

三　申請が前条第二項の規定に違反するとき。

四　筆界特定申請情報の提供の方法がこの法律に基づく命令の規定により定められた方式に適合しないとき。

五　申請が対象土地の所有権の境界の特定その他筆界特定以外の事項を目的とするものと認められるとき。

六　対象土地の筆界について，既に民事訴訟の手続により筆界の確定を求める訴えに係る判決（訴えを不適法として却下したものを除く。第百四十八条において同じ。）が確定しているとき。

七　対象土地の筆界について，既に筆界特定登記官による筆界特定がされているとき。ただし，対象土地について更に筆界特定をする特段の必要があると認められる場合を除く。

八　手数料を納付しないとき。

九　第百四十六条第五項の規定により予納を命じた場合においてその予納がないとき。

②　前項の規定による筆界特定の申請の却下は，登記官の処分とみなす。

（筆界特定の申請の通知）

第百三十三条　筆界特定の申請があったときは，筆界特定登記官は，遅滞なく，法務省令で定めるところにより，その旨を公告し，かつ，その旨を次に掲げる者（以下「関係人」という。）に通知しなければならない。ただし，前条第一項の規定により当該申請を却下すべき場合は，この限りでない。

一　対象土地の所有権登記名義人等であって筆界特定の申請人以外のもの

二　関係土地の所有権登記名義人等

②　前項本文の場合において，関係人の所在が判明しないときは，同項本文の規定による通知を，関係人の氏名又は名称，通知をすべき事項及び当該事項を記載した書面をいつでも関係人に交付する旨を対象土地の所在地を管轄する法務局又は地方法務局の掲示場に掲示することによって行うことができる。この場合においては，掲示を始めた日から二週間を経過したときに，当該通知が関係人に到達したものとみなす。

第二款　筆界の調査等

（筆界調査委員の指定等）

第百三十四条　法務局又は地方法務局の長は，前条第一項本文の規定による公告及び通知がされたときは，対象土地の筆界

特定のために必要な事実の調査を行うべき筆界調査委員を指定しなければならない。
② 次の各号のいずれかに該当する者は，前項の筆界調査委員に指定することができない。
一 対象土地又は関係土地のうちいずれかの土地の所有権の登記名義人（仮登記の登記名義人を含む。以下この号において同じ。），表題部所有者若しくは所有者又は所有権以外の権利の登記名義人若しくは当該権利を有する者
二 前号に掲げる者の配偶者又は四親等内の親族（配偶者又は四親等内の親族であった者を含む。次号において同じ。）
三 第一号に掲げる者の代理人若しくは代表者（代理人又は代表者であった者を含む。）又はその配偶者若しくは四親等内の親族
③ 第一項の規定による指定を受けた筆界調査委員が数人あるときは，共同してその職務を行う。ただし，筆界特定登記官の許可を得て，それぞれ単独にその職務を行い，又は職務を分掌することができる。
④ 法務局又は地方法務局の長は，その職員に，筆界調査委員による事実の調査を補助させることができる。

（筆界調査委員による事実の調査）
第百三十五条　筆界調査委員は，前条第一項の規定による指定を受けたときは，対象土地又は関係土地その他の土地の測量又は実地調査をすること，筆界特定の申請人若しくは関係人又はその他の者からその知っている事実を聴取し又は資料の提出を求めることその他対象土地の筆界特定のために必要な事実の調査をすることができる。
② 筆界調査委員は，前項の事実の調査に当たっては，筆界特定が対象土地の所有権の境界の特定を目的とするものでないことに留意しなければならない。

（測量及び実地調査）
第百三十六条　筆界調査委員は，対象土地の測量又は実地調査を行うときは，あらかじめ，その旨並びにその日時及び場所を筆界特定の申請人及び関係人に通知して，これに立ち会う機会を与えなければならない。
② 第百三十三条第二項の規定は，前項の規定による通知について準用する。

（立入調査）
第百三十七条　法務局又は地方法務局の長は，筆界調査委員が対象土地又は関係土地その他の土地の測量又は実地調査を行う場合において，必要があると認めるときは，その必要の限度において，筆界調査委員又は第百三十四条第四項の職員（以下この条において「筆界調査委員等」という。）に，他人の土地に立ち入らせることができる。
② 法務局又は地方法務局の長は，前項の規定により筆界調査委員等を他人の土地に立ち入らせようとするときは，あらかじめ，その旨並びにその日時及び場所を当該土地の占有者に通知しなければならない。
③ 第一項の規定により宅地又は垣，さく等で囲まれた他人の占有する土地に立ち入ろうとする場合には，その立ち入ろうとする者は，立入りの際，あらかじめ，その旨を当該土地の占有者に告げなければならない。
④ 日出前及び日没後においては，土地の占有者の承諾があった場合を除き，前項に規定する土地に立ち入ってはならな

い。
⑤ 土地の占有者は，正当な理由がない限り，第一項の規定による立入りを拒み，又は妨げてはならない。
⑥ 第一項の規定による立入りをする場合には，筆界調査委員等は，その身分を示す証明書を携帯し，関係者の請求があったときは，これを提示しなければならない。
⑦ 国は，第一項の規定による立入りによって損失を受けた者があるときは，その損失を受けた者に対して，通常生ずべき損失を補償しなければならない。

（関係行政機関等に対する協力依頼）
第百三十八条 法務局又は地方法務局の長は，筆界特定のため必要があると認めるときは，関係行政機関の長，関係地方公共団体の長又は関係のある公私の団体に対し，資料の提出その他必要な協力を求めることができる。

（意見又は資料の提出）
第百三十九条 筆界特定の申請があったときは，筆界特定の申請人及び関係人は，筆界特定登記官に対し，対象土地の筆界について，意見又は資料を提出することができる。この場合において，筆界特定登記官が意見又は資料を提出すべき相当の期間を定めたときは，その期間内にこれを提出しなければならない。
② 前項の規定による意見又は資料の提出は，電磁的方法（電子情報処理組織を使用する方法その他の情報通信の技術を利用する方法であって法務省令で定めるものをいう。）により行うことができる。

（意見聴取等の期日）
第百四十条 筆界特定の申請があったときは，筆界特定登記官は，第百三十三条第一項本文の規定による公告をした時から筆界特定をするまでの間に，筆界特定の申請人及び関係人に対し，あらかじめ期日及び場所を通知して，対象土地の筆界について，意見を述べ，又は資料（電磁的記録を含む。）を提出する機会を与えなければならない。
② 筆界特定登記官は，前項の期日において，適当と認める者に，参考人としてその知っている事実を陳述させることができる。
③ 筆界調査委員は，第一項の期日に立ち会うものとする。この場合において，筆界調査委員は，筆界特定登記官の許可を得て，筆界特定の申請人若しくは関係人又は参考人に対し質問を発することができる。
④ 筆界特定登記官は，第一項の期日の経過を記載した調書を作成し，当該調書において当該期日における筆界特定の申請人若しくは関係人又は参考人の陳述の要旨を明らかにしておかなければならない。
⑤ 前項の調書は，電磁的記録をもって作成することができる。
⑥ 第百三十三条第二項の規定は，第一項の規定による通知について準用する。

（調書等の閲覧）
第百四十一条 筆界特定の申請人及び関係人は，第百三十三条第一項本文の規定による公告があった時から第百四十四条第一項の規定により筆界特定の申請人に対する通知がされるまでの間，筆界特定登記官に対し，当該筆界特定の手続において作成された調書及び提出された資料（電磁的記録にあっては，記録された情報の内容を法務省令で定める方法により表示したもの）の閲覧を請求することができる。この場合において，筆界特定登記官は，第三者の利益を害するおそれがあるときその他正当な理由があるとき で

なければ，その閲覧を拒むことができない。
② 筆界特定登記官は，前項の閲覧について，日時及び場所を指定することができる。

第三節　筆界特定
（筆界調査委員の意見の提出）
第百四十二条　筆界調査委員は，第百四十条第一項の期日の後，対象土地の筆界特定のために必要な事実の調査を終了したときは，遅滞なく，筆界特定登記官に対し，対象土地の筆界特定についての意見を提出しなければならない。

（筆界特定）
第百四十三条　筆界特定登記官は，前条の規定により筆界調査委員の意見が提出されたときは，その意見を踏まえ，登記記録，地図又は地図に準ずる図面及び登記簿の附属書類の内容，対象土地及び関係土地の地形，地目，面積及び形状並びに工作物，囲障又は境界標の有無その他の状況及びこれらの設置の経緯その他の事情を総合的に考慮して，対象土地の筆界特定をし，その結論及び理由の要旨を記載した筆界特定書を作成しなければならない。
② 筆界特定書においては，図面及び図面上の点の現地における位置を示す方法として法務省令で定めるものにより，筆界特定の内容を表示しなければならない。
③ 筆界特定書は，電磁的記録をもって作成することができる。

（筆界特定の通知等）
第百四十四条　筆界特定登記官は，筆界特定をしたときは，遅滞なく，筆界特定の申請人に対し，筆界特定書の写しを交付する方法（筆界特定書が電磁的記録をもって作成されているときは，法務省令で定める方法）により当該筆界特定書の内容を通知するとともに，法務省令で定めるところにより，筆界特定をした旨を公告し，かつ，関係人に通知しなければならない。
② 第百三十三条第二項の規定は，前項の規定による通知について準用する。

（筆界特定手続記録の保管）
第百四十五条　前条第一項の規定により筆界特定の申請人に対する通知がされた場合における筆界特定の手続の記録（以下「筆界特定手続記録」という。）は，対象土地の所在地を管轄する登記所において保管する。

第四節　雑　則
（手続費用の負担等）
第百四十六条　筆界特定の手続における測量に要する費用その他の法務省令で定める費用（以下この条において「手続費用」という。）は，筆界特定の申請人の負担とする。
② 筆界特定の申請人が二人ある場合において，その一人が対象土地の一方の土地の所有権登記名義人等であり，他の一人が他方の土地の所有権登記名義人等であるときは，各筆界特定の申請人は，等しい割合で手続費用を負担する。
③ 筆界特定の申請人が二人以上ある場合において，その全員が対象土地の一方の土地の所有権登記名義人等であるときは，各筆界特定の申請人は，その持分（所有権の登記がある一筆の土地にあっては第五十九条第四号の持分，所有権の登記がない一筆の土地にあっては第二十七条第三号の持分。次項において同じ。）の割合に応じて手続費用を負担する。
④ 筆界特定の申請人が三人以上ある場合において，その一人又は二人以上が対象土地の一方の土地の所有権登記名義人等であり，他の一人又は二人以上が他方の

土地の所有権登記名義人等であるときは，対象土地のいずれかの土地の一人の所有権登記名義人等である筆界特定の申請人は，手続費用の二分の一に相当する額を負担し，対象土地のいずれかの土地の二人以上の所有権登記名義人等である各筆界特定の申請人は，手続費用の二分の一に相当する額についてその持分の割合に応じてこれを負担する。
⑤　筆界特定登記官は，筆界特定の申請人に手続費用の概算額を予納させなければならない。

（筆界確定訴訟における釈明処分の特則）
第百四十七条　筆界特定がされた場合において，当該筆界特定に係る筆界について民事訴訟の手続により筆界の確定を求める訴えが提起されたときは，裁判所は，当該訴えに係る訴訟において，訴訟関係を明瞭にするため，登記官に対し，当該筆界特定に係る筆界特定手続記録の送付を嘱託することができる。民事訴訟の手続により筆界の確定を求める訴えが提起された後，当該訴えに係る筆界について筆界特定がされたときも，同様とする。

（筆界確定訴訟の判決との関係）
第百四十八条　筆界特定がされた場合において，当該筆界特定に係る筆界について民事訴訟の手続により筆界の確定を求める訴えに係る判決が確定したときは，当該筆界特定は，当該判決と抵触する範囲において，その効力を失う。

（筆界特定書等の写しの交付等）
第百四十九条　何人も，登記官に対し，手数料を納付して，筆界特定手続記録のうち筆界特定書又は政令で定める図面の全部又は一部（以下この条及び第百五十三条において「筆界特定書等」という。）の写し（筆界特定書等が電磁的記録をもって作成されているときは，当該記録された情報の内容を証明した書面）の交付を請求することができる。
②　何人も，登記官に対し，手数料を納付して，筆界特定手続記録（電磁的記録にあっては，記録された情報の内容を法務省令で定める方法により表示したもの）の閲覧を請求することができる。ただし，筆界特定書等以外のものについては，請求人が利害関係を有する部分に限る。
③　第百十九条第三項及び第四項の規定は，前二項の手数料について準用する。

（法務省令への委任）
第百五十条　この章に定めるもののほか，筆界特定申請情報の提供の方法，筆界特定手続記録の公開その他の筆界特定の手続に関し必要な事項は，法務省令で定める。

第七章　雑　則

（登記識別情報の安全確保）
第百五十一条　登記官は，その取り扱う登記識別情報の漏えい，滅失又はき損の防止その他の登記識別情報の安全管理のために必要かつ適切な措置を講じなければならない。
②　登記官その他の不動産登記の事務に従事する法務局若しくは地方法務局若しくはこれらの支局又はこれらの出張所に勤務する法務事務官又はその職にあった者は，その事務に関して知り得た登記識別情報の作成又は管理に関する秘密を漏らしてはならない。

（行政手続法の適用除外）
第百五十二条　登記官の処分については，行政手続法（平成五年法律第八十八号）第二章及び第三章の規定は，適用しない。

（行政機関の保有する情報の公開に関する法律の適用除外）
第百五十三条　登記簿等及び筆界特定書等

については，行政機関の保有する情報の公開に関する法律（平成十一年法律第四十二号）の規定は，適用しない。
（行政手続等における情報通信の技術の利用に関する法律の適用除外）
第百五十四条　この法律又はこの法律に基づく命令の規定による手続等（行政手続等における情報通信の技術の利用に関する法律（平成十四年法律第百五十一号）第二条第十号に規定する手続等をいう。）については，同法第三条から第六条までの規定は，適用しない。
（行政機関の保有する個人情報の保護に関する法律の適用除外）
第百五十五条　登記簿等に記録されている保有個人情報（行政機関の保有する個人情報の保護に関する法律（平成十五年法律第五十八号）第二条第五項に規定する保有個人情報をいう。）については，同法第四章の規定は，適用しない。
（審査請求）
第百五十六条　登記官の処分に不服がある者又は登記官の不作為に係る処分を申請した者は，当該登記官を監督する法務局又は地方法務局の長に審査請求をすることができる。
② 　審査請求は，登記官を経由してしなければならない。
（審査請求事件の処理）
第百五十七条　登記官は，処分についての審査請求を理由があると認め，又は審査請求に係る不作為に係る処分をすべきものと認めるときは，相当の処分をしなければならない。
② 　登記官は，前項に規定する場合を除き，審査請求の日から三日以内に，意見を付して事件を前条第一項の法務局又は地方法務局の長に送付しなければならない。この場合において，当該法務局又は地方法務局の長は，当該意見を行政不服審査法（平成二十六年法律第六十八号）第十一条第二項に規定する審理員に送付するものとする。
③ 　前条第一項の法務局又は地方法務局の長は，処分についての審査請求を理由があると認め，又は審査請求に係る不作為に係る処分をすべきものと認めるときは，登記官に相当の処分を命じ，その旨を審査請求人のほか登記上の利害関係人に通知しなければならない。
④ 　前条第一項の法務局又は地方法務局の長は，前項の処分を命ずる前に登記官に仮登記を命ずることができる。
⑤ 　前条第一項の法務局又は地方法務局の長は，審査請求に係る不作為に係る処分についての申請を却下すべきものと認めるときは，登記官に当該申請を却下する処分を命じなければならない。
⑥ 　前条第一項の審査請求に関する行政不服審査法の規定の適用については，同法第二十九条第五項中「処分庁等」とあるのは「審査庁」と，「弁明書の提出」とあるのは「不動産登記法（平成十六年法律第百二十三号）第百五十七条第二項に規定する意見の送付」と，同法第三十条第一項中「弁明書」とあるのは「不動産登記法第百五十七条第二項の意見」とする。
（行政不服審査法の適用除外）
第百五十八条　行政不服審査法第十三条，第十五条第六項，第十八条，第二十一条，第二十五条第二項から第七項まで，第二十九条第一項から第四項まで，第三十一条，第三十七条，第四十五条第三項，第四十六条，第四十七条，第四十九条第三項（審査請求に係る不作為が違法又は不当である旨の宣言に係る部分を除く。）から第五項まで及び第五十二条の規定は，第百五十六条第一項の審査請求につ

いては，適用しない。

第八章　罰則

（秘密を漏らした罪）

第百五十九条　第百五十一条第二項の規定に違反して登記識別情報の作成又は管理に関する秘密を漏らした者は，二年以下の懲役又は百万円以下の罰金に処する。

（虚偽の登記名義人確認情報を提供した罪）

第百六十条　第二十三条第四項第一号（第十六条第二項において準用する場合を含む。）の規定による情報の提供をする場合において，虚偽の情報を提供した者は，二年以下の懲役又は五十万円以下の罰金に処する。

（不正に登記識別情報を取得等した罪）

第百六十一条　登記簿に不実の記録をさせることとなる登記の申請又は嘱託の用に供する目的で，登記識別情報を取得した者は，二年以下の懲役又は五十万円以下の罰金に処する。情を知って，その情報を提供した者も，同様とする。

② 不正に取得された登記識別情報を，前項の目的で保管した者も，同項と同様とする。

（検査の妨害等の罪）

第百六十二条　次の各号のいずれかに該当する者は，三十万円以下の罰金に処する。

一　第二十九条第二項（第十六条第二項において準用する場合を含む。次号において同じ。）の規定による検査を拒み，妨げ，又は忌避した者

二　第二十九条第二項の規定による文書若しくは電磁的記録に記録された事項を法務省令で定める方法により表示したものの提示をせず，若しくは虚偽の文書若しくは電磁的記録に記録された事項を法務省令で定める方法により表示したものを提示し，又は質問に対し陳述をせず，若しくは虚偽の陳述をした者

三　第百三十七条第五項の規定に違反して，同条第一項の規定による立入りを拒み，又は妨げた者

（両罰規定）

第百六十三条　法人の代表者又は法人若しくは人の代理人，使用人その他の従業者が，その法人又は人の業務に関し，第百六十条又は前条の違反行為をしたときは，行為者を罰するほか，その法人又は人に対しても，各本条の罰金刑を科する。

（過料）

第百六十四条　第三十六条，第三十七条第一項若しくは第二項，第四十二条，第四十七条第一項（第四十九条第二項において準用する場合を含む。），第四十九条第一項，第三項若しくは第四項，第五十一条第一項から第四項まで，第五十七条又は第五十八条第六項若しくは第七項の規定による申請をすべき義務がある者がその申請を怠ったときは，十万円以下の過料に処する。

附則

（施行期日）

第一条　この法律は，公布の日から起算して一年を超えない範囲内において政令で定める日から施行する。ただし，改正後の不動産登記法（以下「新法」という。）第百二十七条及び附則第四条第四項の規定は，行政機関の保有する個人情報の保護に関する法律の施行の日（平成十七年四月一日）又はこの法律の施行の日のいずれか遅い日から施行する。

（経過措置）

第二条　新法の規定（罰則を除く。）は，この附則に特別の定めがある場合を除き，

この法律の施行前に生じた事項にも適用する。ただし，改正前の不動産登記法（以下「旧法」という。）の規定により生じた効力を妨げない。
② この法律の施行前にした旧法の規定による処分，手続その他の行為は，この附則に特別の定めがある場合を除き，新法の適用については，新法の相当規定によってしたものとみなす。

第三条 新法第二条第五号及び第九号，第十二条，第五十一条第五項及び第六項（第五十三条第二項において準用する場合を含む。）並びに第百十九条の規定は，登記所ごとに電子情報処理組織（旧法第百五十一条ノ二第一項の電子情報処理組織をいう。第三項において同じ。）により取り扱う事務として法務大臣が指定した事務について，その指定の日から適用する。
② 前項の規定による指定は，告示してしなければならない。
③ 前二項の規定にかかわらず，この法律の施行の際現に旧法第百五十一条ノ二第一項の指定を受けている登記所において電子情報処理組織により取り扱うべきこととされている事務については，この法律の施行の日に第一項の規定による指定を受けたものとみなす。
④ 第一項の規定による指定がされるまでの間は，同項の規定による指定を受けていない事務については，旧法第十四条から第十六条ノ二まで，第二十一条第一項（登記簿の謄本又は抄本の交付及び登記簿の閲覧に係る部分に限る。）及び第三項並びに第二十四条ノ二第一項及び第三項の規定は，なおその効力を有する。
⑤ 第一項の規定による指定がされるまでの間における前項の事務についての新法の適用については，新法本則（新法第二条第六号，第十五条及び第二十五条第二号を除く。）中「登記記録」とあるのは「登記簿」と，新法第二条第六号及び第二十五条第二号中「登記記録として」とあるのは「登記簿に」と，新法第二条第八号及び第十一号中「権利部」とあるのは「事項欄」と，新法第十五条中「登記簿及び登記記録」とあるのは「登記簿」と，第百二十二条中「，登記簿」とあるのは「，登記簿（附則第三条第四項の規定によりなおその効力を有することとされる旧法第二十四条ノ二第一項の閉鎖登記簿を含む。）」とする。
⑥ 新法第百十九条第四項の規定は，第四項の規定によりなおその効力を有することとされる旧法第二十一条第一項（第四項の規定によりなおその効力を有することとされる旧法第二十四条ノ二第三項において準用する場合を含む。）の手数料の納付について準用する。この場合において，新法第百十九条第四項中「第一項及び第二項」とあるのは，「附則第三条第四項の規定によりなおその効力を有することとされる旧法第二十一条第一項（附則第三条第四項の規定によりなおその効力を有することとされる旧法第二十四条ノ二第三項において準用する場合を含む。）」と読み替えるものとする。
⑦ 新法第百十九条第五項の規定は，同項の請求に係る不動産の所在地を管轄する登記所における第一項の規定による指定（第三項の規定により指定を受けたものとみなされるものを含む。）を受けていない事務については，適用しない。

第四条 前条第一項の規定による指定（同条第三項の規定により指定を受けたものとみなされるものを含む。）がされた際現に登記所に備え付けてある当該指定を受けた事務に係る閉鎖登記簿については，旧法第二十四条ノ二第三項の規定は，

なおその効力を有する。

② 新法第百十九条第四項の規定は，前項の規定によりなおその効力を有することとされる旧法第二十四条ノ二第三項において準用する旧法第二十一条第一項の手数料の納付について準用する。この場合において，新法第百十九条第四項中「第一項及び第二項」とあるのは，「附則第四条第一項の規定によりなおその効力を有することとされる旧法第二十四条ノ二第三項において準用する旧法第二十一条第一項」と読み替えるものとする。

③ 第一項の閉鎖登記簿（その附属書類を含む。次項において同じ。）については，行政機関の保有する情報の公開に関する法律の規定は，適用しない。

④ 第一項の閉鎖登記簿に記録されている保有個人情報（行政機関の保有する個人情報の保護に関する法律第二条第五項に規定する保有個人情報をいう。）については，同法第四章の規定は，適用しない。

第五条 この法律の施行前に交付された旧法第二十一条第一項（旧法第二十四条ノ二第三項において準用する場合を含む。）に規定する登記簿の謄本又は抄本は，民法，民事執行法（昭和五十四年法律第四号）その他の法令の適用については，これを登記事項証明書とみなす。附則第三条第四項の規定によりなおその効力を有することとされる旧法第二十一条第一項（附則第三条第四項の規定によりなおその効力を有することとされる旧法第二十四条ノ二第三項において準用する場合を含む。）又は前条第一項の規定によりなおその効力を有することとされる旧法第二十四条ノ二第三項の規定において準用する旧法第二十一条第一項に規定する登記簿の謄本又は抄本も，同様とする。

第六条 新法第十八条第一号の規定は，登記所ごとに同号に規定する方法による登記の申請をすることができる登記手続として法務大臣が指定した登記手続について，その指定の日から適用する。

② 前項の規定による指定は，告示してしなければならない。

③ 第一項の規定による指定がされるまでの間，各登記所の登記手続についての新法の規定の適用については，次の表の上欄に掲げる新法の規定中同表の中欄に掲げる字句は，それぞれ同表の下欄に掲げる字句とする。

読み替える規定	読み替えられる字句	読み替える字句
第二十一条の見出し	登記識別情報の通知	登記済証の交付
第二十一条	登記識別情報を通知しなければ	登記済証を交付しなければ
第二十一条ただし書	登記識別情報の通知	登記済証の交付
第二十二条の見出し	登記識別情報の提供	登記済証の提出

第二十二条	登記識別情報を提供しなければ	旧法第六十条第一項若しくは第六十一条の規定により還付され，若しくは交付された登記済証（附則第八条の規定によりなお従前の例によることとされた登記の申請について旧法第六十条第一項又は第六十一条の規定により還付され，又は交付された登記済証を含む。）又は附則第六条第三項の規定により読み替えて適用される第二十一条若しくは第百十七条第二項の規定により交付された登記済証を提出しなければ
第二十二条ただし書	登記識別情報が通知されなかった	登記済証が交付されなかった
	登記識別情報を提供する	旧法第六十条第一項若しくは第六十一条の規定により還付され，若しくは交付された登記済証（附則第八条の規定によりなお従前の例によることとされた登記の申請について旧法第六十条第一項又は第六十一条の規定により還付され，又は交付された登記済証を含む。）又は附則第六条第三項の規定により読み替えて適用される第二十一条若しくは第百十七条第二項の規定により交付された登記済証を提出する
第二十三条第一項	登記識別情報を提供する	登記済証を提出する
第百十七条の見出し	官庁又は公署の嘱託による登記の登記識別情報	官庁又は公署の嘱託による登記の登記済証
第百十七条第一項	登記識別情報	登記済証
	通知しなければ	交付しなければ
第百十七条第二項	登記識別情報の通知	登記済証の交付
	通知しなければ	交付しなければ

第七条 前条第一項の規定による指定を受けた登記手続において，同項の規定による指定がされた後，旧法第六十条第一項若しくは第六十一条の規定により還付され，若しくは交付された登記済証（次条の規定によりなお従前の例によることとされた登記の申請について旧法第六十条第一項又は第六十一条の規定により還付され，又は交付された登記済証を含む。）又は前条第三項の規定により読み替えて適用される新法第二十一条若しくは第百十七条第二項の規定により交付された登記済証を提出して登記の申請がされたときは，登記識別情報が提供されたものとみなして，新法第二十二条本文の規定を適用する。

第八条 この法律の施行前にされた登記の申請については，なお従前の例による。

第九条 不動産登記法の一部を改正する等の法律（昭和三十五年法律第十四号）附則第五条第一項に規定する土地又は建物についての表示に関する登記の申請義務

については，なお従前の例による。この場合において，次の表の上欄に掲げる同項の字句は，それぞれ同表の下欄に掲げる字句に読み替えるものとする。

読み替えられる字句	読み替える字句
第一条の規定による改正後の不動産登記法第八十条第一項及び第三項	不動産登記法（平成十六年法律第百二十三号）第三十六条
第八十一条第一項及び第三項	第三十七条第一項及び第二項
第八十一条ノ八	第四十二条
第九十三条第一項及び第三項	第四十七条第一項
第九十三条ノ五第一項及び第三項	第五十一条第一項（共用部分である旨の登記又は団地共用部分である旨の登記がある建物に係る部分を除く。）及び第二項
第九十三条ノ十一	第五十七条

第十条　担保物権及び民事執行制度の改善のための民法等の一部を改正する法律（平成十五年法律第百三十四号）附則第七条に規定する敷金については，なお従前の例による。この場合において，同条中「第二条の規定による改正後の不動産登記法第百三十二条第一項」とあるのは，「不動産登記法（平成十六年法律第百二十三号）第八十一条第四号」と読み替えるものとする。

第十一条　行政事件訴訟法の一部を改正する法律（平成十六年法律第八十四号）の施行の日がこの法律の施行の日後となる場合には，行政事件訴訟法の一部を改正する法律の施行の日の前日までの間における新法第百五十八条の規定の適用については，同条中「第七項まで」とあるのは，「第六項まで」とする。

（罰則に関する経過措置）

第十二条　この法律の施行前にした行為に対する罰則の適用については，なお従前の例による。

②　新法第五十一条第一項及び第四項並びに第五十八条第六項及び第七項の規定は，この法律の施行前に共用部分である旨又は団地共用部分である旨の登記がある建物についてこれらの規定に規定する登記を申請すべき事由が生じている場合についても，適用する。この場合において，これらの規定に規定する期間（新法第五十一条第四項又は第五十八条第七項に規定する期間にあっては，この法律の施行の日以後に所有権を取得した場合を除く。）については，この法律の施行の日から起算する。

（法務省令への委任）

第十三条　この附則に定めるもののほか，この法律による不動産登記法の改正に伴う登記の手続に関し必要な経過措置は，法務省令で定める。

　　　附　則（平成一六年一二月一日
　　　　　　法律第一四七号）抄

（施行期日）

第一条　この法律は，公布の日から起算して六月を超えない範囲内において政令で

附則（平成一六年一二月三日
　　　　法律第一五二号）抄

（施行期日）
第一条　この法律は，公布の日から起算して一年を超えない範囲内において政令で定める日から施行する。ただし，次の各号に掲げる規定は，当該各号に定める日から施行する。
一　略
二　附則第三十七条の規定　不動産登記法（平成十六年法律第百二十三号）の施行の日又はこの法律の施行の日のいずれか遅い日

（不動産登記法に関する経過措置）
第三十八条　この法律の施行の日が不動産登記法の施行の日前である場合には，同法の施行の日の前日までの間における不動産登記法（明治三十二年法律第二十四号）第百四十二条第一項及び第二項の規定の適用については，同条第一項中「公示催告手続ニ関スル法律（明治二十三年法律第二十九号）ノ規定ニ従ヒテ」とあるのは「非訟事件手続法第百四十一条ニ規定スル」と，同条第二項中「除権判決」とあるのは「非訟事件手続法第百四十八条第一項ニ規定スル除権決定」とする。

（罰則の適用に関する経過措置）
第三十九条　この法律の施行前にした行為及びこの附則の規定によりなお従前の例によることとされる場合におけるこの法律の施行後にした行為に対する罰則の適用については，なお従前の例による。

（政令への委任）
第四十条　附則第三条から第十条まで，第二十九条及び前二条に規定するもののほか，この法律の施行に関し必要な経過措置は，政令で定める。

附則（平成一七年四月一三日
　　　法律第二九号）抄

（施行期日）
第一条　この法律は，公布の日から起算して一年を超えない範囲内において政令で定める日から施行する。

（不動産登記法の一部改正に伴う経過措置）
第二条　第一条の規定による改正後の不動産登記法（以下この項において「新不動産登記法」という。）第百三十一条第四項において準用する新不動産登記法第十八条第一号の規定は，法務局又は地方法務局ごとに同号に規定する方法による筆界特定の申請をすることができる筆界特定の手続（新不動産登記法第六章第二節の規定による筆界特定の手続をいう。以下この項において同じ。）として法務大臣が指定した筆界特定の手続について，その指定の日から適用する。
②　前項の規定による指定は，告示してしなければならない。

（罰則の適用に関する経過措置）
第九条　この法律の施行前にした行為に対する罰則の適用については，なお従前の例による。

（検討）
第十条　政府は，この法律の施行後五年を経過した場合において，この法律の施行の状況等を勘案し，新土地家屋調査士法第三条第二項に規定する民間紛争解決手続代理関係業務に係る制度について検討を加え，必要があると認めるときは，その結果に基づいて所要の措置を講ずるものとする。

附則（平成一八年一二月一五日法律第一〇九号）抄

この法律は，新信託法の施行の日から施行する。

附則（平成一九年三月三一日法律第二三号）抄

（施行期日）

第一条　この法律は，平成十九年四月一日から施行し，平成十九年度の予算から適用する。ただし，次の各号に掲げる規定は，当該各号に定める日から施行し，第二条第一項第四号，第十六号及び第十七号，第二章第四節，第十六節及び第十七節並びに附則第四十九条から第六十五条までの規定は，平成二十年度の予算から適用する。

一・二　略

三　附則第二百六十条，第二百六十二条，第二百六十四条，第二百六十五条，第二百七十条，第二百九十六条，第三百十一条，第三百三十五条，第三百四十条，第三百七十二条及び第三百八十二条の規定　平成二十三年四月一日

（登記印紙の廃止に伴う経過措置）

第三百八十二条　附則第二百六十条の規定による改正後の民法施行法第八条第二項，附則第二百六十二条の規定による改正後の抵当証券法第三条第五項（同法第二十二条において準用する場合を含む。），附則第二百九十六条の規定による改正後の商業登記法第十三条第二項本文（同法第四十九条第七項（同法第九十五条，第百十一条及び第百十八条において準用する場合を含む。）及び他の法令において準用する場合を含む。），附則第三百十一条の規定による改正後の電子情報処理組織による登記事務処理の円滑化のための措置等に関する法律第三条第四項本文，附則第三百三十五条の規定による改正後の動産及び債権の譲渡の対抗要件に関する民法の特例等に関する法律第二十一条第二項本文，附則第三百四十条の規定による改正後の後見登記等に関する法律第十一条第二項本文又は附則第三百七十二条の規定による改正後の不動産登記法第百十九条第四項本文（同法第百二十条第三項，第百二十一条第三項及び第百四十九条第三項並びに他の法令において準用する場合を含む。）の規定にかかわらず，当分の間，手数料を納付するときは，収入印紙又は登記印紙をもってすることができる。

（罰則に関する経過措置）

第三百九十一条　この法律の施行前にした行為及びこの附則の規定によりなお従前の例によることとされる場合におけるこの法律の施行後にした行為に対する罰則の適用については，なお従前の例による。

（その他の経過措置の政令への委任）

第三百九十二条　附則第二条から第六十五条まで，第六十七条から第二百五十九条まで及び第三百八十二条から前条までに定めるもののほか，この法律の施行に関し必要となる経過措置は，政令で定める。

附則（平成一九年一二月二一日法律第一三二号）抄

（施行期日）

第一条　この法律は，平成二十年一月一日から施行する。

附則（平成二三年四月二八日法律第三二号）抄

（施行期日）

第一条　この法律は，公布の日から起算し

附則（平成二三年五月二五日
　　　　　　法律第五三号）

　この法律は、新非訟事件手続法の施行の日から施行する。

　　　附則（平成二五年六月二六日
　　　　　　法律第六一号）抄

（施行期日）

第一条　この法律は、公布の日から起算して三月を超えない範囲内において政令で定める日から施行する。

　　　附則（平成二六年六月一三日
　　　　　　法律第六九号）抄

（施行期日）

第一条　この法律は、行政不服審査法（平成二十六年法律第六十八号）の施行の日から施行する。

（経過措置の原則）

第五条　行政庁の処分その他の行為又は不作為についての不服申立てであってこの法律の施行前にされた行政庁の処分その他の行為又はこの法律の施行前にされた申請に係る行政庁の不作為に係るものについては、この附則に特別の定めがある場合を除き、なお従前の例による。

（訴訟に関する経過措置）

第六条　この法律による改正前の法律の規定により不服申立てに対する行政庁の裁決、決定その他の行為を経た後でなければ訴えを提起できないこととされる事項であって、当該不服申立てを提起しないでこの法律の施行前にこれを提起すべき期間を経過したもの（当該不服申立てが他の不服申立てに対する行政庁の裁決、決定その他の行為を経た後でなければ提起できないとされる場合にあっては、当該他の不服申立てを提起しないでこの法律の施行前にこれを提起すべき期間を経過したものを含む。）の訴えの提起については、なお従前の例による。

②　この法律の規定による改正前の法律の規定（前条の規定によりなお従前の例によることとされる場合を含む。）により異議申立てが提起された処分その他の行為であって、この法律の規定による改正後の法律の規定により審査請求に対する裁決を経た後でなければ取消しの訴えを提起することができないこととされるものの取消しの訴えの提起については、なお従前の例による。

③　不服申立てに対する行政庁の裁決、決定その他の行為の取消しの訴えであって、この法律の施行前に提起されたものについては、なお従前の例による。

（罰則に関する経過措置）

第九条　この法律の施行前にした行為並びに附則第五条及び前二条の規定によりなお従前の例によることとされる場合におけるこの法律の施行後にした行為に対する罰則の適用については、なお従前の例による。

（その他の経過措置の政令への委任）

第十条　附則第五条から前条までに定めるもののほか、この法律の施行に関し必要な経過措置（罰則に関する経過措置を含む。）は、政令で定める。

　　　附則（平成二八年五月二七日
　　　　　　法律第五一号）抄

（施行期日）

第一条　この法律は、公布の日から起算して一年六月を超えない範囲内において政令で定める日から施行する。ただし、附則第三条及び第四条の規定は、公布の日

から施行する。
　（政令への委任）
第三条　前条に定めるもののほか，この法律の施行に関し必要な経過措置は，政令で定める。
　（個人情報の一体的な利用促進に係る措置）
第四条　政府は，この法律の公布後二年以内に，個人情報の保護に関する法律（平成十五年法律第五十七号）第二条第五項に規定する個人情報取扱事業者，同項第一号に規定する国の機関，同項第二号に規定する地方公共団体，同項第三号に規定する独立行政法人等及び同項第四号に規定する地方独立行政法人が保有する同条第一項に規定する個人情報が一体的に利用されることが公共の利益の増進及び豊かな国民生活の実現に特に資すると考えられる分野における個人情報の一体的な利用の促進のための措置を講ずる。
②　個人情報の保護に関する法律及び行政手続における特定の個人を識別するための番号の利用等に関する法律の一部を改正する法律（平成二十七年法律第六十五号）の施行の日までの間における前項の規定の適用については，同項中「第二条第五項」とあるのは，「第二条第三項」とする。

◆不動産登記令◆

（平成十六年十二月一日政令第三百七十九号）

内閣は，不動産登記法（平成十六年法律第百二十三号）第十八条，第二十二条，第二十五条第十三号，第二十六条及び第七十条第三項（これらの規定を同法第十六条第二項において準用する場合を含む。）並びに同法第百二十一条第一項の規定に基づき，不動産登記法施行令（昭和三十五年政令第二百二十八号）の全部を改正するこの政令を制定する。

第一章　総則（第一条・第二条）
第二章　申請情報及び添付情報（第三条―第九条）
第三章　電子情報処理組織を使用する方法による登記申請の手続（第十条―第十四条）
第四章　書面を提出する方法による登記申請の手続（第十五条―第十九条）
第五章　雑則（第二十条―第二十七条）
附則

第一章　総　則

（趣旨）

第一条　この政令は，不動産登記法（以下「法」という。）の規定による不動産についての登記に関し必要な事項を定めるものとする。

（定義）

第二条　この政令において，次の各号に掲げる用語の意義は，それぞれ当該各号に定めるところによる。
　一　添付情報　登記の申請をする場合において，法第二十二条本文若しくは第六十一条の規定，次章の規定又はその他の法令の規定によりその申請情報と併せて登記所に提供しなければならないものとされている情報をいう。
　二　土地所在図　一筆の土地の所在を明らかにする図面であって，法務省令で定めるところにより作成されるものをいう。
　三　地積測量図　一筆の土地の地積に関する測量の結果を明らかにする図面であって，法務省令で定めるところにより作成されるものをいう。
　四　地役権図面　地役権設定の範囲が承役地の一部である場合における当該地役権設定の範囲を明らかにする図面であって，法務省令で定めるところにより作成されるものをいう。
　五　建物図面　一個の建物の位置を明らかにする図面であって，法務省令で定めるところにより作成されるものをいう。
　六　各階平面図　一個の建物の各階ごとの平面の形状を明らかにする図面であって，法務省令で定めるところにより作成されるものをいう。
　七　嘱託情報　法第十六条第一項に規定する登記の嘱託において，同条第二項において準用する法第十八条の規定により嘱託者が登記所に提供しなければならない情報をいう。
　八　順位事項　法第五十九条第八号の規定により権利の順位を明らかにするために必要な事項として法務省令で定めるものをいう。

第二章　申請情報及び添付情報

（申請情報）

第三条　登記の申請をする場合に登記所に提供しなければならない法第十八条の申請情報の内容は，次に掲げる事項とする。
　一　申請人の氏名又は名称及び住所

二　申請人が法人であるときは，その代表者の氏名
三　代理人によって登記を申請するときは，当該代理人の氏名又は名称及び住所並びに代理人が法人であるときはその代表者の氏名
四　民法(明治二十九年法律第八十九号)第四百二十三条その他の法令の規定により他人に代わって登記を申請するときは，申請人が代位者である旨，当該他人の氏名又は名称及び住所並びに代位原因
五　登記の目的
六　登記原因及びその日付（所有権の保存の登記を申請する場合にあっては，法第七十四条第二項の規定により敷地権付き区分建物について申請するときに限る。）
七　土地の表示に関する登記又は土地についての権利に関する登記を申請するときは，次に掲げる事項
　イ　土地の所在する市，区，郡，町，村及び字
　ロ　地番（土地の表題登記を申請する場合，法第七十四条第一項第二号又は第三号に掲げる者が表題登記がない土地について所有権の保存の登記を申請する場合及び表題登記がない土地について所有権の処分の制限の登記を嘱託する場合を除く。）
　ハ　地目
　ニ　地積
八　建物の表示に関する登記又は建物についての権利に関する登記を申請するときは，次に掲げる事項
　イ　建物の所在する市，区，郡，町，村，字及び土地の地番（区分建物である建物にあっては，当該建物が属する一棟の建物の所在する市，区，郡，町，村，字及び土地の地番）
　ロ　家屋番号（建物の表題登記（合体による登記等における合体後の建物についての表題登記を含む。）を申請する場合，法第七十四条第一項第二号又は第三号に掲げる者が表題登記がない建物について所有権の保存の登記を申請する場合及び表題登記がない建物について所有権の処分の制限の登記を嘱託する場合を除く。）
　ハ　建物の種類，構造及び床面積
　ニ　建物の名称があるときは，その名称
　ホ　附属建物があるときは，その所在する市，区，郡，町，村，字及び土地の地番（区分建物である附属建物にあっては，当該附属建物が属する一棟の建物の所在する市，区，郡，町，村，字及び土地の地番）並びに種類，構造及び床面積
　ヘ　建物又は附属建物が区分建物であるときは，当該建物又は附属建物が属する一棟の建物の構造及び床面積（トに掲げる事項を申請情報の内容とする場合（ロに規定する場合を除く。）を除く。）
　ト　建物又は附属建物が区分建物である場合であって，当該建物又は附属建物が属する一棟の建物の名称があるときは，その名称
九　表題登記又は権利の保存，設定若しくは移転の登記（根質権，根抵当権及び信託の登記を除く。）を申請する場合において，表題部所有者又は登記名義人となる者が二人以上であるときは，当該表題部所有者又は登

記名義人となる者ごとの持分
十　法第三十条の規定により表示に関する登記を申請するときは、申請人が表題部所有者又は所有権の登記名義人の相続人その他の一般承継人である旨
十一　権利に関する登記を申請するときは、次に掲げる事項
　イ　申請人が登記権利者又は登記義務者（登記権利者及び登記義務者がない場合にあっては、登記名義人）でないとき（第四号並びにロ及びハの場合を除く。）は、登記権利者、登記義務者又は登記名義人の氏名又は名称及び住所
　ロ　法第六十二条の規定により登記を申請するときは、申請人が登記権利者、登記義務者又は登記名義人の相続人その他の一般承継人である旨
　ハ　ロの場合において、登記名義人となる登記権利者の相続人その他の一般承継人が申請するときは、登記権利者の氏名又は名称及び一般承継の時における住所
　ニ　登記の目的である権利の消滅に関する定め又は共有物分割禁止の定めがあるときは、その定め
　ホ　権利の一部を移転する登記を申請するときは、移転する権利の一部
　ヘ　敷地権付き区分建物についての所有権、一般の先取特権、質権又は抵当権に関する登記（法第七十三条第三項ただし書に規定する登記を除く。）を申請するときは、次に掲げる事項
　　(1)　敷地権の目的となる土地の所在する市、区、郡、町、村及び字並びに当該土地の地番、地目及び地積
　　(2)　敷地権の種類及び割合
十二　申請人が法第二十二条に規定する申請をする場合において、同条ただし書の規定により登記識別情報を提供することができないときは、当該登記識別情報を提供することができない理由
十三　前各号に掲げるもののほか、別表の登記欄に掲げる登記を申請するときは、同表の申請情報欄に掲げる事項

（申請情報の作成及び提供）
第四条　申請情報は、登記の目的及び登記原因に応じ、一の不動産ごとに作成して提供しなければならない。ただし、同一の登記所の管轄区域内にある二以上の不動産について申請する登記の目的並びに登記原因及びその日付が同一であるときその他法務省令で定めるときは、この限りでない。

（一の申請情報による登記の申請）
第五条　合体による登記等の申請は、一の申請情報によってしなければならない。この場合において、法第四十九条第一項後段の規定により併せて所有権の登記の申請をするときは、これと当該合体による登記等の申請とは、一の申請情報によってしなければならない。
②　信託の登記の申請と当該信託に係る権利の保存、設定、移転又は変更の登記の申請とは、一の申請情報によってしなければならない。
③　法第百四条第一項の規定による信託の登記の抹消の申請と信託財産に属する不動産に関する権利の移転の登記若しくは変更の登記又は当該権利の登記の抹消の申請とは、一の申請情報によってしなければならない。

④　法第百四条の二第一項の規定による信託の登記の抹消及び信託の登記の申請と権利の変更の登記の申請とは，一の申請情報によってしなければならない。

（申請情報の一部の省略）

第六条　次の各号に掲げる規定にかかわらず，法務省令で定めるところにより，不動産を識別するために必要な事項として法第二十七条第四号の法務省令で定めるもの（次項において「不動産識別事項」という。）を申請情報の内容としたときは，当該各号に定める事項を申請情報の内容とすることを要しない。

一　第三条第七号　同号に掲げる事項
二　第三条第八号　同号に掲げる事項
三　第三条第十一号ヘ(1)　敷地権の目的となる土地の所在する市，区，郡，町,村及び字並びに当該土地の地番，地目及び地積

②　第三条第十三号の規定にかかわらず，法務省令で定めるところにより，不動産識別事項を申請情報の内容としたときは，次に掲げる事項を申請情報の内容とすることを要しない。

一　別表の十三の項申請情報欄ロに掲げる当該所有権の登記がある建物の家屋番号
二　別表の十三の項申請情報欄ハ(1)に掲げる当該合体前の建物の家屋番号
三　別表の十八の項申請情報欄に掲げる当該区分所有者が所有する建物の家屋番号
四　別表の十九の項申請情報欄イに掲げる当該建物の所在する市，区，郡，町，村，字及び土地の地番並びに当該建物の家屋番号
五　別表の三十五の項申請情報欄又は同表の三十六の項申請情報欄に掲げる当該要役地の所在する市，区，郡，町，村及び字並びに当該要役地の地番，地目及び地積
六　別表の四十二の項申請情報欄イ，同表の四十六の項申請情報欄イ，同表の四十九の項申請情報欄イ，同表の五十の項申請情報欄ロ，同表の五十五の項申請情報欄イ，同表の五十八の項申請情報欄イ又は同表の五十九の項申請情報欄ロに掲げる他の登記所の管轄区域内にある不動産についての第三条第七号及び第八号に掲げる事項
七　別表の四十二の項申請情報欄ロ(1)，同表の四十六の項申請情報欄ハ(1)，同表の四十七の項申請情報欄ホ(1)，同表の四十九の項申請情報欄ハ(1)若しくはヘ(1)，同表の五十五の項申請情報欄ハ(1)，同表の五十六の項申請情報欄ニ(1)又は同表の五十八の項申請情報欄ハ(1)若しくはヘ(1)に掲げる当該土地の所在する市，区，郡，町，村及び字並びに当該土地の地番
八　別表の四十二の項申請情報欄ロ(2)，同表の四十六の項申請情報欄ハ(2)，同表の四十七の項申請情報欄ホ(2)，同表の四十九の項申請情報欄ハ(2)若しくはヘ(2)，同表の五十五の項申請情報欄ハ(2)，同表の五十六の項申請情報欄ニ(2)又は同表の五十八の項申請情報欄ハ(2)若しくはヘ(2)に掲げる当該建物の所在する市，区，郡，町，村，字及び土地の地番並びに当該建物の家屋番号

（添付情報）

第七条　登記の申請をする場合には，次に掲げる情報をその申請情報と併せて登記所に提供しなければならない。

一　申請人が法人であるとき（法務省令で定める場合を除く。）は，次に掲げ

る情報
　イ　会社法人等番号（商業登記法（昭和三十八年法律第百二十五号）第七条（他の法令において準用する場合を含む。）に規定する会社法人等番号をいう。以下このイにおいて同じ。）を有する法人にあっては、当該法人の会社法人等番号
　ロ　イに規定する法人以外の法人にあっては、当該法人の代表者の資格を証する情報
二　代理人によって登記を申請するとき（法務省令で定める場合を除く。）は、当該代理人の権限を証する情報
三　民法第四百二十三条その他の法令の規定により他人に代わって登記を申請するときは、代位原因を証する情報
四　法第三十条の規定により表示に関する登記を申請するときは、相続その他の一般承継があったことを証する市町村長（特別区の区長を含むものとし、地方自治法（昭和二十二年法律第六十七号）第二百五十二条の十九第一項の指定都市にあっては、区長又は総合区長とする。第十六条第二項及び第十七条第一項を除き、以下同じ。）、登記官その他の公務員が職務上作成した情報（公務員が職務上作成した情報がない場合にあっては、これに代わるべき情報）
五　権利に関する登記を申請するときは、次に掲げる情報
　イ　法第六十二条の規定により登記を申請するときは、相続その他の一般承継があったことを証する市町村長、登記官その他の公務員が職務上作成した情報（公務員が職務上作成した情報がない場合にあっ

ては、これに代わるべき情報）
　ロ　登記原因を証する情報。ただし、次の(1)又は(2)に掲げる場合にあっては当該(1)又は(2)に定めるものに限るものとし、別表の登記欄に掲げる登記を申請する場合（次の(1)又は(2)に掲げる場合を除く。）にあっては同表の添付情報欄に規定するところによる。
　(1)　法第六十三条第一項に規定する確定判決による登記を申請するとき　執行力のある確定判決の判決書の正本（執行力のある確定判決と同一の効力を有するものの正本を含む。以下同じ。）
　(2)　法第百八条に規定する仮登記を命ずる処分があり、法第百七条第一項の規定による仮登記を申請するとき　当該仮登記を命ずる処分の決定書の正本
　ハ　登記原因について第三者の許可、同意又は承諾を要するときは、当該第三者が許可し、同意し、又は承諾したことを証する情報
六　前各号に掲げるもののほか、別表の登記欄に掲げる登記を申請するときは、同表の添付情報欄に掲げる情報
②　前項第一号及び第二号の規定は、不動産に関する国の機関の所管に属する権利について命令又は規則により指定された官庁又は公署の職員が登記の嘱託をする場合には、適用しない。
③　次に掲げる場合には、第一項第五号ロの規定にかかわらず、登記原因を証する情報を提供することを要しない。
一　所有権の保存の登記を申請する場合（敷地権付き区分建物について法第七十四条第二項の規定により所有権の保存の登記を申請する場合を除

く。）
二　法第百十一条第一項の規定により民事保全法（平成元年法律第九十一号）第五十三条第一項の規定による処分禁止の登記（保全仮登記とともにしたものを除く。次号において同じ。）に後れる登記の抹消を申請する場合
三　法第百十一条第二項において準用する同条第一項の規定により処分禁止の登記に後れる登記の抹消を申請する場合
四　法第百十三条の規定により保全仮登記とともにした処分禁止の登記に後れる登記の抹消を申請する場合

（登記名義人が登記識別情報を提供しなければならない登記等）
第八条　法第二十二条の政令で定める登記は、次のとおりとする。ただし、確定判決による登記を除く。
一　所有権の登記がある土地の合筆の登記
二　所有権の登記がある建物の合体による登記等
三　所有権の登記がある建物の合併の登記
四　共有物分割禁止の定めに係る権利の変更の登記
五　所有権の移転の登記がない場合における所有権の登記の抹消
六　質権又は抵当権の順位の変更の登記
七　民法第三百九十八条の十四第一項ただし書（同法第三百六十一条において準用する場合を含む。）の定めの登記
八　信託法（平成十八年法律第百八号）第三条第三号に掲げる方法によってされた信託による権利の変更の登記
九　仮登記の登記名義人が単独で申請する仮登記の抹消

②　前項の登記のうち次の各号に掲げるものの申請については、当該各号に定める登記識別情報を提供すれば足りる。
一　所有権の登記がある土地の合筆の登記　当該合筆に係る土地のうちいずれか一筆の土地の所有権の登記名義人の登記識別情報
二　登記名義人が同一である所有権の登記がある建物の合体による登記等　当該合体に係る建物のうちいずれか一個の建物の所有権の登記名義人の登記識別情報
三　所有権の登記がある建物の合併の登記　当該合併に係る建物のうちいずれか一個の建物の所有権の登記名義人の登記識別情報

（添付情報の一部の省略）
第九条　第七条第一項第六号の規定により申請情報と併せて住所を証する情報（住所について変更又は錯誤若しくは遺漏があったことを証する情報を含む。以下この条において同じ。）を提供しなければならないものとされている場合において、その申請情報と併せて法務省令で定める情報を提供したときは、同号の規定にかかわらず、その申請情報と併せて当該住所を証する情報を提供することを要しない。

第三章　電子情報処理組織を使用する方法による登記申請の手続

（添付情報の提供方法）
第十条　電子情報処理組織を使用する方法（法第十八条第一号の規定による電子情報処理組織を使用する方法をいう。以下同じ。）により登記を申請するときは、法務省令で定めるところにより、申請情報と併せて添付情報を送信しなければなら

（登記事項証明書に代わる情報の送信）

第十一条 電子情報処理組織を使用する方法により登記を申請する場合において、登記事項証明書を併せて提供しなければならないものとされているときは、法務大臣の定めるところに従い、登記事項証明書の提供に代えて、登記官が電気通信回線による登記情報の提供に関する法律（平成十一年法律第二百二十六号）第二条第一項に規定する登記情報の送信を同法第三条第二項に規定する指定法人から受けるために必要な情報を送信しなければならない。

（電子署名）

第十二条 電子情報処理組織を使用する方法により登記を申請するときは、申請人又はその代表者若しくは代理人は、申請情報に電子署名（電子署名及び認証業務に関する法律（平成十二年法律第百二号）第二条第一項に規定する電子署名をいう。以下同じ。）を行わなければならない。

② 電子情報処理組織を使用する方法により登記を申請する場合における添付情報は、作成者による電子署名が行われているものでなければならない。

（表示に関する登記の添付情報の特則）

第十三条 前条第二項の規定にかかわらず、電子情報処理組織を使用する方法により表示に関する登記を申請する場合において、当該申請の添付情報（申請人又はその代表者若しくは代理人が作成したもの並びに土地所在図、地積測量図、地役権図面、建物図面及び各階平面図を除く。）が書面に記載されているときは、当該書面に記載された情報を電磁的記録に記録したものを添付情報とすることができる。この場合において、当該電磁的記録は、当該電磁的記録を作成した者による電子署名が行われているものでなければならない。

② 前項の場合において、当該申請人は、登記官が定めた相当の期間内に、登記官に当該書面を提示しなければならない。

（電子証明書の送信）

第十四条 電子情報処理組織を使用する方法により登記を申請する場合において、電子署名が行われている情報を送信するときは、電子証明書（電子署名を行った者を確認するために用いられる事項が当該者に係るものであることを証明するために作成された電磁的記録をいう。）であって法務省令で定めるものを併せて送信しなければならない。

第四章 書面を提出する方法による登記申請の手続

（添付情報の提供方法）

第十五条 書面を提出する方法（法第十八条第二号の規定により申請情報を記載した書面（法務省令で定めるところにより申請情報の全部又は一部を記録した磁気ディスクを含む。）を登記所に提出する方法をいう。）により登記を申請するときは、申請情報を記載した書面に添付情報を記載した書面（添付情報のうち電磁的記録で作成されているものにあっては、法務省令で定めるところにより当該添付情報を記録した磁気ディスクを含む。）を添付して提出しなければならない。この場合において、第十二条第二項及び前条の規定は、添付情報を記録した磁気ディスクを提出する場合について準用する。

（申請情報を記載した書面への記名押印等）

第十六条 申請人又はその代表者若しくは

代理人は，法務省令で定める場合を除き，申請情報を記載した書面に記名押印しなければならない。
２　前項の場合において，申請情報を記載した書面には，法務省令で定める場合を除き，同項の規定により記名押印した者（委任による代理人を除く。）の印鑑に関する証明書（住所地の市町村長（特別区の区長を含むものとし，地方自治法第二百五十二条の十九第一項の指定都市にあっては，市長又は区長若しくは総合区長とする。次条第一項において同じ。）又は登記官が作成するものに限る。以下同じ。）を添付しなければならない。
３　前項の印鑑に関する証明書は，作成後三月以内のものでなければならない。
４　官庁又は公署が登記の嘱託をする場合における嘱託情報を記載した書面については，第二項の規定は，適用しない。
５　第十二条第一項及び第十四条の規定は，法務省令で定めるところにより申請情報の全部を記録した磁気ディスクを提出する方法により登記を申請する場合について準用する。

（代表者の資格を証する情報を記載した書面の期間制限等）

第十七条　第七条第一項第一号ロ又は第二号に掲げる情報を記載した書面であって，市町村長，登記官その他の公務員が職務上作成したものは，作成後三月以内のものでなければならない。
２　前項の規定は，官庁又は公署が登記の嘱託をする場合には，適用しない。

（代理人の権限を証する情報を記載した書面への記名押印等）

第十八条　委任による代理人によって登記を申請する場合には，申請人又はその代表者は，法務省令で定める場合を除き，当該代理人の権限を証する情報を記載した書面に記名押印しなければならない。復代理人によって申請する場合における代理人についても，同様とする。
２　前項の場合において，代理人（復代理人を含む。）の権限を証する情報を記載した書面には，法務省令で定める場合を除き，同項の規定により記名押印した者（委任による代理人を除く。）の印鑑に関する証明書を添付しなければならない。
３　前項の印鑑に関する証明書は，作成後三月以内のものでなければならない。
４　第二項の規定は，官庁又は公署が登記の嘱託をする場合には，適用しない。

（承諾を証する情報を記載した書面への記名押印等）

第十九条　第七条第一項第五号ハ若しくは第六号の規定又はその他の法令の規定により申請情報と併せて提供しなければならない同意又は承諾を証する情報を記載した書面には，法務省令で定める場合を除き，その作成者が記名押印しなければならない。
２　前項の書面には，官庁又は公署の作成に係る場合その他法務省令で定める場合を除き，同項の規定により記名押印した者の印鑑に関する証明書を添付しなければならない。

第五章　雑　則

（登記すべきものでないとき）

第二十条　法第二十五条第十三号の政令で定める登記すべきものでないときは，次のとおりとする。
一　申請が不動産以外のものについての登記を目的とするとき。
二　申請に係る登記をすることによって表題部所有者又は登記名義人となる者（別表の十二の項申請情報欄ロに規定する被承継人及び第三条第十一

号ハに規定する登記権利者を除く。）が権利能力を有しないとき。
三　申請が法第三十二条，第四十一条，第五十六条，第七十三条第二項若しくは第三項，第八十条第三項又は第九十二条の規定により登記することができないとき。
四　申請が一個の不動産の一部についての登記（承役地についてする地役権の登記を除く。）を目的とするとき。
五　申請に係る登記の目的である権利が他の権利の全部又は一部を目的とする場合において，当該他の権利の全部又は一部が登記されていないとき。
六　同一の不動産に関し同時に二以上の申請がされた場合（法第十九条第二項の規定により同時にされたものとみなされるときを含む。）において，申請に係る登記の目的である権利が相互に矛盾するとき。
七　申請に係る登記の目的である権利が同一の不動産について既にされた登記の目的である権利と矛盾するとき。
八　前各号に掲げるもののほか，申請に係る登記が民法その他の法令の規定により無効とされることが申請情報若しくは添付情報又は登記記録から明らかであるとき。

（写しの交付を請求することができる図面）
第二十一条　法第百二十一条第一項の政令で定める図面は，土地所在図，地積測量図，地役権図面，建物図面及び各階平面図とする。
②　法第百四十九条第一項の政令で定める図面は，筆界調査委員が作成した測量図その他の筆界特定の手続において測量又は実地調査に基づいて作成された図面（法第百四十三条第二項の図面を除く。）とする。

（登記識別情報に関する証明）
第二十二条　登記名義人又はその相続人その他の一般承継人は，登記官に対し，手数料を納付して，登記識別情報が有効であることの証明その他の登記識別情報に関する証明を請求することができる。
②　法第百十九条第三項及び第四項の規定は，前項の請求について準用する。
③　前二項に定めるもののほか，第一項の証明に関し必要な事項は，法務省令で定める。

（事件の送付）
第二十三条　法第百五十七条第二項の規定による事件の送付は，審査請求書の正本によってする。

（意見書の提出等）
第二十四条　法第百五十七条第二項の意見を記載した書面（以下この条において「意見書」という。）は，正本及び当該意見を送付すべき審査請求人の数に行政不服審査法（平成二十六年法律第六十八号）第十一条第二項に規定する審理員の数を加えた数に相当する通数の副本を提出しなければならない。
②　前項の規定にかかわらず，行政手続等における情報通信の技術の利用に関する法律（平成十四年法律第百五十一号）第三条第一項の規定により同項に規定する電子情報処理組織を使用して意見が付された場合には，前項の規定に従って意見書が提出されたものとみなす。
③　法第百五十七条第二項後段の規定による意見の送付は，意見書の副本によってする。
④　第二項に規定する場合において，当該意見に係る電磁的記録については，意見

書の副本とみなして，前項の規定を適用する．

（行政不服審査法施行令の規定の読替え）
第二十五条　法第百五十六条第一項の審査請求に関する行政不服審査法施行令（平成二十七年政令第三百九十一号）の規定の適用については，同令第六条第三項中「弁明書の送付」とあるのは「不動産登記法（平成十六年法律第百二十三号）第百五十七条第二項に規定する意見の送付」と，「弁明書の副本」とあるのは「不動産登記令（平成十六年政令第三百七十九号）第二十四条第一項に規定する意見書の副本（同条第四項の規定により意見書の副本とみなされる電磁的記録を含む．）」とする．

（登記の嘱託）
第二十六条　この政令（第二条第七号を除く．）に規定する登記の申請に関する法の規定には当該規定を法第十六条第二項において準用する場合を含むものとし，この政令中「申請」，「申請人」及び「申請情報」にはそれぞれ嘱託，嘱託者及び嘱託情報を含むものとする．

（法務省令への委任）
第二十七条　この政令に定めるもののほか，法及びこの政令の施行に関し必要な事項は，法務省令で定める．

附　則

（施行期日）
第一条　この政令は，法の施行の日（平成十七年三月七日）から施行する．

（経過措置）
第二条　第三章の規定は，法附則第六条第一項の指定の日から当該指定に係る登記手続について適用する．

②　法附則第六条第一項の規定による指定がされるまでの間，各登記所の登記手続についてのこの政令の規定の適用については，第三条第十二号中「登記識別情報を提供することができない」とあるのは「登記済証を提出することができない」と，第八条第二項中「登記識別情報を提供すれば」とあるのは「法による改正前の不動産登記法（明治三十二年法律第二十四号．以下「旧法」という．）第六十条第一項若しくは第六十一条の規定により還付され，若しくは交付された登記済証（法附則第八条の規定によりなお従前の例によることとされた登記の申請について旧法第六十条第一項又は第六十一条の規定により還付され，又は交付された登記済証を含む．）又は法附則第六条第三項の規定により読み替えて適用される法第二十一条若しくは第百十七条第二項の規定により交付された登記済証（以下この項において「登記済証」と総称する．）を提出すれば」と，「登記名義人の登記識別情報」とあるのは「登記名義人の登記済証」とする．

③　法附則第六条第一項の規定による指定を受けた登記手続において，同項の規定による指定がされた後，法による改正前の不動産登記法（明治三十二年法律第二十四号．以下「旧法」という．）第六十条第一項若しくは第六十一条の規定により還付され，若しくは交付された登記済証（法附則第八条の規定によりなお従前の例によることとされた登記の申請について旧法第六十条第一項又は第六十一条の規定により還付され，又は交付された登記済証を含む．）又は法附則第六条第三項の規定により読み替えて適用される法第二十一条若しくは第百十七条第二項の規定により交付された登記済証を提出して登記の申請がされたときは，登記識別情報が提供されたものとみなして，第八

条第二項の規定を適用する。

第三条　この政令の施行の日が民事関係手続の改善のための民事訴訟法等の一部を改正する法律（平成十六年法律第百五十二号）の施行の日前である場合には、同法の施行の日の前日までの間における第七条第一項の規定の適用については、別表の二十六の項中「非訟事件手続法（明治三十一年法律第十四号）第百四十八条第一項に規定する除権決定」とあるのは「公示催告手続ニ関スル法律（明治二十三年法律第二十九号）第七百六十九条第一項に規定する除権判決」と、「非訟事件手続法第百六十条第一項の規定により」とあるのは「公示催告手続ニ関スル法律第七百八十四条第一項の規定により」と、「宣言する除権決定」とあるのは「宣言する除権判決」とする。

（旧根抵当権の分割による権利の変更の登記の申請情報）

第四条　民法の一部を改正する法律（昭和四十六年法律第九十九号）附則第五条第一項の規定による分割による権利の変更の登記の申請においては、第三条第一号から第八号まで、第十一号イ、ロ及びニ並びに第十二号に掲げる事項のほか、法第八十三条第一項第二号及び第三号並びに法第八十八条第二項第一号から第三号までに掲げる登記事項を申請情報の内容とする。

（添付情報の提供方法に関する特例）

第五条　電子情報処理組織を使用する方法により登記の申請をする場合において、添付情報（登記識別情報を除く。以下同じ。）が書面に記載されているときは、第十条及び第十二条第二項の規定にかかわらず、当分の間、当該書面を登記所に提出する方法により添付情報を提供することができる。

② 前項の規定により添付情報を提供する場合には、その旨をも法第十八条の申請情報の内容とする。

③ 第十七条及び第十九条の規定は第一項の規定により添付情報を提供する場合について、第十八条の規定は同項の規定により委任による代理人（復代理人を含む。）の権限を証する情報を提供する場合について、それぞれ準用する。

④ 第一項の規定により書面を提出する方法により当該登記原因を証する情報を提供するときは、法務省令で定めるところにより、申請情報と併せて当該書面に記載された情報を記録した電磁的記録を提供しなければならない。この場合においては、第十二条第二項の規定は、適用しない。

　　　附則（平成一七年三月九日政令第三七号）

この政令は、民法の一部を改正する法律の施行の日（平成十七年四月一日）から施行する。

　　　附則（平成一七年一一月七日政令第三三七号）

この政令は、不動産登記法等の一部を改正する法律の施行の日（平成十八年一月二十日）から施行する。

　　　附則（平成一九年七月一三日政令第二〇七号）

この政令は、信託法の施行の日から施行する。

　　　附則（平成一九年一二月二七日政令第三九〇号）

この政令は、平成二十年一月一日から施行する。

附則（平成二〇年一月一一日政令
　　　　第一号）
（施行期日）
① この政令は、平成二十年一月十五日(附則第三項において「施行日」という。)から施行する。
（経過措置）
② この政令の規定は、不動産登記法（次項において「法」という。）附則第六条第一項の指定の日から当該指定に係る登記手続について適用する。
③ 施行日前に法附則第六条第一項の規定による指定がされている場合において、施行日前にされた登記の申請に係る登記に関する手続については、なお従前の例による。

　　　附則（平成二二年一月二二日政令
　　　　第四号）
この政令は、信託法の施行に伴う関係法律の整備等に関する法律附則第三号に掲げる規定の施行の日（平成二十二年七月一日）から施行する。

　　　附則（平成二三年七月二九日政令
　　　　第二三七号）抄
（施行期日）
① この政令は、高齢者の居住の安定確保に関する法律等の一部を改正する法律（次項において「改正法」という。）の施行の日（平成二十三年十月二十日）から施行する。

　　　附則（平成二四年七月一九日政令
　　　　第一九七号）
この政令は、新非訟事件手続法の施行の日（平成二十五年一月一日）から施行する。

　　　附則（平成二五年九月一三日政令
　　　　第二七一号）
この政令は、大規模な災害の被災地における借地借家に関する特別措置法の施行の日（平成二十五年九月二十五日）から施行する。

　　　附則（平成二七年一月三〇日政令
　　　　第三〇号）抄
（施行期日）
第一条 この政令は、地方自治法の一部を改正する法律（次条において「改正法」という。）の施行の日（平成二十八年四月一日）から施行する。

　　　附則（平成二七年七月一日政令第
　　　　二六二号）
（施行期日）
① この政令は、平成二十七年十一月二日から施行する。ただし、第一条中不動産登記令別表の三十二の項の改正規定は、公布の日から施行する。
（経過措置）
② この政令の施行前にされた登記の申請については、第一条の規定による改正後の不動産登記令第七条第一項第一号及び第十七条第一項の規定、第二条の規定による改正後の船舶登記令第十三条第一項第一号及び第四号並びに第三項並びに第二十七条第一項第一号の規定、第三条の規定による改正後の農業用動産抵当登記令第十条第一号の規定、第四条の規定による改正後の建設機械登記令第八条第一項第一号の規定並びに第五条の規定による改正後の企業担保記登録令第八条第一項第一号の規定にかかわらず、なお従前の例による。

附則（平成二七年一一月二六日政令第三九二号）抄

（施行期日）
第一条 この政令は，行政不服審査法の施行の日（平成二十八年四月一日）から施行する。

（経過措置の原則）
第二条 行政庁の処分その他の行為又は不作為についての不服申立てであってこの政令の施行前にされた行政庁の処分その他の行為又はこの政令の施行前にされた申請に係る行政庁の不作為に係るものについては，この附則に特別の定めがある場合を除き，なお従前の例による。

別表　（第三条，第七条関係）

項	登記	申請情報	添付情報
表示に関する登記に共通する事項			
一	表題部所有者の氏名若しくは名称又は住所についての変更の登記又は更正の登記	変更後又は更正後の表題部所有者の氏名若しくは名称又は住所	表題部所有者の氏名若しくは名称又は住所についての変更又は錯誤若しくは遺漏があったことを証する市町村長，登記官その他の公務員が職務上作成した情報（公務員が職務上作成した情報がない場合にあっては，これに代わるべき情報）
二	表題部所有者についての更正の登記	当該登記をすることによって表題部所有者となる者の氏名又は名称及び住所並びに当該表題部所有者となる者が二人以上であるときは当該表題部所有者となる者ごとの持分	イ　当該表題部所有者となる者が所有権を有することを証する情報 ロ　当該表題部所有者となる者の住所を証する市町村長，登記官その他の公務員が職務上作成した情報（公務員が職務上作成した情報がない場合にあっては，これに代わるべき情報） ハ　表題部所有者の承諾を証する当該表題部所有者が作成した情報又は当該表題部所有者に対抗することができる裁判があったことを証する情報

三	表題部所有者である共有者の持分についての更正の登記	更正後の共有者ごとの持分	持分を更正することとなる他の共有者の承諾を証する当該他の共有者が作成した情報又は当該他の共有者に対抗することができる裁判があったことを証する情報

土地の表示に関する登記

四	土地の表題登記		イ　土地所在図 ロ　地積測量図 ハ　表題部所有者となる者が所有権を有することを証する情報 ニ　表題部所有者となる者の住所を証する市町村長、登記官その他の公務員が職務上作成した情報（公務員が職務上作成した情報がない場合にあっては、これに代わるべき情報）
五	地目に関する変更の登記又は更正の登記	変更後又は更正後の地目	
六	地積に関する変更の登記又は更正の登記（十一の項の登記を除く。）	変更後又は更正後の地積	地積測量図
七	法第三十八条に規定する登記事項（地目及び地積を除く。）に関する更正の登記	更正後の当該登記事項	
八	分筆の登記	イ　分筆後の土地の所在する市，区，郡，町，村及び字並びに当該土地の地目及び地積 ロ　地役権の登記がある承役地の分筆の登記を申請する場合において，地役権設定の範囲が分筆後の土地の一部であるときは，当該地役権設定の範囲	イ　分筆後の土地の地積測量図 ロ　地役権の登記がある承役地の分筆の登記を申請する場合において，地役権設定の範囲が分筆後の土地の一部であるときは，当該地役権設定の範囲を証する地役権者が作成した情報又は当該地役権者に対抗することができる裁判があったことを証する情報及び地役権図面

九	合筆の登記	イ　合筆後の土地の所在する市，区，郡，町，村及び字並びに当該土地の地目及び地積 ロ　地役権の登記がある承役地の合筆の登記を申請する場合において，地役権設定の範囲が合筆後の土地の一部であるときは，当該地役権設定の範囲	地役権の登記がある承役地の合筆の登記を申請する場合において，地役権設定の範囲が合筆後の土地の一部であるときは，当該地役権設定の範囲を証する地役権者が作成した情報又は当該地役権者に対抗することができる裁判があったことを証する情報及び地役権図面
十	土地の滅失の登記（法第四十三条第五項の規定により河川管理者が嘱託するものに限る。）	法第四十三条第五項の規定により登記の嘱託をする旨	
十一	地積に関する変更の登記（法第四十三条第六項の規定により河川管理者が嘱託するものに限る。）	イ　法第四十三条第六項の規定により登記の嘱託をする旨 ロ　変更後の地積	地積測量図
建物の表示に関する登記			
十二	建物の表題登記（十三の項及び二十一の項の登記を除く。）	イ　建物又は附属建物について敷地権が存するときは，次に掲げる事項 (1)　敷地権の目的となる土地の所在する市，区，郡，町，村及び字並びに当該土地の地番，地目及び地積 (2)　敷地権の種類及び割合 (3)　敷地権の登記原因及びその日付 ロ　法第四十七条第二項の規定による申請にあっては，被承継人の氏名又は名称及び一般承継の時における住所並びに申請人が被承継人の相続人その他の一般承継人である旨	イ　建物図面 ロ　各階平面図 ハ　表題部所有者となる者が所有権を有することを証する情報 ニ　表題部所有者となる者の住所を証する市町村長，登記官その他の公務員が職務上作成した情報（公務員が職務上作成した情報がない場合にあっては，これに代わるべき情報） ホ　建物又は附属建物が区分建物である場合において，当該区分建物が属する一棟の建物の敷地（建物の区分所有等に関する法律（昭和三十七年法律第六十九号。以下「区分所有法」という。）第二条第五項に規定する建物の敷地をいう。以下同じ。）について登

		記された所有権，地上権又は賃借権の登記名義人が当該区分建物の所有者であり，かつ，区分所有法第二十二条第一項ただし書（同条第三項において準用する場合を含む。以下同じ。）の規約における別段の定めがあることその他の事由により当該所有権，地上権又は賃借権が当該区分建物の敷地権とならないときは，当該事由を証する情報 ヘ　建物又は附属建物について敷地権が存するときは，次に掲げる情報 (1)　敷地権の目的である土地が区分所有法第五条第一項の規定により建物の敷地となった土地であるときは，同項の規約を設定したことを証する情報 (2)　敷地権が区分所有法第二十二条第二項ただし書（同条第三項において準用する場合を含む。以下同じ。）の規約で定められている割合によるものであるときは，当該規約を設定したことを証する情報 (3)　敷地権の目的である土地が他の登記所の管轄区域内にあるときは，当該土地の登記事項証明書 ト　法第四十七条第二項の規定による申請にあっては，相続その他の一般承継があったことを証する市町村長，登記官その他の公務員が職務上作成した情報（公務員が職務上作成した情報がない場合にあっては，これに代わるべき情報）

十三	合体による登記等（法第四十九条第一項後段の規定により併せて申請をする所有権の登記があるときは、これを含む。）	イ　合体後の建物について敷地権が存するときは、次に掲げる事項 (1)　敷地権の目的となる土地の所在する市，区，郡，町，村及び字並びに当該土地の地番，地目及び地積 (2)　敷地権の種類及び割合 (3)　敷地権の登記原因及びその日付 ロ　合体前の建物に所有権の登記がある建物があるときは，当該所有権の登記がある建物の家屋番号並びに当該所有権の登記の申請の受付の年月日及び受付番号，順位事項並びに登記名義人の氏名又は名称 ハ　合体前の建物についてされた所有権の登記以外の所有権に関する登記又は先取特権，質権若しくは抵当権に関する登記であって合体後の建物について存続することとなるもの（以下この項において「存続登記」という。）があるときは，次に掲げる事項 (1)　当該合体前の建物の家屋番号 (2)　存続登記の目的，申請の受付の年月日及び受付番号，順位事項並びに登記名義人の氏名又は名称 (3)　存続登記の目的となる権利 ニ　存続登記がある建物の所有権の登記名義人が次に掲げる者と同一の者であるときは，これらの者が同一の者でないものとみなした場合における持分（二以上の存続登記	イ　建物図面 ロ　各階平面図 ハ　表題部所有者となる者が所有権を有することを証する情報 ニ　表題部所有者となる者の住所を証する市町村長，登記官その他の公務員が職務上作成した情報（公務員が職務上作成した情報がない場合にあっては，これに代わるべき情報） ホ　合体後の建物が区分建物である場合において，当該区分建物が属する一棟の建物の敷地について登記された所有権，地上権又は賃借権の登記名義人が当該区分建物の所有者であり，かつ，区分所有法第二十二条第一項ただし書の規約における別段の定めがあることその他の事由により当該所有権，地上権又は賃借権が当該区分建物の敷地権とならないとき（合体前の二以上の建物がいずれも敷地権の登記がない区分建物であり，かつ，合体後の建物も敷地権の登記がない区分建物となるときを除く。）は，当該事由を証する情報 ヘ　合体後の建物について敷地権が存するとき（合体前の二以上の建物がいずれも敷地権付き区分建物であり，かつ，合体後の建物も敷地権付き区分建物となるとき（合体前の建物のすべての敷地権の割合を合算した敷地権の割合が合体後の建物の敷地権の割合となる場合に限る。）を除く。）

| | | がある場合において，当該二以上の存続登記の登記の目的，申請の受付の年月日及び受付番号，登記原因及びその日付並びに登記名義人がいずれも同一であるときの当該二以上の存続登記の目的である所有権の登記名義人に係る持分を除く。)
(1) 合体前の表題登記がない他の建物の所有者
(2) 合体前の表題登記がある他の建物（所有権の登記がある建物を除く。）の表題部所有者
(3) 合体前の所有権の登記がある他の建物の所有権の登記名義人 | は，次に掲げる情報
(1) 敷地権の目的である土地が区分所有法第五条第一項の規定により建物の敷地となった土地であるときは，同項の規約を設定したことを証する情報
(2) 敷地権が区分所有法第二十二条第二項ただし書の規約で定められている割合によるものであるときは，当該規約を設定したことを証する情報
(3) 敷地権の目的である土地が他の登記所の管轄区域内にあるときは，当該土地の登記事項証明書
ト　合体後の建物の持分について存続登記と同一の登記をするときは，当該存続登記に係る権利の登記名義人が当該登記を承諾したことを証する当該登記名義人が作成した情報又は当該登記名義人に対抗することができる裁判があったことを証する情報
チ　トの存続登記に係る権利が抵当証券の発行されている抵当権であるときは，当該抵当証券の所持人若しくは裏書人が当該存続登記と同一の登記を承諾したことを証するこれらの者が作成した情報又はこれらの者に対抗することができる裁判があったことを証する情報及び当該抵当証券
リ　法第四十九条第一項後段の規定により併せて申請をする所有権の登記があるときは，登記名義人となる者の住所を証する市町村長，登記官その他の公務員が職務上作成 |

			した情報（公務員が職務上作成した情報がない場合にあっては、これに代わるべき情報）
十四	法第五十一条第一項から第四項までの規定による建物の表題部の変更の登記又は法第五十三条第一項の規定による建物の表題部の更正の登記（十五の項の登記を除く。）	イ　変更後又は更正後の登記事項 ロ　当該変更の登記又は更正の登記が敷地権に関するものであるときは、変更前又は更正前における次に掲げる事項 (1)　敷地権の目的となる土地の所在する市、区、郡、町、村及び字並びに当該土地の地番、地目及び地積 (2)　敷地権の種類及び割合 (3)　敷地権の登記原因及びその日付	イ　建物の所在する市、区、郡、町、村、字及び土地の地番を変更し、又は更正するときは、変更後又は更正後の建物図面 ロ　床面積を変更し、又は更正するときは、次に掲げる事項 (1)　変更後又は更正後の建物図面及び各階平面図 (2)　床面積が増加するときは、床面積が増加した部分について表題部所有者又は所有権の登記名義人が所有権を有することを証する情報 ハ　附属建物を新築したときは、変更後の建物図面及び各階平面図並びに附属建物について表題部所有者又は所有権の登記名義人が所有権を有することを証する情報 ニ　共用部分である旨の登記又は団地共用部分である旨の登記がある建物について申請をするときは、当該建物の所有者を証する情報
十五	敷地権の発生若しくは消滅を原因とする建物の表題部の変更の登記又は敷地権の存在若しくは不存在を原因とする建物の表題部の更正の登記	イ　敷地権の目的となる土地の所在する市、区、郡、町、村及び字並びに当該土地の地番、地目及び地積 ロ　敷地権の種類及び割合 ハ　敷地権の登記原因及びその日付	イ　区分所有法第五条第一項の規約を設定したことにより敷地権が生じたときは、当該規約を設定したことを証する情報 ロ　イの規約を廃止したことにより区分所有者の有する専有部分とその専有部分に係る敷地利用権とを分離して処分することができることとなったときは、当該規約を廃止したことを証する情報

			ハ　区分所有法第二十二条第一項ただし書の規約における別段の定めがあることその他の事由により区分所有者の有する専有部分とその専有部分に係る敷地利用権とを分離して処分することができることとなったときは，当該事由を証する情報 ニ　登記された権利であって敷地権でなかったものがハの規約の変更その他の事由により敷地権となったときは，当該事由を証する情報 ホ　イ及びニの場合には，次に掲げる情報 (1)　敷地権が区分所有法第二十二条第二項ただし書の規約で定められている割合によるものであるときは，当該規約を設定したことを証する情報 (2)　敷地権の目的である土地が他の登記所の管轄区域内にあるときは，当該土地の登記事項証明書
十六	建物の分割の登記，建物の区分の登記又は建物の合併の登記	イ　分割後，区分後又は合併後の建物についての第三条第八号（ロを除く。）に掲げる事項 ロ　分割前，区分前若しくは合併前の建物又は当該分割後，区分後若しくは合併後の建物について敷地権が存するときは，当該敷地権についての次に掲げる事項 (1)　敷地権の目的となる土地の所在する市，区，郡，町，村及び字並びに当該土地の地番，地目及び地積 (2)　敷地権の種類及び割合 (3)　敷地権の登記原因及びそ	イ　当該分割後，区分後又は合併後の建物図面及び各階平面図 ロ　共用部分である旨の登記又は団地共用部分である旨の登記がある建物について建物の分割の登記又は建物の区分の登記を申請するときは，当該建物の所有者を証する情報 ハ　建物の区分の登記を申請する場合において，区分後の建物について敷地権が存するときは，次に掲げる情報（区分建物である建物について建物の区分の登記を申請するときは，(1)及び(3)を除く。）

		の日付	(1) 敷地権の目的である土地が区分所有法第五条第一項の規定により建物の敷地となった土地であるときは，同項の規約を設定したことを証する情報 (2) 敷地権が区分所有法第二十二条第二項ただし書の規約で定められている割合によるものであるときは，当該規約を設定したことを証する情報 (3) 敷地権の目的である土地が他の登記所の管轄区域内にあるときは，当該土地の登記事項証明書
十七	共用部分である旨の登記又は団地共用部分である旨の登記がある建物の滅失の登記		当該建物の所有者を証する情報
十八	共用部分である旨の登記	当該共用部分である建物が当該建物の属する一棟の建物以外の一棟の建物に属する建物の区分所有者の共用に供されるものであるときは，当該区分所有者が所有する建物の家屋番号	イ 共用部分である旨を定めた規約を設定したことを証する情報 ロ 所有権以外の権利に関する登記があるときは，当該権利に関する登記に係る権利の登記名義人（当該権利に関する登記が抵当権の登記である場合において，抵当証券が発行されているときは，当該抵当証券の所持人又は裏書人を含む。）の承諾を証する当該登記名義人が作成した情報又は当該登記名義人に対抗することができる裁判があったことを証する情報 ハ ロの権利を目的とする第三者の権利に関する登記があるときは，当該第三者の承諾を証する当該第三者が作成した情報又は当該第三者に対抗することができる裁判があったことを証する情報

			ニ　ロの権利に関する登記に係る権利が抵当証券の発行されている抵当権であるときは，当該抵当証券
十九	団地共用部分である旨の登記	イ　団地共用部分を共用すべき者の所有する建物が区分建物でないときは，当該建物の所在する市，区，郡，町，村，字及び土地の地番並びに当該建物の家屋番号 ロ　団地共用部分を共用すべき者の所有する建物が区分建物であるときは，次に掲げる事項 (1)　当該建物が属する一棟の建物の所在する市，区，郡，町，村，字及び土地の地番 (2)　当該一棟の建物の構造及び床面積又はその名称	イ　団地共用部分である旨を定めた規約を設定したことを証する情報 ロ　所有権以外の権利に関する登記があるときは，当該権利に関する登記に係る権利の登記名義人（当該権利に関する登記が抵当権の登記である場合において，抵当証券が発行されているときは，当該抵当証券の所持人又は裏書人を含む。）の承諾を証する当該登記名義人が作成した情報又は当該登記名義人に対抗することができる裁判があったことを証する情報 ハ　ロの権利を目的とする第三者の権利に関する登記があるときは，当該第三者の承諾を証する当該第三者が作成した情報又は当該第三者に対抗することができる裁判があったことを証する情報 ニ　ロの権利に関する登記に係る権利が抵当証券の発行されている抵当権であるときは，当該抵当証券
二十	法第五十八条第五項に規定する変更の登記又は更正の登記	変更後又は更正後の登記事項	イ　変更又は錯誤若しくは遺漏があったことを証する情報 ロ　当該建物の所有者を証する情報
二十一	建物の表題登記（法第五十八条第六項又は第七項の規定により申請するものに限る。）	建物又は附属建物について敷地権が存するときは，次に掲げる事項 イ　敷地権の目的となる土地の所在する市，区，郡，町，	イ　共用部分である旨又は団地共用部分である旨を定めた規約を廃止したことを証する情報 ロ　表題部所有者となる者が

		村及び字並びに当該土地の地番，地目及び地積 ロ　敷地権の種類及び割合 ハ　敷地権の登記原因及びその日付	所有権を有することを証する情報 ハ　表題部所有者となる者の住所を証する市町村長，登記官その他の公務員が職務上作成した情報（公務員が職務上作成した情報がない場合にあっては，これに代わるべき情報） ニ　建物又は附属建物が区分建物である場合において，当該区分建物が属する一棟の建物の敷地について登記された所有権，地上権又は賃借権の登記名義人が当該区分建物の所有者であり，かつ，区分所有法第二十二条第一項ただし書の規約における別段の定めがあることその他の事由により当該所有権，地上権又は賃借権が当該区分建物の敷地権とならないときは，当該事由を証する情報 ホ　建物又は附属建物について敷地権が存するときは，次に掲げる情報 (1)　敷地権の目的である土地が区分所有法第五条第一項の規定により建物の敷地となった土地であるときは，同項の規約を設定したことを証する情報 (2)　敷地権が区分所有法第二十二条第二項ただし書の規約で定められている割合によるものであるときは，当該規約を設定したことを証する情報 (3)　敷地権の目的である土地が他の登記所の管轄区域内にあるときは，当該土地の登記事項証明書

	権利に関する登記に共通する事項		
二十二	法第六十三条第二項に規定する相続又は法人の合併による権利の移転の登記		相続又は法人の合併を証する市町村長，登記官その他の公務員が職務上作成した情報（公務員が職務上作成した情報がない場合にあっては，これに代わるべき情報）及びその他の登記原因を証する情報
二十三	登記名義人の氏名若しくは名称又は住所についての変更の登記又は更正の登記	変更後又は更正後の登記名義人の氏名若しくは名称又は住所	当該登記名義人の氏名若しくは名称又は住所について変更又は錯誤若しくは遺漏があったことを証する市町村長，登記官その他の公務員が職務上作成した情報（公務員が職務上作成した情報がない場合にあっては，これに代わるべき情報）
二十四	抵当証券が発行されている場合における債務者の氏名若しくは名称又は住所についての変更の登記又は更正の登記（法第六十四条第二項の規定により債務者が単独で申請するものに限る。）	変更後又は更正後の債務者の氏名若しくは名称又は住所	当該債務者の氏名若しくは名称又は住所について変更又は錯誤若しくは遺漏があったことを証する市町村長，登記官その他の公務員が職務上作成した情報（公務員が職務上作成した情報がない場合にあっては，これに代わるべき情報）
二十五	権利の変更の登記又は更正の登記（二十四の項及び三十六の項の登記を除く。）	変更後又は更正後の登記事項	イ　登記原因を証する情報 ロ　付記登記によってする権利の変更の登記又は更正の登記を申請する場合において，登記上の利害関係を有する第三者（権利の変更の登記又は更正の登記につき利害関係を有する抵当証券の所持人又は裏書人を含む。）があるときは，当該第三者の承諾を証する当該第三者が作成した情報又は当該第三者に対抗することができる裁判があったことを証する情報 ハ　ロの第三者が抵当証券の

			所持人又は裏書人であるときは，当該抵当証券 ニ　抵当証券が発行されている抵当権の変更の登記又は更正の登記を申請するときは，当該抵当証券
二十六	権利に関する登記の抹消（三十七の項及び七十の項の登記を除く。）		イ　法第六十九条の規定により登記権利者が単独で申請するときは，人の死亡又は法人の解散を証する市町村長，登記官その他の公務員が職務上作成した情報 ロ　法第七十条第二項の規定により登記権利者が単独で申請するときは，非訟事件手続法（平成二十三年法律第五十一号）第百六条第一項に規定する除権決定があったことを証する情報 ハ　法第七十条第三項前段の規定により登記権利者が単独で先取特権，質権又は抵当権に関する登記の抹消を申請するときは，次に掲げる情報 (1)　債権証書並びに被担保債権及び最後の二年分の利息その他の定期金（債務不履行により生じた損害を含む。）の完全な弁済があったことを証する情報 (2)　登記義務者の所在が知れないことを証する情報 ニ　法第七十条第三項後段の規定により登記権利者が単独で先取特権，質権又は抵当権に関する登記の抹消を申請するときは，次に掲げる情報 (1)　被担保債権の弁済期を証する情報 (2)　(1)の弁済期から二十年を経過した後に当該被担保債

			権，その利息及び債務不履行により生じた損害の全額に相当する金銭が供託されたことを証する情報 (3) 登記義務者の所在が知れないことを証する情報 ホ　イからニまでに規定する申請以外の場合にあっては，登記原因を証する情報 ヘ　登記上の利害関係を有する第三者（当該登記の抹消につき利害関係を有する抵当証券の所持人又は裏書人を含む。）があるときは，当該第三者の承諾を証する当該第三者が作成した情報又は当該第三者に対抗することができる裁判があったことを証する情報 ト　ヘの第三者が抵当証券の所持人又は裏書人であるときは，当該抵当証券 チ　抵当証券が発行されている抵当権の登記の抹消を申請するときは，当該抵当証券 リ　抵当証券交付の登記の抹消を申請するときは，当該抵当証券又は非訟事件手続法第百十八条第一項の規定により当該抵当証券を無効とする旨を宣言する除権決定があったことを証する情報
二十七	抹消された登記の回復	回復する登記の登記事項	イ　登記原因を証する情報 ロ　登記上の利害関係を有する第三者（当該登記の回復につき利害関係を有する抵当証券の所持人又は裏書人を含む。）があるときは，当該第三者の承諾を証する当該第三者が作成した情報又は当該第三者に対抗することができる裁判があったことを証する情報

			ハ　ロの第三者が抵当証券の所持人又は裏書人であるときは，当該抵当証券
所有権に関する登記			
二十八	所有権の保存の登記（法第七十四条第一項各号に掲げる者が申請するものに限る。）	イ　申請人が法第七十四条第一項各号に掲げる者のいずれであるか。 ロ　法第七十四条第一項第二号又は第三号に掲げる者が表題登記がない建物について申請する場合において，当該表題登記がない建物が敷地権のある区分建物であるときは，次に掲げる事項 (1)　敷地権の目的となる土地の所在する市，区，郡，町，村及び字並びに当該土地の地番，地目及び地積 (2)　敷地権の種類及び割合	イ　表題部所有者の相続人その他の一般承継人が申請するときは，相続その他の一般承継による承継を証する情報（市町村長，登記官その他の公務員が職務上作成した情報（公務員が職務上作成した情報がない場合にあっては，これに代わるべき情報）を含むものに限る。） ロ　法第七十四条第一項第二号に掲げる者が申請するときは，所有権を有することが確定判決（確定判決と同一の効力を有するものを含む。）によって確認されたことを証する情報 ハ　法第七十四条第一項第三号に掲げる者が申請するときは，収用によって所有権を取得したことを証する情報（収用の裁決が効力を失っていないことを証する情報を含むものに限る。） ニ　登記名義人となる者の住所を証する市町村長，登記官その他の公務員が職務上作成した情報（公務員が職務上作成した情報がない場合にあっては，これに代わるべき情報） ホ　法第七十四条第一項第二号又は第三号に掲げる者が表題登記がない土地について申請するときは，当該土地についての土地所在図及び地積測量図

		ヘ　法第七十四条第一項第二号又は第三号に掲げる者が表題登記がない建物について申請するときは，当該建物についての建物図面及び各階平面図 ト　ヘに規定する場合（当該表題登記がない建物が区分建物である場合に限る。）において，当該区分建物が属する一棟の建物の敷地について登記された所有権，地上権又は賃借権の登記名義人が当該区分建物の所有者であり，かつ，区分所有法第二十二条第一項ただし書の規約における別段の定めがあることその他の事由により当該所有権，地上権又は賃借権が当該区分建物の敷地権とならないときは，当該事由を証する情報 チ　ヘに規定する場合において，当該表題登記がない建物が敷地権のある区分建物であるときは，次に掲げる情報 (1)　敷地権の目的である土地が区分所有法第五条第一項の規定により建物の敷地となった土地であるときは，同項の規約を設定したことを証する情報 (2)　敷地権が区分所有法第二十二条第二項ただし書の規約で定められている割合によるものであるときは，当該規約を設定したことを証する情報 (3)　敷地権の目的である土地が他の登記所の管轄区域内にあるときは，当該土地の登記事項証明書

二十九	所有権の保存の登記（法第七十四条第二項の規定により表題部所有者から所有権を取得した者が申請するものに限る。）	法第七十四条第二項の規定により登記を申請する旨	イ　建物が敷地権のない区分建物であるときは，申請人が表題部所有者から当該区分建物の所有権を取得したことを証する表題部所有者又はその相続人その他の一般承継人が作成した情報 ロ　建物が敷地権付き区分建物であるときは，登記原因を証する情報及び敷地権の登記名義人の承諾を証する当該登記名義人が作成した情報 ハ　登記名義人となる者の住所を証する市町村長，登記官その他の公務員が職務上作成した情報（公務員が職務上作成した情報がない場合にあっては，これに代わるべき情報）
三十	所有権の移転の登記		イ　登記原因を証する情報 ロ　登記名義人となる者の住所を証する市町村長，登記官その他の公務員が職務上作成した情報（公務員が職務上作成した情報がない場合にあっては，これに代わるべき情報）
三十一	表題登記がない土地についてする所有権の処分の制限の登記		イ　登記原因を証する情報 ロ　当該土地についての土地所在図及び地積測量図
三十二	表題登記がない建物についてする所有権の処分の制限の登記	当該表題登記がない建物が敷地権のある区分建物であるときは，次に掲げる事項 イ　敷地権の目的となる土地の所在する市，区，郡，町，村及び字並びに当該土地の地番，地目及び地積 ロ　敷地権の種類及び割合	イ　登記原因を証する情報 ロ　当該表題登記がない建物についての建物図面及び各階平面図 ハ　当該表題登記がない建物が区分建物である場合において，当該区分建物が属する一棟の建物の敷地について登記された所有権，地上権又は賃借権の登記名義人が当該区分建物の所有者であり，かつ，区分所有法第二十二条第一項

			ただし書の規約における別段の定めがあることその他の事由により当該所有権，地上権又は賃借権が当該区分建物の敷地権とならないときは，当該事由を証する情報 ニ　当該表題登記がない建物が敷地権のある区分建物であるときは，次に掲げる情報 (1)　敷地権の目的である土地が区分所有法第五条第一項の規定により建物の敷地となった土地であるときは，同項の規約を設定したことを証する情報 (2)　敷地権が区分所有法第二十二条第二項ただし書の規約で定められている割合によるものであるときは，当該規約を設定したことを証する情報 (3)　敷地権の目的である土地が他の登記所の管轄区域内にあるときは，当該土地の登記事項証明書
用益権に関する登記			
三十三	地上権の設定の登記	法第七十八条各号に掲げる登記事項	イ　借地借家法（平成三年法律第九十号）第二十二条前段の定めがある地上権の設定にあっては，同条後段の書面及びその他の登記原因を証する情報（登記原因を証する情報として執行力のある確定判決の判決書の正本が提供されたときを除く。） ロ　借地借家法第二十三条第一項又は第二項に規定する借地権に当たる地上権の設定にあっては，同条第三項の公正証書の謄本（登記原因を証する情報として執行力のある確定判決の判決書の正本が提供

			されたときを除く。) ハ　大規模な災害の被災地における借地借家に関する特別措置法（平成二十五年法律第六十一号）第七条第一項の定めがある地上権の設定にあっては，同条第三項の書面（登記原因を証する情報として執行力のある確定判決の判決書の正本が提供されたときを除く。) ニ　イからハまでに規定する地上権の設定以外の場合にあっては，登記原因を証する情報
三十四	永小作権の設定の登記	法第七十九条各号に掲げる登記事項	登記原因を証する情報
三十五	承役地についてする地役権の設定の登記	法第八十条第一項各号に掲げる登記事項（同項第一号に掲げる登記事項にあっては，当該要役地の所在する市，区，郡，町，村及び字並びに当該要役地の地番，地目及び地積）	イ　登記原因を証する情報 ロ　地役権設定の範囲が承役地の一部であるときは，地役権図面 ハ　要役地が他の登記所の管轄区域内にあるときは，当該要役地の登記事項証明書
三十六	地役権の変更の登記又は更正の登記	変更後又は更正後の法第八十条第一項各号に掲げる登記事項（同項第一号に掲げる登記事項にあっては，当該要役地の所在する市，区，郡，町，村及び字並びに当該要役地の地番，地目及び地積）	イ　登記原因を証する情報 ロ　地役権設定の範囲の変更の登記又は更正の登記の申請をする場合において，変更後又は更正後の地役権設定の範囲が承役地の一部であるときは，地役権図面 ハ　要役地が他の登記所の管轄区域内にあるときは，当該要役地の登記事項証明書 ニ　付記登記によってする地役権の変更の登記又は更正の登記を申請する場合において，登記上の利害関係を有する第三者（地役権の変更の登

			記又は更正の登記につき利害関係を有する抵当証券の所持人又は裏書人を含む。）があるときは，当該第三者の承諾を証する当該第三者が作成した情報又は当該第三者に対抗することができる裁判があったことを証する情報 ホ　ニの第三者が抵当証券の所持人又は裏書人であるときは，当該抵当証券
三十七	地役権の登記の抹消		イ　登記原因を証する情報 ロ　要役地が他の登記所の管轄区域内にあるときは，当該要役地の登記事項証明書 ハ　登記上の利害関係を有する第三者（当該登記の抹消につき利害関係を有する抵当証券の所持人又は裏書人を含む。）があるときは，当該第三者の承諾を証する当該第三者が作成した情報又は当該第三者に対抗することができる裁判があったことを証する情報 ニ　ハの第三者が抵当証券の所持人又は裏書人であるときは，当該抵当証券
三十八	賃借権の設定の登記	法第八十一条各号に掲げる登記事項	イ　借地借家法第二十二条前段の定めがある賃借権の設定にあっては，同条後段の書面及びその他の登記原因を証する情報（登記原因を証する情報として執行力のある確定判決の判決書の正本が提供されたときを除く。） ロ　借地借家法第二十三条第一項又は第二項に規定する借地権に当たる賃借権の設定にあっては，同条第三項の公正証書の謄本（登記原因を証する情報として執行力のある確

		定判決の判決書の正本が提供されたときを除く。）
ハ　借地借家法第三十八条第一項前段の定めがある賃借権の設定にあっては，同項前段の書面（登記原因を証する情報として執行力のある確定判決の判決書の正本が提供されたときを除く。）
ニ　借地借家法第三十九条第一項の規定による定めのある賃借権の設定にあっては，同条第二項の書面及びその他の登記原因を証する情報（登記原因を証する情報として執行力のある確定判決の判決書の正本が提供されたときを除く。）
ホ　高齢者の居住の安定確保に関する法律（平成十三年法律第二十六号）第五十二条の定めがある賃借権の設定にあっては，同条の書面（登記原因を証する情報として執行力のある確定判決の判決書の正本が提供されたときを除く。）
ヘ　大規模な災害の被災地における借地借家に関する特別措置法第七条第一項の定めがある賃借権の設定にあっては，同条第三項の書面（登記原因を証する情報として執行力のある確定判決の判決書の正本が提供されたときを除く。）
ト　イからヘまでに規定する賃借権の設定以外の場合にあっては，登記原因を証する情報

三十九	賃借物の転貸の登記	法第八十一条各号に掲げる登記事項	イ　登記原因を証する情報 ロ　賃貸人が賃借物の転貸を承諾したことを証する当該賃貸人が作成した情報又は借地借家法第十九条第一項前段若しくは大規模な災害の被災地における借地借家に関する特別措置法第五条第一項前段に規定する承諾に代わる許可があったことを証する情報（賃借物の転貸を許す旨の定めの登記があるときを除く。）
四十	賃借権の移転の登記		イ　登記原因を証する情報 ロ　賃貸人が賃借権の譲渡を承諾したことを証する当該賃貸人が作成した情報又は借地借家法第十九条第一項前段若しくは第二十条第一項前段若しくは大規模な災害の被災地における借地借家に関する特別措置法第五条第一項前段に規定する承諾に代わる許可があったことを証する情報（賃借権の譲渡を許す旨の定めの登記があるときを除く。）
四十一	採石権の設定の登記	法第八十二条各号に掲げる登記事項	登記原因を証する情報
担保権等に関する登記			
四十二	先取特権の保存の登記（四十三の項及び四十四の項の登記を除く。）	イ　法第八十三条第一項各号に掲げる登記事項（同項第四号に掲げる登記事項であって，他の登記所の管轄区域内にある不動産に関するものがあるときは，当該不動産についての第三条第七号及び第八号に掲げる事項を含み，不動産工事の先取特権の保存の登記にあっては，法第八十三条第一項第一号の債権額は工事	登記原因を証する情報

		費用の予算額とする。) ロ　一又は二以上の不動産に関する権利を目的とする先取特権の保存の登記をした後、同一の債権の担保として他の一又は二以上の不動産に関する権利を目的とする先取特権の保存の登記を申請するときは、前の登記に係る次に掲げる事項（申請を受ける登記所に当該前の登記に係る共同担保目録がある場合には、法務省令で定める事項） (1)　土地にあっては、当該土地の所在する市、区、郡、町、村及び字並びに当該土地の地番 (2)　建物にあっては、当該建物の所在する市、区、郡、町、村、字及び土地の地番並びに当該建物の家屋番号 (3)　順位事項	
四十三	建物を新築する場合における不動産工事の先取特権の保存の登記	イ　法第八十三条第一項各号（第三号を除く。）に掲げる登記事項（同項第一号の債権額は工事費用の予算額とする。) ロ　新築する建物の所在することとなる市、区、郡、町、村、字及び土地の地番（区分建物となる建物にあっては、当該建物が属する一棟の建物の所在することとなる市、区、郡、町、村、字及び土地の地番） ハ　新築する建物の種類、構造及び床面積 ニ　新築する建物に附属建物があるときは、その所在することとなる市、区、郡、町、村、字及び土地の地番（区分建物となる附属建物にあって	イ　登記原因を証する情報 ロ　新築する建物の設計書（図面を含む。）の内容を証する情報

		は、当該附属建物が属する一棟の建物の所在することとなる市、区、郡、町、村、字及び土地の地番）並びに種類、構造及び床面積 ホ　新築する建物又は附属建物が区分建物であるときは、当該建物又は附属建物が属する一棟の建物の構造及び床面積 ヘ　ハからホまでの建物の種類、構造及び床面積は設計書による旨	
四十四	所有権の登記がある建物の附属建物を新築する場合における不動産工事の先取特権の保存の登記	イ　法第八十三条第一項各号（第三号を除く。）に掲げる登記事項（同項第一号の債権額は工事費用の予算額とする。） ロ　新築する附属建物の所在することとなる市、区、郡、町、村、字及び土地の地番（区分建物となる附属建物にあっては、当該附属建物が属する一棟の建物の所在することとなる市、区、郡、町、村、字及び土地の地番） ハ　新築する附属建物の種類、構造及び床面積 ニ　新築する附属建物が区分建物であるときは、当該附属建物が属する一棟の建物の構造及び床面積 ホ　ハ及びニの建物の種類、構造及び床面積は設計書による旨	イ　登記原因を証する情報 ロ　新築する附属建物の設計書（図面を含む。）の内容を証する情報
四十五	債権の一部について譲渡又は代位弁済がされた場合における先取特権の移転の登記	当該譲渡又は代位弁済の目的である債権の額	登記原因を証する情報
四十六	質権（根質権を除く。以下この項において同じ。）の設定又は転質の登記	イ　法第八十三条第一項各号に掲げる登記事項（同項第四号に掲げる登記事項であって、他の登記所の管轄区域内	登記原因を証する情報

		にある不動産に関するものがあるときは，当該不動産についての第三条第七号及び第八号に掲げる事項を含む。） ロ　法第九十五条第一項各号に掲げる登記事項 ハ　一又は二以上の不動産に関する権利を目的とする質権の設定又は転質の登記をした後，同一の債権の担保として他の一又は二以上の不動産に関する権利を目的とする質権の設定又は転質の登記を申請するときは，前の登記に係る次に掲げる事項（申請を受ける登記所に当該前の登記に係る共同担保目録がある場合には，法務省令で定める事項） (1)　土地にあっては，当該土地の所在する市，区，郡，町，村及び字並びに当該土地の地番 (2)　建物にあっては，当該建物の所在する市，区，郡，町，村，字及び土地の地番並びに当該建物の家屋番号 (3)　順位事項	
四十七	根質権の設定の登記	イ　法第八十三条第一項各号（第一号を除く。）に掲げる登記事項 ロ　法第九十五条第一項各号に掲げる登記事項 ハ　法第九十五条第二項において準用する法第八十八条第二項各号に掲げる登記事項 ニ　民法第三百六十一条において準用する同法第三百九十八条の十六の登記にあっては，同条の登記である旨 ホ　一の不動産に関する権利を目的とする根質権の設定の	イ　登記原因を証する情報 ロ　一の不動産に関する権利を目的とする根質権の設定の登記又は二以上の不動産に関する権利を目的とする根質権の設定の登記（民法第三百六十一条において準用する同法第三百九十八条の十六の登記をしたものに限る。）をした後，同一の債権の担保として他の一又は二以上の不動産に関する権利を目的とする根質権の設定の登記及び同条の登記を申請する場合において，

		登記又は二以上の不動産に関する権利を目的とする根質権の設定の登記（民法第三百六十一条において準用する同法第三百九十八条の十六の登記をしたものに限る。）をした後，同一の債権の担保として他の一又は二以上の不動産に関する権利を目的とする根質権の設定の登記及び同条の登記を申請するときは，前の登記に係る次に掲げる事項 (1) 土地にあっては，当該土地の所在する市，区，郡，町，村及び字並びに当該土地の地番 (2) 建物にあっては，当該建物の所在する市，区，郡，町，村，字及び土地の地番並びに当該建物の家屋番号 (3) 順位事項 (4) 申請を受ける登記所に共同担保目録があるときは，法務省令で定める事項	前の登記に他の登記所の管轄区域内にある不動産に関するものがあるときは，当該前の登記に関する登記事項証明書
四十八	債権の一部について譲渡又は代位弁済がされた場合における質権又は転質の移転の登記	当該譲渡又は代位弁済の目的である債権の額	登記原因を証する情報
四十九	民法第三百六十一条において準用する同法第三百七十六条第一項の規定により質権を他の債権のための担保とし，又は質権を譲渡し，若しくは放棄する場合の登記	イ　法第八十三条第一項各号（根質権の処分の登記にあっては，同項第一号を除く。）に掲げる登記事項（同項第四号に掲げる登記事項であって，他の登記所の管轄区域内にある不動産に関するものがあるときは，当該不動産についての第三条第七号及び第八号に掲げる事項を含む。） ロ　法第九十五条第一項各号に掲げる登記事項 ハ　一又は二以上の不動産に関する権利を目的とする質	イ　登記原因を証する情報 ロ　一の不動産に関する権利を目的とする根質権の設定の登記又は二以上の不動産に関する権利を目的とする根質権の設定の登記（民法第三百六十一条において準用する同法第三百九十八条の十六の登記をしたものに限る。）をした後，同一の債権の担保として他の一又は二以上の不動産に関する権利を目的とする根質権の処分の登記及び同条の登記を申請する場合において，

| | | （根質権を除く。）の設定の登記をした後，同一の債権の担保として他の一又は二以上の不動産に関する権利を目的とする質権（根質権を除く。）の処分の登記を申請するときは，前の登記に係る次に掲げる事項（申請を受ける登記所に当該前の登記に係る共同担保目録がある場合には，法務省令で定める事項）
(1)　土地にあっては，当該土地の所在する市，区，郡，町，村及び字並びに当該土地の地番
(2)　建物にあっては，当該建物の所在する市，区，郡，町，村，字及び土地の地番並びに当該建物の家屋番号
(3)　順位事項
ニ　根質権の処分の登記にあっては，法第九十五条第二項において準用する法第八十八条第二項各号に掲げる登記事項
ホ　民法第三百六十一条において準用する同法第三百九十八条の十六の登記にあっては，同条の登記である旨
ヘ　一の不動産に関する権利を目的とする根質権の設定の登記又は二以上の不動産に関する権利を目的とする根質権の設定の登記（民法第三百六十一条において準用する同法第三百九十八条の十六の登記をしたものに限る。）をした後，同一の債権の担保として他の一又は二以上の不動産に関する権利を目的とする根質権の処分の登記及び同条の登 | 前の登記に他の登記所の管轄区域内にある不動産に関するものがあるときは，当該前の登記に関する登記事項証明書 |

		記を申請するときは，前の登記に係る次に掲げる事項 (1) 土地にあっては，当該土地の所在する市，区，郡，町，村及び字並びに当該土地の地番 (2) 建物にあっては，当該建物の所在する市，区，郡，町，村，字及び土地の地番並びに当該建物の家屋番号 (3) 順位事項 (4) 申請を受ける登記所に共同担保目録があるときは，法務省令で定める事項	
五十	民法第三百六十一条において準用する同法第三百九十三条の規定による代位の登記	イ 先順位の質権者が弁済を受けた不動産に関する権利，当該不動産の代価及び当該弁済を受けた額 ロ 法第八十三条第一項各号（根質権の登記にあっては，同項第一号を除く。）に掲げる登記事項（同項第四号に掲げる登記事項であって，他の登記所の管轄区域内にある不動産に関するものがあるときは，当該不動産についての第三条第七号及び第八号に掲げる事項を含む。） ハ 法第九十五条第一項各号に掲げる登記事項 ニ 根質権の登記にあっては，法第九十五条第二項において準用する法第八十八条第二項各号に掲げる登記事項	登記原因を証する情報
五十一	民法第三百六十一条において準用する同法第三百九十八条の十二第二項の規定により根質権を分割して譲り渡す場合の登記	イ 根質権の設定の登記に係る申請の受付の年月日及び受付番号並びに登記原因及びその日付 ロ 分割前の根質権の債務者の氏名又は名称及び住所並びに担保すべき債権の範囲	登記原因を証する情報

		ハ 分割後の各根質権の極度額 ニ 分割前の根質権について民法第三百六十一条において準用する同法第三百七十条ただし書の別段の定め又は担保すべき元本の確定すべき期日の定めが登記されているときは，その定め ホ 分割前の根質権に関する共同担保目録があるときは，法務省令で定める事項	
五十二	民法第三百六十一条において準用する同法第三百九十八条の十九第二項の規定により根質権の担保すべき元本が確定した場合の登記（法第九十五条第二項において準用する法第九十三条の規定により登記名義人が単独で申請するものに限る。）		民法第三百六十一条において準用する同法第三百九十八条の十九第二項の規定による請求をしたことを証する情報
五十三	民法第三百六十一条において準用する同法第三百九十八条の二十第一項第三号の規定により根質権の担保すべき元本が確定した場合の登記（法第九十五条第二項において準用する法第九十三条の規定により登記名義人が単独で申請するものに限る。）		民事執行法（昭和五十四年法律第四号）第四十九条第二項（同法第百八十八条において準用する場合を含む。）の規定による催告又は国税徴収法（昭和三十四年法律第百四十七号）第五十五条（同条の例による場合を含む。）の規定による通知を受けたことを証する情報
五十四	民法第三百六十一条において準用する同法第三百九十八条の二十第一項第四号の規定により根質権の担保すべき元本が確定した場合の登記（法第九十五条第二項において準用する法第九十三条の規定により登記名義人が単独で申請するものに限る。）		債務者又は根質権設定者について破産手続開始の決定があったことを証する情報

五十五	抵当権（根抵当権を除く。以下この項において同じ。）の設定の登記	イ　法第八十三条第一項各号に掲げる登記事項（同項第四号に掲げる登記事項であって，他の登記所の管轄区域内にある不動産に関するものがあるときは，当該不動産についての第三条第七号及び第八号に掲げる事項を含む。） ロ　法第八十八条第一項各号に掲げる登記事項 ハ　一又は二以上の不動産に関する権利を目的とする抵当権の設定の登記をした後，同一の債権の担保として他の一又は二以上の不動産に関する権利を目的とする抵当権の設定の登記を申請するときは，前の登記に係る次に掲げる事項（申請を受ける登記所に当該前の登記に係る共同担保目録がある場合には，法務省令で定める事項） (1)　土地にあっては，当該土地の所在する市，区，郡，町，村及び字並びに当該土地の地番 (2)　建物にあっては，当該建物の所在する市，区，郡，町，村，字及び土地の地番並びに当該建物の家屋番号 (3)　順位事項	登記原因を証する情報
五十六	根抵当権の設定の登記	イ　法第八十三条第一項各号（第一号を除く。）に掲げる登記事項 ロ　法第八十八条第二項各号に掲げる登記事項 ハ　民法第三百九十八条の十六の登記にあっては，同条の登記である旨 ニ　一の不動産に関する権利を目的とする根抵当権の設定	イ　登記原因を証する情報 ロ　一の不動産に関する権利を目的とする根抵当権の設定の登記又は二以上の不動産に関する権利を目的とする根抵当権の設定の登記（民法第三百九十八条の十六の登記をしたものに限る。）をした後，同一の債権の担保として他の一又は二以上の不動産に関する

		の登記又は二以上の不動産に関する権利を目的とする根抵当権の設定の登記（民法第三百九十八条の十六の登記をしたものに限る。）をした後，同一の債権の担保として他の一又は二以上の不動産に関する権利を目的とする根抵当権の設定の登記及び同条の登記を申請するときは，前の登記に係る次に掲げる事項 (1)　土地にあっては，当該土地の所在する市，区，郡，町，村及び字並びに当該土地の地番 (2)　建物にあっては，当該建物の所在する市，区，郡，町，村，字及び土地の地番並びに当該建物の家屋番号 (3)　順位事項 (4)　申請を受ける登記所に共同担保目録があるときは，法務省令で定める事項	権利を目的とする根抵当権の設定の登記及び同条の登記を申請する場合において，前の登記に他の登記所の管轄区域内にある不動産に関するものがあるときは，当該前の登記に関する登記事項証明書
五十七	債権の一部について譲渡又は代位弁済がされた場合における抵当権の移転の登記	当該譲渡又は代位弁済の目的である債権の額	登記原因を証する情報
五十八	民法第三百七十六条第一項の規定により抵当権を他の債権のための担保とし，又は抵当権を譲渡し，若しくは放棄する場合の登記	イ　法第八十三条第一項各号（根抵当権の処分の登記にあっては，同項第一号を除く。）に掲げる登記事項（同項第四号に掲げる登記事項であって，他の登記所の管轄区域内にある不動産に関するものがあるときは，当該不動産についての第三条第七号及び第八号に掲げる事項を含む。） ロ　抵当権(根抵当権を除く。ハにおいて同じ。）の処分の登記にあっては，法第八十八条第一項各号に掲げる登記事項	イ　登記原因を証する情報 ロ　一の不動産に関する権利を目的とする根抵当権の設定の登記又は二以上の不動産に関する権利を目的とする根抵当権の設定の登記（民法第三百九十八条の十六の登記をしたものに限る。）をした後，同一の債権の担保として他の一又は二以上の不動産に関する権利を目的とする根抵当権の処分の登記及び同条の登記を申請する場合において，前の登記に他の登記所の管轄区域内にある不動産に関するもの

ハ　一又は二以上の不動産に関する権利を目的とする抵当権の設定の登記をした後、同一の債権の担保として他の一又は二以上の不動産に関する権利を目的とする抵当権の処分の登記を申請するときは、前の登記に係る次に掲げる事項（申請を受ける登記所に当該前の登記に係る共同担保目録がある場合には、法務省令で定める事項）
(1)　土地にあっては、当該土地の所在する市、区、郡、町、村及び字並びに当該土地の地番
(2)　建物にあっては、当該建物の所在する市、区、郡、町、村、字及び土地の地番並びに当該建物の家屋番号
(3)　順位事項
ニ　根抵当権の処分の登記にあっては、法第八十八条第二項各号に掲げる登記事項
ホ　民法第三百九十八条の十六の登記にあっては、同条の登記である旨
ヘ　一の不動産に関する権利を目的とする根抵当権の設定の登記又は二以上の不動産に関する権利を目的とする根抵当権の設定の登記（民法第三百九十八条の十六の登記をしたものに限る。）をした後、同一の債権の担保として他の一又は二以上の不動産に関する権利を目的とする根抵当権の処分の登記及び同条の登記を申請するときは、前の登記に係る次に掲げる事項
(1)　土地にあっては、当該土

があるときは、当該前の登記に関する登記事項証明書

		地の所在する市，区，郡，町，村及び字並びに当該土地の地番 (2) 建物にあっては，当該建物の所在する市，区，郡，町，村，字及び土地の地番並びに当該建物の家屋番号 (3) 順位事項 (4) 申請を受ける登記所に共同担保目録があるときは，法務省令で定める事項	
五十九	民法第三百九十三条の規定による代位の登記	イ 先順位の抵当権者が弁済を受けた不動産に関する権利，当該不動産の代価及び当該弁済を受けた額 ロ 法第八十三条第一項各号（根抵当権の登記にあっては，同項第一号を除く。）に掲げる登記事項（同項第四号に掲げる登記事項であって，他の登記所の管轄区域内にある不動産に関するものがあるときは，当該不動産についての第三条第七号及び第八号に掲げる事項を含む。） ハ 抵当権（根抵当権を除く。）の登記にあっては，法第八十八条第一項各号に掲げる登記事項 ニ 根抵当権の登記にあっては，法第八十八条第二項各号に掲げる登記事項	登記原因を証する情報
六十	民法第三百九十八条の十二第二項の規定により根抵当権を分割して譲り渡す場合の登記	イ 根抵当権の設定の登記に係る申請の受付の年月日及び受付番号並びに登記原因及びその日付 ロ 分割前の根抵当権の債務者の氏名又は名称及び住所並びに担保すべき債権の範囲 ハ 分割後の各根抵当権の極度額	登記原因を証する情報

		ニ　分割前の根抵当権について民法第三百七十条ただし書の別段の定め又は担保すべき元本の確定すべき期日の定めが登記されているときは，その定め ホ　分割前の根抵当権に関する共同担保目録があるときは，法務省令で定める事項	
六十一	民法第三百九十八条の十九第二項の規定により根抵当権の担保すべき元本が確定した場合の登記（法第九十三条の規定により登記名義人が単独で申請するものに限る。）		民法第三百九十八条の十九第二項の規定による請求をしたことを証する情報
六十二	民法第三百九十八条の二十第一項第三号の規定により根抵当権の担保すべき元本が確定した場合の登記（法第九十三条の規定により登記名義人が単独で申請するものに限る。）		民事執行法第四十九条第二項（同法第百八十八条において準用する場合を含む。）の規定による催告又は国税徴収法第五十五条（同条の例による場合を含む。）の規定による通知を受けたことを証する情報
六十三	民法第三百九十八条の二十第一項第四号の規定により根抵当権の担保すべき元本が確定した場合の登記（法第九十三条の規定により登記名義人が単独で申請するものに限る。）		債務者又は根抵当権設定者について破産手続開始の決定があったことを証する情報
六十四	買戻しの特約の登記	買主が支払った代金及び契約の費用並びに買戻しの期間の定めがあるときはその定め	登記原因を証する情報
信託に関する登記			
六十五	信託の登記		イ　信託法第三条第三号に掲げる方法によってされた信託にあっては，同法第四条第三項第一号に規定する公正証書等（公正証書については，その謄本）又は同項第二号の書

			面若しくは電磁的記録及び同号の通知をしたことを証する情報 ロ　イに規定する信託以外の信託にあっては，登記原因を証する情報 ハ　信託目録に記録すべき情報
六十六	信託財産に属する不動産についてする受託者の変更による権利の移転の登記（法第百条第一項の規定により新たに選任された受託者が単独で申請するものに限る。）		法第百条第一項に規定する事由により受託者の任務が終了したことを証する市町村長，登記官その他の公務員が職務上作成した情報及び新たに受託者が選任されたことを証する情報
六十六の二	信託財産に属する不動産についてする権利の変更の登記（次項及び六十七の項の登記を除く。）		イ　法第九十七条第一項第二号の定めのある信託の信託財産に属する不動産について権利の変更の登記を申請する場合において，申請人が受益者であるときは，同号の定めに係る条件又は方法により指定され，又は定められた受益者であることを証する情報 ロ　信託法第百八十五条第三項に規定する受益証券発行信託の信託財産に属する不動産について権利の変更の登記を申請する場合において，申請人が受益者であるときは，次に掲げる情報 (1)　当該受益者が受益証券が発行されている受益権の受益者であるときは，当該受益権に係る受益証券 (2)　当該受益者が社債，株式等の振替に関する法律（平成十三年法律第七十五号）第百二十七条の二第一項に規定する振替受益権の受益者であるときは，当該受益者が同法第

百二十七条の二十七第三項の規定により交付を受けた書面又は同法第二百七十七条の規定により交付を受けた書面若しくは提供を受けた情報
(3) 当該受益者が信託法第百八十五条第二項の定めのある受益権の受益者であるときは，同法第百八十七条第一項の書面又は電磁的記録
ハ　信託の併合又は分割による権利の変更の登記を申請するときは，次に掲げる情報
(1) 信託の併合又は分割をしても従前の信託又は信託法第百五十五条第一項第六号に規定する分割信託若しくは同号に規定する承継信託の同法第二条第九項に規定する信託財産責任負担債務に係る債権を有する債権者を害するおそれのないことが明らかであるときは，これを証する情報
(2) (1)に規定する場合以外の場合においては，受託者において信託法第百五十二条第二項，第百五十六条第二項又は第百六十条第二項の規定による公告及び催告（同法第百五十二条第三項，第百五十六条第三項又は第百六十条第三項の規定により公告を官報のほか時事に関する事項を掲載する日刊新聞紙又は同法第百五十二条第三項第二号に規定する電子公告によってした法人である受託者にあっては，これらの方法による公告）をしたこと並びに異議を述べた債権者があるときは，当該債権者に対し弁済し若しくは相当

			の担保を提供し若しくは当該債権者に弁済を受けさせることを目的として相当の財産を信託したこと又は当該信託の併合若しくは分割をしても当該債権者を害するおそれがないことを証する情報
六十六の三	信託法第三条第三号に掲げる方法によってされた信託による権利の変更の登記		信託法第四条第三項第一号に規定する公正証書等（公正証書については，その謄本）又は同項第二号の書面若しくは電磁的記録及び同号の通知をしたことを証する情報
六十七	信託財産に属する不動産についてする一部の受託者の任務の終了による権利の変更の登記（法第百条第二項の規定により他の受託者が単独で申請するものに限る。）		法第百条第一項に規定する事由により一部の受託者の任務が終了したことを証する市町村長，登記官その他の公務員が職務上作成した情報
仮登記			
六十八	仮登記の登記義務者の承諾がある場合における法第百七条第一項の規定による仮登記		イ　登記原因を証する情報 ロ　仮登記の登記義務者の承諾を証する当該登記義務者が作成した情報
六十九	所有権に関する仮登記に基づく本登記		イ　登記上の利害関係を有する第三者（本登記につき利害関係を有する抵当証券の所持人又は裏書人を含む。）があるときは，当該第三者の承諾を証する当該第三者が作成した情報（仮登記担保契約に関する法律（昭和五十三年法律第七十八号）第十八条本文の規定により当該承諾に代えることができる同条本文に規定する差押えをしたこと及び清算金を供託したことを証する情報を含む。）又は当該第三者に対抗することができる裁判があったことを証する情報

			ロ　イの第三者が抵当証券の所持人又は裏書人であるときは，当該抵当証券
七十	仮登記の抹消（法第百十条後段の規定により仮登記の登記上の利害関係人が単独で申請するものに限る。）		イ　登記原因を証する情報 ロ　仮登記の登記名義人の承諾を証する当該登記名義人が作成した情報又は当該登記名義人に対抗することができる裁判があったことを証する情報 ハ　登記上の利害関係を有する第三者があるときは，当該第三者の承諾を証する当該第三者が作成した情報又は当該第三者に対抗することができる裁判があったことを証する情報
仮処分に関する登記			
七十一	民事保全法第五十三条第一項の規定による処分禁止の登記（保全仮登記とともにしたものを除く。）に後れる登記の抹消（法第百十一条第一項（同条第二項において準用する場合を含む。）の規定により仮処分の債権者が単独で申請するものに限る。）		民事保全法第五十九条第一項に規定する通知をしたことを証する情報
七十二	保全仮登記とともにした処分禁止の登記に後れる登記の抹消（法第百十三条の規定により仮処分の債権者が単独で申請するものに限る。）		民事保全法第五十九条第一項に規定する通知をしたことを証する情報
官庁又は公署が関与する登記等			
七十三	国又は地方公共団体が登記権利者となる権利に関する登記（法第百十六条第一項の規定により官庁又は公署が嘱託するものに限る。）		イ　登記原因を証する情報 ロ　登記義務者の承諾を証する当該登記義務者が作成した情報

七十四	不動産の収用による所有権の移転の登記	土地の収用による所有権の移転の登記を申請するときは，法第百十八条第四項前段の規定により指定しなければならない当該収用により消滅した権利又は失効した差押え，仮差押え若しくは仮処分に関する登記の目的，申請の受付の年月日及び受付番号，登記原因及びその日付並びに順位事項	イ　収用の裁決が効力を失っていないことを証する情報及びその他の登記原因を証する情報 ロ　土地の収用による所有権の移転の登記を申請するときは，この項の申請情報欄に規定する権利が消滅し，又は同欄に規定する差押え，仮差押え若しくは仮処分が失効したことを証する情報
七十五	不動産に関する所有権以外の権利の収用による権利の消滅の登記		収用の裁決が効力を失っていないことを証する情報及びその他の登記原因を証する情報

事項索引

い

遺言……………………212
　—執行者…………212
遺産分割（—の協議）……207
遺贈……………………212
1号仮登記……………221
一部譲渡（根抵当権の—）
　………………………189
一物一権主義…………140
一不動産一申請主義……71
一括申請…………………71
一棟の建物………………19
一般承継人（—による申請）
　………………………213
一般的申請情報…………63
一般的添付情報…………77
一般の先取特権保存の登記
　………………………198
一筆の土地………………19
移転登記………………100
遺留分減殺……………213
印鑑証明書………………73

う

受付（登記の—）………38
受付帳………………37, 39
受付番号……………39, 42

え

閲覧（附属書類の—）…52

お

奥書………………………5

か

乙区………………………34

会社法人等番号等………90
回復登記（抹消—）……238
買戻（買戻権）………135
家屋番号……………34, 66
書留郵便…………………59
確定期日………………184
課税価格（課税標準金額）
　…………………………98
合併（会社の—）……211
仮登記…………………221
　—担保…………………233
　—に基づく本登記……229
　—の申請……………223
管轄（登記所の—）……32
元本（の）確定………190

き

記入登記…………………46
却下（申請の—）………39
共同申請（—の原則）…24
共同相続人……………207
共同担保………………164
共同担保目録…………166
共同抵当権……………164
共同根抵当権…………181
共有（共同所有）……117
　—物分割………………119
　—物分割禁止（—の定め）
　…………………………62
　—根抵当権…………189
極度額…………………184
寄与分…………………207

く

区分建物…………………20
区分地上権……………143

け

形式審査（権）…………40
検地帳……………………5
原本還付（添付書面の—）
　…………………………97
権利の消滅に関する定め
　…………………………68
権利の登記………………55
権利部……………………34

こ

甲区………………………34
工作物…………………140
公示……………………1, 2
　—制度……………………7
　—の原則…………………8
工事費用の予算額……201
公信の原則………………9
更正登記………………107
構造………………………66
個別的申請情報…………69
個別的添付情報…………93

さ

債権額……………162, 196
債権買入（抵当権付—）…173
債権者代位（—による登記）
　………………………216
採石権……………………21

債務者……………162,184,196
債務引受………………………172
先取特権の登記………………197
錯誤……………………………107

し

資格者代理人……………………82
敷金……………………………154
敷地権……………………………34
　―の付いていない区分建物
　　………………………………127
　―の付いている区分建物
　　………………………………127
時効取得………………………100
事前通知…………………………80
質権の登記……………………195
借地権……………………143,152
　（事業用定期―）……143,153
　（定期―）………………142,153
住所を証する情報………………94
主である建物……………………19
収用……………………………123
主登記……………………………43
種類………………………………66
受領証……………………………39
順位（権利の―）………………38
順位番号…………………………42
承役地…………………………145
条件不備の仮登記……………221
省略（添付書類の―）…………96
嘱託（による）登記…55,239
書面申請…………………………46
所在………………………………65
職権主義…………………………23
職権登記…………………………23
処分禁止の登記………………237
処分の制限………………………21
除権決定………………………236
所有権……………………………21
　―移転の登記………………114
　―更正の登記………………128
　―保存の登記………………120
　―抹消の登記………………132

信書便……………………………59
申請主義…………………………23
申請書……………………………58
申請情報………………57,59,71
人的編成主義……………………4

す

数次相続………………………209

せ

請求権保全の仮登記…………222
全部譲渡（根抵当権の―）
　………………………………188
専有部分…………………………20

そ

相続関係説明図………………208
相続（による）登記…………206
相続人……………………187,206
　―による登記………………214
　―不存在……………………211
損害金…………………………163
存続期間……………………142,153

た

代位者…………………………217
代位原因を証する情報…………93
代位登記………………………216
対抗力（第三者―）……………8
代表者の資格を証する情報
　…………………………………90
代理権限を証する情報…………91
代理人……………………………28
建物………………………………19
　―所在図………………………36
建物新築の不動産工事先取
　特権保存の登記……………202
単独申請…………………………28
担保する債権の範囲
　…………………………179,184

ち

地役権の登記…………………145
地券（―制度）…………………5
地上権の登記…………………140
地図………………………………36
地積………………………………65
地代……………………………142
地番………………………………65
地目………………………………65
中間省略（の）登記……………12
賃借権の登記…………………151
賃料……………………………153

つ

追加担保………………………167

て

定額課税…………………………98
抵当権…………………………159
　―移転の登記………………168
　―設定の登記………………160
　―（の）順位変更…………176
　―譲渡の登記………………175
　―変更の登記………………170
　―抹消の登記………………178
抵当証券………………………163
定率課税…………………………98
電子申請…………………………46
　―情報処理組織………………58
　―証明書…………………73,92
　―署名…………………………73
　―納付…………………………99
添付情報……………………57,76
添付書面（添付書類）…………76

と

登記………………………………17
　―官……………………………33
　―完了証………………………46

事項索引　385

―義務者……………24
―義務者の所在が知れない場合…………236
―記録………………33
―原因及びその日付……63
―原因証明情報（―原因を証する情報）………87
―原因についての第三者の許可，同意，承諾を証する情報…………92
―権利者……………24
―事項………42, 62
―事項証明書………50
―事項要約書………52
―所……………………32
―上の利害関係を有する第三者………105, 110
―申請権……………23
―申請人……………23
―請求権……………23
―権利………………21
―権利変動…………21
―の実行……………42
―の申請……………29
―の目的………42, 63
―の有効性……………9
―簿…………………36
―名義人……………23
―名義人の住所等の変更（更正）の登記……217
―（の）連続性………27
登記識別情報…………47, 78
　―の失効（―の申出）…86
　―の通知……………47
　―の提供……………79
　―の不発行…………48
　―の有効証明………84
登記済証……………7, 79
登録免許税……………97
特別縁故者…………211
特例方式………………95
土地…………………19
取下げ（申請の―）………41

に

2号仮登記………222

ね

根抵当権……………178
　―移転の登記……187
　―設定の登記……183
　―変更の登記……189
　―抹消の登記……194
年代順編成主義………4

の

農地（法）……………92

は

判決による登記……215

ひ

被担保債権…………159
表示の登記……………55
表題登記………………56
表題部…………………34
　―所有者……………121

ふ

付記登記………………43
符合……………………27
不正登記防止申出……40
附属書類………………52
附属建物………………19
不動産…………………18
　―識別事項……………66
　―の先取特権保存の登記………………200
　―番号…………………66
物的編成主義……………4
物権変動…………………1

分割（会社の―）……187, 190
分割譲渡（根抵当権の―）……………188
分筆（―登記）………19

へ

変更登記……………103

ほ

法務局（地方―）……32
補正（申請の―）……39
保全仮登記…………238
保存（帳簿と情報の―）…37
本登記………………229
本人確認（登記官による―）……………40
本人確認情報（資格者代理人による―）……82
本人限定受取郵便……81

ま

抹消回復登記………238
抹消登記……………108
マンション……………20

も

持分……………………68

ゆ

優先の定め（根抵当権共有者の―）…………193
郵送……………………59
床面積…………………66

よ

用益（物）権………139
要役地………………145

り

利息……………………… 162

著者紹介
齋 藤 隆 夫（さいとう たかお）
　　昭和26年　千葉県生まれ
　　昭和48年　國學院大学法学部卒業
　　昭和55年　司法書士試験合格
　　現　　在　桜美林大学名誉教授

主要著書
不動産登記の仕組みと使い方（成文堂，2012年）

集中講義 不動産登記法［第3版補訂版］

1997年5月1日	初　版第1刷発行
2005年5月20日	第2版第1刷発行
2010年4月1日	第3版第1刷発行
2019年9月10日	第3版補訂版第1刷発行
2023年2月20日	第3版補訂版第2刷発行

著　者　齋　藤　隆　夫
発行者　阿　部　成　一

162-0041　東京都新宿区早稲田鶴巻町514番地
発行所　株式会社　成　文　堂
電話 03(3203)9201(代)　FAX 03(3203)9206
http://www.seibundoh.co.jp

製版・印刷　三報社印刷　　　　　　製本　弘伸製本
©2019 T. Saito　　Printed in Japan
☆落丁・乱丁本はおとりかえいたします☆　検印省略
ISBN 978-4-7923-2740-8 C3032

定価（本体3500円＋税）